乡村重构:模式与创新

冯　健　著

商　务　印　书　馆

2012年·北京

图书在版编目(CIP)数据

乡村重构:模式与创新/冯健著. —北京:商务印书馆,2012
ISBN 978-7-100-08975-3

Ⅰ.①乡… Ⅱ.①冯… Ⅲ.①城乡建设—研究—中国
Ⅳ.①F299.2

中国版本图书馆CIP数据核字(2012)第032901号

乡村重构:模式与创新
冯 健 著

商务印书馆出版
(北京王府井大街36号 邮政编码100710)
商务印书馆发行
北京市艺辉印刷厂印刷
ISBN 978-7-100-08975-3

2012年9月第1版 开本 787×960 1/16
2012年9月北京第1次印刷 印张 22 3/4
定价:49.00元

序

古人说："大音必希"[1]。《乡村重构：模式与创新》一书（简称《乡村重构》）有"大音必希"的味儿。

说是大音，《乡村重构》的研究对象在我国有举足轻重的地位。我国经历数千年农业社会，小农经济烙印根深叶茂。农村包围城市，革命成功靠农民出力。农业哺育工业，工业建设靠农业支援。我国社会正在经历工业化和城市化巨大变革，都与乡村有密切关系。建设和谐社会，离不开人与人的和谐，人与自然的和谐。这两方面和谐的主体之一是乡村。

说是稀缺，因为地理学界、规划学界有重视城市倾向，乡村研究一贯稀缺。目前，我国农村人口占全国一半以上。查阅学术论文目录，检索专著目录，有关城市的内容要比乡村的内容多一个数量级以上。更重要的是，在社会和经济转型时期，一般气氛比较浮躁，追求短平快，追求立竿见影；能够耐住寂寞，静下心来，孜孜不倦，笔耕十载，精神希贵。

《乡村重构》是理论与实践结合的结晶。书中既有概念阐发，又有很多案例佐证；既有对城乡割裂观、片面政绩观和不可持续发展观的批判，又有对不同类型发展道路的总结以及对规划操作的介绍。

实践主要源自江苏，旁及山东、河南、安徽、湖北。江苏自古是经济和文化发达的地方。改革开放以来，江苏乡村面貌日新月异，创造的模式和经验具有普通意义，值得后发地区借鉴。

理论上，作者既传承了我国乡村地理先行者金其铭先生衣钵，又得城市地理学家周一星先生点拨。同时，作者勤学外语，吸收国际先进理念。

---

① 引自《汉书·杨雄传》。

通观全书,着力探索乡村经济结构和空间结构发展模式及其内在联系,从制度中寻找乡村经济结构和空间结构演变的深层次原因。从全方位把握乡村重构的机理,将研究建立在科学基础之上,这是《乡村重构》的特点,是《乡村重构》的贡献。

孔子说:“知之者不如好之者,好之者不如乐之者”①。作者冯健是一位青年学者,著书立说,对专业已经超越一般的热爱,达到乐此不疲的程度。这一点比作品本身更加宝贵。有了“乐之者”的境界,可以预期作者今后将推出更加优秀的作品。遥望未来,乐观其成。提笔成序,以志互勉。

2008年元月于北京大学

① 引自《论语·雍也》。

目　　录

第一章　绪　　论

一、研究背景

1."三农"问题成为新时期国家和社会关注的热点问题

20世纪50年代以来,农业和农村发展一直是国家重视的重大问题,改革开放以后,几乎每次政府工作报告都把农业问题放在首位,这是因为农民占人口的大多数是中国的基本国情,中国的历次政治运动、经济变革都源自农村或与农村有直接或间接的关系,但是农民增产不增收、城乡差距加大又是不争的事实,使得近年农业、农村和农民又重新成为社会关注的热点(陆学艺,2002:243～245)。实际上,近年中国的"三农"问题伴随市场经济的发展而逐渐突出,问题就在于中国乡村转型总体上没有跟上市场转型的步伐。因此,有学者认为,中国"三农"问题产生的根源是小农经济,而解决小农经济与市场经济的矛盾是解决"三农"问题的关键,不管怎么说,"三农"已成为当前中国最大的问题,是当前中国转型所面临的最大"政治"(刘薰词,2006:302～308)。

值得指出的是,中国乡村发展存在巨大的区域差异:东部沿海地区乡村比较发达,中西部地区乡村相对落后。东部地区内部,甚至同一个省份内部,乡村发展程度也不尽相同。越是经济欠发达地区,"三农"问题越突出;而经济发达地区,乡村转型则相对成功。就乡村发展实践而言,本土化的发展模式往往更具有生命力。总结中国乡村成功转型的经验无疑会为解决中国"三农"问题出谋划策。

2. 社会主义新农村建设为新时期中国乡村发展提供了重要机遇

新中国成立以后,由于工业没有基础,而推进国家工业化需要大量的资本积累,为了保证以廉价的方式获取农业剩余,国家对粮食和棉花等大宗农产品实行统购统销政策,通过工农业产品的不等价交换,即所谓的“剪刀差”,挤压农业、索取农业剩余,从农业部门取得巨额资金(周琳琅,2005:10～24)。改革开放以后,中国工农业产品价格的“剪刀差”仍然存在,甚至有持续扩大的趋势。从国家发展来讲,工农业产品的不等价交换体制使中国工业实现了较多的积累,有力地推动了国家工业化和城镇化进程,取得了很好的效果,但是也产生了城乡二元结构壁垒和城乡关系失衡等一系列问题。除了工农业产品价格的“剪刀差”以外,城乡劳动力的“剪刀差”、城乡土地的“剪刀差”[①]也都产生了深远的社会经济后果。

2005年,中央在十六届五中全会提出建设社会主义新农村,把建设社会主义新农村作为解决“三农”问题的总抓手(中共农业部党组理论学习中心组,2005)。建设社会主义新农村目标的提出,标志着通过工农业产品价格的“剪刀差”来实现农业支持工业、农业为工业提供积累的历史任务已经基本完成,而工业反哺农业、城市支持农村的条件已基本成熟(万宝瑞,2006)。中央提出,建设社会主义新农村是构建社会主义和谐社会的必然要求,将有利于缩小城乡发展差距,有利于扩大村民自治,有利于提高农民整体素质,促进农村社会和谐进步。在中国进入工业反哺农业、城市支持农村的新阶段后,坚持统筹城乡发展的原则,按照生产发展、生活宽裕、乡风文明、村容整洁、管理民主的要求推进社会主义新农村建设,具有重要而深远的意义。建设社会主义新农村的提出,将使工农业产品的价格机制面对同样的平台,中国将构建以城带乡、以工促农的长效机制(农业部课题组,2005:63),将促进城乡产业的协调发展,为新时期中国乡村发展提供了重要机遇,也使中国乡村研究面临视角的转变。

3. 中国特色的城镇化道路成为学术界关注的焦点

近年来,随着中国城镇化速度的加快,关于中国特色的城镇化道路与机制等问题成为学术界关注的一个焦点。十六届五中全会提出了新时期

---

① 周一星:“中国特色的城镇化道路刍议”,中国地理学会2006年学术年会城市地理分会场论文,2006年。

中国城镇化的发展方向，即坚持大中小城市和小城镇协调发展，提高城镇综合承载能力，按循序渐进、节约土地、集约发展、合理布局的原则，积极稳妥地推进城镇化。2005 年，胡锦涛在中共中央政治局第 25 次集体学习时指出，要坚持走中国特色的城镇化道路，努力形成资源节约、环境友好、经济高效、社会和谐的城镇发展新格局。表明了国家已经对中国特色的城镇化道路引起重视。

周一星曾将中国特色的城镇化道路概括为六个方面，即：城乡关系的特殊性；规模和难度的特殊性；农民工流动的特殊性；进入中期阶段的时代背景的特殊性；区域差异的特殊性；体制的特殊性。在中国城镇化发展的诸多特点之中，由于推动城镇化发展的组织主体的不同而形成的城镇化类型，即以国家计划拨款作为主要发展资金的自上而下式城镇化以及以乡村与小城镇的集体和个体资金推动的自下而上式城镇化（周一星、曹广忠，1999），格外引人注目。对中国特色城镇化道路的诠释，应该基于大量的对转型期中国乡村和小城镇发展规划的实证和理论研究。

4. 中国乡村地理学学科的发展背景

乡村地理学是以乡村社会经济变迁为研究主线，探讨乡村空间结构模式及其规律，强调从空间的角度揭示乡村变迁的规律性，并起到指导乡村发展实践的作用（张小林、盛明，2002；张小林，1999：1～12）。乡村地理学的起源可以追溯到 20 世纪初白兰士等关于农村聚落和农业土地利用的研究。20 世纪七八十年代，西方乡村地理学获得大发展，相关研究涉及乡村通达性、农业、雇佣、住宅、土地利用、休闲和乡村规划等领域；后来，乡村地理学者关注的主题有所扩展，既包括对传统农业部门的强调，又包括对乡村地区经济社会和政治进行通盘考虑所带来的更多任务，如工业化、服务部门、商品化、私有化、居住合理化、逆城市化、绅士化、贫困和公民权等，还试图阐明乡村地区的社会与空间、结构与主体的辩证关系（Johnston et al.，2000：719～720）。西方学者认为，由于村落生活仍然是世界上最普遍的地理领域的表现形态之一，尤其是在东南亚、非洲和中南美的很多地区，因此，农村聚落和乡村地理是现代人文地理学者关心的重要领域(De Blij,1996:368～369)。

在中国,金其铭等(1990)已初步建立起乡村地理学的研究框架。但是与城市地理、经济地理、历史地理和人口地理等人文地理学分支学科相比,中国乡村地理学无疑还十分薄弱,基本上还处于起步阶段。在研究内容和研究深度等方面与西方还存在较大差距。尤其是系统的实证研究偏少的局面在一定程度上制约了目前中国乡村地理学的发展。对于新时期中国乡村城镇化的发展模式、乡村空间重构等基本问题,都有待于系统总结。

二、研究思路与研究框架

本书总的研究思路是从发展模式、空间规划和制度创新的角度切入,系统研究中国乡村重构的特征、过程与动力。

研究的方法和视角主要强调以下方面。

首先,突出实证研究的思路。实证研究是笔者的"长项"。笔者从1997年开始,就陆续针对乡村和集镇发展规划开展了大量的实地调查和实证研究工作。乡村实证研究的长处是能够提供生动的、"有血有肉"的案例分析,避免相对枯燥的、单纯的理论阐述。在乡村发展机制、乡村发展模式以及乡村空间重构部分,尽可能地结合笔者的实地调查,也适当参考第二手的资料进行实证分析,以便使读者对中国乡村城镇化的动力、模式和过程有生动的理解和认识。

其次,运用地理学的综合概括和理论分析思维。理论概括是地理学的特长。地理学者也开展城镇和区域规划,但和建筑学出身的规划师不同的是,地理学者更强调理科思路和理性思维。面对大量的甚至杂乱无章的规划案例,地理学者可以轻而易举地概括出其中的共同特征和一般规律性,这种概括实际上能够客观地、理性地揭示乡村发展规划的共性及其时代特征。

另外,适当地运用文献分析和基于文献的理论总结方法。尤其是在乡村制度重构部分,在收集并阅读大量文献资料的基础上,结合当前社会热点问题，概括描述数十年来中国乡村相关制度的重构过程和特点。在笔者没有开展实证研究的领域，也尽量运用文献概括和理论总结的方法进行补充，以保证本书研究体系的完整。

全书共分七章，框架结构详见图1－1。第一章为绪论，主要介绍本书的研究背景、研究思路、研究框架以及相关概念等。第二章“反思乡村：发展历程及其评判”，主要介绍中国城镇化道路的三大模式及其最新发展、对小城镇发展与规划的反思、对传统乡村发展观的批判以及科学发展观与乡村发展的关系。

然后，进入本书的核心内容，第三章、第四章和第五章，分别从发展动力、发展模式和空间规划三个方面探讨转型期中国乡村重构的特征。

第三章“发展动力：乡村重构的基础”，试图总结乡村发展的各种动力，包括传统的产业机制、作为新产业机制的产业集群以及转型期乡村发展所面临的各种区域机制，它们构成了推动乡村重构的动力学基础。

第四章“发展模式：乡村重构的道路与经验”，首先结合实地调研，对农业专业化生产的特征、症结和对策进行了分析。然后，着眼于经济发展程度的不同，分别探讨了经济发达地区和经济欠发达地区的乡村发展模式。结合安徽省庐江县的案例，提出“庐江模式”，并从地理学的视角解释了人口流出区的低收入高消费现象。结合湖北省通城县的案例，探讨了经济欠发达地区“回归工程”的发展模式。继而，提出多层次城镇化的概念，认为这一概念为新时期城乡发展特征与动力的分析提供了一个新的综合视角，并结合山东省淄博市的实地调查，成功地运用这一概念来分析地区城镇化的特征和模式。最后，考虑到小城镇对推动乡村城镇化的重要作用，以苏南为例论证了小城镇与现代乡村社区变迁的关系。

第五章“空间规划：乡村形态与景观重构”，结合大量的规划样本，重点总结了20世纪90年代以来中国的集镇规划实践。从地理学的视角，分别对大型集镇、中小型集镇、水乡圩区集镇的规划以及集镇景观结构模式与空间重构的关系进行了理论总结，并对村庄规划的若干问题进行了总结。

接下来进入本书的另一个研究重点。第六章“制度创新:乡村重构的政策保障”,主要从户籍制度、土地制度和社会保障制度三大方面回顾了中国乡村制度创新和制度重构的过程以及它们与乡村重构的关系。

第七章则进入本书的尾声,对全书的主要研究结论进行总结。

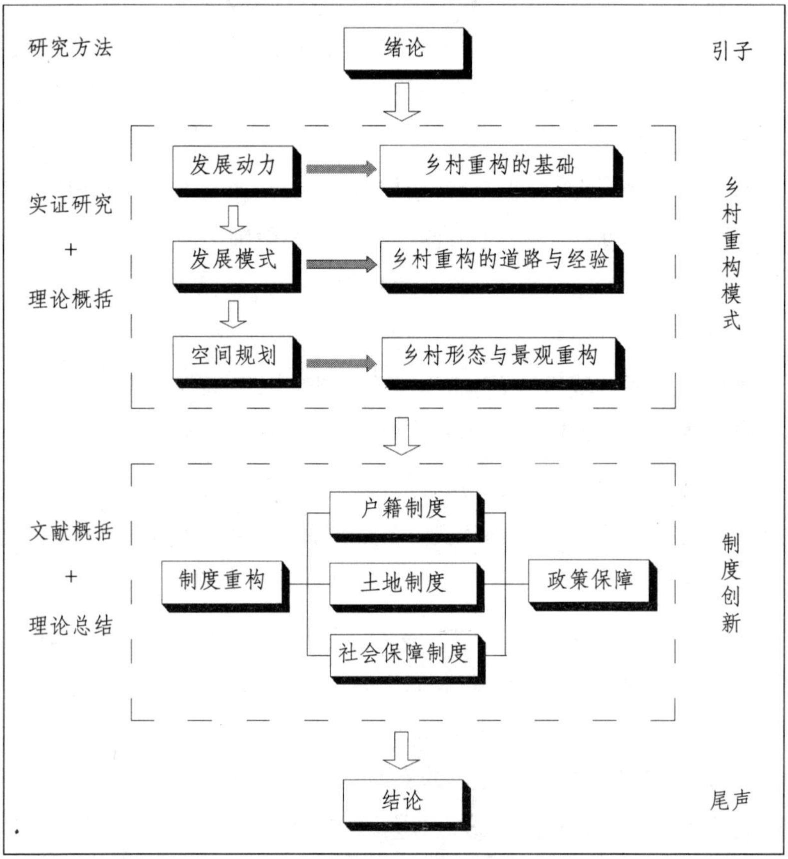

图 1—1　本书的框架结构

三、相关概念

有必要对本书中所使用的一些概念进行界定和说明。

首先是“乡村重构”的概念。已有学者对乡村重构进行过描述，认为乡村重构是以科学发展观为指导，全面贯彻落实城乡统筹战略而实施的一项集经济、社会、空间为一体的乡村发展战略，它立足于合理完善乡村在城乡体系中的作用和地位，通过乡村经济社会的可持续发展、物质文明和精神文明的提升以及空间布局的合理组织，建立起社会主义市场经济体制下的平等、和谐、协调发展的工农关系和城乡关系，改变城乡分割的二元体制和经济社会结构，实现城市与乡村的良性互动(张泉等，2006：28)。对于“重构”一词，一般有两种理解方式：一种是把它作为一种演化过程来研究，探讨演化过程中所表现出的各种客观特征(冯健，2004：5～47)；另一种是把它视作一种政策手段或战略手段，通过人为干预使系统按预定的方式演化，并实现人为设定的目标。前述对乡村重构的定义显然属于后一种方式。

从地理学的角度出发，地理学者更重视对过程及其特征的研究，也关注伴随乡村演化过程的相关制度和政策的创新过程，换言之，与对未来的干预相比，他们更关注历史过程。即使同样针对的是政策，更倾向于关注政策的演变过程；即使同样针对的是规划，更倾向于关注规划的结果和空间意义，并把规划作为空间重构的表现和景观结构的塑造方式。因此，有必要从过程的角度对乡村重构下一个准确的定义。乡村重构，是指乡村地区在某一阶段由各种发展动力所推动的以经济和空间等要素为主导的一种演化过程，以及相应的政策调控和创新过程。这是一种理科思维下的乡村重构概念，与工科思路下的定义并不相同。这一概念构成本书研究的一条主线。

其次是关于小城镇和集镇的概念。小城镇的概念有广义和狭义之分，狭义的小城镇是指建制镇，广义的小城镇则包括县城关镇、建制镇和乡集镇(指乡政府驻地)。集镇的概念较为混乱。最狭义的一种概念，是非建制镇的乡政府驻地。有学者认为集镇包括建制镇和场(乡)镇(费孝通，1988：201)。也有学者认为可以用集镇来表示农村地区从县城关镇到乡间集市的概念(黄光宇等，1992：7～14)，即农村地区非农聚落类型。还有学者认为凡是具有某些基本城市特征的农村经济中心区域,皆可称为集镇,集镇包括了县城关镇、建制镇和未建制乡集镇,以及具备一定的人口密度、规模和主要基础设施的工业点和中心村(朱方明,1995:1～10),这是最广义的一种概念。概括地讲,集镇概念有广义、中义和狭义之分。广义的集镇概念指乡村地域上或多或少具有城镇某些特点的聚落类型,具体包括县城关镇、建制镇、乡集镇(即乡镇政府驻地)和乡间集市;狭义的集镇概念指非建制乡集镇;介于二者之间的是中义的集镇概念,包括建制镇和非建制乡集镇。实际上,广义的小城镇和集镇概念差别不大,只不过后者的范围更广泛一些,即包括了乡村地域中一些具有城镇特点的聚落。本书采用的小城镇和集镇概念是广义的概念,它们之间并没有本质的差别,有时是倾向于采用约定俗成的叫法,如"集镇规划"等。

再次是乡村和农村概念的使用。"农村"和"乡村"是同一个概念,因此,相关的表述,如农村发展和乡村发展、农村城镇化和乡村城镇化、农村规划和乡村规划等,都没有概念上的差别。至于在行文中采用乡村还是农村,完全依照表达习惯和约定俗成的叫法而定,如乡村地理学、社会主义新农村、农村剩余劳动力、乡村城镇化等。

第二章　反思乡村:发展历程及其评判

改革开放以来,中国乡村城镇化和乡村建设取得了巨大成就,积累了丰富经验,其中最突出的代表就是三大模式,即苏南模式、温州模式和珠江三角洲模式,它们不断发展创新,显示了持续的生命力,已经成为中国乡村城镇化的经典范式。在乡村发展和规划实践中,有一些问题需要探讨,如规模与发展的关系、规划的着眼点、规划的个性与共性以及规划的目标,还有一些观念需要批判和反思,如割裂的城乡发展观、不可持续的产业发展观、不科学的政绩观和滞后的规划观,从而为中国广大乡村地区未来的发展规划提供借鉴作用。值得指出的是,科学发展观和五个统筹的提出,对打破传统的乡村发展观,实现乡村的可持续发展具有重要意义。

第一节　中国城镇化发展道路与模式

一、中国的城镇化道路

新中国成立以后,城镇化发展经历了一个曲折变化的复杂过程。这些过程包括:1950～1957 年的"正常城镇化阶段"、1958～1960 年的"过度城镇化阶段"、1961～1965 年的"第一次反向城镇化阶段"、1966～1977 年的"第二次反向城镇化阶段"以及 1978 年以后的"城镇化转型阶段"(Zhou and Ma,2000;周一星,1995:107～114)。中国城镇化发展的每一个阶段,都有当时经济社会发展背景甚至政治运动留下的烙印。2000 年,按第五次人口普查数据,中国城镇化水平达到 36.1%(Zhou and Ma,

2003)。2010 年,按第六次人口普查数据,中国城镇化水平达到 49.7%[①]。中国已经进入到城镇化发展的中期加速阶段。

着眼于城镇化发展的推动力量和组织主体,中国城镇化可分为自上而下式和自下而上式两种类型。

所谓自上而下式城镇化,指由国家、省、市政府作为城镇化的组织主体和投资主体,利用国家计划拨款的资金发展工业和建设城市,城镇化的发展力量源自上层政府的推动,常带有行政指向型特点。在改革开放以前,中国的城镇化方式多数都是自上而下式。在社会主义建设时期,各种国家级或省级重点工业项目的布点,如交通枢纽、大型港口、大型工矿企业的建设等可能会形成新的城镇,从而推动城镇化发展,如钢铁工业城市攀枝花和包头、石油城市大庆和克拉玛依、煤炭城市六盘水等,都是比较典型的自上而下式城镇化的产物(顾朝林等,1999:129~130)。

所谓自下而上式的城镇化,指由基层社区筹集乡、镇、村等集体和个体资金,发展地方小型工业,推动乡村地区的非农化和城镇化。自下而上式城镇化发源于苏南,启蒙于 20 世纪 70 年代。自 80 年代初以来,自下而上式城镇化趋势不断发展壮大,一度与自上而下式城镇化并行不悖,并有后来居上之势(周一星、曹广忠,1999;周一星,2010:383~396)。与自上而下式城镇化不同的是:自下而上式城镇化的组织主体来自地方乡镇村等社区政府和农民,投资主体是乡镇村地方社区和农民群体,以自有自筹资金为主;自下而上式城镇化的发展地域在广大农村地区,城镇化人口来源以来自农村的就地转移为主;自下而上式城镇化发生的等级系统属于基层乡镇(崔功豪、马润潮,1999)。自下而上式城镇化实际上是市场导向的改革进程中必然要出现的城镇化形式,市场的发展使政府的角色和功能有所转变,"指令性计划"更多地被"基层力量"所替代,基层力量推动的城镇化在既成事实的前提下又能得到政府的认可和支持,并得以推广。

---

① 国家统计局:《2010 年第六次全国人口普查主要数据公报(第 1 号)》,2011 年。

二、中国城镇化模式:三大模式及其新发展

1. 苏南模式及其新发展

1983年,费孝通在《小城镇再探索》一书中首次提出"苏南模式"。苏南模式是发生在江苏的苏州、无锡和常州地区的一种独具特色的乡村城镇化模式,它基于改革开放前的农村社队企业和近邻大中城市的优越区位条件,在乡村集体经济的形式下,通过发展乡村工业来带动农村社区发展和社会进步。

苏南模式的发展可以追溯到20世纪六七十年代。在改革开放以前,在全国农村尚处于经济发展"盲点时期"的时候,苏南农村已经出现村集体所办的社队企业,在宏观政策尚不明朗的情况下,"偷偷摸摸"地搞商品经济,开始探索农村经济的发展道路,这些具有集体经济特点的非农产业成为后来乡镇企业的前身。尽管发展道路并不平坦,甚至一度"求人讨饭"和"挨批挨骂",这些社队企业仍然顽强生存(朱通华、孙彬,1994:23~31)。改革开放后,政策放宽、经济搞活,鼓励农村自主发展商品经济,在全国农村还处于政策转变的过渡和适应阶段、广大农村对未来经济发展道路还在踌躇和观望时,苏南实际上已经具有了先发优势,过去"偷偷摸摸"求生存的社队企业"理直气壮"地转变为乡镇企业,并迅速地获得发展。改革开放以后苏南乡镇企业的快速发展引人瞩目,学者们形象地称其为"异军突起"。苏南乡镇企业归农村集体所有,其发展大大推动了农村的城镇化进程,这种发展具有典型的"自下而上"式特点。相关研究数据表明(朱通华、孙彬,1994:36),20世纪80年代和90年代初期,苏南乡镇企业对农村经济发展贡献巨大,而且这种贡献的份额也在不断增长,1985年江苏乡镇工业产值占全省工业总产值的37%,1992年这一比重达到53.9%,同期苏南地区乡镇工业产值已占到地区工业总产值的2/3。

苏南乡村城镇化模式的特点可以概括为以下四个方面。①"离土不离乡,进厂不进城",指的是就地吸收和转化乡村劳动力的特点。农民不用"背井离乡"便可完成由农业经营向非农业经营的转变,由于广大的工

厂位于农村,所以农民不用到城里打工而只要进入本地工厂工作即可从事非农产业。②以集体经济为主导而个体经济极少。苏南农村乡镇企业的所有权属村镇集体经济,也就是说,苏南乡镇企业既包括村属形式,又包括镇属形式。一般而言,集体所有的比重会占九成以上,正因为此,苏南模式被学者们形象地称为"乡镇大集体的经济模式"。显然在这种模式下,基层政府在推动乡村经济发展方面扮演了重要角色。③城乡一体、市场主导。苏南的发展受上海的辐射明显,而苏南的苏州、无锡、常州又成为辐射广大乡村地区的中心城市。在苏南,城乡联系密切而深入,城乡在区域经济链中分工明确、各司其职且相互交融,城乡一体化特征明显。整个苏南的经济发展有明确的市场导向,而国际和国内市场的开拓又使苏南经济具有开放型特点。④小城镇是苏南乡村城镇化发展的重要空间依托,小城镇和乡镇企业的发展相互促进。一方面,较高的非农化水平推动了小城镇发展,如 1983 年苏南共有包括建制镇和集镇在内的小城镇 34 个,1992 年仅建制镇就有 229 个,集聚了近万家的乡镇企业和 240 万农村剩余劳动力(高峰,2004);另一方面,小城镇也是苏南乡镇企业发展的主要空间依托,据统计,20 世纪 80 年代初苏南 90%以上的县、乡镇企业设在小城镇上(刘家强,1997:174)。

随着市场经济的建立和发展,从 20 世纪 90 年代开始,苏南模式的发展一度出现困境,主要表现在以下几个方面。①"村村点火、户户冒烟"的分散格局,主要是形容大量的散布于农村的工业点所导致的环境污染和生态环境破坏的分散分布格局,不利于环境的集中治理和区域的可持续发展。②"产权不分、政企不分"的结构性壁垒,主要是指基层社区政府享有企业的所有权和领导权,他们不可避免地受到自身文化和观念的制约,常常过分干预企业发展,容易不按经济规律办事,甚至出现"子承父业"而将集体经济与家族式管理建立关系。这与市场经济所要求的企业生产和管理的高效率原则相背离,导致了乡镇企业的亏损状况,并且产权模糊也不利于形成企业的凝聚力。③规模较小而难以产生规模效应,指的是苏南乡镇企业数量较多、分布较广、规模偏小的状况,这种特点在计划经济背景下还没有暴露出其缺陷,但在市场经济条件下,尤其是当遭遇来自大型企业的竞争时,则难以显现规模效应,特别是经营成本偏高会给企业发展带来困境。

为了克服上述困境,尤其是产权不分、政企不分的结构性壁垒,进一步改善企业的经营状况,从20世纪90年代中期开始,苏南乡镇企业纷纷开始改制。很多企业认识到改制的重要性,提出“早改制少流失,晚改制多流失,不改制要消失”,通过多种方式来实现企业改制,如整体嫁接、接受内资或外资控股、吸引法人单位购买、以资抵债等,截止到2003年,江苏乡镇企业改制面已达95%左右,其中实行产权制度改革和所有制变换的企业达88%(鲁强等,2003)。苏南乡镇企业的改制带来明显成效:企业的约束机制增强,企业普遍强化了节支降“本”管理,从原材料采购到产品销售各个环节的成本控制都得到加强;责权的明确使企业投资决策的有效性提高,原先企业上项目由政府说了算的状况不复存在;改制企业保持稳定增长,改制后的大中型企业发展速度快于当地乡镇企业的增长速度(邹宜民等,1999)。

总之,改制使以“政府推动+市场取向+集体产权”为早期特征的苏南模式获得新的发展(龚浔泽,2008:153),也昭示了苏南工业化由外延式发展向内涵式发展的转变,以及在发展道路、主导产业、投资方向和文化取向等方面的创新(周毅、高峰,1998:2～9)。实际上,目前的苏南模式已不再拘泥于某一种模式,而具有多元化发展的特点。具有“江苏四小龙”之称的昆山、江阴、张家港、常熟四市的发展代表了新苏南模式发展的特点。

昆山是典型的外向型经济模式,是苏南模式成功转型的一个突出案例。昆山以开发区为龙头,形成出口加工区、留学生创业园、高科技工业园、国际商务区等十大功能特色园区互补联动的发展格局。昆山全市税收60%来自外资企业,世界500强有23家在昆山投资。昆山的开发区70%以上是台资企业,台资企业数量超过1 000家,主要发展电子信息产业,有完整的IT硬件生产链,常住昆山的台胞有1万人,在昆山定居的台商有 6 000 多人。江阴则是内生型经济模式,代表了苏南模式成功转型的又一个方向。主要特点是通过股份制改造,实现资本运营经济。企业大型化、股份制改造和上市是江阴改制的主要步骤:通过大型企业整合配套的小企业,让星罗棋布的乡镇企业找到生存空间;对企业进行产权改革和股份制改造,将企业推向市场;行业巨头们通过上市获得发展潜力和动力。作为一个县级市,江阴拥有 10 家上市公司,占全国总数的 1%,被称为“华夏 A 股第一县”。张家港,充分发挥临港优势及“自加压力、负重奋进”的张家港精神,创造了“赶超经济”的奇迹。常熟,则由集体企业向产权明晰的多元股权企业转变,凭借个体、私营经济和商贸流通,实现经济的持续上升(鲁强等,2003)。

2. 温州模式及其新发展

温州模式,是指形成于浙江温州地区的另一种独具特色的乡村城镇化模式。它基于本地优良的手工业和商业经营传统,在个体经济的形式下,以家庭工业和家庭经营为特色,以广大的购销员为骨干,以专业市场为龙头而带动农村经济发展的模式。

在现代区域经济发展中,区位优势和经济发展基础尤为重要,尤其是区位条件,几乎决定了区域的命运,如东部沿海地区和中西部地区,在东部沿海地区内的广东和内地,在广东内部的深圳(毗邻香港)和珠江西岸地区等,无不是区位条件差异所造成的经济发展差异。但温州的发展历程及温州模式可以说是一个“区位决定论”的反例。改革开放以前,温州的区位条件没有优势,国家投资少,基础设施条件相对较差,尤其是交通可谓极为不便,再加上人多地少的区情,温州发展的前景并不乐观。但是,温州有一个优良传统是其他地区所没有的,那就是外出谋生的习惯。温州人一直有外出做生意甚至“要手艺”的本领和习惯,与同时期很多地区农村的保守、狭隘观念不同的是,他们长期外出做生意并磨炼出大胆敢闯、吃苦耐劳、坚韧顽强的性格,他们具有能在恶劣环境下生存发展的适应能力和不怕挫折、屡败屡战的顽强性格。温州人的这种习惯已形成一种地方文化传统,即学术界所谓的“温州精神”。因此,“酒香不怕巷子深”,尽管温州没有区位条件和基础设施条件的优势,“温州精神”却成为温州经济发展的后劲和持续的推动力,使得改革开放以后,温州地区走出一条快速发展经济的道路。

温州模式发展的特点主要表现在以下三个方面。①与苏南模式的集体经济不同的是,温州模式主要是个体经济,它以家庭、联户企业等个体私营经济为主导,个体经济企业的经营规模相对偏小,但重视开拓市场的优良传统使得温州产品的市场份额并不小。重视商业经营的优良传统使得温州形成由众多小规模经营的个体企业之间的生产协作,有学者形容温州的发展具有“四小四大”的特征,即“小商品、大市场”、“小规模、大协作”、“小机器、大动力”和“小能人、大气魄”(刘家强,1997:137)。②购销大军在温州产品的市场开拓中起着极为重要的作用,这也是其他地区发展模式中所不具备的条件。据悉温州当年有十余万被誉为“购销大军”的业务员长期在全国各地跑市场、推销产品、采购原料和获取供需信息,这些购销大军的存在使得温州非但化解了其区位和交通条件上的劣势,反而通过人的活动网络重构了其区位特征,转而具有了经济活动的区位优势。因为温州生产活动的起点和终点都在市场,温州以小商品生产为主体的家庭工业可以实现远购远销的功能,区位偏僻的温州却能及时掌握全国乃至更大范围瞬息万变的市场信息。温州模式的这一特点甚至促进了生产和销售网络的异地集聚,即实现了在温州以外地区的“异地城市化”。如北京大红门地区的“浙江村”,便是由来京务工、经商的温州人集聚而成,村民按血缘、亲缘、地缘和友缘关系重构了社区内部的社会网络(胡兆量,1997),温州人的这种社会网络也帮助浙江村开拓和形成了国内乃至国际的市场经营网络(项飚,2000:450)。③专业市场的形成是温州模式的另外一个重要特点。温州除了开展小商品生产以外,还形成了大量的专业性市场。温州的供销人员最早打入全国大中城市的国营商场,利用这一优势,温州地区的专业市场与全国大中城市国营商场建立了联营的经营方式,从而建立起遍布全国的销售网络,成为名副其实的全国性大市场。

在温州模式的发展中,也一度出现很多问题。如产品质量相对较低、行贿推销、市场无序、大量假冒伪劣产品出现,甚至有偷税漏税、欺行霸市的行为等,温州商品一度成为假冒伪劣产品的代名词,严重影响了世人对温州人和温州产品形象的认识。如柳市生产的伪劣低压电器给用户的生产和生活造成巨大损失,曾遭到中央有关部门的通报批评,并受到国务院联合检查组的检查(董辅,2003)。另外,企业规模小、技术含量低以及现代化企业管理观念和企业技术开发能力的缺乏也成为制约温州模式进一步发展的"瓶颈"。

温州模式的新发展始于20世纪90年代的二次创业。温州模式的二次创业取得了较好的效果,主要体现在以下几个方面:①实现了由家庭工业向现代股份企业的转变,形成了具有一定规模的区域资本优势,使得温州在拥有实力雄厚的资本的条件下,在经济紧缩的情况下仍能保持较快的投入水平;②专业市场进一步扩大,形成了大规模的产业集群,突出的表现是一个村或邻近的几个村都是某一类产品或某一产品的产销基地,如乐清柳市镇成为全国最大的低压电器产销基地,瑞安塘下镇是全国主要汽摩配产销基地,还有鞋革、服装、打火机、眼镜、剃须刀等都已形成相当规模的产销基地;③引导面广量大的中小企业狠抓技术改革投入,做强产品、做大市场,形成规模领先的行业优势和产业优势,在行业内部形成专业化生产、社会化协作、集约化经营的格局,呈现出资源优化配置、优化集聚的态势,它们既形成规模优势,又相互竞争并以竞争促进技术和管理创新(申斯春,2000);④提出质量兴市的目标,大力抵制假冒伪劣产品,重视企业的现代化管理,促使温州大量的"经济能人"向"现代企业家"转变,弘扬了温州精神,再塑了温州新形象。

总之,与过去相比,今天的温州模式已发生很大变化。这些变化常被提及,如:企业规模得以壮大;在技术水平、产品品质、产品结构和品牌建设方面提高较大;兴起了很多资本密集或技术密集产业;企业经营管理更为规范;市场营销方式也有较大变化,在全国各地甚至国外建立了专营店等营销网络,有些产品在靠近市场的地点生产(余映丽、李进杰,2002;

116～117)。温州模式的创新及其成功也显示了其持续的生命力。

3. 珠三角模式及其新发展

无论是集体经济还是个体私营经济,苏南模式和温州模式城镇化发展的推动力量都来自区域内部,是由内生力量所推动的。与之截然不同的是,珠江三角洲发展的推动力量来自区域以外,是由外来投资所推动的,是一种外联型的发展模式。如果对珠三角模式下一个定义的话,那就是外来投资在区域发展中占据主导地位,并有效实现了人口和产业非农化发展的一种区域发展模式。珠三角城镇化是典型的外资推动型城镇化。

改革开放以前,外资在中国是受排斥的,是不受欢迎的。改革开放以后,大量的外资尤其是来自港澳的资金进入珠三角,极大地推动了区域经济发展。珠三角吸引港澳资金有其得天独厚的优势。①区位优势。珠三角与港澳毗邻,深圳与香港具有"同城化"的特点,珠海和澳门也位于同一都市区内,地域的邻近无疑使珠三角在吸引港澳投资方面比大陆其他地区更具有优势。②社会文化的亲缘、近缘关系。港澳与广东的人口、家庭有密切的血亲和宗族关系,港澳人口出生地和祖籍多在广东,这种亲缘和乡缘联系促进了港澳和广东之间的人口频繁往来,其中相当一部分又转化为经济往来,共同的文化体系(粤文化)为粤港澳人口的经济和社会联系带来亲和力,共同的语言体系导致地缘的亲和力。③与大陆其他地区相比,珠三角地区的政策环境比较宽松。1980 年深圳和珠海便被批准为经济特区,1987 年广东被国务院定为综合改革试验区,同年珠三角经济开放区范围也大大扩大。总之,珠三角享有国家所赋予的众多优惠政策,成为改革开放的样板,这些对港澳投资都产生巨大的吸引力。

珠三角模式的发展特点主要表现在以下几个方面。①外来投资尤其是港澳投资对区域发展起到主导作用。据薛凤旋、杨春(1997)的数据,1980～1993 年间珠三角累计实际利用外资 200 亿美元,占广东省的 68%,在珠三角外资构成中,香港是最主要的投资来源,占 74%,在珠三角投资的 96%的香港企业家把地理上的接近作为其投资的决定性因素。

②珠三角先后通过“三来一补”、中外合资、三资企业等形式发展外向型经济和制造业,与香港在经济上形成优势互补的“前店后厂”模式。香港利用海外贸易窗口优势,承接海外订单,负责市场调查和产品设计,供应原材料、元器件,控制产品质量,提供金融决策服务,进行市场推广和对外销售,从事样品制造和开发新产品、新工艺,扮演“前店”角色;而珠三角则利用土地、自然资源、基础设施和配套服务以及利用廉价劳动力的资源优势,进行产品的加工、制造和装配,扮演“后厂”的角色,这种角色分工对双方都有利,因为随着香港经济的发展,香港房租、工资成本上升和劳工短缺问题加剧,低成本制造业在香港已丧失优势,迫切需要向其他地区转移(闫小培、曹小曙,2006:112~113)。③外来投资有效地推动了珠三角小城镇和小城市为主体的城镇化进程。外资在珠三角的分布逐渐由大城市向小城市和小城镇扩散,小城镇利用外资的增长速度较快,珠三角外资利用的空间分布与小城市和县倾向相一致,外资大大推动了珠三角以小城市和小城镇为主导的城镇化格局(薛凤旋、杨春,1995)。

20世纪90年代以后,珠三角模式又有新的发展。香港和珠三角之间的“前店后厂”功能向更加深化的方向发展:珠三角的“后厂”功能进一步向内地扩展,珠三角并不甘心做完全的“后厂”,提出要发展服务业并力图改变香港在服务业方面的垄断地位,发展了像产品设计、承接订单、市场销售和金融决策等本属香港的“前店”的功能;随着香港经济的进一步发展,香港第三产业中一些不用和顾客见面的“后店”功能向珠三角转移和渗透;实际上,现在已很难分清珠三角的哪些功能是单纯的“厂”和“店”,珠三角和香港之间已形成“厂店融合”的新模式。进入21世纪以来,珠三角的“三来一补”企业向三资企业转型,劳动密集型产业也逐渐向资本和技术密集型产业转变,目前,深圳、东莞等珠三角地区已发展成为全国规模最大、产品出口额最高、发展速度最快的高新技术产业带(鲁强等,2003)。如20世纪90年代中期以后,东莞等地本地计算机相关配套产业发展迅速,目前东莞的电脑组装原料95%已实现本地供应,东莞已经形成一些外向型制造业(出口加工贸易)的地方产业群,形成本地的生产配套网络,进入PC生产的全球分工体系(童昕、王缉慈,2001)。近年,珠三角的发展又面临新的机遇:一是"泛珠三角"概念的提出,反映了新时期珠三角在发展过程中遇到来自长三角、环渤海等区域的巨大竞争,尤其是珠三角和长三角之间面临发展腹地的争夺;二是中央和香港、澳门签署的"CEPA"协定(即更紧密经贸关系安排,2003年签署),无疑会使港澳和珠三角之间的关系更为密切,也为珠三角的进一步发展提供了新的机遇。

三、小结

新中国成立以来,中国的城镇化道路可谓曲折。改革开放以后,中国城镇化才真正步入健康而持续的增长阶段。除了各级政府作为投资主体和推动主体而形成的自上而下式城镇化外,真正具有自组织特点的是自下而上式城镇化。苏南模式的核心特征是乡村集体经济推动城镇化发展,温州模式的核心特征是个体私营经济推进城镇化进程,而珠三角模式是外资推动型的城镇化。在改革开放以前,三大模式要么有一定的发展基础,要么具备了该模式出现和发展的条件。改革开放后,长久以来所积蓄的势能得到爆发。在全国其他地区还处于发展的迷茫和观望时期的时候,苏南、温州和珠三角获得超前发展,城镇化步伐远远超过同时期的其他地区。随着市场经济的完善和经济一体化的发展,20世纪90年代以后,三大模式的进一步发展出现新的问题,同时也面临新的机遇和挑战,成功的转型使三大模式具有持续的生命力。三大模式代表了新中国成立60多年来乡村城镇化所取得的最大成就。对中国乡村城镇化的研究无法绕开三大模式。实际上,三大模式也为区域城镇化发展提供了借鉴经验。

第二节 对小城镇发展与规划的思辨

自20世纪90年代以来,为适应整个国家经济体制的改革与转型,中国小城镇的规划与建设已步入市场化阶段。转型期间小城镇究竟如何发展历来争议较大,有学者认为目前中国小城镇应以规模的外延式扩张为主,然后才能进入追求内涵式发展的阶段(黄富国,1999)。我们认为,这种观点忽视了小城镇的具体发展特点与发展条件,一味求大,与中国国情不符,因而难以苟同。在小城镇规划实践中,长期以来也存在许多误区。其实,与大中城市规划相比,小城镇更易建成可持续的人居环境。通过科学规划,小城镇更能突出个性,也会成为推进城乡一体化战略的有力举措。

一、规模与发展的关系

小城镇规模包括人口规模与建设用地规模两个方面,那种把小城镇发展与规模盲目扩大简单划等的观点是一个误区。以这种思路编制的小城镇规划不乏其例。一些乡镇领导对这种大幅度的规模扩张更是津津乐道,以为只有这样规划,小城镇才有发展潜力,才能建成为现代化的新型小城镇。那么,究竟如何理性地看待小城镇的发展呢?拟从以下几个方面加以讨论。

1. 人口规模与乡村城镇化水平度量标准

城镇人口规模不是乡村城镇化水平度量的唯一标准。据国内外城镇化研究结果,乡村城镇化既包括乡村人口的空间转移,又包含了城镇经济职能和生活方式在乡村的渗透,乡村人口的生产方式和生活方式逐渐城镇化和现代化才是真正意义上的"城镇化"(刘家强,1997:4～6)。随着农村经济实力的增强,城乡之间生活方式日趋接近,引发了农村传统小农经济生活方式向现代城镇生活方式转化;同时,农村传统的、保守和封闭式的观念及文化也日益向开放和现代的方向转化。所以,乡村城镇化是一个多元范畴,仅以城镇人口的规模来衡量乡村城镇化水平既不全面,也有失科学性。

与人口空间转移和职能转移不同的是,人口文化形态、生活方式和价值观念难以度量。在乡村城镇化的定量研究方面,较早的有崔功豪、王本炎、查彦玉(1992:91～93)提出,除生活方式、思想观念的转化过程难于用量化指标反映外,城镇化的量化指标应包括人口、土地和产业三大方面,具体涉及城市人口总人口比重、大城市人口占城市总人口比重、城镇人口平均数和平均增长率、人口密度和城镇密度、人口通勤率、人口就业结构、城市用地占可用地比重、农业用地转化为城市用地的速度、第二和第三产业指标、第三产业内部比重等指标。张小林、金其铭(1992:79～86)结合苏南的研究从5个方面15个指标构建了评价一定区域乡村城镇化的指标体系,其中居民生活水平方面选用"人均收入"、"人均社会商品零售额"、"人均用电"和"万人拥有电影院数"4个指标,已经涉及人口的物质和精神方面。郑弘毅、夏清和叶冬青(1998:68～117)则从3个子系统134项指标建立了统计和评价乡村城镇化水平的指标体系;单就乡镇人口子系统而言,又分为"人口总量"、"职业"、"身份"、"收入"、"知识水平"、"生活方式"、"精神面貌"7个模块;其中精神面貌模块即"日常娱乐方式",生活方式模块采用"恩格尔系数"、"蛋白质摄入量"、"饮用水源水质达标率"、"平均期望寿命"、"生育模式"、"家庭结构"共6个指标。可以说,已有乡村城镇化定量指标体系的研究对于正确理解小城镇发展、合理确定其人口规模不无裨益。

2. 规模的确定需因地制宜

小城镇发展规模的确定,应充分尊重历史资料和客观形势,充分考虑其发展的现实条件。在从事小城镇规划的实践中,尤其是在收集历史人口资料并进行人口规模预测时,常常遇到困难。原因是:一方面,乡镇领导不重视历史资料,认为人口规模要依照领导意图,认为"需要"多大规模,就要定在多大规模,因而在调查时不予重视甚至不予配合;另一方面,乡镇人口部门,历史人口资料大多保存得不甚完好,尤其是在相关部门领导更换的情况下,上一届领导在任时的资料,往往难寻。

所以,规划师须妥善协调好各方面的关系,尊重历史资料,以历史数据来预测人口发展趋势才是科学的手段。对于规模弹性部分的确定,要充分分析小城镇发展的条件和可能,有条件建成为大规模城镇的,规模可以适当放宽些;对于没有太多发展余地和发展前途的小城镇,即使将其规模定得较大,规划期内的实际发展也远远达不到,试问这样的规划有何益哉?在市场经济条件下,适者生存、优胜劣汰,市场竞争规则同样会对小城镇发生作用。那种不分青红皂白、盲目强调小城镇规模扩张的做法,不仅不合实际,也与中国国情不符。

3. 从外延式扩张走向内涵式发展

小城镇发展应由追求外延式规模扩张逐步走向内涵式发展。一些小城镇的规划用地和基本农田保护造成冲突和矛盾,使得在有限的预留地之内,如何提高小城镇土地利用效率和土地综合开发率成为重要议题。从当前形势来看,今后小城镇发展应逐渐摆脱外延式规模扩张,重视走内涵式发展的道路。内涵式发展并非完全排斥规模扩张,关键在于针对不同类型的小城镇加以区别对待、反对规模盲目扩大。对于一些确有潜力可挖、城镇经济发展势头良好的小城镇,为使其将来发展有足够空间,应在规划中留出一定余地,同时注意用地的集约和紧凑;对于一些无太多发展潜力的普通小城镇,尤其是经济欠发达地区除县城关镇和中心城镇以外的一般小城镇,要重点确定其适宜规模,在此规模之内注重质的提高和内涵式发展。

小城镇内涵式发展应突出:①把未来小城镇建设成为城乡信息流的交汇点和乡村地域的信息中心所在地;②注重规划建设的"以人为本",小城镇内涵式发展要突出对人的关怀,强调小城镇规划建设的"人性味"和"人情味",注重环境、生态的保护与协调,注重小城镇功能的完善,把"人—小城镇—自然—技术"综合为一个系统,以系统的观点加以研究并做出举措;③技术和创新要素的有效集聚与扩散。

4. 城乡统筹下的发展战略研究

传统的小城镇规划重点往往放在物质环境规划上,而对软性环境和发展战略重视不够。应该强调的是,小城镇规划应该制定独立的发展战略规划研究,应突出对小城镇和乡村地区经济社会发展的分析论证和战略制定,才能促进乡村经济发展并保证规划的有效实施。发展战略研究应强调:①全球化和宏观区域发展背景下小城镇和乡村地区发展面临的机遇与挑战;②小城镇和乡村地区产业和人口发展的历史、现状特征和主要问题以及解决这些问题的有效对策和政策建议;③小城镇和乡村地区产业结构的调整、升级和主导产业的选择;④小城镇和乡村地区相关机构的改革与发展机制的触发策略;⑤城乡统筹和城乡协调发展战略与方案的制订;⑥小城镇及乡村地区建设的融资渠道等。

二、规划的首要着眼点

小城镇是一定乡村地域的政治、经济和文化中心,是乡村生产、生活和流通的集中地。作为介于城乡之间的一种"中间型"社区,小城镇兼容了城市和乡村的某些特征,从而使其发展与建设拥有一系列特点。

在小城镇的众多特点中,有几点特别突出:一是灵活性;二是与乡村自然环境的接近性;三是人文环境的乡土气息和地方特色浓厚。第一个特点表现为小城镇规划与建设相对灵活,易于改造、扩建和布置相关项目;而后两个特点则使小城镇拥有大、中城市所无法比拟的生态环境优势和具有地方色彩的人文环境,因而在小城镇规划与建设中既易于贯彻、实施可持续发展战略和保持生态平衡和环境优美,又能弘扬社区文化、挖掘传统乡村文化精髓。

有学者提出,一个成功的城市应满足三个方面的条件:一是市民愿意居住的城市;二是人们乐意走动的城市;三是令人值得回忆的城市[①]。其实,一个建设成功的小城镇同样需要满足上述三个方面的条件。极为难得的是,小城镇的上述特征为其符合这些条件创造了便捷。具体表现在:

(1) 只有小城镇的自然环境和人文环境适宜人的生存、利于人的健康(包括身体、心理和精神文化上)并带来安全保障,才会对人们前来居住产生吸引力。在小城镇规划的实践中,常遇到对规划期内农民是否愿意到镇区居住产生疑问的情况,不难理解,一个自然环境污染严重、人文条

① 此结论系南京大学崔功豪教授根据国外资料和自身体会总结而成。

件相对低劣的小城镇是难以提高其对居住的吸引力的。小城镇易于人们生存的自然和人文环境,再加上建设相对灵活,建设周期较短,使其在吸引人们居住上拥有得天独厚的优势。

(2) 小城镇能否使人们乐意走动,关键在于其品牌的树立。小城镇的品牌往往对其知名度和吸引力起到至关重要的作用。具有特色的、宜人的居住环境是小城镇树立良好形象和品牌的有力工具。可以说,如果没有水环境,包括水、因水而存在的桥、船、依河建筑等水乡人文景观、特殊的水乡生活方式乃至由水而形成的水文化等,就不存在作为全国十大名镇之一的周庄,也无法挖掘其古镇旅游的文化内涵和较高的文化品位。正是在这种独特环境下的小城镇,才是令人向往的游览胜地。

(3) 和谐的自然环境加上富有悠久传统和优秀品质的人文环境往往能激起人们的回忆,使人再次向往,并积极为其宣传。

综上所述,不论从哪个方面来衡量,一个建设成功的小城镇无非是要营建一个和谐的、宜人居住的环境。就小城镇规划的角度而言,我们认为,一个成功的小城镇,其规划和建设的首要着眼点应是建造一个宜人的居住环境,在此基础上才有可能论及其他各项事业的发展。否则,无论短期内一个小城镇在经济上如何发达,从长远来看,恶劣的环境终将毁之于一旦。

在美国,小城镇虽没有大城市的繁华与喧嚣,但其拥有自在和宁静的生活空间。小城镇的新鲜空气、秀美风光和高质量的绿地使其环保、绿化和视觉景观得到极大改善,为人们提供了一个宜于生存的和谐环境。美国小城镇的建设与管理科学合理,表现在:①交通方便,汽车、飞机可通达四方;②各方面费用低、税收低,工作机会多,而且政府采取一系列措施鼓励人们在小镇定居;③小城镇重视教育条件的改善和教学设施的建设,不断提高教学质量;④治安情况良好,使罪犯不敢到小镇上作案;⑤小城镇社区组织所订立的社区规则严格、细致,如草坪要及时修剪、垃圾堆放整齐并及时处理等,使小城镇秩序良好。上述各方面都增加了小城镇的魅力,使小城镇更适于人的生存,使在这里生活的人们无后顾之忧。因而大多数美国人都愿意在小城镇居住,小城镇对他们深具吸引力的不是其他,而是宜人的居住环境。

在规划中,营建宜人的居住环境应始终作为一个基本的立足点,并把这一原则贯穿在小城镇规划的全过程,才是确保小城镇可持续发展的规划思路。20 世纪 90 年代末期,我们在编制南京市高淳县西部圩区集镇规划时,运用这种思路,取得较好的效果。

圩区聚落非常独特,坑塘沟渠纵横,水域所占比重较大,一般占土地总面积的 1/3 左右。农业的多种经营在圩区小城镇经济发展中地位突出,尤其是水产养殖业所占份额较大。圩区一般位置偏僻,交通闭塞,不良的交通状况使圩区小城镇在区位上丧失优势,这在很大程度上限制了其工业尤其是乡镇企业的发展。并且,众多的水面大大增加了造路代价,地形破碎等因素更增大了规划编制及其实施的难度。所以,圩区小城镇环境的特点与经济社会传统决定了其规划思路要突破一般程式。

丹湖乡是高淳县圩区的一个典型乡镇,其环境和景观呈现以下几个典型特征:①小城镇和村落沿水阳江边的围堤一线排开,由于工业不发达,环境极少遭受污染,村民在清越可人的江水中淘米、洗衣,江水成为居民生活中不可分割的一部分;②网络状的沟渠纵横贯通,与埕(沟所围的田地)构成交错分布的格局,使视觉景观极为开阔;③民居建筑很有特色,注重传统韵味和现代江南建筑风格的融合,一部分建造在水边的小楼以吊脚楼的形式向水面延伸,表现出水乡的建筑特色;④聚落紧凑密集,分别由数条小道与大堤(即集镇现状主街)相连,但内部无横向联系通道。丹湖的聚落景观呈现出易于居住和人与自然和谐共存的意象,所以设想以营建宜人的居住环境作为规划的主题思路。这一思路落实到规划上,主要体现在以下几个方面:①对现状中不宜于人的生存和小城镇发展或不符合可持续性原则的方面坚决加以限制,一些要拆除、取缔,如聚落沿堤发展的传统、一些富裕农民的新居在水阳江边建造并向江中伸展的趋势等;②对聚落不合理的传统予以变革,使小城镇朝具备现代化功能的方向发展,如聚落内部无横向通道,基础设施、公共用地与对外交通均沿大堤一线集中等;③采取措施重点保障宜人居住环境的建成,如加强环保意识、杜绝“先污染后治理”,建设现代化居住小区,发挥水乡特色、兴建游憩中心和农民公园,增大绿化用地面积等;④不刻意追求小城镇的规模,而突出“小”的特色,在“小”上做文章并强调功能分区,以营建居住小区、游憩小区、办公小区、贸易小区和工业小区等作为小城镇规划的重点,突出小城镇的现代化功能和为周边密集村落提供相关服务的功能。以这种思路编制的圩区集镇规划,既符合实际,得到农民的拥护和赞同,又不失科学性,势必增强小城镇的吸引力,利于长远发展。

三、规划的个性与共性

个性与特色是小城镇规划的核心。没有个性,就意味着小城镇失去了活力。一些小城镇规划面目雷同,令人大有“似曾相识”之感,这样的例子不胜枚举。一些规划工作者盲目套用以往的规划案例,令人费解;更有甚者,把本来极富创造性和发挥规划师才情的规划工作“套路化”,如不分场合地套用工业用地、居住用地和其他用地“三分天下”的公式,把小城镇性质清一色定位在“以工业为主导的现代小城镇”,从而使一个个小城镇都成为工业新兴小镇,使用现代高科技尤其是电脑等的“克隆”技术更使小城镇规划如出一辙。在这种思路下,小城镇规划容易走向僵化、固定化和程式化,是一种误区。许多规划师为使规划顺利通过验收,人为泯灭规划个性,增加共性的比重,对一些易引起争议或预测性大、弹性大、富有创意的小城镇发展和规划思路轻易放弃。这种只求表面文章不求深度的规划倾向,只能贻害无穷,给小城镇发展营设新的障碍。

规划突出个性,就是要遵循因地制宜、发挥特色、就地取材和因势利导的原则编制小城镇规划,并进行充分合理的论证。从实践操作上看,笔者以为要着重以下三个方面。

1. 小城镇景观形象的规划与设计

良好城镇形象的树立是小城镇个性的一个主要方面,它对于提高小城镇的知名度、创造优良的投资环境、吸引居住、加快地方经济发展等方面具有极为重要的作用。只有规划和树立良好的城镇形象,才有可能顺利形成小城镇经济发展的运作模式。在规划上,要做好以下几个方面的工作。

(1) 设置和规划具有代表性的景观。这种景观能代表地方特色,常见的有:面积适宜的广场;在中心路口或街口设置具有代表性的雕塑;建设乡土文化气息浓厚和具有社区文化特色的农民公园及休闲、游憩、文化中心等。

(2) 规划中强调园林、绿地面积及其布置方式。新时期的小城镇规划应适当加大绿地面积(包括防护性绿地和公共绿地),人均绿地至少要达标,丰富景观的空间构成。小城镇公园绿地的内容与布置方式都可与城市不同,才能创造既有别于城市又优于城市的生活环境,才能形成鲜明的个性。如有学者认为,小城镇绿地密切与生产结合,镇区可引入生产绿地、观光农业用地等,安排度假休闲、农业科研、科学普及的设施,既可以形成环境优美、景观丰富的花园城镇,又能服务于附近城市居民,也不失为一种尝试(任世英、邵爱云,1999)。

(3) 追求规划整体风格的协调,小城镇的规划与建设应强调色彩的统一。一个小城镇的建筑风格应被视为一个整体,不应求多、求全,切忌杂乱无章,应追求协调、统一。小城镇建筑的整体基调应强调"齐"、"静"、"谐"、"纯"。"齐"强调规整划一,与"乱"相对;"静"与"躁"、"闹"等相对,宜人的生存环境应是静谧、祥和的;"谐"指和谐、协调,与"冲突"和违反常规相对;"纯"则是指统一、少而精,与"杂"相对。

小城镇规划与建设还应强调城镇色彩的统一、和谐。城镇色彩主要由建筑物、树木、花草、道路、广场、广告、车辆及人的衣着等色调综合而成。一些城镇建设不考虑色彩变化,各种色彩混合使用,五花八门,城镇像个"大花脸"(经济日报,1999)。在小城镇规划与建设中,有必要及时注意到色彩的作用,因为色彩杂乱会破坏小城镇景观的统一,更难以形成鲜明的城镇形象。

一个良好小城镇形象的树立,易于激发居民的自信心、自豪感和创业热情。同时,也促使人们自觉维护小城镇形象,保持生态与环境的可持续发展,形成良性循环。

2. 主导产业选择与小城镇发展模式的确立

从城镇化发展的传统模式来看,苏南模式是以集体经济(乡镇企业)发展为契机促进小城镇发展的;温州模式的小城镇发展则是源于个体私营企业的发展;珠江三角洲模式的小城镇发展源自外向型企业的发展带动。三种模式有一个共同点,即以工业作为主导产业和小城镇发展的催化剂。这种传统并非意味着在所有小城镇规划中均须效仿这三大模式,更不意味着小城镇主导产业必须定位在工业上。模式的最初含义是由实践归纳提炼出的一种具有代表性的类型,模式发轫于典型,在条件类似的地区可以尝试推广,但并不意味着所有地区都要遵照统一模式,这也是20世纪80年代费孝通倡导开展小城镇类型研究时的初衷。忽视了这一点,模式就失去了其科学意义。小城镇主导产业选择的关键是因地制宜和就地取材,适于发展乡镇企业并拥有广阔前景的,可以考虑以工业的发展带动未来小城镇发展,并在规划中留出足够的发展空间;不适宜发展工业的,就应该果断地把目标转向其他产业。

国内一些发展成功的小城镇给人较多的启示。河北白沟镇、浙江桥头镇均是依托第三产业而获得发展。苏州周庄、昆山巴城和吴江芦墟等镇更是受益于旅游业的开发。山东潍坊和湖北襄樊的众多小城镇以农业产业化发展带动小城镇发展和建设,也开创了一种崭新的小城镇发展模式。潍坊的经验是以农业产业化促进了位于小城镇的龙头企业、专业市场、拳头产品和中介组织的发育,从而带动了小城镇的建设;襄樊则立足于自然资源,以农副产品和资源加工、交易为主,由农业产业化和乡镇企业带动小城镇的发展(许宝健,1999)。上海青浦县大盈镇的规划中,突出了大盈鸭的饲养、加工和烹调技术以及香糯米的种植、食品开发的升级换代,在镇区内布置了"盈鸭园"、"香糯园",接纳上海、苏州等市居民到此参观、度假、品尝、采购,进一步取得更大的经济、社会和环境的综合效益(任世英、邵爱云,1999)。大盈镇在立足于特色农业和拳头产品的基础上,以规划作为产品升级改造和镇区旅游度假与服务业开发的契机而获得成功。因而可以说,大盈镇规划是一件极富个性的规划作品,规划师的独具匠心和别出心裁令人叹服。

中国现代小城镇类型复杂多样,因而根据不同类型选择适宜的主导产业和发展模式无疑具有重要意义。只有这样,小城镇发展才能成为可能,也才能在此基础上形成特色与个性;否则,发展尚不能保障,更谈不上特色了。

3. 规划的创新方面

一个成功的小城镇规划是一件艺术品,是规划师苦心经营、辛勤创作的结晶。规划作品要经得起推敲和时间考验,要值得品味、耐人寻味,就必须要坚持创新。这种创新是在传统基础上的融会贯通,既保留传统规划的精粹,又体现出规划师的创意和一定新意。小城镇规划创新包括规划理论的创新、规划技术与方法的创新以及规划思维的创新。规划理论的创新是站在小城镇规划学科发展的高度,无疑对具体规划的编制具有指导作用;规划技术方法和规划思维的创新则使规划后的小城镇呈现新的面貌,易于突出个性。

四、规划目标与城乡一体化

小城镇是周围乡村地区发展的增长中心和突破点,所以从区域的范畴着眼,小城镇的规划与发展不仅是其自身的问题,而且是关系到整个乡村地区发展的重大问题。中国的小城镇与乡村有着千丝万缕的联系,以小城镇发展带动乡村地区的发展,对缩小城乡差距、促进城乡融合有重要意义。小城镇上连县市下带村庄的区域地位特征及其对改善工业布局和农业结构、调整城乡人口分布等方面的独特作用更突出了其发展和战略升级的意义。从这种角度来看,小城镇将是21世纪中国城乡一体化战略和城乡统筹发展实施的关键环节,把如何推进城乡一体化战略作为小城镇规划的最高目标和落脚点有其实际功效。并且,在小城镇规划中使城乡一体化思想逐步有所体现、以小城镇规划及乡村土地利用规划和各种村庄规划的实施作为城乡一体化的切入点、突破口和先行军,可操作性强,宜于见效(冯健、刘庄,1999)。

因而,在小城镇规划中应把城乡一体化的推进作为最高目标,并把这一思想深入和具体到规划中去。有的学者主张,小城镇中心城区采用离散组团式布局,其间隔以大片开敞空间(农田、水面),从而使乡村城市化、城市田园化、城乡融合为一体(陆百甫等,1999),这种做法的有效性尚待进一步检验,但它不失为一种有益的尝试。

在东部沿海地区的小城镇,由于地处外引内联的优越位置,应全面发挥其区位、交通、经济、文化、科技多方面的优势,抓住机遇,迅速发展,与中西部地区联合协作、优势互补、共同富裕,为全国做出表率,成为中国城乡一体化发展的窗口(任世英、邵爱云,1999)。那么,在东部沿海地区小城镇的规划中,及时、有效地贯彻城乡一体化战略,不仅对其自身缩小城乡差距、消除社会发展的不稳定因素效果显著,而且对建成为全国的城乡一体化示范基地、带动整个国家城乡一体化的实现意义重大。另外,还须看到小城镇规划对乡村聚落规划水平的提高和带动作用,使乡村规划具有较强的科学性和合理性,并体现城乡一体化的思想。由上所述,在小城镇和乡村规划的推动下,城乡一体化的实现就非远不可及的事情了。

在中西部地区,经济发展相对滞后,尤其是西部地区资金投入能力低,以乡镇企业为主的非农经济不发达,如整个西部地区乡镇工业的总产值只占全国的10%左右,尚不及东部地区一个乡镇企业发达省的规模(陆大道、薛凤旋等,1997:118)。因而,不可避免地使作为乡镇企业主要载体的小城镇及农村工业小区的发展与建设机制欠佳,再加上薄弱的历史基础,在带动区域发展方面,小城镇显然应退后于大中城市及相关的经济核心区。但毋庸置疑,在广大的乡村地域,小城镇仍可作为小范围乡村地区的增长中心进行培植,其规划更多地立足于其自身的发展和对乡村的示范作用,就更应该谨慎了。

第三节　对传统乡村发展观的评判

一、割裂的城乡发展观

长期以来,中国城乡经济发展严重失衡,形成了所谓的"城乡二元结构",城乡差距越来越大。改革开放前,工业品和农产品实行的是不平等的交换体制,通过工农业产品的"剪刀差"挤压农业,国家财政支出的城市偏向突出,国家还通过农村税收和支农支出相抵的差额从农村积累工业化和城镇化的资本;改革开放后,这种做法仍然存在,工农业产品"剪刀差"仍然很大,如有专家估计 1990 年以来农民每年以"剪刀差"形式向国家贡献 1 000 多亿元,总体上仍然是以乡养城,其结果必然是扩大了工农差距和城乡差距(周琳琅,2005:19)。当然,西方发达国家在工业化初期也有类似经历,即农业支持工业、为工业提供积累,而在工业化达到一定阶段后才实行工业反哺农业和城市支持农村,最终达到工农和城乡的协调发展。尽管如此,中国城乡关系在一定程度上长期处于"被割裂"的状态是显而易见的事实。

在发展实践中,割裂的城乡发展观阻碍了乡村经济发展的步伐,延长了乡村自我封闭的状态和处于小农经济的阶段,因为农业的经营往往和非农产业经营相脱节。中国农村经济与城市经济长期分割,农业生产经营与工业、服务业领域联系薄弱,农民生活方式和生活环境与城市居民截然不同,导致农村地区的发展始终徘徊在自我循环、自我封闭的状态,与整个社会的进步与发展格格不入,城乡差距日益扩大。农村与城市的融合发展观,包括了城乡之间经济交流、文化交流和社会交流,具体如产品交换、信息流通、人员往来、文化合作等,在融合的过程中,让更多的改革开放成果与人类社会文明进步成果惠及到农村地区。农业与现代工业和现代服务业的融合,一方面包括城市非农产业部门为农业提供更多更好的产品与服务,如为农业生产提供更优质的化肥、种子、农业机械等农用物资,为农业企业提供金融、物流、咨询、销售等配套服务,为农业现代化培训输送更多的专业科技人才;另一方面也包括拓展农业发展思路,把农产品深加工与现代工业结合起来,把发展生态农业、观光农业与旅游业等现代服务业结合起来,充分挖掘农业资源价值,提升产品档次。

真正意义上的城镇化,应该强调“城乡统筹”,实现农村与城镇功能的有机统一(张小林等,2009:80)。通过城镇化促进农村与城市、农业与非农产业的相互融合和共同发展。城镇是产业、人才、信息、技术等要素的集中地,也是教育、文化等社会活动的集中地,农村建设需要从城镇获得相应的资源与支持。实现统一的城乡发展观,可以考虑从小城镇(包括县城)做起,它们与乡村在空间地域上的邻近性、经济发展上的密切性、文化上的亲缘性等特点决定了其在推动城乡融合发展尤其是加速城乡三次产业的融合发展中会发挥重要作用。另外,值得强调的是,农村的公共服务水平和能力与城市还存在较大差距,包括交通、通讯、卫生体育设施、图书馆、健身器材等公共服务资源和公共产品的供给,与城市的差距很大,应该采取融合、统一的城乡发展观,发挥城市在上述方面的资源优势,对农村实施“帮带”服务,使城乡共同发展。

割裂的城乡发展观还体现在,对城镇化进程中农村地位和作用的片面认识。在当前中国的快速城镇化进程中,大量的农民,尤其是青壮年农民拥入大城市,而其子女和老人多被留在农村,使农村出现了大量的“留守儿童”和“空巢老人”(叶敬忠,2008:1～5;李静、杨须爱,2008:301～302)。由于没有父母的照料,孩子的学业多有荒废,有的心理不够健全,已成为影响当前中国农村发展的重大社会问题。很多中西部欠发达地区的农村,几乎看不到青壮年人的身影,十分荒凉。这种状况不由得使人对城镇化进程中村落的何去何从以及农村的地位和作用进行反思。如果认为城镇化就是使大量的农民流入大城市,显然是一种只考虑城市一极而没有考虑农村一极的狭隘思想。农村的发展还是要依靠内生的力量并实现其现代化,最终形成现代化的农村与发达的城市文明相媲美的局面。江苏的华西村、山东淄博的万杰集团、湖北咸宁的官桥村八组、黑龙江的兴十四村以及浙江大量的以发展产业集群为特色的村落,无不是依靠内生的力量而获得发展,它们不仅可以和城市相媲美,其吸引力和村民内心的优越感也丝毫不亚于城市。当然,村落如何依靠内生的力量获得发展,是一个极为复杂的课题,它涉及领导人的能力和观念、村民的素质和意识、民营经济的力量、经济的历史发展基础、人才储备等各个方面。但,适当强调和寻求内生的发展动力,而不是一味地让农民涌入城市,无疑是实现乡村发展的第一步。近年,一些有识之士已经开始倡导经济欠发达地区的"回归工程"(下文将有详述),旨在利用乡村自身的人才和财力资源发展乡村经济,也是上述思想的一种反映。

二、不可持续的产业发展观

近年,单纯追求就业岗位和经济产值的增长,追求上缴利税的增长,以生态、环境和资源的代价来换取经济发展成果在中国乡村地区广泛存在,已经到了不得不为之痛心疾首和大声疾呼的时候了。

笔者在东部沿海某市调研期间,曾和当地的一位领导探讨未来本地产业转型的问题,并就相关问题进行过激烈争论。该市的石油化工等重化工业远近闻名,产生了大量的就业岗位,带来了巨大的经济效益。经济发展成绩使得本市工人的平均工资明显高于周边地区,因此,该市吸引了大量的外来人口前来就业。但经济发展所带来的环境和生态的破坏也是明显的:市区的某一个地区寸草不生,栽种树木无法成活,空气中长期迷漫着难闻的气味,当外地游客乘车经过此地时,都要迅速关闭车窗;据悉,该市的地下水也被污染了,致使很多游客不敢饮用本地水。这种经济增长所带来的环境和生态代价实在太大了。但是当我们建议地方领导对发展经济与保护环境之间的关系问题引起重视时,却遭到冷嘲热讽。他们认为"老百姓要吃饭",为了解决百姓就业问题和提高收入水平,纵使是污染产业也要发展。实际上,在这种被污染的环境中生活,居民的身体和寿命都会受到影响。这些地方领导确实解决了百姓的吃饭问题,但却使百姓付出了生病率提高和寿命缩短的代价。因此,经济增长很重要,但它绝不是第一位的,维持一个良好的生存和生活环境才是第一位的,古语说得好,“留得青山在,不怕没柴烧”,“砍柴”虽然重要,但把“青山”保住,让“砍柴”的行为可持续更加重要。

乡村经济的发展必须要体现“以人为本”的理念,而不是“以人为主”。以人为本,不像有学者认为的那样是“人类中心主义”或“不需要敬畏自然”(程亚文,2005),也不是一句时髦的口号,应该有切实的内容,即经济发展要更加“人性化”和“有人情味”,应更能体现出发展的“人文关怀”。这个命题常被滥用,最常见的理解是强调一切都要满足人的需求。实际上,如果过于强调资源满足当代人的需求而有损于代际关系并不是真正的“以人为本”;同样,在人地关系中,过于强调人的一面,而有损人与自然的和谐共存,是“以人为主”而不是“以人为本”。上面所举的例子,就不是“以人为本”,而是“以人为主”,甚至是使人丧失了“本”,本质上是不可持续的。

近年,在中国乡村经济发展实践中,还有一个比较流行的发展观,那就是发达地区淘汰的污染企业向欠发达地区的转移,即所谓的产业梯度转移。这虽然符合产业发展的地域规律性,但在具体实践中还是要适度,要有所选择,否则会有损于区域整体的可持续发展。从宏观地域着眼,随着中国东部沿海地区的进一步发展,尤其是随着产业结构的调整,一些东部地区面临淘汰的污染企业开始向中西部地区转移,当然这给产业基础薄弱的中西部地区带来一定的发展机会;从省级地域着眼,一个省内也存在经济发达地区和经济欠发达地区,省内经济发达地区淘汰的污染企业也在向省内欠发达地区转移,因为其所带来的发展机会也受到欠发达地区尤其是欠发达乡村地区的欢迎。很多人认为,这符合区域发展的产业梯度转移理论。这种理论的支持者实际上支持了这样一种观点,那就是经济发达地区发展所经历的先污染后治理的道路要在经济欠发达地区重演,对于这种传统发展观,笔者难以苟同。以苏北某县为例。该县属于江苏省的经济欠发达地区,但目前成为苏北县、市中的佼佼者,因为近些年经济发展快速起步,县城建立了开发区,以极便宜的地价等优惠政策吸引外来投资方进区办厂。与此同时,苏南一些被淘汰的污染企业和设备落后的企业开始大规模地向苏北转移,该县成为这些企业的积极接收地之一。而随着产业的发展,该县的很多河流和空气的污染率都大大提高。平心而论,该县过去经济虽不发达,但污染较少、环境优美,百姓在这样的环境中生活,虽不能普遍富裕,却也可安居乐业。苏南污染企业向该县的大幅度转移,不禁令人为该县未来的生活环境担忧。时代在进步,人们的环保意识和对自身生活质量的要求也在提高,一方面,应该吸取经济发达地区在发展历程中的经验教训,少走弯路,而不是完全重走经济发达地区的发展道路;另一方面,也应该看到,尽管苏南通过污染企业向苏北的转移暂时缓解了其环境和生态问题,但从整个江苏省的区域发展来看,污染源的地域变动仍然没有彻底解决全省环境污染的问题,仍然是不可持续的。

三、不科学的政绩观

在调查和追踪研究中国乡村发展问题时,不难发现,很多乡村发展问题都缘于不合理的发展观,而这些不合理的发展观,又缘于不科学的政绩观。

为了单纯出政绩而抓的经济容易出现问题。最常见的问题是"面子工程"或"形象工程",政府在这种工程中,并没有抓最主要的环节——市场销售,而仅仅是抓一些表面的环节,这种发展思路并未给农民带来实质性的利益,有时还贻害无穷。

东部某县,苹果种植有优势条件和经营传统,也一直发展得很好。据悉,在20世纪90年代中期,由于此县的苹果种植名声在外,上级省市领导纷纷前来视察,为了"面子"上更好看,当地政府要求沿某条重要公路旁的苹果园一律按统一规格加上"围栏"。苹果园的围栏样式如下:下层为砖墙结构,外贴瓷砖,上层为铁栅栏。政府加宽了公路,并要求苹果园边的排水水槽也增加宽度。这种为出政绩而抓的"面子工程"非但没有给百姓带来任何好处,还增加了其负担。后来,当地百姓中流传一句歌谣"槽加宽,路加宽,苹果园里镶瓷砖”,实际上是对这种“面子工程”的极大讽刺。

农村发展的“面子工程”往往给百姓带来巨大损失。20世纪90年代末期,在东部地区某村调查时,就遇到过典型一例。农民反映,镇领导为了出政绩,为了响应上级政府大力发展农业产业化的号召,强制在本镇各村推行规模经营。某村被指令要形成冬瓜种植的专业村,另一村则被指令形成大蒜种植的专业村……依次类推,形成所谓的“一村一品”。政府只抓表面的形象,却没有抓农业规模生产的关键环节——拓展市场销路的问题。结果农民生产出的产品卖不出去,在小范围的市场中恶性竞争,致使农产品大量积压并损坏。被指令全部种植冬瓜的某村庄损失惨重,农民卖冬瓜的收入还抵不上运费,结果大量的冬瓜被堆积在村口,任其腐烂。农民对政府的做法怨声载道,不科学的政绩观和政府强制推行农业专业化生产的行为可谓贻害无穷。

在衡量一个地区发展水平时,依照GDP、人均GDP或实现利税等单纯的经济指标及其增长情况似乎已成定论。这种状况也导致在衡量一个政府官员的政绩时,只按经济贡献而没有考虑其环境和生态代价。因为,在中国,GDP增长带来的高消耗与高排放,造成了资源的惊人消耗和日益严重的环境污染(赵媛等,2009:97)。在这种政绩观下,政府官员只要在其任期内把经济搞上去了,便可因“突出的政绩”而进一步高升(高升后往往被调任其他地区)。因此,地方官员不用去考虑环境、生态和资源代价以及肆虐利用它们的长远后果,实际上也没有人去跟他们算“地方生态长久失衡或环境长久破坏”这笔账,他们可以不惜一切代价谋求地方经济的增长,从而拥有仕途高升的资本。这种传统的政绩观必须要改变。衡量一个官员的政绩不应该只用“经济增长”这一个指标,科学的方法是用一套指标体系,哪怕是简单一点的指标体系,而且不同的指标应该有不同的权重。应该把与经济发展同步的“环境、生态和资源代价”列入上述指标体系中,并占据较大的权重;还应该把针对官员任期内行为的长期环境和生态效应评价或预测列入指标体系中,要让官员对其决策负长期责任,才能避免为了追求政绩而产生的不明智的决策行为。近年,一些有识之士呼吁用"绿色GDP"来衡量区域发展,以试图缓解单纯追求经济增长对环境和生态的破坏,表明社会上对类似问题已引起重视。可惜的是,到目前为止,这些呼吁并没有在中国乡村发展实践中起到应有的作用,传统的乡村发展观和政绩观似乎仍然"深入人心",很多乡村地区仍然在追求经济指标的提升中苦苦挣扎。这一问题迟早要妥善加以解决,尤其是在建设社会主义新农村的过程中,科学的政绩观和发展观显得尤其重要。

不科学的政绩观还表现在对城镇化的认识水平较低、对征用土地和城市环境的不佳利用等方面。城镇化应该讲究"质量"(汤茂林,2001、2002)。城镇化水平及其增长速度不能作为考核地方政府官员的指标,要消除地方上相互攀比城镇化水平的不良习气,要提防过度城镇化。

中国的规划师在城市总体规划实践中大多遇到过如下尴尬情况,即地方政府官员一味"做大"、"做强",在用地规模和人口规模上无根据地"求大"(冯健,2012),把规划师的科学预测丢在一旁。把城市"做大"的目的,无外乎是要多占土地并预留发展空间,尤其是为施展地方官员的"抱负"和实现卓越政绩而留足空间。实际上,当前中国的一些地方不是城镇化水平不足,而是已经出现过度城镇化的迹象。城市在无休止地扩张,尤其是开发区成片地扩张,而大量的城中村居民要被迫"让路"和"腾地",无论村民是否愿意,都逃脱不了被拆迁和安置的命运,他们的城镇化是被动的。这种被动城镇化带来巨大的社会成本:远非所有农民都情愿失去其赖以生存的土地,农民在失地前后的收入有较大变化,尤其是对于以租房为生的城中村农民而言;农民偏低的文化素质、技术上的欠缺和懒散的生活习惯使得企业并不真正愿意吸纳他们作为技术工人,多数被安置就业的农民只是从事绿化、环卫等工作;拆迁安置后的农民既不像城市居民,也不是原来意义上的农民,而是徘徊在城乡两栖之间,有些甚至成为社会的负担。

如果再审视一下被征用来的土地的利用效率,也令人反思。很多开发区都是以一两层的厂房建筑为主,土地利用效率有待提高。笔者曾在中部省份某高校所建的新校区进行参观,校园建设得像个“驾校”,步行近半小时还未走到校门,有限数量的学生稀稀落落地散布在广袤的校园中,校园道路修建得像四车道公路,对土地资源的浪费到了奢侈的程度。另外,对城市环境的价值认识及利用,在不科学的政绩观的作用下,也存在很大问题。南方某市把全市最好的环境——沿湖周边土地作为开发区,用最好的环境去招商引资和建设工厂,而没有考察把这样的环境留给市民使用,其实领导的动机很简单,那就是招商引资和发展工业这样的经济效果可以出政绩。

四、滞后的规划观

中国乡村建设规划相对滞后,有的地区缺乏规划,影响了农村村容村貌及各项文明的建设。在经济发达地区,对乡村规划相对重视,但规划观念往往滞后。

很多自然村和行政村不是没有乡村建设规划,就是被县域或镇域的总体规划包括在内,缺乏自然村、行政村和集镇尺度内的乡村建设规划和乡村保护规划设计,甚至在经济欠发达地区或比较落后的地区,大部分没有制定乡村规划,有的即使有规划,也徒具形式而根本没有实施(朱丽娟,2006)。缺乏系统规划的乡村地区,往往产生居民点布局零散、道路不成系统、基础设施配套薄弱、建筑形式杂乱多样和土地利用率低下等一系列的问题。在沿海一些发达地区,把城市规划的方式简单地套用到乡村规划上本身就是滞后规划观的一种表现。以小城镇规划为例。很多地区的小城镇规划按照城市规划的理论去确定性质、规模和进行用地布局,虽然小城镇规划在管理方面隶属于村镇规划部门,但理论与评判方面从属于城市规划部门,再加上村镇规划的领导、技术人员、评审人员中有相当比例来自于城市规划部门,从而使得小城镇规划缺乏独立的体系,小城镇规划的理论、规划人员、规划成果、规划评判等方面都盲从于城市规划(黄富国,1999)。

目前很多村庄规划都是“粗线条”的规划,真正完整的村庄规划所占比重不到1/3。有的村镇建筑只简单依据几张沿公路的立面建筑图来进行建设,导致许多南方城镇放任由农民沿着国道线或者省道、县道公路建房,造成居住环境恶化和交通事故剧增(仇保兴,2002:10)。即使做了规划,很多地方未按规划进行建设,以致百姓传言规划的功能是"纸上画画,墙上挂挂",从另一个方面说明了滞后的乡村规划在百姓心目中没有地位,乡村规划没能真正起到改善村容村貌、改善农民生活环境和提高农民生活质量的作用。

滞后的规划观还表现在传统的以分解系统元素为主要思路的规划缺乏整体观和系统观。应该把规划设计的村镇看成是一个综合、变化和实现动态平衡的生态、社会和经济系统,要认识到建设镇中心实际上就是在创造村庄的环境,同样,建设村庄就等于在创造可持续发展的、综合的和有凝聚力的区域环境,无论是镇域元素还是村庄元素都应被当作一个整体来完成规划设计,而不是按传统的"零件组装"的规划思路去分开处理这些元素(叶齐茂,2005a)。

近年来,中国所出现的"空心村"问题也是乡村规划观滞后的一种表现。空心村或农村的空心化,作为乡村地域系统演化的一种特殊形态,是指在城乡转型发展进程中农村人口非农化所引起的"人走屋空",以及宅基地普遍"建新不拆旧",新建住宅向外围扩展导致村庄用地规模扩大、原宅基地闲置废弃加剧的一种不良演化过程(刘彦随等,2009;刘彦随、刘玉,2010)。有学者概括了空心村的特点(薛力,2001):随着距离村庄地理中心距离的加大,农宅的质量水平呈现递增状态,村庄的人均占地和人口密度都呈现递减状态;建设用地在村庄核心和边缘空间分化明显,空宅地和废弃地多位于村中央,为村庄改造和退耕还田设置了障碍。从上述空心村的特点上可以看出,村庄形态失控、建设用地的不集约、过度的外延式扩张以及村民占有多处宅基地等问题都是村落建设缺乏规划、规划滞后或规划管理不力的表现。可见,合理的、及时的乡村规划对于节约和集约利用土地以及执行国家坚守18亿亩耕地红线的战略决策具有重要意义。

滞后的规划观还表现在没有在规划的过程中体现出其公共政策性。学术界和政府基本上已达成共识,规划是一项公共政策(汪光焘,2004;石楠,2005),而且西方的规划在制定过程中处处体现出其公共政策性,体现出它所代表的公共利益以及公众参与的重要性。当前中国的乡村规划面临很多困难,如打破行政区划的难度、协调各方利益的难度以及与各种政策的冲突等,之所以存在困难就是因为牵扯到各方利益,因此,必须对传统的规划思路进行反思并注重与各级、各方利益主体之间的沟通与协调,如通过大量的宣传教育措施最大程度地让村民认识和理解规划工作,并提高其参与规划的积极性,通过与基层村民小组之间多方面沟通及时获知来自村民的代表性意见和利益信息,并结合规划原理,合理地体现于具体规划方案之中(杨建军、陈飞,2006)。总之,在规划中体现出其作为公共政策的基本属性,必然是中国乡村规划未来的发展方向。只有重视公众参与,在规划中体现出对农民利益的关怀,让农民积极地参与规划,才能使乡村规划相对超前。

第四节　科学发展观与乡村发展

在2003年十六届三中全会《关于进一步深化经济体制改革的若干问题的决定》中,中共中央提出"科学发展观"和"五个统筹"。科学发展观是坚持以人为本,全面、协调、可持续的发展观。五个统筹是指统筹城乡发展、统筹区域发展、统筹经济社会发展、统筹人与自然和谐发展、统筹国内发展和对外开放。科学发展观和五个统筹的提出,对打破传统的乡村发展观,实现乡村的可持续发展具有重要意义。

统筹城乡发展实际上针对的是传统上割裂的城乡发展观,改进城乡关系,实现城乡协调发展。要做到统筹城乡发展,就要打破城乡二元社会和经济结构,放弃工业化初期追求农产品产量最大化和过度抽取农业剩余资本的政策目标,改变重城市、轻农村及城乡分治的传统观念和体制,通过体制改革和政策调整,将关注重点转移到增加农民收入和对农业的支持等方面上来,对国民收入分配格局和重大经济社会政策重新进行设计,消除城乡之间的体制障碍,消除城乡分割,使城乡之间人口、产品、资金、技术、信息有效流动,把城乡作为一个整体,实行城乡统一筹划和城乡共同繁荣发展(唐若兰,2004)。中国经济和城镇化已经进入到以工促农、以城带乡的发展阶段。2005 年中央农村工作 1 号文件,提出了实施工业反哺农业、城市带动农村的新的经济发展思路,充分体现了科学发展观的精神。在中国开放程度不断提高的背景下,确保主要农产品供求平衡,提高中国农业的国际竞争力,缩小城乡差距,迫切需要建立既符合世界贸易组织(WTO)规则又符合中国国情的对农业的支持保护政策体系(聂文丁、王瑞林,2005)。统筹城乡发展,就是要使现代工业和传统农业协调发展,缩小城乡差距,打破城乡二元结构,实现城乡共同发展,构建和谐的城乡关系。值得强调的是,再也不能就农业论农业,就农村论农村,一定要跳出农业和农村来谋划解决"三农"问题。

科学发展观对"以人为本"的强调和提出统筹人与自然的和谐发展,无疑对改变传统的不可持续的产业发展观提供了新的理念。单纯追求经济增长而不计其环境和生态代价显然不符合科学发展观,被贴上"产业梯度转移"标签的发达地区污染企业向欠发达地区肆无忌惮的转移行为,也不符合科学发展观,因为它们都是不可持续的,不利于区域的统筹发展,都没有做到"以人为本"。地方乡村领导在制定地区经济发展战略时,应该把农民的利益作为一切工作的出发点和落脚点,要处理好乡村经济建设、人口增长与乡村资源利用、生态环境保护之间的关系,要尊重自然,要协调好人与自然的共存及和谐发展,才是真正在贯彻执行可持续发展观。

对于广大乡村的政府官员而言,贯彻科学发展观首先要树立科学的政绩观。科学的政绩观应该是综合的和多维的而不是单一的,应该是以"人"为本的而不是以"政绩"为本的。科学的政绩观要从单纯注重经济发展速度转向注重经济质量和效益,要从注重经济增长指标转向注重经济增长的环境、生态和资源代价。中国乡村干部的任用、考核和监督机制也有待健全,干部任用制要从任命制转向选举和选拔制,干部的考核制要从单一的经济指标考核转向全面科学的指标体系的考核,还要建立起长期的监督机制,追踪、监控干部在任期内决策行为的长期经济和社会后果,并以法律的方式追究有不良后果的相关行为主体的责任。

另外,科学发展观也要求有超前的乡村规划观。应充分发挥乡村规划这一有力工具,洞察乡村生态系统所存在的问题及其影响,发挥规划在沟通各部门之间关系以及规划在协调过去、现在和未来之间关系方面的作用,强调乡村规划的公共政策性,让规划充分反映农民的利益,让农民参与规划的编制过程,编制出"以人为本"的乡村规划。

第五节 本章总结

改革开放以前,中国城镇化的组织主体和投资主体是一致的,即由各级政府利用国家计划拨款资金推动城镇化,而改革开放以后,城镇化的推动主体由一元变成了多元,组织主体增加了"自下而上"的基层力量,投资主体则增加了外来资金(周一星、陈彦光等,2003:71)。中国城镇化发展的三大模式,即苏南模式、温州模式和珠三角模式,是研究新时期中国乡村城镇化所无法绕开的经典范式。尤其是20世纪90年代以后,三大模式本身也经历了转型的过程,显示了其持续的生命力,为其他地区乡村发展提供了借鉴经验。20世纪90年代以来,中国小城镇的发展和规划已步入市场化阶段,但很多基本问题仍未澄清。很多地区的城镇政府为了追求城镇化水平的提高,忽视对发展趋势和发展条件的论证而盲目追求小城镇的人口规模。在小城镇规划实践中,没有把营建宜人的居住环境摆在应有位置。更有大量的小城镇规划面目类同,缺乏个性,小城镇规划没有在推动国家城乡一体化战略上发挥应有作用。长期以来,国家利用工农业产品的"剪刀差"来推动工业化,形成城乡二元结构和巨大的城乡差异。在地区发展实践中,割裂的城乡观影响深远,它延长了乡村自我封闭的状态和处于小农经济的阶段,也是当前中国农村空心化和留守儿童等社会问题产生的根源。一些地方政府单纯追求就业岗位和经济产值的增长而置环境、生态和资源代价于不顾,发达地区被淘汰的污染企业大肆向欠发达地区转移,都是不可持续的产业发展观。另外,不科学的政绩观、滞后的规划观都不利于乡村的发展和建设。科学发展观和五个统筹可以在一定程度上纠正和改进传统的乡村发展观。科学发展观的实现对推进新时期乡村的城镇化进程具有重要意义。

第三章　发展动力：乡村重构的基础

在进入对乡村发展模式、空间和制度重构的深入探讨之前，有必要先对乡村的发展机制进行分析，因为它是推动乡村重构的动力学基础，也是理解和解释乡村重构进程要涉及的重要方面，属于“知其所以然”的范畴。乡村重构的动力多种多样，如：既有产业动力，也有文化动力；既有传统动力，也有新型动力；既有宏观环境方面的动力，也有区域背景方面的动力。梳理乡村发展动力，对普遍意义上的中国乡村规划和社会主义新农村建设也有一定的参考价值，因为每一种动力都不乏有典型案例，它们所积累的经验有推广和应用价值。

第一节　乡村发展的传统产业机制

一、工业兴村与工业兴镇：乡村社区的工业化

乡村工业在技术上具有“准现代经济部门”的性质，其发展对新乡村经济空间的形成和城乡二元经济结构的转变具有明显的过渡作用，缓和了传统乡村经济向现代经济转换的难度，使乡村得以在较低的发展水平下以较低的社会成本较早地进入结构转型速变期，并缩短整个结构转型的时间（苗长虹，1998）。20 世纪 80 年代以后，以苏南乡镇企业发展为代表的乡村工业化进程大大推动了镇（乡）域经济和村经济的增长。由于乡镇企业的大部分利润可以返还地方并用于地方经济建设，因此，在市场化运行机制、经营方式、对市场的灵敏度等方面乡镇企业都优于国家计划控制的国有企业（欧向军、顾朝林，2004），乡镇企业的发展为基层乡村积累

了经济实力,对乡村建设起到巨大作用。乡村工业化还促进了农业现代化的实现,因为乡村工业所推动的乡村教育发展、农业技术进步、资金和物质基础保障以及应对市场能力的提高等,实际上已经把农业现代化纳入了乡村工业化的轨道(吴天然,1997:199～204)。总之,乡村工业化成为20世纪最后20年中国乡村重构最重要的动力。

对村庄经济而言,村级工业的发展,改变了村庄传统的产业结构,增加了农民收入,为农村剩余劳动力的转移提供了多方面的途径。利用村办企业的积累"以工补农"、"以工建农",为农业提供了充裕的财力,增加了对农业的投入,为农业适度规模经营创造了条件,为农村社会福利事业发展提供了物质基础(张秀生、陈立兵,2005:57～60)。依靠村级企业的发展,很多经济发达地区的村庄拥有雄厚的经济实力,并进而投资村庄基础设施和各种服务设施建设,村民不仅收入较高而且还享有较高的福利水平,村庄已实现生活方式的"城镇化"。

江苏省江阴市的向阳村是一个十分典型的例子(中国社会科学院农村发展研究所组织与制度研究室,2002:113～129)。从20世纪70年代中期开始,向阳村的工业化已经开始起步,着手和城市的纺织企业合作办厂,初步形成化工、纺织和建材的工业体系。整个80年代是工业化的稳定发展阶段,不断发展和壮大纺织和化工行业,充实老企业、建设新企业,提高产品档次。90年代工业化更获得蓬勃发展,独立自主地扩建老企业和创建新企业,骨干企业建设与支柱行业的形成大大推动了向阳村的工业增长。90年代末期以后,采取一系列措施转换工业发展模式,即从"速度型"转化为"效益型",从"数量增长"过渡到"质量增长"。向阳村曾是一个以农业闻名的村庄,曾被列为全国农村科普示范基地,但工业发展使向阳村改写了这一定位,既解决了大量农村人口的就业问题,又带领农民走上致富道路。工业发展还推动了基础设施建设,如向阳村先后投资近4 000万元用于村庄建设,农贸市场、商场、老年人活动中心、社区卫生服务站、体检室、住院室等一应俱全,还购置了B超机,村民在家门口就能享受到与城里人一样的医疗卫生服务。工业发展也使向阳村村民享有较高的福利和社会保障水平:村民口粮全部由村里供给,退休村民可领取养老金等。向阳村描绘出一幅基于乡村工业化的新农村和谐画面。

乡村工业化对小城镇发展的作用主要表现在三个方面。①乡村工业的发展使小城镇的经济实力得以壮大,小城镇基础设施的完善进一步为乡镇企业的发展提供了良好环境,乡镇企业和小城镇建设互为依托、相互促进。②小城镇是乡镇企业集聚的主要空间依托,乡村工业发展使小城镇的用地规模得以扩张,乡村工业所提供的大量就业岗位也成为小城镇人口增长的重要动力。③乡村工业发展促使建制镇和工业型城镇数量的大幅度增长。如在苏南,与城市工业比较接近的乡村工业的发展促进了小城镇经济实力的增长(李富阁,1999:156),再加上其所带来的集聚人口增加,使改革开放以来江苏建制镇数量大幅度增长,1978～1998 年江苏建制镇由 114 个增加到 934 个,建制镇人口则由 230.6 万人增加到 725.4 万人(宋林飞等,1999:326)。另外,大量乡镇企业发展形成了很多工厂群落,尤其是一批由大规模、高效益和名牌企业所形成的企业集团,导致大量以工业为主导功能的城镇出现。

二、乡村旅游:方兴未艾的乡村朝阳产业

在发达国家和地区,乡村旅游业被认为是阻止农业衰退、促进乡村经济多样化发展和增加乡村收入的有效途径。乡村旅游具有乡土性、生态性、参与性和文化性等特点,其发展之初就与振兴乡村经济密不可分。在中国,乡村旅游已成为许多农村地区脱贫致富的重要途径。

乡村旅游充分利用乡村的自然环境和人文资源,兼有工业经济和农业经济的特点,实际上是乡村第一产业和第三产业相结合的一个切入点。乡村旅游的发展带动了农业及乡村相关产业的发展,提高了农副产品附加值,促进了乡村产业结构调整,为乡村创造了大量的就业机会和就业岗位并充分利用了乡村剩余劳动力,增加了农民经济收入,对缩小城乡发展差距具有重要作用(陈国柱,2006)。乡村旅游往往以观光农业、观光林业和观光畜牧业为主要形式,融旅游、度假、休闲、观光、务农体验、乡村博物

馆、民俗文化和民族风情为一体,坚持以农业为支撑、以生态为优势、以参与为乐趣、以收入为反馈的建设原则,成为中国旅游业中最有前途的朝阳产业(周鸿、汇慧,2006)。相对于农业经济而言,一方面,乡村旅游是一种城镇化的强势经济,它以工业化方式推进却又依赖于传统的农业生态环境;另一方面,乡村旅游引入了新型的农业发展模式,如观光农业、生态农业,使农业生产不再是单纯地提供粮食而兼具观赏功能(顾筱和、黄郁成,2006),它具有自我保持和修复功能,是一种可持续性的经济发展形式。

苏州市周庄镇和连云港市的温泉镇都是以旅游业开发促进乡村建设的典型案例。周庄四面环水,以保存完好的大量明清建筑著称。水巷、驳岸、拱桥、古宅,整洁而又狭窄的石板桥,构成了水乡古镇的特有风貌,处处能体会到东方古国水乡的神韵风情。便捷的交通条件也为旅游业的发展奠定了坚实基础。古镇绮丽的水乡风光和醇厚朴实的风土民情使周庄成为国内外旅游者的理想胜地。尤其是近些年,周庄利用古镇旅游资源及靠近上海大观园风景区的有利地理条件,积极开发旅游业,中外游客络绎不绝。近年周庄每年接待游客数量都在百万以上,如2010年接待中外游客量达到590多万人次。旅游的发展使周庄积累了雄厚的经济实力,并进而带动镇区各种软、硬件条件和设施的配套,也使周庄有足够的实力打造"国际周庄"的品牌。江苏连云港市的温泉镇以泉建镇,以泉扬名。充分发挥"地下热水"这一得天独厚的资源优势,兴建了许多宾馆、疗养院以及相应的配套服务设施,招徕四方游客。全镇建有宾馆、疗养院、招待所、旅社、浴池数十家,内设各种规格和样式的浴池、床位,各客房内均接通了温泉水,可随时沐浴。到温泉镇旅游疗养的人逐年递增,近年,年接待中外游客量接近40万人次。早在20世纪80年代末,温泉镇就被江苏省批准为对外开放重点工业卫星镇。温泉镇以旅游作为发展契机,促进了物质文明和精神文明建设事业的发展,极大地改变了镇容镇貌,形成了一个集现代化和古典风格于一体的新型集镇。

乡村旅游业的发展除了能够带来经济效益以外,还可以产生一定的社会效益。一方面,来自各方的游客使村民面临较多的人际交流机会,游客和当地村民之间的观念和习俗会相互渗透和相互影响,会使乡村旧有生活习俗得到改变;另一方面,乡村旅游,尤其是生态农业旅游的发展,对于提高当地村民群体的生态意识(包括公共生态意识、地区生态意识、生态价值意识)会产生积极影响(谢雨萍、邓祝仁,2006)。如山东省莱芜市房干村旅游业的发展使村民更加注重对乡村自然环境和生态环境的保护。房干村通过治山治水、植树造林,调整种植业结构、发展山区旅游业,走生态产业化的道路,村落经济快速发展,生态环境也得到根本改善。2004 年,全村仅门票收入就超过 1 000 万元,人均收入 1 万～3 万元,过去的“穷山”变成了“富源”。禁牧护鸟,是为了使植被免遭破坏;全村戒烟,是为了尽可能避免火灾;拆除水泥厂,是防止环境污染;退耕还林,是为了保持水土,美化山林;统一处理污水,是为了保护景区内的涓涓绿水;山头安装避雷针,树腰缠“纱布”去虫,从外地买石料,限制拖拉机进山等,一切都是为了保护村庄的生态环境(王克群,2007)。

三、文化与乡村社区变迁:文化产业的拉动作用

作为文化的不同类型,乡村文化和城市文化谈不上孰高孰低,乡村文化足以和城市文化相媲美。居民长期面对同一种文化容易产生“疲劳感”,因此,随着城镇化的发展,城镇居民有体验和挖掘乡村文化的需求。乡村生活方式可以城镇化,但乡村文化、乡土文化不可以“城镇化”,否则,乡村社区就失去了特色。实际上,建设富有特色的乡村社区文化也是社会主义新农村建设的主要内容之一。一些拥有文化优势和民俗风情特点的乡村社区,不失时机地以文化产业作为经济发展的龙头,文化产业成为推动乡村和小城镇发展的一种重要的产业机制。

文化对区域发展的作用不可小视(胡兆量,1999:17;胡兆量等,2009:1)。乡村文化产业的发展需要打造独特的文化品牌。中国乡村的历史变迁、历史人物、神话传说、民间故事、民间工艺、能工巧匠、竞技游艺、民俗风情、村寨文化、民居艺术、古镇风貌、祠堂庙宇、风味餐饮等,保存着传统农业文明的文化因子,展现了具有中国传统文化特色的文化价值和文化魅

力,因此,如果在地域性、个别性和差别化方面整合这些乡村文化资源并予以优化配置,就可以形成市场竞争力和文化竞争力(李明泉,2005)。乡村的文化产业往往和乡村生态旅游的发展联系在一些,二者互为依托。在乡村文化旅游发展实践中,乡村旅游的文化传统与生态环境建设之间会形成一种互动效应:一方面,通过挖掘乡村特有的生态文化传统,使传统文化和优美的乡村环境成为旅游的生态景观;另一方面,通过乡村旅游业开发所积累的资金来保育乡村的自然与文化资源,显然对乡村自然保护和生态环境建设具有积极意义(周鸿、汇慧,2006)。人类学学者甚至认为乡村文化与政治和权力有关系,因为一种强有力的、普遍的文化,在亲戚关系和村庄、家庭和居住地会形成权力关系(Friedman et al. ,1991:372)。

四川省绵竹市的棚花村是整合当地生态文化资源,形成特色文化产业,并以此推动村庄经济发展的典型案例[①]。棚花村是闻名的"年画第一村",通过发展文化特色产业,棚花村被建设得"如诗如画",不仅使村民过上富裕生活,还使得"绵竹年画"这朵奇葩绽放光芒。把农房改造与年画艺术相结合,把村民致富与发展文化产业相结合,成为棚花村建设新农村进程中所谋划的一条致富新路。棚花村民居以白墙为底,上着色彩鲜艳、形态生动的绵竹年画,每户图案均系年画艺人根据农房外形大小和特点专门设计。行走在棚花村的各个村角院落,都如同在画中游。全村家家户户画年画,家家户户绣年画精品。有的村民以展览、出售年画为依托,办起与众不同的"年画农家乐"。年画产业的发展吸引了民营资本的关注,全村有十余家年画经营实体,年画系列文化产品年销售额近220万元。各种年画装饰品、宣传品、收藏品及年画衫、年画伞、年画灯等年画创新商品,可谓琳琅满目。年画文化特色吸引了大量的观光游客,给村民带来了可观的收入,成为棚花村村民自主创业的有效致富道路。

河南民权县北关镇的王公庄村是著名的"画虎村",文化产业为村民

---

① "锦绣乡村画中行——棚花村发展文化特色产业纪实",德阳市人民政府公众信息网,2006—5—19,http://www.yinzi.cn/SiChuan/DeYang/jjxx/2006/05/1909513131.html。

创造了巨大的财富,是文化促进乡村重构的生动案例[①]。王公庄村的村民选择以绘画为业,始于20世纪80年代中期。当时曾有爱好绘画的村民拿其作品到开封的画廊探路,结果很快卖出,卖画的"第一桶金"使村民意识到原来绘画也可以赚钱,并且带动了几个有绘画基础的村民开始学画、作画、卖画。后来,他们发现,工笔虎等软毛动物画深受人们喜爱,不仅市场销路好,而且能卖好价钱,于是都转向以画虎为主,一些村民也跟着学起了画虎。经过多年努力和探索,村民们不仅提高了绘画技艺,打开了市场销路,村里的绘画队伍也逐渐"滚雪球"般发展壮大,形成了以"四大虎王"和"四小虎王"为骨干的绘画群体和专门的绘画经纪人群体。目前,全村村民1 366人中有800人从事绘画产业。村中夫妻画家、父子画家、姐妹画家及三世同堂作画者比比皆是,村民以工笔虎画为主,兼画人物、花鸟、山水等。已辐射带动周边两省三县数千名农民从事或经销农民画,形成了以王公庄为龙头的农民画家群,仅北关镇就达1 500多人。王公庄村年销售画作4万多幅,创产值2 500余万元。约有30%的画作销售到孟加拉国、新加坡、日本、韩国、美国等国家和港、澳、台地区。昔日的农业村变成了名副其实的"农民画虎第一村"。王公庄村先后被命名为"全国文化产业(美术)示范基地"、"河南省文化产业示范基地"、"河南省特色文化(绘画)村"。王公庄农民把绘画当作一种产业,把画作当成一种商品,90%以上的画作是以销定产。文化产业创造了巨大的经济价值,也带动了村容村貌的改观。2006年,全村农民人均收入达6 600元,村民新建楼房10多幢,购置小轿车8辆。村中铺通了水泥道路,建起了文化广场,对村容村貌进行了综合整治。目前,王公庄村正规划建设农民绘画市场、村文化大院,通过举办农民画展销和设立"民权虎"网站等形式,进一步开拓市场,让更多的"民权虎"跑向全国,奔向世界。

除了通过文化的产业化道路推动乡村经济发展以外,文化基础设施和

---

① 程红根:"河南民权县'画虎村'农民画出小康",新华网,2007－4－18,http://news.xinhuanet.com/edu/2007－04/17/content_5987318.htm。

本土文化的建设亦能提高乡村社区品位,进而推动乡村经济发展。江苏省张家港市的欧桥村是这方面的一个案例。欧桥村依靠农副工走上致富道路之后,农民纷纷转变观念,在协调经济结构、拓宽就业领域的同时,加强精神文明建设,并取得显著成效。自1980年以来,欧桥村屡屡投资建设影剧院、书厅、文化宫、灯光球场、综合学校等文化设施。近年来,他们利用文化设施的优越条件,开展适应不同年龄、不同爱好的各种活动,如举办全国甲级篮球邀请赛、全国青年篮球邀请赛、全国武警部队(消防)篮球决赛和"欧桥杯"篮球赛,请来上海评弹团、江苏曲艺团、苏州评弹团、浙江曲艺团、无锡锡剧团、江苏歌舞团等十多个知名度较高的文艺团体(朱通华、孙彬,1994:68～76)。一批著名演员和篮球名将的精彩表演,提高了欧桥人的审美情趣和文化品位。文化生活的陶冶使欧桥人在思想观念和精神文明面貌方面发生巨大变化。观念的转变和文化素养的提高给欧桥经济及欧桥人的经营头脑中注入了活力,在一定程度上又促进了欧桥的发展。

四、以市场促发展:市场贸易的带动作用

商品经济的发展,使乡村经济纳入到市场经济的轨道,市场在乡村经济发展中的作用越来越大,市场需求成为乡村农产品生产、农副产品加工业生产发展的先决条件,因此,建设农产品商品生产基地、出口商品基地、发展农产品工业及其他工业生产,都需要摸清市场的需求量和需求前景,市场信息有助于决策者在发展的多种可能性中进行抉择(金其铭等,1990:134～135)。在这种背景下,乡村市场大量兴起。很多小城镇和散布的农村集市成为商品的集散地和集市贸易区。

经济资源的配置方式一般包括市场、政府、企业和家庭,在中国小城镇发展过程中,市场和政府的作用相对较大(王志强,2007:80)。乡村的小城镇和其他类型的乡村社区,往往借助处于市场贸易区的优势,通过改善市场基础设施,拓展市场交易范围,增大市场容量,吸引外来经商人员,逐步发展为以商为主的区域性小商城(冯华,2001:168)。市场的发展壮大为小城镇和乡村社区积聚了经济实力,推动了小城镇和乡村社区的基

础设施建设和环境建设,进而又为市场贸易发展提供了更好的发展环境,形成良性循环。市场的发展使中国农村由传统的依靠血缘、亲缘和地缘关系建立的小范围“合作秩序”走向了自由竞争、自由交易的“自然秩序”,市场成为乡村社区变迁的宏观机理之一(陈万灵,2002:217～226)。靠市场贸易发展起来的小城镇和乡村社区,一般要求有良好的区位条件和交通条件,或者产生于农产品生产比较丰富、经济条件相对较好的地区,尤其是拥有重要资源或拳头产品,易于与其他地区发生商业联系。

江苏省铜山县的大庙镇就是靠市场贸易带动了整个城镇的发展。大庙镇地处苏、鲁、豫、皖四省交汇处,境内交通集铁路、公路、水路于一体,可谓四通八达。陇海铁路、海郑公路、307 国道及京杭大运河、徐洪河均穿境而过,加之其位于徐州市东郊(距市区仅 9 公里),有徐州市公交车沟通其与市区的联系,而且徐州市区的外环路穿境而过。大庙镇矿产资源丰富,矿山开发是传统的支柱产业。新中国成立后,大庙镇相继建成实力雄厚的供销社、人民商场及建材商场等;20 世纪 90 年代以来,其商业更为繁荣,贸易愈加活跃。90 年代初遍及镇内的国营、集体、个体商业网点已超过1 000个,从业人员 7 000 余人。镇内有三大农贸市场,坐落在镇中心北侧的徐州谷山招商场聚集了苏、鲁、豫、皖四省的商贾在此经商,每日都有大批的新鲜蔬菜、禽蛋、肉鱼、果类及粮食等农副产品上市,吸引了来自徐州市、大庙附近煤矿及鲁、豫、皖等省的顾客。90 年代初大庙镇曾投资 1 000 万元扩建谷山商场,该市场占地 300 余亩,成为闻名于苏北的大型综合批发、零售商场。市场贸易的发达不仅解决了大量农村剩余劳动力的就业问题,壮大了小城镇的经济实力,还使小城镇规模不断扩大,触发了小城镇发展的内在机制。

第二节 新产业机制:产业集群与乡村发展

一、产业集群:一种新的发展机制

产业集聚是指产业在地理和空间上的集中,是经济活动的普遍现象,因为只有集聚才可以产生规模经济效应。马歇尔认为产业空间集聚的原因包括：①促进专业化投入和服务的发展；②为具有专业化技能的工人提供共享的市场；③使公司从技术溢出中获益。实际上，集聚经济根植于生产过程，某一地理区域中公司、机构和基础设施间的联系会引起规模经济和范围经济：一般劳动力市场的发展、专业化技能的集中、地方供应者和消费者之间增加的相互作用、共享的基础设施以及其他的地方化外部性等（朱英明，2003：11～12）。

在产业集聚现象中，产业集群是使用最为广泛的一个概念。对产业集群概念的定义最权威的要属美国的学者波特，他认为产业集群是一组在地理上靠近的相互联系的公司和关联的机构，它们同处于或相关于一个特定的产业领域，由于具有共性和互补性而联系在一起，如零部件、机器和服务等专业化投入的供应商和专业化基础设施的提供者。集群还经常延伸至销售渠道和客户，并从侧面扩展到辅助性产品的制造商以及与技能、技术或投入相关的产业公司。许多集群还包括提供专业化培训、教育、信息研究和技术支持的政府和其他机构，如大学、标准的制定机构、智囊团、职业培训提供者和贸易联盟等（波特，2002：1～20）。20世纪90年代以后，产业集群现象引起学术界的重视。

产业集群的特点包括以下五个方面：①企业和专业机构在地理空间上的集聚；②集聚在一起的是围绕同一产品的同行企业和相关机构；③聚集在一起的企业之间存在分工协作关系和同行竞争关系；④企业间有明确分工，集群企业内部垂直一体化程度很低；⑤复杂稠密的社会网络，频繁的互动和知识交流（张元智、马鸣萧，2006：34～36）。产业集群是一种区域性企业网络，在这个网络中，各种不同的企业和机构相互联系和发生作用，通过网络这一构架，产业集群纵向向下延伸到销售渠道和顾客，横向延伸到包括提供互补产品的生产商和通过技能、技术或共同投入品而相互联系的企业，还与政府和其他机构建立了相应的联系，从而使产业集群成为一个专业化柔性生产体系，这种环境也为集群内部的企业提供了一个互动学习和创新依赖的平台（盛世豪、郑燕伟，2004：25～40）。产业集群的要素往往涉及集群单元、集群环境、技术、企业家资源、知识创新和网络支持关系等,各要素之间保持密切的关系(隋映辉,2005:29～33)。产业集群模式既在高新技术产业发展中有所体现,又在传统产业发展中有所应用(王缉慈,2001:180～314)。区域发展的产业集群模式有强大的竞争力和广阔的发展前景,但并不是所有的地区和产业都适合走集群化发展的道路。适合集群发展的企业需要具备一些特征,比如产品需求规模巨大、产品具有定制生产特点、生产作业可实行模块化分解等(张元智、马鸣萧,2006:51～53)。

总之,产业集群已成为一种新的产业空间,也是城乡区域演化过程中所形成的一种新的产业发展机制,它有效地推动了区域经济的发展。在中国的经济发达地区,如浙江、广东等地,产业集群发展比较成熟,规模较大,很多村镇都拥有全国性的市场和全国最大的生产规模;在经济欠发达地区,也有产业集群发展的痕迹,只不过它们规模相对较小,还处在发展的初级阶段。

二、产业集群与乡村城镇化发展

产业集群为广大的中小企业构筑了一种有效的发展空间,产生了规模效应,吸引和聚集了大量的就业人口,有力地促进了乡村城镇化的发展。

乡村城镇化的发展必须以工业化作为基础和保证,城镇化离不开工业化。产业集群作为工业化的一种高效发展模式,它本身是工业化发展到一定阶段的产物,通过产业的空间集聚,企业的生产集约化水平和发展的规模经济水平得以提高。可以说,产业集群的发展为乡村城镇化发展提供了强大的工业基础。产业集群促进了农民的增收,它形成特定的组织和分工网络,促成专业化生产的高效率,这种分工可以对农产品进行面向市场的深加工,形成高附加值的上游产品并供应市场,与此同时,产业集群所促进的第二、第三产业的发展也给农民提供了大量就业机会(向会娟等,2005)。产业集群还促进了中心镇聚集效应的形成。因为,大量企业集中的背后形成了巨大的市场和密集的供应网络体系,进而又形成对人流、物流和信息流的服务市场,交易也越来越集中,最终有助于中心镇聚集效应的形成,如珠江三角洲 404 个建制镇中,以产业集群为特征的专业镇占了 1/4(谌新民、武立文,2006)。产业集群的发展大大提高了农村聚落的经济实力、组织水平和运作效率,是农村聚落适应市场经济发展而进行自组织演化与结构优化的重要推动力量。

产业集群的发展为国家推进城镇化进程节约了成本,为乡村城镇化发展提供资金基础。因为,产业集群所积累的建设资金推动了小城镇建设,而小城镇建设水平的提高和产业集群提供的大量就业机会,成为人口集聚的有效动力(向会娟等,2005)。产业集群给乡村城镇化所带来的影响还表现在对农村资源的合理配置方面。产业集群的发展可以改善区域投资环境,集群企业之间的竞争协作关系有助于提高资源利用率和降低污染。产业集群成为乡村城镇化发展的强大经济支撑,它既带来了资金、技术、生产设备等生产要素,也促进了公共设施建设、就业机会增加和财政收入提高(韦光、左停,2005)。总之,作为资源的高效配置方式和经济的有效组织模式,产业集群有力地促进了城镇化的发展,这在浙江等经济发达地区表现尤为明显。

产业集群与乡村城镇化还会形成互动效应:一方面,产业集群成为推进乡村城镇化的加速器,使城镇化实现了资源和经济要素在空间上的优化配置;另一方面,乡村城镇化是产业集群的有效载体,因为城镇化所带来的集约发展和所提供的完善设施为产业集群化发展创造了条件(徐延山,2006)。总之,乡村城镇化和产业集群发展互相促进,协同发展,提高了城乡经济的竞争力和整体发展实力。

三、产业集群与农村剩余劳动力转移

乡村的产业集群,一般是以某种产品为核心并形成较长的产业链。围绕核心产业进行的生产、供销、服务和培训等的企业机构需要大量的劳动力,而乡村则具有就地提供劳动力的优势。因此,产业集群的发展为广

大农村剩余劳动力提供了就业机会,农村剩余劳动力为产业集群发展提供了劳动力支撑。

具体而言,产业集群发展对农村剩余劳动力转移的影响主要表现在:一方面,集群内产业的升级带动了劳动力就业结构转变,尤其是集群内企业分工和专业化的精细化发展,产生了大量的用工需求;另一方面,集群经济提高了农民素质,增加了已转移劳动力在城镇的稳定性,不仅用人单位会积极开展职业培训,农民工自身也会主动提高素质和掌握一技之长(谌新民、武立文,2006),产业集群的创新效应和学习效应,也成为农民工提高知识和技能水平的有效动力。

另外,产业集群降低了劳动力的流动成本、寻找工作的成本和就业门槛,对农村剩余劳动力有巨大的吸引力。企业和劳动力的集聚使相应的技术、工艺、市场、组织等方面的信息更容易在业内传播和扩散,集聚使大量专业人才的交流更加容易和频繁,刺激了各种创新的产生和扩散,促进了生产率的提高(魏丽华,2006),也降低了劳动力的寻找成本。对农村劳动力而言,集群使其在掌握和传播生产技术方面相对容易和便利,降低了工作的技术门槛以及增大了更换工作的容易性。农村剩余劳动力到本土集群企业中就业的情况,可以减少劳动力的流动成本和时间成本,劳动力不需要长距离转移就可获得工作,因此产业集群是吸引农村人口从事非农化工作的重要途径。

产业集群发展往往具有"乘数效应",这种效应对解决农村劳动力的非农就业作用巨大。产业集群使企业产品的产销量提高和专业化市场扩大,企业联合需求又会带动生产要素市场、交通运输业等行业发展,与此同时,随着人口集聚,当地房地产、商业、餐饮、娱乐等第三产业得到拉动,这些行业发展能促进大量农村剩余劳动力就业(张国华,2006)。实际上,农村剩余劳动力也乐意由过去的季节性迁移和不稳定的迁移,转向在集群企业中的长期性和稳定性的就业。

总之,在一些经济发达地区的省份,产业集群已成为拓展农村剩余劳动力就业十分重要的渠道,成为吸纳农村劳动力的有效载体。浙江的数据表明（徐维祥、唐根年，2004）：浙江省年产值超亿元的519个集群经济区块共吸纳就业人员380万人，约占全省工业从业人员总数的一半；产业集群的就业人员中超过八成来自农村，浙江省产业集群发展吸纳和转移本省的农村劳动力超过200万人。产业集群和农村剩余劳动力转移的关系可用图3—1加以概括（徐维祥、唐根年，2004）。改革开放以后，乡镇企业获得发展，吸收了大量的农村剩余劳动力，形成农村劳动力转移的第一次高峰。随着市场经济的发展，为进一步提高竞争力和经济效益，满足市场的新需求和产业结构升级的需要，企业向规模化和专业化方向发展，企业在一定的地区扎堆发展而形成产业集群。产业集群的发展产生连锁效应和乘数效应，带动第三产业等其他产业的发展，产生大量的劳动力需求，从而形成劳动力转移的第二次高峰。产业集群的发展最终推动了乡村城镇化进程。

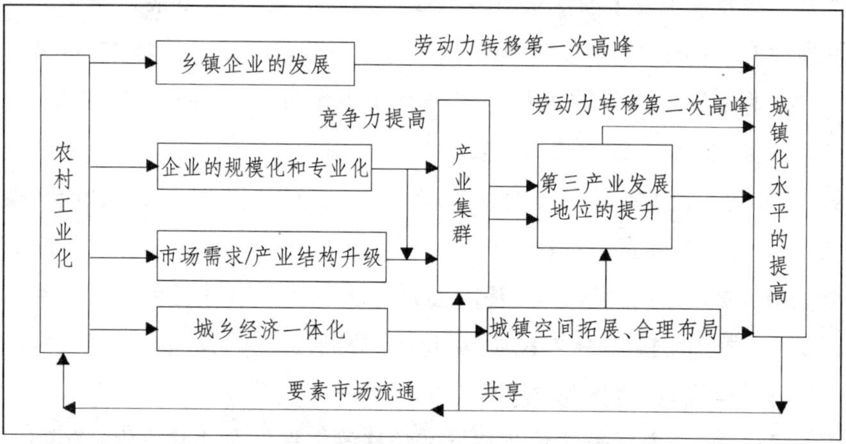

图3—1　产业集群与农村劳动力转移的关系

资料来源：徐维祥、唐根年（2004）。

四、产业集群与小城镇发展

产业集群使小城镇在吸引、控制和转化资源方面发挥了重要作用，产业集群的发展提高了小城镇的各种软硬件水平,增强了小城镇发展的竞争力。产业集群带动了专业市场的发展和交易的集中,形成密集的专业化物质设备供应网络体系,进而形成人流、物流与信息流的服务体系,使得小城镇在吸引和控制资源方面扮演了重要角色(季丹虎,2006)。有学者从软硬件竞争力上分析了产业集群与小城镇的关系(张真、熊熹,2006):硬件方面,产业集群增大了小城镇的资本存量和资本流动性,提高了小城镇的创新能力和科技竞争力;软件方面,中小企业集群带来的价值观念、管理方式等都影响到小城镇,集群企业微观层面的产权制度、运行机制和体制的变化会直接影响小城镇经济制度变化,产业集群推动了小城镇参与大区域尺度的经济活动并扩大了对外开放程度。

在中国的经济发达地区,不乏产业集聚推动小城镇经济发展和城镇建设的实例。如 20 世纪 90 年代初期,小五金产业的崛起与中国五金城的建设与发展引发了浙江永康城区爆炸式的扩张,诸暨的店口镇也是依托本地五金机械产业的集聚与南方五金城的发展而成为区域重镇,义乌市的产业集聚对该市城镇化的推进作用也十分明显(徐维祥、唐根年,2004)。再如,温州通过培育和发展"一村一品"、"一镇一品"的特色产业集群,带动了相关产业及交通、服务等设施的发展,促进了人口、资金、技术、信息等生产要素向农村小城镇集聚,温州市的建制镇由 1978 年的 18 个扩展到 2003 年的 143 个,苍南县龙港从一个小渔村崛起为一个拥有 15 万人口的中国第一座农民城(盛世豪、郑燕伟,2004:305)。可以说,产业集群已经成为小城镇发展的持续动力。

另外,产业集群的扩散及其梯度转移效应直接推动城镇化进程和地区小城镇的发展,如某地区的产业集群形成后,集群产业可能因区域内土地价格的上升、劳动力成本的提高等原因而向周边地区扩散,从而带动周边地区产业集群的发展,周边地区产业集群发展后,其城镇化水平也会快速上升(筍丰明,2006)。一些经济欠发达地区,按照集群方式从经济发达地区同时引进一批可以构成一个产业纵横梯队并能在较短时间内产生集群经济效益的企业,实现县与县、镇与镇的整体对接和交流,推动小城镇跨越式发展,形成小城镇经济和集群企业的良性互动(刘瀑、孟守卫,2006)。产业集群有很强的技术外溢效应,同行企业集聚到一起,很容易相互模仿和相互学习,行业的技术秘密往往通过各种非正式渠道在本地区传播(张元智、马鸣萧,2006:153～154)。这对于经济欠发达地区的小城镇而言,尤其具有重要意义,因为经济欠发达地区的小城镇经济实力相对薄弱,技术水平相对落后,如果以小城镇作为发展平台,发挥产业集群的技术外溢效应和创新学习功能,无疑会为推动城镇经济发展提供催化剂的作用,为经济欠发达地区小城镇功能的提升创造契机。

五、小结

把研究产业集群的文献形容为"浩如烟海",一点儿也不过分。本节着眼于产业集群推动乡村城镇化和农村剩余劳动力转移的角度,从众多的文献中择出相关文献并进行梳理,揭示产业集群作为一种新的农村产业发展机制,对乡村重构的推动作用和意义。近年来,产业集群似乎已成为地方发展的"时尚",然而集群本身是一个中性词汇,它虽然拥有获得节约成本的外部经济效果和促进技术创新的竞争优势,但具体到一个地方而言,未必意味着有产业集群就一定能够获得成功发展(王缉慈等,2010:63;Wang,2007)。尽管如此,和传统的产业发展机制相比,产业集群具有很多优势,如果正确引导,这些优势可以转化为推动乡村城镇化的有效动力。产业集群发展提供了强大的工业基础,节约了国家推进城镇化进程的成本。产业集群已成为农村聚落适应市场经济发展而进行自组织演化与结构优化的重要推动力量。在经济发展实践中,产业集群往往与乡村城镇化形成互动效应,它们互相促进、共同发展。产业集群发展为农村剩余劳动力提供了就业机会,降低了劳动力的流动成本、寻找工作的成本和就业门槛,已成为拓展农村剩余劳动力就业十分重要的渠道,成为吸纳农村劳动力的有效载体。产业集群使小城镇在吸引、控制和转化资源方面发挥了重要作用,产业集群的发展提高了小城镇的各种软硬件水平,增强了小城镇发展的竞争力,已经成为小城镇发展的持续动力。

第三节　乡村发展的区域机制及规划对策

一、引言

中国正处于一个人文环境的多元转型时期,这种转型涵盖了社会生活的各个侧面,既包括经济体制及增长方式的转变、传统与现代文化和心理的冲突与整合,也包括决策层所做的改革及宽松政策环境的获得。在这种形势下,一方面,外部环境动力作用使乡村不断萌发新的生机和形成新的发展机制;另一方面,转型期乡村内部发展营力和区域内部的整合作用更凸显了乡村发展的区域机制。除了以上两节所探讨的产业机制外,区域机制也是乡村发展不可忽视的动力。应该充分考虑乡村发展的各种区域机制,把动态、随机、联动、时空系统的观点及各种政策性因素及时地运用到乡村规划的实践中去。

本节拟以集镇和村落体系作为讨论的重点,以江苏省的一些典型集镇和乡村作为实证研究案例,揭示转型期乡村发展所面临的一些典型的区域机制,并探讨其发展和规划对策。

二、乡村发展的区域机制及规划应对

1. 历史积累效应触发机制及规划案例

(1) 历史积累效应触发机制

历史积累效应触发机制是针对现状经济及各项事业发展并不突出、但拥有一定的历史基础并呈现出良好发展势头的集镇,或者拥有某项区域性优势产品或支柱产业并有一定发展前景,但由于某种原因目前尚未充分发挥出这种优势的集镇。随着时间的推移,集镇发展具有历史积累效应,当达到一定程度时,就会出现以某一项优势产品的开发带动整个集镇地位的提高及经济、社会的发展。也就是集镇单项事业的发展触发了集镇整体发展的契机,而集镇整体的发展及地位提高又必然促进单项事业的进一步发展和高涨,从而形成良性循环。

集镇拳头产品或优势产业发展势必要求集镇有足够的贸易空间和相对齐全的配套设施来满足其发展需要。所以,为了减少由于重复建设和拆迁所带来的损失,增加规划的可预见性,在制定集镇规划时,就要充分考虑到这一新时期集镇的发展机制。对集镇各种潜在优势及相关事业发展进行合理论证,应把其在各个时段的规模、趋势、市场、相应配套设施建设、给集镇带来的效益及所创造的发展机遇等内容在集镇规划中全面地体现出来。

(2) 案例分析:邳州市港上镇的集贸市场规划

转型期集镇发展的突变现象经常发生,这种突变一般都有其历史根源,是历史积累效应触发作用的结果。这种类型的集镇在苏北大量存在,主要源于经济体制转轨以前苏北乡镇发展相对滞后,长时期的历史积累使苏北很多集镇集聚了大量潜能,主要表现在拥有一定的拳头产品但市场尚待拓展,集镇发展拥有潜在优势,而转型期则为此类集镇创造了释放潜能的机会。

江苏省邳州市港上镇及其规划是一个典型代表。邳州市是全国五大银杏生产基地之一,每年其银杏产量约占全国银杏总产量的 1/10。位于老沂河畔的港上镇更是著名的银杏之乡。20 世纪 90 年代以前,港上镇虽有种植银杏的悠久历史,但其经济实力在邳州市各乡镇中并不突出。90 年代以来,政府积极鼓励银杏的专业化种植,农民的种植热情进一步高涨,全镇银杏种植面积逐年扩大。集镇原有一个农贸市场,但各项设施沿穿过镇区的 310 国道布局。港上镇的集镇规划充分考虑到未来银杏贸易的发展,并对各个时段的发展规模进行了预测,制定了以银杏生产、贸易带动集镇发展的策略。规划在老集市的基础上重点建设四个市场:银杏市场、药材市场、农贸市场和浙江商品市场(为浙江商人投资兴建),并建设相应配套设施。五个市场采取集中布局的原则,与集镇建设融为一体(图 3—2)。

20 世纪 90 年代中期以来,国内银杏市场看好,港上镇及其周围乡镇的银杏生产和贸易也达到高潮,大面积市场的规划建设为政府、外商和全国各地商人的银杏收购及贸易提供了便利。港上镇成为全国重要的银杏和中药材贸易场地,每年丰收时节,这里汇集了大量的中外商人。市场贸易带动了集镇其他各项事业的发展,使港上镇迅速成为邳州市北部的中心集镇。

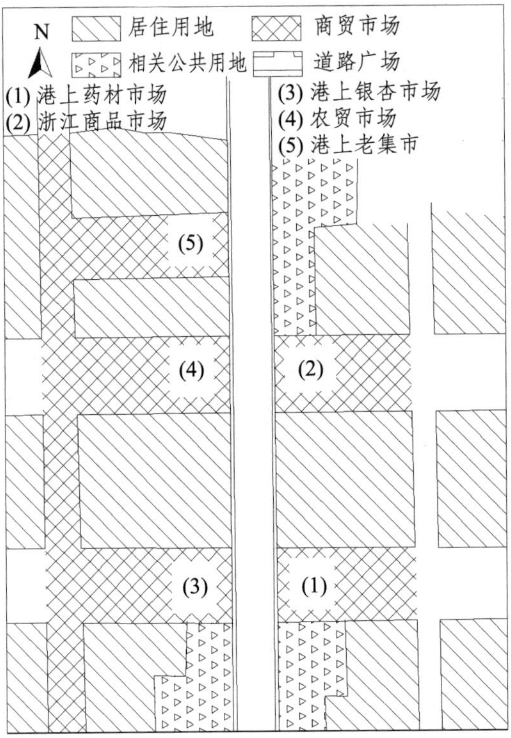

图 3—2 邳州市港上镇的集贸市场规划及其结构

2. 小区域联动效应及配套发展机制和规划案例

(1) 小区域联动效应及配套发展机制

在乡村规划实践中,有一种类型的集镇较为常见,即由于位于若干重点城镇的边缘地带而使其发展面临困境。随着发展需求日趋增大以及经济实力的日趋增强,尤其是在转型时期,小区域内若干集镇联合、统一规划和建设,在区域内部实现综合配套、协调发展的目标,有其必要性和可能性。

联合建设、统筹规划可实现小区域联动效应,能增强集镇的辐射能力,形成相对强大的辐射源,同时也使各项基础设施得到集约利用,减轻了集镇的经济负担和建设费用。从长远来看,集镇的联合建设及规划对区域内各集镇的发展都会起到推动作用。

(2) 案例分析:邗江县运西和八里两集镇的统筹规划

实现小区域联动效应的集镇要符合一定的条件:①集镇位置靠近或通过一定措施可使其经济距离较为接近;②它们共同处于若干辐射源的包围之中,而且位于这些辐射源之辐射场的边缘交界处;③它们的经济、社会发展水平比较接近。在做扬州市邗江县集镇规划时,就遇到这种情况。

邗江县城紧邻扬州市区,距长江 15 公里。邗江县的八里和运西两集镇位置相邻,集镇主街均为东西向,且相错 80 余米,中间以古运河相隔。两集镇均位于扬州市以南 11 公里处,距长江只有 4 公里,其南与长江沿岸的重要港口瓜洲镇接壤。

运西与八里集镇的经济实力相当,在邗江县诸乡镇中处于中下水平。在规划过程中,我们发现,两集镇的发展有一定困境,主要缘于:一方面,两集镇以北有许多乡镇近临县城,而且还有一些乡镇的部分领域被划在邗江县县城建设区范围之内,再加上近几年这些乡镇的发展形势都明显优于运西和八里,所以,两集镇对其北部广大乡村地域的吸引力微弱;另一方面,两集镇虽距长江较近,但其以南属瓜洲界域,瓜洲是一个千年古镇和长江沿岸的重要港口,区位条件远较两集镇为优,所以,南部乡村地域又大都被瓜洲强烈吸引。在南北两大辐射源的作用下,两集镇的发展都面临孤立无援的局面。

为了克服这种困境,对之尝试进行集镇统筹规划、联合建设,力图实现小区域联动效应。主要是:①重点建设横跨古运河、把两集镇主街贯通相连的桥梁;②两集镇的相关设施配套建设。

新的规划举措会带来很多效应。首先,改善了两集镇间的交通条件。桥梁的建设改变了两集镇几百年来靠船摆渡的状况,使八里及其以东的通港路直接与扬瓜公路发生联系。尤其是在润扬长江大桥建成之后,桥梁对古运河以东区域的作用会更为突出。这势必增加两集镇主街的客、货流量,对两集镇发展起到推动作用。其次,增强两集镇的吸引力,创造出一个相对强大的辐射源。两集镇按"整体配套、优势互补"的原则进行相关设施的配套建设,达到分享和集约的目的,也增强了凝聚力,使两集镇合而成为一个辐射源,大大增强了对周围乡村地域的吸引力。再次,加强两集镇人民之间的联系,使信息传递更为便捷,为建设 21 世纪新型集镇创造了良好的人文环境。

3. 特殊大型项目建设带来的随机效应:对区位因素的再利用

(1) 特殊大型项目建设带来的随机效应

随机效应是指一些具有特殊意义的大型项目如大型主题公园、国家自然保护区、工业园区等的建设对周围乡村发展产生影响并带来一定效应,从而为乡村发展提供机遇。转型期间,乡村发展往往面临这种区域机制,关键是要通过乡村规划和未来建设体现出它所带来的活力和效应,实际上是对区位因素的再认识和再利用。

(2) 案例分析:苏州工业园区周边区域的中心村规划

苏州工业园区的建设就给周围乡村带来了发展机会,是一种随机效应的体现。苏州工业园区是中国政府自 1994 年起与新加坡政府联合建设、共同管理的新型工业园区。它东西向呈长方形,规划面积约 70 平方公里,边缘区土地面积达 33.7 平方公里,人口 11.4 万,涉及苏州的娄葑、跨塘、斜塘、唯亭、胜浦五个乡镇。苏州工业园区给周边乡镇带来的随机效应体现在:园区的开发给周边乡镇发展带来千载难逢的历史性机遇,因为乡村发展可以充分利用临近工业园区这一有利的区位条件;将增强周边乡镇对海内外投资的吸引力;周边乡镇的产业结构和基础设施都会受工业园区的影响而得到调整,主要是建立与园区经济结构配套和协调的现代化产业结构模式,配备相关设施,以城郊型农业为主体建立现代、高效、发达的农业体系,为园区生产和生活服务。

苏州工业园区实现土地房产转让,各乡镇在其范围内的人口、产业及各项设施将要外迁并被安排至边缘区。所以,周边乡镇尤其是边缘区域,都面临着规划和重新调整的局面。因而,如何最大可能地利用苏州工业园区所带来的新的区位效应也就成为编制周边乡镇和中心村规划的关键所在。

据相关研究成果来看(曾刚等,1998;中共苏州市委政策研究室,1998),20世纪90年代末期,苏州工业园区便成功地进行了周边乡镇的中心村和村落体系规划。在新规划的村落体系中的中心居民点上,布局村级社区的各项服务与公共设施,为其基层居民点的农业生产提供产前、产中和产后服务以及大、中、小市场贸易场地等。村落体系按克里斯泰勒的六边形法则布局,每个中心村组织包括一个中心居民点、五个基层居民点和一个村级工业区(图3—3)。这种规划方案比较合理:一方面,这里地理条件相对均一,接近克氏中心地理论的理想状况;另一方面,在工业园区周边呈相对均衡状的村落体系布局,更便于各中心村及其基层居民点充分接受工业园区的辐射。值得指出的是,这种规划方案从理论上讲更便于工业园区周边区域分享和利用由工业园区成立及发展所带来的随机效应。村落体系和中心村规划并不是简单地运用中心地理论理想模式,它还强调要因地制宜,指出在具体实践操作过程中还要对六边形模式加以修整,如可以多边形重心法则为依据,以交通和地形等偏离因素为辅

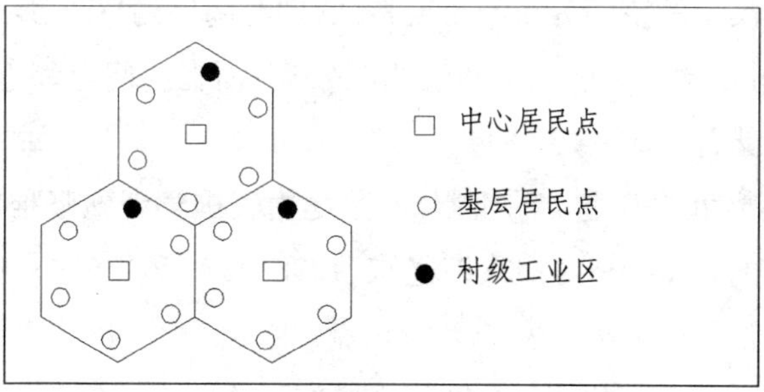

图3—3　苏州工业园区周边村落体系的规划模式

助,用定量的方法确定中心村位置,从而使规划措施更加科学化。

4. 时空协同机制:区域周期性集市集期体系的最适序列及其应用

(1) 周期性集市与集镇

周期性集市在中国农村普遍存在,它是指在集镇辐射范围内的人们按特定时间(一般有固定的时间间隔,有一定的规律性和周期性)会聚于各级集镇,享受集镇所提供的各种服务,使用集镇各项公共设施,进行商品贸易和其他活动。周期性集市在经济欠发达地区农村(如苏北)更为常见,它们在农民生活中占有重要地位,起着乡村地区信息源、物质和服务交流中心及农副产品集散地的作用。在经济欠发达地区,农村消费水平和购买力相对不足,但农民又需要通过集市进行交易,因为他们要卖掉剩余的农产品并购买所需要的生活用品和农业生产资料。和经济发达地区相比,经济欠发达地区农民交易的频率较低,如果每日在同一地都有集市,会形成浪费,甚至经济欠发达地区农民现有的消费水平难以支撑每日集市的开展,即达不到每日集市的门槛人口。周期性集市是解决经济欠发达地区农村上述问题的一个有效方案,等于把相对不足的农村消费和购买力在特定的时间和特定的地点加以集中,一方面,保证了在集市日期农村集市有足够的交易量和交易人群,以支撑集市的存在;另一方面,又满足了不同乡村地区村民开展贸易的需求,在空间上实现了优化。

(2) 周期性集市的时空协同机制

周期性集市的时空协同(spatio-temporal synchronization)是指一定区域周期性集市的空间分布与集期特征(即时间序列)存在反相关系。具体而言,集日相同的集镇在空间上相距较远;而在空间上邻近的集镇,其集期会尽量错开。

周期性集市的时空协同机制,最早是由美国学者施坚雅发现并在其著作中提及的(Skinner,1993;施坚雅,1998:11～20)。这一机制是集镇形成和发展过程中一种自发的区域机制,主要是为了避免商贸实力本来就薄弱的乡村贸易点和商贩之间不必要的竞争而追求具有最适序列的集市集期体系,从而有利于集镇发展和乡村经济的繁荣。实际上,按克里斯泰勒的理论进行分析,欠发达地区的乡村通过周期性集市及一定区域集市集期体系的安排,使本来难以达到门槛人口的各集镇解决了其存在与发展所要求的门槛人口问题。集市的时空协同机制不仅可用来检验区域集镇空间分布和集日安排的合理性,对乡村的发展和规划也具有重要的指导作用。

(3) 案例分析:邳州市北部苏鲁交界区域集市集期体系的时空协同及其启示

通过对江苏省邳州市北部苏鲁交界区域集市的考察,发现其集市的集期体系存在明显的时空协同现象(图 3—4),乡村地区的集镇体系在这一机制作用下呈现出良性发展势头。除作为一级集镇的三个县城(邳州市、新沂市和山东省的郯城县)所在地之外,二级集镇(区域性中心集镇)包括管湖、港上、岔河、四户、重坊(属山东省)和马头(属山东省),我们还分别以港上和连防为中心考察三级、四级集镇的集期体系。

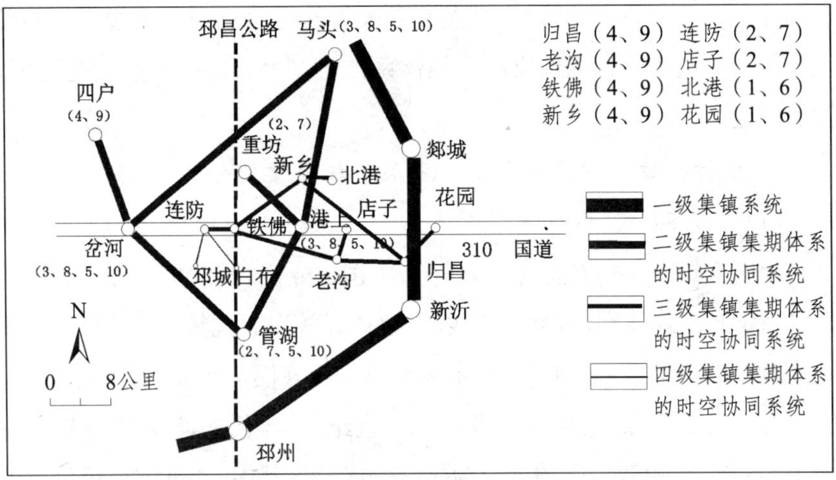

图 3—4 邳州市北部苏鲁交界区域周期性集市的时空协同系统

二级集镇集期体系的时空协同表现为:集期相同者(3、8、5、10 等日逢集[①],即 10 天 4 集)所要求的空间距离在 22～25 公里之间,如马头、港上、管湖和岔河(管湖略有差异,采用 2、7、5、10 等日逢集);空间距离小于此范围者,为了避免与邻近集镇的冲突,则采取回避方法使集期相互错开,如四户为 4、9 两日逢集、重坊为 2、7 两日逢集。以港上为中心的三级集镇集期体系的时空协同如下:集期相同者(4、9 两日逢集,即 10 天 2 集)所要求的空间距离在 12～15 公里之间,小于此范围者,集期则与邻近集镇回避,如连防 2、7 两日逢集、北港 1、6 两日逢集、花园 1、6 两日逢集、店子 2、7 两日逢集,各集镇都避免与中心集镇冲突。连防的四级集镇包括邳城和白布(为小范围内早集,满足地方服务及日用商品交易的需要)。

集市集期体系安排也是集镇体系规划的一项重要内容,应以集期的时空协同机制作为规划的重要指导原则。就邳州市北部苏鲁交界区域而言,集市集期体系也存在一些小的问题,与时空协同相背。如连防和花园构成港上三级集镇的同时,也是重坊的三级集镇,但连防的集期显然与重坊相冲突。总之,转型期间乡村尤其是欠发达乡村集镇体系规划和集镇发展规划都应充分考虑到集市集期体系的合理性,才能促进乡村空间结构的优化。

5. 乡村行政区划调整引发的发展契机及案例分析

(1) 新时期乡村行政区划调整

中国乡镇一级行政区划制定于新中国成立后,当时的出发点是保持人口稳定和管理便利,区划普遍较小,改革开放以后尤其是 20 世纪 90 年代各地都进行了很大的调整,但中国乡镇平均规模仍然偏小,如全国乡镇平均人口为 2.1 万(叶裕民,2000)。20 世纪 90 年代末,江苏省乡镇数量约 2 000 个,乡镇政区平均规模为 45 平方公里,其中 30 平方公里以下的小乡镇近 600 个,主要集中在苏中和苏南地区,小乡镇过多的格局制约了

---

① 集市的 3、8、5、10 逢集,指集期安排在每月日期末位数为“3、8、5、0”的日子,如每月 1～10 日为 3 日、8 日、5 日、10 日,11～20 日为 13 日、18 日、15 日和 20 日,21～31 日为 23 日、28 日、25 日和 30 日。下文其他集期依此类推。

集镇建设的质量和效益。一般而言,乡镇规模偏小会使行政管理成本较高,财政开支和农民负担较重,经济发展缺乏规模效益,分散布局和重复建设还浪费了大量的土地资源和建设资金。乡镇集镇规模偏小也使集镇功能受到影响,集镇吸纳农村人口的能力有限,对周围农村的辐射和带动力不足,也使中心镇的优势不能充分发挥,从而严重制约了乡村城镇化进程(中共江苏省委政策研究室,1999)。近些年,由于认识到乡镇行政机构臃肿等问题,出于对规模效应的重视,全国很多省市都相继开展了以撤并乡镇、扩大乡镇区域规模为主要内容的乡镇行政区划调整工作。

江苏省曾把4万～5万的人口规模、50～70平方公里的用地规模作为一般乡镇区划调整后的实现目标,还要重点培育镇区人口在5万人左右的中心镇,要消除小城镇的近距离重复建设现象,创造条件促进生产要素和从农业中转移出来的人口向区位条件优越、基础设施健全、经济规模较大、发展潜力良好的中心城镇集聚(中共江苏省委政策研究室,1999)。新时期适度的乡镇行政区划调整取得了一定的成效,如通过精简行政办公人员而减轻了基层的财政压力,提高了基层政府的运行效率,集中资金加强城镇的基础设施建设,促进了产业集聚,提高了小城镇对乡村地区的辐射力。

(2) 案例分析:常熟市梅李镇基于乡镇合并的规划应对

梅李镇地处发达的苏南城镇密集区,自古便是江南文化名镇,其城镇经济发展位于江苏全省前列。原珍门镇和赵市镇分别位于原梅李镇以南2.6公里处和以北2.5公里处(实际上片区边缘距离只有2公里左右)。1999年,珍门镇和赵市镇并入梅李镇,组建新梅李镇,镇政府驻原梅李镇,原赵市镇和珍门镇设街道办事处。梅李镇的规划充分考虑了由于行政区划调整为新时期梅李镇的发展以及整个镇域农村协同有序发展所带来的契机(江苏省城乡规划设计研究院,2000)。

规划强调了镇区三大片区之间的关系,提出要做到分工有序、职能互补、资源共享和协调发展,并因此对三个片区的功能进行定位:中心镇区为行政、经济和文化中心;赵市片区以居住和工业为主;珍门片区以居住为主,适度减少原有工业。在预测中心镇区规模时,强调行政区划调整所带来的两大变化:一是镇域范围的扩大,中心镇区将面临吸纳原三镇范围的农村进镇人口的任务;二是,新的镇村体系与中心镇区规模之间的关系,赵市片区和珍门片区由于退为镇域二级集镇,其所承载的人口城镇化任务将大部分转移到梅李中心镇区身上。在这种思路下,梅李中心镇区的人口规模会有超越常规的增长。另外,三个片区之间距离的邻近为其实现职能互补提供了可能:珍门片区以发展居住为主,完善配套设施;赵市片区将居住与工业生产职能配套发展,留有工业用地发展余地;中心镇区的公共设施、服务设施和市政公用设施为全镇服务,商业贸易等设施甚至考虑为周围乡镇乃至更大的区域服务。总之,新时期的行政区划调整为乡镇发展提供了一个新的契机,在规划中应充分考虑区划调整所带来的各种变化的可能性,以动态的、长远的思路来规划和建设城镇。

三、启示与讨论

1. 加大对乡村潜在优势预测的力度,科学指导乡村空间形态的发展

对相关指标的预测是乡村规划的一个重要环节,如对人口规模、用地规模、产业发展水平以及各种市政公用设施指标的预测。转型期间乡村经济、社会发展往往具有动态性、突变性和随机性,从而增加了预测难度。但同时也应该看到,乡村发生的突变也受其内在规律支配,常常是一定时期历史积累效应作用的结果。所以,重视对潜在优势的预测有重要意义,对集镇和村庄各项事业,尤其对有一定基础但由于某种原因目前尚未凸显优势的支柱产业或拳头产品,有必要进行专门研究和分析论证,并用以指导集镇和村庄形态的发展及规划。

2. 将区域的观点融入乡村规划,为乡村发展创造新的契机

在经济欠发达地区可持续发展战略实施过程中,如何体现出乡村发展的公平性成为可持续发展是否具备可操作性的前提。在转型时期,历史上曾一度发展滞后的村庄和集镇对公平发展的要求更为强烈,但历史基础和现状条件又为其发展营设了障碍,仅靠自身的条件似乎难以实现

公平发展。走小区域联合的道路是解决这种类型村庄和集镇发展的有效途径,区域范围的界定、聚落联合建设的可行性及小区域发展的运行模式等都应引起重视。

3. 随机效应使聚落体系规划面临对区位因素的再认识和再利用

转型期的显著特点是各项社会经济因子变动剧烈,常表现出非线性和曲折性的特点。相应地,聚落发展战略及规划建设也要具有灵活性,应针对各种不同的形势及时调整聚落的发展方向和规划战略。各种随机效应给聚落发展注入了活力,使聚落体系面临新的区位条件,也使聚落原有规划面临重新调整的局面。

4. 周期性集市集期体系是农村聚落体系规划的重要内容,时空协同机制不可忽视

周期性集市的集期体系是农村聚落的一种自我发展机制。经过长期的历史演化,一定区域内集市的集期体系可自行达到最适序列。由于小城镇建设力度的加大是转型期间中国城镇化的主要方式之一,所以,新兴的集市及新发展起来的小城镇不可避免地面临最佳空间位置选择和集日的组合问题。集镇是难以在短期内通过自发调节而达到最适序列的,其迫切需要干预。一个最有效的手段就是经过科学分析制定出集市的最适集期序列,并在聚落体系规划中体现出来。

5. 转型期乡村发展受政策性因素影响机会较多,在规划中要有切实对策

转型期一些城乡发展政策变化较大,城乡改革的力度也逐渐加大,因而乡村发展与规划受政策性因素影响的机会越来越多。像行政区划调整(乡镇合并、撤乡建镇和迁村并点)等都是新时期典型的乡村发展的政策性因素。政策的变动有可能为乡村发展创造契机,关键在于要抓住机遇进行规划调整或重新编制新规划,或采取其他对策,在乡村发展与建设实践中体现出这种政策变动因素所带来的效应,促进乡村发展。

第四节　本 章 总 结

本章概括了乡村发展的各种动力,包括传统的产业机制、作为新产业机制的产业集群以及转型期乡村发展所面临的各种区域机制,它们构成了推动乡村重构的动力学基础。乡村发展的传统产业机制类型多样,除乡村工业化、乡村旅游、文化产业以及市场贸易对乡村社区发展有推动作用外,外来投资无疑也是很多经济发达地区乡村社区演变的重要动力,尤其是在珠三角地区。由于第二章曾专门讨论过珠三角城镇化的外向型特点,在此不再赘述。作为一种新的产业机制,产业集群的发展为乡村城镇化发展提供了强大的工业基础,节约了国家推进乡村城镇化的成本,成为拓展农村剩余劳动力就业十分有效的渠道,也成为农村小城镇发展的持续动力。

转型时期,乡村发展的众多区域机制凸现。我们结合江苏省的诸多案例,对乡村发展中的几种区域机制进行了探讨,包括历史积累效应触发机制、小区域联动效应及配套发展机制、特殊大型项目建设带来的随机效应、区域周期性集市的时空协同机制以及乡村行政区划调整所引发的发展契机,它们构成了乡村发展不可忽视的动力,应在乡村规划和乡村发展战略制定中予以体现。对乡村发展区域机制的研究,旨在强调要把动态、随机、联动、时空系统、政策效应等方面的观点和视角恰到好处地运用到乡村规划的实践中去。

第四章 发展模式:乡村重构的道路与经验

在中国乡村重构进程中,形成了很多颇见成效的发展模式与发展经验,它们代表了具有中国特色的乡村重构的心路历程。不论是经济发达地区的农业产业化发展模式,还是经济欠发达地区的乡村发展模式,不论是人口流出区主动出击、创造条件吸引外流人口回乡创业,还是赚了钱的打工人口在老家县城消费作为适应当前中国户籍管理制度的权宜之计,都似乎在说明一个道理,即尽管中国的广大乡村地区背景复杂多样,条件各异,发展道路也不尽相同,但它们都无可回避地要应对市场,学会在市场中求生存,在市场中趟出一条光明大道。在短期内无法改变制度的前提下,农民工——这些大城市的弱势群体,在其家乡的县城却实现了他们对户籍制度的寄托,"回乡"似乎也能实现他们的价值,这使得我们不得不延展"城乡融合"、"城乡统筹"和"城乡一体化"的概念。

第一节 农业专业化生产:特征、症结与对策

一、农业专业化生产发展背景

改革开放以后,中国农村商品经济获得巨大发展。但在 20 世纪 80 年代,很多农村地区对旧有经济体制的改革不到位,农户经营长期徘徊在小商品生产阶段。那种囿于半自给半商品性的小生产,不可能产生农业专业化生产的内在动力。因此,20 世纪 80 年代中国农村的总体情况大致是粮食问题基本解决,农民增产不增收,农业专业化发展缓慢。

20 世纪 90 年代以来,随着改革开放的进一步扩大与市场经济体制

的确立和发展,情况发生明显变化。随着社会主义大市场的发育和完善以及价格体制改革的逐步推进,市场需求对农户经营的诱导力大幅度增强。随着城市居民生活水平的日益提高,市民对消费品的要求早已不仅仅局限在量的增加上,还要求高的质量和品种的多样化。农民也逐步懂得搞单一经营远不如搞多种经营、搞小而全的生产远不如进行大规模的专业化生产有利可图。所以,市场需求产生了农业专业化生产的动力,而且市场需求愈大,农民的专业化生产的动力就愈强烈。在开展面向市场的专业化生产的同时,也要求农民必须应对竞争,进行经济核算和科学管理,依靠科技进步,并力求降低成本,改进农产品质量,提高产量,这样才能保证在激烈的竞争中立于不败之地,才能使农业专业化生产得以进行下去,并向深度和广度发展。在农业专业化生产发展的基础上,一些经济发达的农村地区逐渐形成了农业产业化模式,它实际上是经济增长方式由粗放型向集约型转变的外在表现,是农业生产效率不断提高的表现。

二、农业的专业化、产业化与社会化服务体系

1. 农业的专业化、产业化及其关系

农业专业化生产是从传统农业向现代农业转变过程中的一个中间环节。主要是注重从本地的资源优势出发或从市场需求以及所拥有的社会化服务现状出发,建立各具特色的区域性支柱产业,发展一批生产基地和专业乡、专业村、专业大户,搞"一村一品"、"一乡一品"乃至"一县一品",在避免结构趋同的条件下发展专业化和社会化生产,从而实现规模经营,提高农产品商品率,最终提高经济效益。

农业产业化是以国内外市场为导向,以经济效益为中心,以资源优势为依托,围绕区域性支柱产业,优化组合各种生产要素,实行区域化布局、一体化经营、企业化管理和社会化服务,通过市场牵龙头、龙头带基地、基地连农户的形式,逐步实现贸工农一体化、产供销一条龙的生产经营体系(刘胤汉、刘彦随,1996)。

农业专业化生产和产业化是农业发展过程中两个不同级别的形态。

农业专业化主要是引导农民发展农业规模经营,实现一定的规模效益,是产业化发展的基础。农业产业化则要把农村千家万户通过利益纽带组织起来,参与到区域化布局、专业化生产、企业化管理和一体化经营中来,形成生产靠一家一户、规模靠千家万户,以龙头加农户等形式,实现农产品的批量生产、精加工、深加工和多次转化增值(滕锡尧、常承国,1999:31)。因此,农业产业化是高级阶段,它强调市场经济下完整的生产经营体系。具有了相当规模的农业专业化生产,为了拥有更高的农副产品商品率和销路更广的市场,势必要朝产业化方向发展。因而专业化是产业化的前奏;产业化是专业化的必然结果。没有农业生产的专业化,也就没有农业的产业化,产业化是比专业化更高级别的农业发展形态。

2. 农业的社会化服务体系

农业社会化服务体系是农业支撑体系的"软件"部分,农业发展的综合效益在很大程度上取决于对"软件"开发的水平及其效率(刘胤汉、刘彦随,1996)。可以说,农业的专业化生产或更高级的农业生产形态——农业产业化,在市场经济体制下都要建立和完善与之相匹配的社会化服务体系,才能充分合理地开发利用自然和社会资源,促进生产要素的合理流动和最佳配置,从而促使农业向高产出、高质量和高效益的方向发展。

早在20世纪90年代,学术界对农业社会化服务体系已经开展了大量研究(尹继堂,1997;刘胤汉、刘彦随,1996;韩振峰,1995;刘胤汉等,1995),概括而言,农业社会化服务体系应包括以下要素。

(1) 产前服务,即农业生产要素供给服务。包括:①基本要素服务:土地承包、租赁、资金存贷、劳力雇佣和就业服务等;②投入品供应:种子(苗、畜、禽)、农用化学品、农机农具、农业工程设施等;③信息和农业经营决策咨询:对经营计划和技术措施的个别咨询,包括使用电脑软件对农户(农场、合作社、公司)的咨询服务。

(2) 产中服务,即农业作业服务。随各地各时期农户需求的不同,这部分内容差异较大。从完全不需要外部服务到完全依赖外部服务的都有。从目前和今后的相当时期来看,有三项服务具有较大覆盖面:①农机作业服务;②灌溉服务;③技术指导(尤其是在引入新品种和发生灾情的时候)。在计划经济体制下,作业服务占的比重相当大,其最发育的形态是由集体经济组织统种统管;在市场经济体制下,随着经营和服务需求的多样化,作业服务的比重较小。

(3) 产后服务,即销售服务。包括与销售相联系的加工和储运服务。在经济转型期间和之后,这类服务变化大、需求大但供给最为不足,它是农业服务体系的建设重点。

(4) 保障服务。这是贯穿农业生产全过程的现代化服务项目。主要包括:①涉及产权、经济合同和各种纠纷的法律服务;②关于经营风险、财产安全、医疗保健和养老保障的农村保险;③农村医疗保健服务。

3. 社会化服务体系与农业专业化和产业化的关系

西方发达国家的经验表明,现代化的农业要求在重视和发展生产的同时,还需要重视农产品的商品化及服务的社会化。实际上,农业的专业化和产业化都需要依赖农业社会化服务体系的建设。

农业专业化生产的水平和规模存在不同程度的差别,它有一个逐渐发展的过程,专业化生产要依赖社会化服务。在专业化生产发展的同时,必然要求社会化的协作,而且专业化分工愈细、规模愈大,对社会化的要求也就愈高。否则各个专业化生产者与经营者之间的"连带"链就会中断,所有的生产者与经营者的经济过程就会中止。同时,一定规模的农业社会化服务也能促进农业专业化生产的规模和水平。

农业社会化服务体系与农业产业化之间更存在密不可分的联系,为了实现农业产业化,必须建立和完善社会化服务体系。全方位的社会化服务是农业产业化经营体系高效运转的保证,完善农业社会化服务体系是农业产业化的必由之路。社会化服务所提供的信息服务、流通服务、金融服务和法律服务等都是农业产业化经营所不可或缺的环节(庞道沐,2000)。

三、分析思路与调查地区

1. 研究思路

中国农村地域范围广,而且类型多样,使得中国农村经济发展历来是个大问题。在工业经济不发达或欠发达的农村地区推广农业产业化既要正视现实,即不可操之过急,最好从推广农业专业化生产做起,又要面对比发达地区更多的阻力,相对较差的经济条件决定了农业经营的低投入和农业生产设备相对落后的状况,农民更缺乏开拓市场的头脑和经验,因而面临的问题更多。经济发达地区的农业专业化生产一般不成为问题,而经济欠发达地区就大不相同了。实际上,要剖析当前中国农业专业化生产的经营特征以及所面临的问题,最好从经济欠发达地区入手,更容易发现问题和说明问题。

2. 调查地区

基于上述思路,笔者在 20 世纪 90 年代末期,曾对江苏省沛县鹿湾乡的农业专业化生产情况进行实地调查。鹿湾乡是苏北的一个乡镇,位于沛县县城以南约 4 公里处,从徐州至沛县县城的徐沛公路穿越乡域并从乡集镇旁边经过(图 4—1)。与很多地理位置偏僻的乡镇相比,相对优越的区位条件为鹿湾乡蔬菜的大规模种植提供了条件。作为一个典型的经济欠发达地区乡镇,鹿湾乡的农业产业化尚未开展,但已形成具有一定特点的农业专业化生产规模。调查发现,这类乡镇农业专业化生产的继续推进也面临一定的困难和问题,有些问题是农民所固有的心理和行为特征,而这些特征在经济欠发达地区表现得更为突出;有些问题来源于农民应对市场经济和市场风险相对有限的能力,这本来就是农民的弱项,这种局限往往会产生惯性,给农业向产业化方向发展设置了障碍。

四、农业专业化生产类型与特征

1. 农业专业化生产类型

(1)在种植业方面,粮食、经济作物及蔬菜种植形成专业化规模

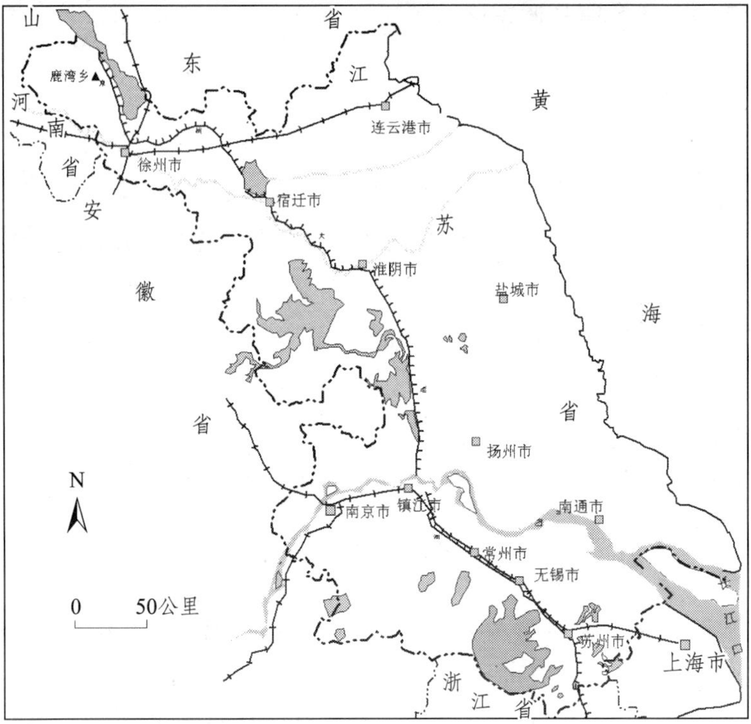

图 4—1　江苏省沛县鹿湾乡区位

注:按调查时的行政区划。

首先是粮食及经济作物的种植。中国自古就有"民以食为天"的说法,土地是农民的根本,粮食作物及经济作物的种植更是农民经营土地的传统形式。鹿湾乡处于广大的黄泛平原上,耕地面积约 2 000 公顷,土壤有黏土、沙土及沙黏两合土三种,较为肥沃,基本上都较适合农作物的生长。粮食作物有小麦、稻谷、玉米等,经济作物主要有大豆、棉花和花生。种植较为集中、连片,易于联合播种、收割,社会化服务也基本到位,形成具有相当规模的专业化生产。

其次是蔬菜的种植。比较效益相对低的粮食和其他一些普通经济作物的种植多年来一直限制着农民收入水平的提高。现代农民也越来越深刻地认识到,在土地经营上必须谋求多样化和种植比较效益较高的农作物。鹿湾乡的蔬菜种植便是在这种形势下发展起来的。鹿湾乡靠城近矿、土地肥沃、交通便利、水源充足,素有种植蔬菜的良好传统。20 世纪 90 年代的统计表明,全乡种植蔬菜的面积超过 500 公顷,其中利用各类设施种植蔬菜的面积达 380 公顷以上,日光节能温室 1 200 栋,在农村到处可见大棚蔬菜的景观。尤其是全乡 2 000 多户菜农,采取优化种植结构的先进技术,收入较高,科技致富使得农民种植蔬菜的热情进一步高涨。总体而言,鹿湾乡蔬菜生产已形成了专业化生产规模,发展蔬菜生产成为农民致富奔小康的重要途径。

(2) 在养殖业、果林业、副业方面,初具专业化生产规模

为了增加农民收入,政府部门号召农民开展多种经营,其中以养殖业最为突出。如 20 世纪 90 年代末鹿湾乡的养殖农户便已占总农户的 10%以上,养殖业年总产值近 2 000 万元,已初具专业化生产的规模。20 世纪 90 年代以来,鹿湾乡也因地制宜地发展果林业,引进先进品种、优化种植结构、强化科学管理,初步形成了专业化生产的局面。为了发展多种经营,农民在经营土地的同时,利用农闲时间搞起了家庭副业。在鹿湾乡,有些村庄经营某项副业已有几十年的传统,常常整个村庄的农民都经营同一副业,也形成了专业化生产的特色。

2. 农业专业化生产特征

(1) 初步形成了以“一村一品”为主要特征的专业化生产

所谓“一村一品”,是指一个村庄的农业生产形成以某种农产品经营为主的特点,是一种农业生产规模化的表现。如鹿湾乡的刘庄村,共 200 余户,人口数量近千人,全村大规模种植蔬菜。从耕地利用上看,基本上是一半种植粮食作物,一半种植蔬菜。此村种植蔬菜已有 120 余年的历史,农民经验丰富,蔬菜品种繁多,采取科学的种植技术,配备先进设施,已形成专业蔬菜种植村。再如插营园村,全村共百余户,400 余口人。20 世纪 90 年代末,全村大规模养殖肉鸭,几乎户户养殖,少则 300 只,多则上千只,被誉为“肉鸭饲养专业村”,也形成了明显的专业化生产村。

(2) 专业化生产形成了以村落分化为主要特征的地域差异

在农业专业化生产方面,村落之间产生了分化。有时即便是相邻的村庄,其专业化生产的程度和内容也有所不同。有些村庄在进行某种产品的专业化生产时,拥有悠久传统和拳头产品,农民有丰富经验,产品的质量、销路都较为看好,如前文所列举之刘庄村的蔬菜生产即是如此;也有些村庄,虽也具有一定的专业化生产规模,但产品优势不明显,没有体现地区优势或有地方特色的拳头产品,农民生产具有"一窝蜂"的现象,不重视产品的销路和市场行情,结果效益并不可观,如前所举之插营园村即属此例。

(3) 为农业服务的社会化服务体系不能与专业化生产同质同步

鹿湾乡农村的专业化生产不能配备与之相应的社会化服务体系,而且社会化服务水平参差不齐,有的地方甚至大为欠缺。就以上分析的社会化服务体系所包括的各项内容而言,产前和产中的各项服务,虽然地区之间也存在少许差异,但基本上能够满足农业生产需要;产后服务(包括销售、市场、加工和储运等环节)的需求量最大,而其供给却最为不足;保障服务中的法律服务以及关于经营风险、财产安全、养老保障等的农村保险,还有待于大力加强。

(4) 具备一定规模的农业专业化生产几乎没有朝产业化方向发展

鹿湾乡的农业专业化生产,还仅仅限于"吃饭农业"和"原料农业",没有朝"效益农业"和"市场农业"转变,没有大力发展原材料加工工业,还不能形成贸工农一体化、产供销一条龙的产业化经营模式。

五、农业专业化生产问题和症结分析

1. 农民的观念与行为

(1)总体文化水平

这也是中国农村发展中普遍存在的问题,虽然文盲、半文盲的比例已很小,但农业劳动力的文化水平仍以小学程度为主。以这种文化水平去掌握先进的科学技术、去参与市场竞争并应对市场中可能出现的各种复杂情况以及对具备一定规模的农业专业化生产进行科学有序的管理,显然还存在相当的难度，还需要一个漫长的转变过程。

（2）从众心理

农民的农业生产经营常具有从众心理，往往一哄而起，形成“一窝蜂”现象，而不顾及市场需求，不研究市场变化，结果“养猪羊俏、养羊猪俏”，致使农村屡次出现卖农产品难的现象，农民增产不增收。

（3）保守观念

农民的观念相对保守，难以接受新鲜事物，观念的转变更为滞后。部分农民对土地耕作的要求是只求温饱，相当数量的农民只求获得农业原料。因而，原料农业的旧观念在相当一部分农民中未能彻底改变，这是推行农业产业化和进一步完善社会化服务体系的一个较大障碍。

（4）短期行为特征

由于农民常处在预算紧束的状态，加上知识、信息的短缺，使其对事件的未来发展缺乏判断力和想象力，因而农民在生产经营活动中常表现出只追求眼前利益而不顾及长远利益的短期行为特征，总是希望其投入能在即时或短期内获得报酬。这导致一些农民不愿投工、不愿投资于农业基础设施建设，还会对土地进行掠夺式经营，对林木过量砍伐，从而引起水利设施年久失修、水土流失等问题，最终造成农业生产的较大波动。

2. 农产品市场

市场是生产经营的载体，特别是在市场经济运行中，市场在资源配置中起到基础性的作用。农村市场尤其是经济欠发达地区的农村市场发育不全是当前农村发展的突出问题。因而要使农产品在市场中拥有广阔的销路并占有一席之地，农民就必须对市场机制有充分的认识并自觉加以运用。

农产品、农产加工品和投入品的市场供求情况和价格变化动态是农户经营决策的基本依据。然而在农村，常常是信息闭塞、信息滞后和信息失真，使得农民难以获得系统信息并做出正确判断。这会导致农民的生产带有一定的盲目性，结果生产出的农产品销路差、效益低，农民生产的积极性也遭到挫伤。

农产品在占据市场方面还存在许多障碍,如生产与需求难以挂钩,市场范围过于狭小而在小的地域范围内恶性竞争,没有打破市场封锁和分割并把区域性市场向全国统一市场、国际大市场发展,也就难以扩大农产品国内、国际的深度交换量,最终难以实现较高的价值和增值。

所以,农产品市场的发育不全,是当前农业专业化生产进一步发展的潜在忧患,也严重制约了农村经济尤其是欠发达地区农村经济的发展。

3. 农产品风险

中国农业积极向现代农业转化,但目前很多地区仍处在以传统农业为主的阶段。传统农业下农民的典型心理特征就是害怕风险。现实的农业生产也的确是多风险的产业,造成其风险的因素大致有以下几种。

首先是自然风险。是指一些自然灾害的出现对农业生产造成的损失。这种风险,没有规律可循,带有很大的偶然性,一旦出现就难以避免,并且灾害的程度不同,对农业生产损害的程度也不同。常见的自然灾害主要有台风、冰雹、大雪、连续性的降雨和干旱等几种。

其次是农产品本身的性质。是指一些农产品不易运输、难以长久贮存,故在经营过程中(尤其是在需远途运输的贸易中)会带来一定损失。

第三是农民本身的经验。主要是指当农民更换经营对象而经营新的农产品品种时,由于缺乏经验会出现经营不善的局面而带来利益上的损失。

第四是农业政策的变化。是指新出台的农业政策或宏观发展环境的变化,不利于某种农产品而造成经营该产品的农民收益降低,从而造成风险。

第五是市场波动风险。是指当市场上某种产品供过于求时,该产品价格的下降给生产经营此商品的农户造成了损失而导致的风险。在所有农业生产的风险中,市场风险是最大的一种。如鹿湾乡的插营园村经营肉鸭的专业化饲养就是典型的一例。1997 年,由于肉鸭供给过大,使市场上肉鸭的价格在短期内大幅度下降(如某一周内由 7.8 元/公斤降到 5.2 元/公斤),结果农民收益普遍受损,几乎户户亏损,养殖规模越大,其亏损越多。农产品生产的多风险性,常导致农民的反风险心理。农民在生产决策时,总是趋于风险的最小化,力图保护基本的生活需要,而不愿冒险发展商品生产。他们常倾向于固守土地,将人力、物力投入到自然性强、商品性差的生活必需品生产上。这种决策的长期后果是引起农业资源的不合理配置,使农业陷入传统农业的循环,更谈不上农业的产业化了。

4. 加入 WTO 对中国农业的冲击以及农民的应对能力

2001 年,中国加入 WTO,中国农业也因之受到较大的影响。学术界普遍认为,加入 WTO 后,由于国内与国际农作物存在价格差,以及在降低关税、增加配额数量后,国际市场会对国内农产品市场造成一定的冲击,尤其是对小麦、玉米、糖类、大豆、植物油(尤其是豆油)、棉花等的冲击较大(杨明洪,2001;管延俊,2001;梁晋,2001)。所以必须积极主动地调整农业生产结构,大力发展具有国际比较优势和较强竞争力的农产品,合理配置土地、水、资金、技术等资源,使农业资源有序地向国际竞争力较高的农产品生产转移。总的来讲,就是要主动减少粮、油、糖等土地资源密集型农产品的生产,增加优质果、菜、花卉等劳动密集型产品的生产,增加牛、羊、猪、鸡等畜禽产品及加工品的生产(孙文博、王兆阳,2001)。

尽管笔者在鹿湾乡调查时中国尚未加入 WTO,但无疑在这些经济欠发达地区的乡镇,在种植业一般以传统粮食作物为主的前提下,在当前农民应对市场冲击能力有限的情况下,加入 WTO 定会对其农业造成冲击。

六、对策建议及应对措施

1. 稳抓农业专业化生产方向,完善社会化服务体系

稳抓农业专业化生产的同时,还要配备与之相应的社会化服务体系,使二者同质同步、相互促进。当前农业服务体系还不完备,服务项目少,服务质量差,尤其缺少发展商品经济所需要的项目,如资金、生产资料供应、经济信息的传递、技术和经营咨询。特别是产后服务中的农副产品的

储运、加工、包装和销售更有待于加强,否则专业化生产的规模难以扩大,农业也就难以向高产、优质、高效的方向发展。另外,诸如法律、农村保险、医疗保健等保障服务也要加强。只有这样,才能保证农业经济持续、健康、稳定地发展,才能加快传统农业向现代农业的转化。

2. 尽量减少农业生产的风险,尤其是市场风险

政府要力争实现相对稳定并不断改善的政策环境,减少农业政策风险;完善农业的各项服务,尤其是提高运输、贮存的技术水平,减少由农产品本身性质而带来的风险;加大对农业生产技术的宣传和教育,减少由于农民自身经验不足、技术水平差而带来的风险;政府还要加强对农业基础设施的投入,搞好自然灾害的预测和水土保持、防洪防旱工作,减少自然风险;还应加大力度创造条件向中远期合同和期货贸易市场发展,从而避免农产品产销脱节、大起大落,这是减少市场风险行之有效的方案。

3. 改变农民的保守观念,大力发展农产品加工工业

要打破传统农业下那种只发展原材料农业的保守观念,因为这种农业不仅效益低而且市场狭窄、销售较难。要拓宽农产品市场就必须鼓励农民大规模地发展农产品加工工业,还要使农民充分认识到发展农产品加工业的好处,如能够实现农产品加工的价值增值,能够扩大就业机会,能够增加销路和扩大产品市场。发展农产品加工业不仅减少了农产品的市场风险,也解决了农产品难销的问题,使农民既增产又增收。在农业专业化生产具备相当规模的情况下,农产品的相对丰富和集中,技术水平的日益提高,再加上拥有大量的农村闲置劳动力,使得在中国农村发展农产品加工工业的前景相当看好。

4. 在专业化生产达到相当规模时,着力促使农业朝产业化方向发展

从传统农业跨度到现代农业,是一个逐渐的过程。当农户实行"联片种植"、"联片养殖"和"联片加工",一个村、一个社区基本上生产一种或数种农产品时,已形成了农业生产的地域专业化。在市场经济日益完善的过程中,价格、信贷、财政、税收等经济杠杆日益活跃,并起着灵活的调节

作用。在这种经济形势下,应依靠渐趋健全、配套的国内外市场的良好氛围,着力在更大的范围内、更广阔的专业化生产领域中,贯穿和实践贸工农一体化、产供销一条龙的产业化经营模式。这种经营模式实际上是把市场导向放在首位,把销售放在重要的地位,把农产品的生产和市场需求联系起来、按市场需求搞加工、按加工的要求去安排原料生产。当然,农业产业化同样也需要功能完备的社会化服务体系与之匹配,两者是相辅相成、紧密相关的。

5. 及时促进农业产业结构调整,提高农民应对WTO的能力

中国加入WTO的形势对欠发达地区的农业种植结构十分不利,应针对加入WTO这一形势而作农业结构的调整是欠发达地区乡镇发展普遍面临的问题。

从长远趋势来讲,应在保证稳固口粮的基础上,积极推进种植业结构的调整。粮食作物种类内部、粮食作物与高效经济作物之间以及种植业与其他农业之间的结构比例都需要调整。传统粮食作物中,水稻受到的冲击不大且产量相对较大,可在能利用排灌设施的地区适当加以发展。农业的特色经营也是一个方向,应鼓励适当发展。在经济作物中,蔬菜所受冲击不大,尤其是无公害蔬菜及速冻蔬菜、反季节蔬菜等一批周期短、见效快的行业前景乐观,问题是要提高科技含量,进一步增强品质。林果业受到的冲击不大,可以鼓励发展,但要改善果树品种,促进多样化发展,在水果的运输、贮存等方面提高技术水平。加入WTO对中国畜、禽和渔产品冲击较小,应鼓励农民在畜禽养殖以及水产养殖方面形成规模经营,要推广优质品种、利用科技致富,争取更大的市场并保证产品销路。农副业方面冲击不大,要重点发展农产品加工业,立足本地资源,大力发展名特优产品,力争创出一批品牌效益好、具有较强市场竞争力的地方品牌。

6. 抓典型、树样板、以点带面,促进农村经济发展

要着力把先进典型中具有方向性、规律性和普遍意义的经验总结提炼出来,使之具体化、条理化、规范化,使农民好学、易懂、易用,并在农村

中大力宣传、推广,尤其要注重推广科技致富的经验,使农民真正受益于农业科技,最终促使农村经济迈上一个新台阶。

第二节 农业产业化:经济发达地区乡村发展模式

一、农业产业化模式的特点

对农业产业化概念的论述不胜枚举。概括起来,农业产业化主要包括以下四个方面的特点(郑先淦,2002):①强调产业经营过程,即围绕本地的重点产品,实现产前、产中、产后的产供销一条龙和种养加一体化的生产经营;②强调产业经营体制,即对当地农业支柱产业和主导产品实行区域化布局、专业化生产、一体化经营、社会化服务和企业化管理,把产供销、贸工农和经科教紧密结合起来,形成一条龙的经营体制;③强调产业经营方式,即以市场为导向,以农户经营为基础,以"龙头"组织为依托,以经济效益为中心,以系列化服务为手段,引导分散的农户小生产转变为社会化大生产;④强调产业经营组织,即龙头企业与农民签订产供销合同,建立基地并提供配套服务,农民则按合同生产、交货,企业按合同采购、加工,把产品销往市场,企业与农民结成风险共担、利益均沾的经济共同体。

发展农业的产业化经营,农民可以通过合同、订单等形式,解决农产品市场问题;可以提高农产品的科技含量,尤其是通过农产品的多次加工转化,实现增值增效;可以提高农村劳动力的素质并吸引农村剩余劳动力,实现农村劳动力转移(王建军,2002)。作为一种创新型经营组织,农业产业化有力地冲击了计划经济体制下农工商部门分割、行业性条条限制、地区性块块封锁的束缚,有利于资源的优化配置(赵邦宏、邸文祥,2002:22~23),有利于农业的可持续发展。农业产业化经营的核心要素包括:以市场为导向;以龙头企业为依托;由大量农户组成农产品生产基地;形成农工商有机结合的产业链;各参与经济主体之间结成利益共同体。

二、农业产业化发展的不同模式

1. 龙头企业带动型的农业产业化发展模式

“公司＋农户”的发展模式是国外农业产业化经营的常见模式，主要是由大的企业或公司直接介入农场，从事大规模的农业生产，并将农业同产品加工储运、销售以及生产资料的生产与供销结合在一起，企业与农产品生产基地和农户结成紧密的贸工农一体化生产体系。企业与生产基地、农户签订产销合同，规定签约双方的责任和权利，企业对基地和农户具有扶持作用，提供全程服务，设立产品最低保护价并保证优先收购，农户则按合同规定，定时定量向企业交售优质产品，并由企业加工和出售制成品（李福龙、刘光辉，1998：82～83）。龙头企业带动型模式强调企业和农户发挥各自优势而形成互助互惠关系，是最重要、最常见的农业产业化发展模式。

在中国经济比较发达的农村地区，尤其是在东部沿海地区，广泛出现龙头企业带动型的农业产业化发展模式，但由于发展阶段不同以及各地经济条件的差异，不同地区的龙头企业带动型农业产业化发展模式也往往略有差异，但龙头企业所发挥出的“龙头带动作用”是其共同特点。2006年，农业部发布的《关于鼓励和引导农业产业化龙头企业参与新农村建设的意见》指出农村龙头企业对农村建设的重要性，强调龙头企业与农业有着天然的“血缘”关系、地缘关系和利益关系，通过龙头企业与基地农民对接，将第一、第二、第三产业有机联结起来，使资金、技术、人才、信息等生产要素由工业引入农业、由城市引入农村，龙头企业是实施工业反哺农业的重要载体。

“公司＋基地＋农户”是最简单也最为常见的形式。以农产品加工、运输企业为龙头，围绕一种或几种产品的生产、加工、销售，与生产基地和农户实行有机联合。与国外情况类似，企业与农户通过签订产销合同建立比较稳定的业务关系，制订农产品的最低保护价来减少农民生产的市场风险,并保证优先收购,合同还要规定双方的责任和权利,即农户负责初级农产品的生产,龙头企业负责农产品的营销和加工,必要时给予农户一定的资金和技术支持。公司和农户的合作行为实际上是在谋求农产品经营过程中的风险共担和利益共享。

龙头企业带动型的农业产业化发展模式的内涵包括:①以市场为导向,无论是企业还是农户都要充分考虑市场需求;②以龙头企业为依托,龙头企业是把小规模和分散的农户与国内外大市场衔接起来的桥梁和纽带;③以一定数量的农产品生产基地为基础,实行种植区域化、生产专业化、产品商品化和经营集约化;④形成一定规模的种养加、农工商一体化的产业链,产业链中各参与主体形成一定程度的利益共同体(李玉忠、杨建军,2006)。其基本特点是把众多分散农户联合起来,与大市场需求相挂钩,把农产品生产和加工、运输、销售等环节联系起来,实行管理的企业化和利益关系的契约化。

在广东省,农业龙头企业带动农户生产经营形式有三种(广东省农业厅经营管理处,2001)。①紧密型:公司与农户签订合同,由公司提供种苗、技术等服务并按合同保护价收购产品,农户按公司要求建立种养基地开展生产,风险共担、利益共享。②半紧密型:公司与农户及基地建立稳定的购销关系,产品由公司收购加工销售,价格随行就市,公司对农户提供一定的资金、技术、种苗支持,在某个环节公司与农户签订合约,但主要是形成稳定的信誉约束,公司与农户在市场竞争中谁也离不开谁。③松散型:主要是企业通过中介服务和批发市场的信息服务,引导农民发展生产,企业采取优惠措施收购农户的产品,双方有稳定的生产、购销关系。龙头企业的带动作用对促进农户增收效果明显。

不妨再举两个具体的龙头企业例子。广州市江丰实业有限公司,是一家从事家禽繁育、孵化、饲养、饲料、饲料添加剂生产、家禽屠宰深加工的生产企业,是国家、广东省、广州市农业产业化的重点龙头企业,具有进出口经营权和供港活鸡自营出口资格。在经营组织方面,采用“公司+基地+农户”或“公司+基地+流通户+农户”等形式,与农民形成的关系主要包括：提供种苗、生产资料；免费举办定期或不定期的技术培训，提供养殖、种植技术；按合同（也有的没有合同）收购农户的产品（程昆、余秀江，2004）。江苏省苏州市的苏太肉类公司也是一个著名的龙头企业。它开展以苏太猪为核心的产业化运营，建立了苏太猪生产基地，实行“公司＋基地（农户）”的方式。公司对生产基地（农户）以保护价签订合同，对养殖、收购、屠宰加工、销售等全过程全面实施质量监控，既确保了优质苏太猪来源，又带动了农村养猪业的发展和养猪水平的提高。近年已在江苏省建立苏太猪扩繁场30多个，为农民增加收益2.1亿元（龚鹏，2005）。

2. 专业市场带动型的农业产业化发展模式

市场与农户连接型的发展模式也是国外常见的农业一体化经营的重要形式。如在荷兰，市场与农户的连接具体表现为拍卖市场与农户连接和超级市场与农户连接两种模式：拍卖市场在荷兰农业一体化经营中发挥着非常重要的作用，专业性拍卖市场是农产品一级市场交易的主要方式；以超级市场为中心的农业一体化经营也很盛行（冯海发，2002）。专业市场的作用表现在：通过市场可以调节生产要素的优化组合，在利益驱动下，借助市场这个载体使各种生产要素发生流动和重组，形成新的经济增长点；通过市场体系衔接产销关系，把初级产品的生产、加工和销售诸环节有机地联系起来；通过市场机制促使内部利益联动机制形成，并根据经济运行情况能动地调节初级产品生产者、加工企业和流通产业之间的利益关系（李福龙、刘光辉，1998：91～92）。市场无疑是农业生产最为重要的环节，有效地建立与市场的联系，不仅可以及时了解市场需求，从而实现按需生产，还可以及时把握农产品市场价格的变化，确保生产者的经济利益。专业市场带动型正是充分发挥了上述把握市场的优势。

“专业市场＋农户”是中国经济发达地区尤其是市场发育完善的农村地区农业产业化的重要形式之一。它是以市场为依托，带动千家万户的农业专业化生产，形成“一个市场兴一片产业”的发展格局，实现产加销一体化经营。“专业市场＋农户”实际上是介于企业和市场之间的一种中间组织形式，专业市场组织的出现有效地降低了农户的市场交易费用、风险和不确定性,不仅帮助农户获取专业化经营的经济性,还有助于农户获取批发销售环节的外部规模经济(罗必良等,2002:313)。有学者指出,在这种模式中,农户与批发商的利益关系及资源优化配置通过市场来决定,故培育成熟的交易市场、规范交易行为、完善约束机制,使市场公开、公平、有序至关重要,当然,还需要政府行为的参与,充分发挥政府职能(孙德凤,1999)。如前所述,在一些经济欠发达地区,经常出现农产品销售在小区域范围内恶性竞争而使价格猛跌,致使农户损失惨重的情况。其原因在于农户对市场把控能力有限,无法实现在更大区域范围内的专业性销售。专业市场带动型模式正好克服了上述局限。这种发展模式有两个特点值得强调:一是在发展的初期往往需要政府的引导与扶持;二是最终要形成拥有较大辐射范围的经营某种农产品的专业性市场,才更具有竞争力。

曾尊固等(2002)对苏南吴县渭塘镇的研究表明,渭塘镇依赖于中国珍珠城的发展模式就是一种典型的专业市场带动型农业产业化模式,他们还概括了渭塘镇基于珍珠市场发展的集"产加销"和"贸工农"于一体的农业产业化经营机制和模式(图 4—2)。渭塘镇在 1984 年建设了中国珍珠城,经过十多年的发展,成为中国最大的淡水珍珠交易市场。渭塘镇的

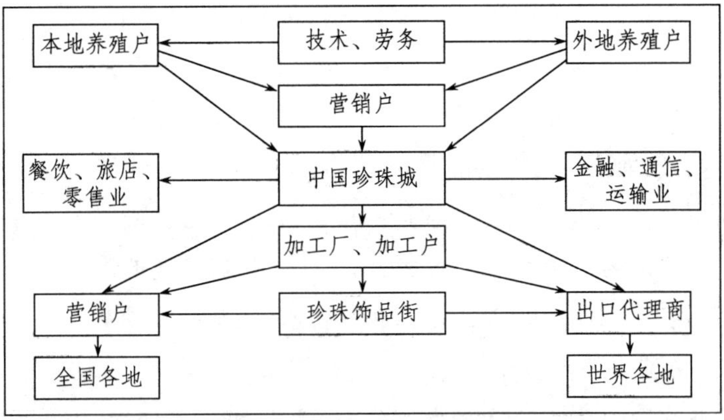

图 4—2 苏南渭塘镇专业市场带动型的农业产业化发展模式

资料来源:曾尊固等(2002)。

珍珠市场,处于太湖珍珠主产区的核心部位,辐射20多个省市,珍珠及其制品远销海外近十个国家和地区,被评为"江苏省十大农副产品市场"和"全国百强集贸市场"之一。整个市场呈现"三区一街"的格局,包括珍珠交易区、生产加工区、商务居住区和珍珠饰品一条街。以珍珠市场为龙头,在一定的技术和劳务支持下,本地的养殖户和外地的养殖户将其一部分珍珠初级产品直接送至中国珍珠城进行交易,也有一部分产品通过专业的营销户进行销售。初级珍珠产品经过加工厂和专业加工户的加工,形成珍珠成品,一部分珍珠成品在中国珍珠城进行交易,一部分通过营销户销往全国各地,还有一部分产品通过出口代理商销往世界各地。

3. 中介组织推动型的农业产业化发展模式

中介组织推动型的农业产业化发展模式在国外也比较常见。国外主要有合作社模式和专业协会模式两种表现形式(袁建岐,2006):合作社模式,社员自愿参加,实行民主、规范、科学、法制和高效的管理,合作社在生产、交易中统一行动,实行资金融通方面的合作,减少中间商和高利贷剥削,共享加工增值的效益;专业协会模式,由社会团体牵头把分散的农场或农户通过市场和服务等环节加以连接,形成利益联结、互相依赖的社会化生产和销售服务体系。

国内的情况与国外类似。农村中介组织也有合作社和农业协会之分(龚鹏,2005):以农业合作社组织作为中介,合作社对内组织农户开展生产,对外与农产品加工、营销龙头企业连接,成为龙头企业与农户合作的纽带;以专业农业协会为中介,协会由从事专业生产经营的农民在自愿互利的前提下,以专业大户和技术能手为骨干,实行技术、资金、生产和供销等互助合作。在农村中介组织推动型的农业产业化发展模式中,农户在不改变原来的土地使用权、支配权和经营权的同时,提高了农户在组织系统中的主体地位(孙德凤,1999)。也有学者称之为"专业营销联合体",它们将专业生产基地的产品销往市场,将市场需求信息返回给农户,在农户与市场之间架起桥梁,将农民小规模生产与社会化大生产衔接起来(曾尊固、熊宁,2000)。地方发展经验表明,各种农村中介组织对农业产业化发展起到很多重要作用:发挥内部协调作用并形成统一对外局面;形成互相帮助、正当竞争的良好气氛;加大产品开发力度,促进产品向高档次、多元化方向发展(刘东明,2001:158～161)。有趣的是,主要由农业经营能手所组成的农业协会,更类似一个自治组织,它通过类比、示范、带动等作用,调动了农民生产的积极性,强调自下而上的力量和内生的力量,把农民群体生产经营活动的效率发挥到最高水平。

曾尊固等(2000)调查了江苏省海安县的农业产业化发展情况,发现海安县在禽蛋和茧丝绸两大支柱产业的带动下,已形成"市场＋中介组织＋农户"的产业化模式(图 4—3)。我们认为这实际上就是中介组织推动型的农业产业化发展模式。据悉,海安县的家禽饲养规模在 20 世纪 90 年代一度居全国县(市)之首,饲料加工、药品生产逐步实现系列化、精细化,禽、蛋深度加工系列已初步形成,并向精细化发展。鲜蛋销售形成由近 1 500 个收购点、1 万多个专业运销大户、大型李堡专业批发市场、城镇直销点构成

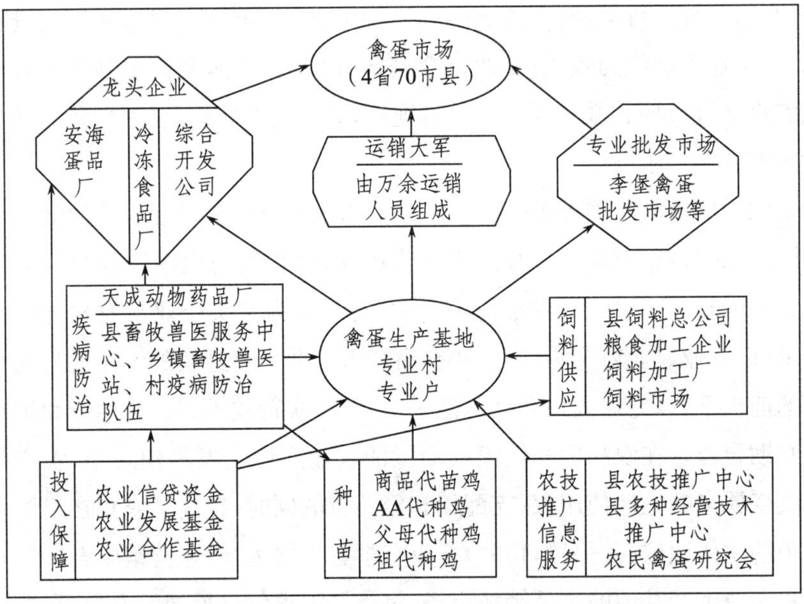

图 4—3　海安县中介组织推动型的农业产业化发展模式

资料来源:曾尊固等(2000)。

沟通城乡的网络。已初步形成"种禽—种蛋—苗鸡—商品鸡—禽蛋—加工—内外贸"系列化的家禽现代产业体系，被列为国家级禽蛋生产支柱产业示范区。海安也是有名的茧丝绸生产大县，已具有系列化的蚕桑加工能力和配套的贸工农一体化、产加销一条龙的蚕药生产企业，初步形成"栽桑—制种—养蚕—收烘—缫丝—织绸—服装"一条龙产业链。在海安县的农业产业化发展模式中，最引人注目的是中介组织——由万余人组成的运销大军（经纪人）和具有协会性质的各种研究会的作用，他们把市场和农户有效地联系在了一起，促进了贸工农一体化产业链的形成。

4. 科技推动型的农业产业化发展模式

科技推动型的农业产业化发展模式，就是以农业科技为依托，运用高新技术进行名、特、优新产品的开发和传统产品的更新换代，使其快速成为高科技含量、高附加值的产品或区域性主导产业，由此推动生产、加工、销售、配套生产和产业化经营（李范英，2004）。这种发展模式在西方国家较为常见，实际上是强调农业生产要及时受益于农业科技的进步。

科技推动型农业产业化发展模式最突出的特点就是对农业科技带动作用的强调和立足于高科技成果的开发转化，在实践中往往通过"科技服务组织＋农户"和"开发集团＋农户"等形式表现出来。"科技服务组织＋农户"，就是以科技服务为手段，带动区域专业化生产和一体化经营；"开发集团＋农户"，强调农业综合开发区、农业科技示范区等集多功能于一体，将先进技术、管理和资金引进农村市场，与当地土地和劳动力相组合，带动农村发展（方孟贤，2002）。农业科技示范区，以农业科研、教育和技术推广单位作为技术依托，集农业、林业、水利、农机、工程设施等高新技术于一体，引进国内外先进技术对农业新产品集中投入和开发，形成农业高新技术的开发基地、中试基地和生产基地（赵忠平，2001）。科技推动型模式使农业的科技成果及时地转化为现实生产力，以先进的理念发展现代农业，也强调了农业科技的区域辐射和社会辐射。

在科技推动型农业产业化发展模式中，科研机构为农户提供各种技术服务，农户支付服务费；或者形成股份公司，科研单位以良种、技术等入股,农户以土地、劳动力、资金等入股;或者科研单位提供良种、技术指导农户生产,农户生产出的农产品达到技术要求的,科技单位按保护价包购、包销(姜雅莉等,2001)。有学者认为,科技推动型农业产业化发展模式,是以农业科研单位为中心,以合同为纽带,一头连贸易公司,一头连农村农户,推行农业高新技术的产业化发展道路(邹庆鹏、许国,2000)。无疑,科技推动型的农业产业化发展模式促进了先进农业科技的推广,对提高农产品的竞争力也十分有益。

有学者分析了北京京郊农业科技园和农业产业化之间的关系,实际上提供了一个极好的科技推动型农业产业化发展模式的例子①。从 1997 年朝阳区建立了北京市第一个农业科技园区以来,到 2002 年北京市郊区已建立了 400 多个农业科技园区,农业科技园区已成为北京农业产业化发展的重要组成部分。试举几个例子:锦绣大地农业高新技术园区,其产业化经验是坚持引进和创新结合,通过引进农业先进技术成果在种植、养殖等领域形成产业化链条;小汤山农业高新技术园区,其产业化经验是以加工业为核心带动园区产业化的发展,形成了一批加工业为核心的产业化主导产业;顺义三高农业科技园区,其产业化经验是通过发展观光农业、建设观光采摘区,结合引进国内外先进农业技术,发展"基地+农户"的产业化模式,实现农产品产业化经营。北京农业科技园的成效主要表现在:①建立和形成了一批主导产业基地,如顺义区出口"特体菜"和名优果品产业基地,朝阳区精品创汇农业产业基地,昌平果品产业基地,房山区肉牛产业基地,通州区葡萄产业基地,平谷县大桃产业基地,海淀区花卉、蔬菜、特种动植物种养产业;②带动和发展了一批适合产业化经营的项目,使农户直接参与产业化经营,通过采取向农户提供技术培训等技术扩散方式,带动农户致富,通过租用农用地或雇佣农户参与园区劳动,提高了农户收入水平;③加快了郊区农业结构调整步伐,推动农业先进技术

---

① 郭建强等:"京郊现代农业科技园区建设与农业产业化经营研究",北京科教信息网:http://210.76.125.39/rkx/harvest/article/bg3022.htm。

在郊区的推广,通过展示功能,向周边农户传递市场信息、技术信息和政策信息,发挥了生产基地的作用,直接生产用于农业结构调整中需要的各种生产资料和充当农业结构调整的角色。

三、农业产业化模式的利益分配和运行机制

1. 合同式利益分配机制

在前文,我们曾论述过经济欠发达地区农村专业化生产过程中农民对农产品市场风险较低的应对能力,最常见的现象是农产品在一个小的地域范围内供过于求,并导致市场的恶性竞争,最终使某种农产品经营失利。因此,从农民的角度来讲,最大可能地减少市场风险才能使农民安心从事某种作物的生产。从另外一个层面来看,龙头企业对市场波动变化比较了解,对大区域市场信息的掌控能力也远远超过普通农户和小型企业,因而具有宏观把握市场的优势,在保证产品规格和质量的条件下,其营利状况往往取决于农产品的产量和规模,但如果不能通过一定的约束机制来保证农产品的规模,龙头企业同样也要面临经营风险。在这种情况下,龙头企业与农户都认识到必须通过合同来约束双方的行为,加强双方的利益关系,否则都要承担巨大的市场风险。龙头企业与商品基地和农户在自愿、平等、互利的前提下签订具有法律效力的产销合同,合同明确规定各方应享有的权利和应承担的义务,使各方关系变为法律化的契约关系(滕锡尧、常承国,1999:54)。通过合同的签订,龙头企业和农户以法律的形式保证了双方的利益:由于企业所承诺的最低收购价的存在,农民不再惧怕市场风险,可以通过规模的扩大来赢得更多的利润,同时还可以获得来自企业的为农业生产所提供的无偿或低偿服务;对企业来讲,既可以通过合同的制约来保证农户对农产品的投入并获得高规格的产品,又可以获得稳定的农产品来源,从而保证规模经营。

2. 股份制利益分配机制

现代企业的股份制经营方式同样可以引入到农业产业化中,企业和农户成为占有股份的利益主体,股份的多少成为农民收益的主要决定因

素。实际情况是,农业产业化发展的股份制,将资本联合与劳动联合结合在一起,农民既参加劳动,又集资入股,实行按劳分配和按股分红相结合的方式;还有一种企业"反租倒包"的模式,即企业租用农民的土地,同时雇佣农民从事生产,农民同时获得土地租金和工资两份收入(冯世勇,2005)。在这种经营方式中,龙头企业运用股份合作制吸收农户投资入股,使企业和农户以股份为纽带,结成"互利互惠,配套联动"的经济共同体,龙头企业演化成为股份合作制的法人实体,而入股农户则成为龙头企业的股东和企业车间型经营单位,他们有着相互依存、共荣共兴的利益关系(赵邦宏、邸文祥,2002:93)。股份制较好地解决了农民和企业利益相结合的问题。

3. 合作式利益分配机制

像合作社、农业协会等各种中介组织,实际上多数是在龙头企业与农户之间架起的一座桥梁,既可以指导农业的生产,保护农户的利益,又可以协调各个行为主体之间的利益关系。合作社由于其独特的制度功能,即既可代表农户参与龙头企业的经营管理、监督,又能反映企业与农户双方的意见和要求,因而成为连接农户进入市场、提高农民组织程度和保护农民利益的有效组织形式(漆雁斌等,1999)。也有的合作社已经包括龙头企业的功能,尤其是对具备一定经济实力的合作社,已经可以做到集产、供、销于一体。中介组织和农户之间的利益往往通过组织章程或合同联结起来,中介组织不以盈利为目的,其收入在扣除自身组织积累以外,按成员的交易额返回给成员一定利润或按合作组织成员入社的股金进行分红,这种利益分配机制有助于保护农户利益,使广大农户组织起来进行规模生产并实现规模效益(姜雅莉等,2001)。在中国的经济欠发达地区,地方政府通过扶持中介组织的发展,既给农户的农业生产予以指导和帮扶,又可以促进农业科技的有效传播,是诱发本地区农业走上产业化道路的催化剂。

4. 农业产业化模式的运行机制

利益分配机制是农业产业化发展最重要的运行机制。除了利益分配机制以外，运行机制还涉及组织机制、风险机制和保障机制等方面。

从组织机制上讲，农业产业化发展的不同阶段有不同的组织机制。在农业产业化发展初期，往往是一种松散的联结组织，没有硬性的约束，联合经营依靠信誉加以维系；随着进一步发展，出现较紧密的联结组织，采用信用和合同的联结形式，明确责任和权利关系，联合经营靠合同维系；紧密的联结组织是农业产业化发展的高级组织形式，采用产权联结方式，联合经营靠股份制、合作制或股份合作制等办法维系[①]。从风险机制上讲，农业产业化实行的是"利益共享、风险共担"的机制。传统的农业生产存在很多风险，如自然风险、市场风险和政策风险等，最主要的是市场风险，农业产业化发展模式发挥了龙头企业帮助农户化解市场风险的作用，各种农业协会、合作社等中介组织可以提高农业生产的组织化程度。从保障机制上讲，农业产业化最主要的保障是技术保障和制度保障。在农业产业化发展模式中，龙头企业、中介组织和农户之间不是简单的买卖关系，龙头企业或中介组织除保证农产品的购销以外，还要为农业生产提供各种服务和技术，尤其是及时推广农业科技新技术，使农民增产增收。农业产业化经营系统还要建立很多制度，如合同产销制度、保护价格制度、风险基金制度等（牛若峰、夏英，2000：107），通过这些制度的制定，保障农业产业化经营目标的实现。

四、小结

20世纪90年代以来，农业产业化模式在中国出现并获得大规模发展。农业产业化强调市场导向，强调专业化的规模生产和一体化的经营模式，它具有多种产业经营组织形式和完善的社会化服务体系，实现了从种植（养殖）到加工、从生产到销售一条龙式的农产品综合经营、深度经营和链条式经营，取得较好的经济效益，是高效的农业生产经营模式。各地区农业产业化发育的程度不一，具体的发展方式也不尽相同。很多具备

---

① 农业产业化运行机制的主要内容，伊农网，2007-3-23，http://www.ycsagri.gov.cn。

农业专业化生产规模的地区开始朝农业产业化方向迈进,但是实际上,我们很难清晰地在单纯的专业化生产和农业产业化发展道路之间划清分界,况且农业产业化本身就要求首先实现农业的规模经营。只有当结合具体地区作具体分析时,才能明确这一地区的农业发展处于产业化的什么阶段,还是仅局限于专业化的规模生产。

20世纪90年代以来,农业的产业化发展模式在全国获得推广,无论是经济发达地区还是经济欠发达地区,农业产业化都成为乡村基层政府必须要制订的发展目标。并不能说经济欠发达地区的农业没有发育产业化,只能说经济发达地区农业的产业化发育得更好,更具有典型性,从这个视角上看,说农业产业化是经济发达地区乡村典型的发展模式更有意义。正是基于这种思路,本节对中国乡村经济发达地区的农业产业化发展模式进行了总结,概括为四种典型模式,即龙头企业带动型、专业市场带动型、中介组织推动型和科技推动型。具体地区的情况往往是上述四种发展模式的变种。农业产业化发展模式的运行机制包括组织机制、风险机制、利益分配机制和保障机制,其中,利益分配机制最为重要。在中国农村的发展实践中,形成了合同式、股份制和合作式三种农业产业化发展的利益分配机制,通过它们,既实现了企业利益,又较好地保护了农民的利益。利益保证决定了农业产业化模式的可行性,它不是一种"乌托邦"。

第三节　经济欠发达地区乡村发展模式

一、研究思路与调查地区

长期以来,对中国乡村发展模式的研究多集中在经济发达地区,如20世纪80年代以来学术界对苏南模式、温州模式和珠江三角洲模式所开展的大量研究以及近年来对其发展的跟踪研究。经济发达地区农业产业化经营的地域模式、乡村可持续发展等也在文献中被大量涉及。总之,对经济发达地区乡村发展模式的探讨已比较成熟。相对而言,中国经济欠发达地区发展问题虽然在文献中偶被涉及,但研究缺乏系统性,对发展模式的探讨尤为欠缺。

盲目套用发达地区的经验并不能有效解决欠发达地区的发展问题。而真正能够解决问题的发展模式必须切合实际,符合当地传统。有两点值得指出:①在欠发达地区,县城镇由于集中了区位、基础设施和投资环境等优势而获得超前发展,而大量的县域小城镇未能发展起来,故对县域发展模式的探讨离不开县城主导作用的发挥;②在欠发达乡村地区,农业离产业化模式还有较大差距,但产业化农业发展前期的种种经营痕迹和特点却广泛存在,因此,欠发达地区的乡村发展既不能好高骛远,又不能脱离发达地区农业产业化模式的指导。

本节以河南省兰考县为例(图 4—4),在大量乡村田野调查的基础上

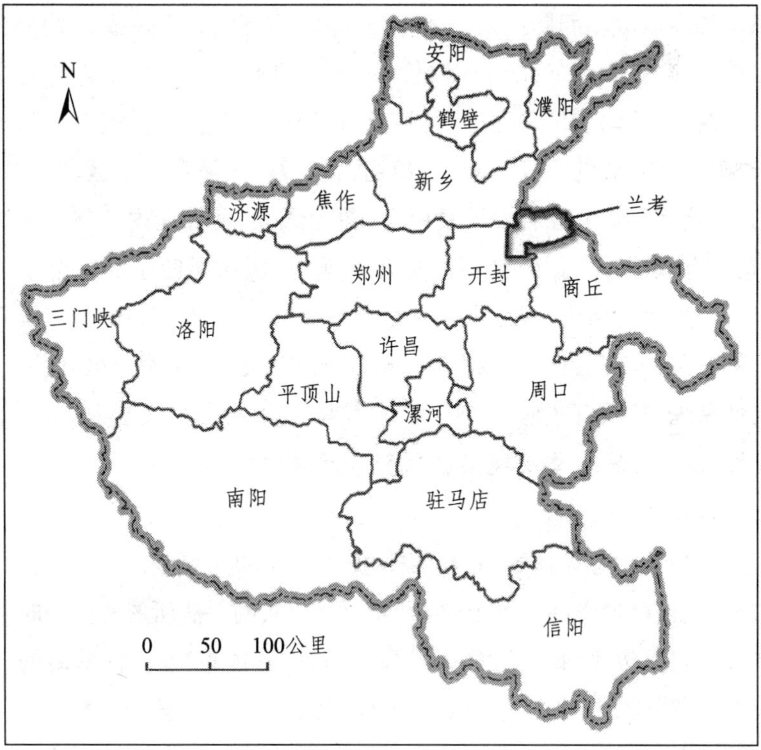

图 4—4　兰考县区位

开展研究。研究思路如下:一方面,对于业已形成的或有一定苗头的、好的农村发展经验,从理论上提炼出一般模式,对不足之处进行纠正和完善,鼓励在全县加以推广;另一方面,合理的区域发展模式既要立足于本地发展基础,同时也包含了研究者一定的策划理念。只有这样,才能做到发展模式从实际中来、又回到实际中去,切合欠发达地区的实际特点,增强可操作性。

二、经济欠发达地区以县城为主导的县域发展模式

1. 区域形象与区域发展

20 世纪 90 年代中期以来,国内学术界借鉴企业形象设计(CI)理论,开展了许多区域形象设计研究,试图为解决区域——这一比企业更复杂的系统的发展战略问题探索一条新路。区域形象是指某一区域内外公众对区域总体的、概括的认识和评价,区域形象通过系统化设计与公众参与,通过各种活动与传播力量,可强化区域精神理念,增强凝聚力与吸引力,改善区域发展的内外环境(王黎明,1997)。区域形象是区域在经济、社会、文化和环境的综合发展过程中,包含了软、硬件在内的整体风貌特征,它能有效回答人们对区域的关怀问题,是区域所昭示的综合发展特征。区域形象有历史、现在和未来之分,有好、坏之别,可以通过建设良好的区域形象并将其融入区域发展战略实施过程之中,来突出区域特色、推出区域品牌,从而有效地促进区域(尤其是欠发达地区)发展。

2. 历史区域形象及现实区域形象问题诊断

(1) 历史区域形象

焦裕禄使兰考县在国内、国际上获得较高的知名度。20 世纪 90 年代初期,焦裕禄电影在全国上映,影片中以纪实的手法所展现的当时兰考县严重的自然灾害(即三大害——风沙、盐碱和内涝)及贫困落后的经济面貌给人留下深刻印象,这是 20 世纪六七十年代兰考县最切实际的区域形象。时至今日,人们仍有了解和关心兰考的愿望。兰考现在的区域形象如何,更值得关注。

（2）现实区域形象及问题诊断

兰考县当前的区域形象可以客观地概括为：三大自然灾害已基本消除；经济上虽仍属国家贫困县，但已初步走上脱贫之路。具体而言，黄河发大水的几率由过去的五年一遇降低到现在的千年一遇，全县60%的土地灌溉已用上黄河水；盐碱地得到较好的治理与改善；当年为了治理风沙，焦裕禄在全县推广种植的泡桐，现不仅形成了农田防护林体系，起到防风固沙、改善生态环境的作用，而且已成为全县经济发展中的支柱产业。

如果和经济发达地区比较，则会发现目前兰考的区域形象还存在更多的问题。

在硬件设施方面，城镇建设尤其是基础设施建设比较落后。县城面貌破旧，购物商场规模等级低，宾馆设备陈旧且卫生条件较差，以至于前来参观或洽谈业务的领导、中外商家等不愿在兰考住宿，而是赶至开封或郑州住宿；城镇环卫设施落后，县城的公共厕所条件极差；城镇路网及排水等基础设施条件较差，县城路面普遍较窄，不乏有路面排水不畅的现象。这种落后的硬件设施使兰考形象大打折扣，导致许多投资商在实地考察后便放弃投资计划。

从综合发展方面看，兰考虽有一定的资源条件和经营传统，但缺乏有力的发展措施；城市经营、乡村发展经验的推广以及旅游开发等一些区域经济发展的新增长点的工作都未深入；历史的区域形象影响至深，存在惯性，很多人以为兰考仍是风沙遍地、贫困落后的面貌，也说明兰考对当前的形象宣传极不到位。

历史区域形象的惯性虽是问题，但也并非不能转化为优势：真实的和惯性的区域形象反差越大，越能引起人们的兴趣，利用这种优势可以争取各级领导的支持、商家投资和交易的兴趣以及民众旅游的机会。区域形象是区域发展模式、方向和战略的集中体现（赵定涛，1998），因此，可以围绕新区域形象的建设，探讨以县城为主导的县域发展模式。

3. 新区域形象建设及以县城为主导的县域发展模式

新区域形象建设应以县城的形象建设为主导而辅之以县域乡镇的形象建设,还应该软、硬环境同时着手,才宜于见效和达到标本兼治之效。具体设计包括三个层次。

(1) 标志形象建设。目前兰考县城明显缺乏具有标志性形象的建设,城镇面貌破旧。唯一能算作标志形象的建设就是服装一条街。主要设计是在县城重点建设几处具有标志性形象的项目:①建设民族乐器一条街;②在焦裕禄陵园附近,结合道路改建及陵园改造,建设焦裕禄文化广场;③在县城合适的地方建设桐木交易综合市场。

(2) 配套形象建设。包括:①城镇各种较高级的购物商场的建设;②城镇路网的改造,环境卫生设施尤其是厕所、垃圾处理设施的建设;③城镇各种公、私营高级宾馆、招待所及饭店的建设;④建设其他一些高品位、有一定代表性的建筑项目或小品。

(3) 基础形象建设。与前文标志形象相对应,分四个方面进行阐述。

首先,县城服装一条街需加强管理,杜绝车辆乱停乱放和小商贩随地摆摊设点,才能给人留下深刻印象。服装一条街的位置原系一臭水坑,由广东商人投资兴建,预计投资 1 000 万元而实际耗资不足 200 万元。服装一条街是"投少赚多"的典型,应树立样板,给予优惠政策,鼓励开发商在县城和其他城镇投资建设重点项目,并鼓励城镇居民购买产权或承包营业。像服装一条街这样的标志工程,不应仅停留在经营服装(从外地进货)的层次,还应对当地服装加工业起到带动作用,最大限度地增加就业。

其次,县桐木交易综合市场力争建设成为河南乃至华中地区规模最大的桐木市场,进行多等级、多层次、多种类的桐木板材综合交易。经营桐木生产及加工的各乡镇可在综合市场里设营销点,桐木市场应成为全县桐木种植、加工的龙头。结合桐木市场的建设及运营,县政府应协助开创桐木相关产品的品牌,争取占有更大市场、产生国际影响。

再次,民族乐器一条街应建设成为兰考县最具特色的形象建筑之一。民族乐器的生产应向多元化方向发展,除成品乐器外,还应有各种配件,乐器玩具、乐器工艺品以及各种乐器调试服务等。民族乐器一条街建成之后，统一安排各乐器厂家的产品展销厅，也可按照乐器产品种类及不同服务进行安排，将其发展成为综合展示兰考民族乐器生产特色的窗口。目前县域各民族乐器厂布局分散、缺乏统一规划，加上交通闭塞，使对各厂家产品的考察极为不便。可以通过民乐一条街形成“前店后厂”模式，便于统一宣传和集中选购，也便于投资商考察与业务洽谈。

最后，依托焦裕禄陵园建设焦裕禄文化广场，成为“廉政建设”的重要文化节点，将广场与焦裕禄当年奋斗过的第一线的遗迹、若干具有革命意义的景点以及黄河自然风光带等有机地串联起来，形成“红色旅游”线路。据统计，每年焦裕禄陵园的参观者达 30 余万人次，但游客多数到开封或郑州住宿，今后随着各种基础设施及旅游配套条件的改善和重新建设，游客在兰考留宿不难实现。广大的大中专学生及中小学生是一个潜在的旅游群体，如果将“红色旅游”、生态游、农家游、休学游和教育游等结合起来，兰考县旅游则大有文章可做。

围绕区域形象建设形成以县城为主导的县域发展模式（图 4—5），需要强调以下几个方面。

（1）标志建筑、配套基础设施以及软性的发展环境，综合形成“新区域形象”。

（2）桐木大市场的形成及发展要力争带动县域农村以深加工为主的农副业发展。

（3）民乐的特色和潜力还应得到进一步发挥。兰考县可以利用民乐器生产的优势和素质教育的机会，采取措施由民族乐器生产大县转变到民族音乐教育大县上来。具体策略设计如下：①从中、小学的音乐课抓起，如县教育局可统一规定，本县中、小学音乐课以民乐为主；②通过乐器厂捐献、政府用优惠条件交换乐器或安排专项经费购置乐器，统一分配到全县各中、小学；③引进一定数量的民乐人才，组织县民乐剧团；④培育考取音乐大中专院校的考生，向全国高等院校输送民乐人才，待其学成后积极引进；⑤定期举办全县民族乐器演奏大赛，鼓励民乐的民间组织和个人参加全国民乐大赛,并给予奖励,活跃全县学习民乐的气氛。普及民乐教育还可以先从几个重点镇(如固阳镇)试点开始,逐步在全县推广。最终通过经济发展推动县域社会发展。

图 4—5 兰考县的新区域形象建设及以县城为主导的县域发展模式

(4) 当旅游达到一定规模、上述建设初见成效时,可以举办旅游文化节,以扩大影响。设计策略如下:①时间可选在 5 月上、中旬,利用“五一”长假和焦裕禄逝世纪念日(5 月 14 日);②可命名为“兰考桐花节”,期间桐花飘香,气候宜人,景色秀美;③文化搭台、经贸唱戏,桐花节期间充分向外界展示兰考的新形象、桐木材的贸易优势、民乐器的生产优势以及民乐教育大县的独特风貌，融旅游观光、艺术表演和经贸洽谈于一体；④做好宣传工作，兰考的知名度使其在这方面具有得天独厚的优势，容易取得领导支持，容易吸引外界的好奇感。通过文化节促进县域经济发展，实现由经济发展推动文化发展的关联效应。

三、经济欠发达地区县域乡村发展模式

1. 多元化产业联动发展模式

经济发达地区的农业产业化模式主要是围绕区域性支柱产业，优化组合各种生产要素，实行集中化布局、市场化导向、一体化经营和社会化服务，逐步实现贸工农一体化、产供销一条龙的生产经营体系。我们关心的是，经济欠发达地区的农业与经济发达地区的"产业化农业"究竟存在多大差距？

在兰考县的调查表明，县域农业没有形成像发达地区产业化农业那样完备的产业链、大规模的区域布局和一体化的经营管理，但农业产业化经营早期的种种痕迹却广泛存在，这也是欠发达地区的共性。与经济发达地区产业化农业的发展条件和发展背景相比，经济欠发达地区存在先天不足：①乡镇企业发展举步维艰，农村经济基础薄弱，许多地区发展仅停留在解决温饱问题的层次上，农民缺乏资金且难以获得银行贷款，严重制约了农业发展；②农民科技意识淡薄，农业生产"靠天收"的现象广泛存在，农业经营缺乏敢闯敢干的精神，致使农业发展极其缓慢；③农业管理粗放、缺乏技术含量，多作坊式经营，如闫楼乡汴寨村有十余家鞋垫加工企业，每家工人数十人不等，工厂全部分散在农户家中；④许多乡镇交通闭塞、服务设施跟不上，投资环境差，难以吸引外来投资。所以，欠发达地区必须寻求适宜其自身发展阶段和背景的发展模式，而不是盲目套用农业产业化模式。

经过调查和总结，在此提出欠发达地区农村的多元化产业联动发展模式，它强调立足本地实际，多管齐下，不囿于具体的发展形式与方式，采取多元化方法，实现农村多元化发展格局。农业的多元化产业联动发展

模式不拘一格,其中的产业链既有单链条的,也有多链条联动的;既有种植业,也有养殖业;既有第三产业,也有加工业。总之,只要是农民自愿兴起的、有经济收益的经营活动,都应予以鼓励。值得强调的是,要尽量延长产业链,尽可能地创造产业的联动效应以实现地区生态环境的良性循环,因地制宜地发展多途径农业。兰考县的爪营乡素有精耕细作的优良传统,农民的科技意识相对较强,是全县最早的科技示范乡。在爪营乡,农业发展的多元化产业联动模式已见端倪并初现成效,完善后的模式见图4—6。

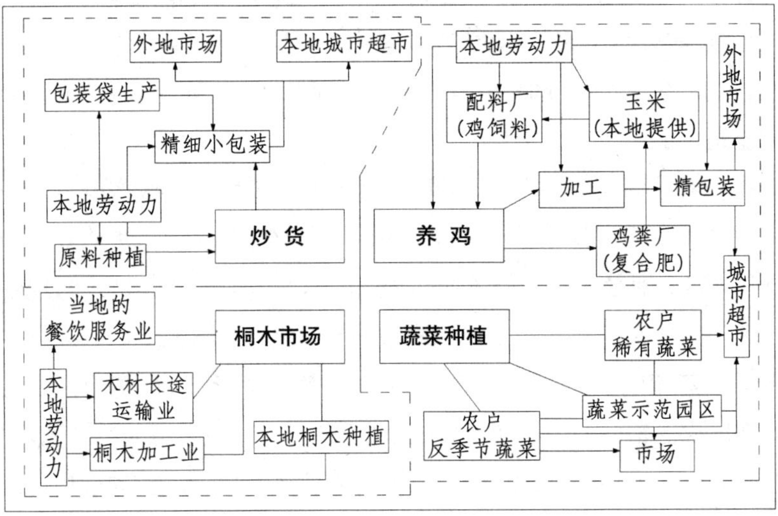

图4—6 兰考县农村的多元化产业联动发展模式

近年爪营乡政府投资480万元兴建蔬菜示范园区,以生产反季节蔬菜和稀有蔬菜为主,取得一定成效,带动了周围农户一两百座日光温室蔬菜的生产。需完善的是要继续扩大对农户的带动作用,生产、包装精品蔬菜,向城市超市供应。爪营四村兴办的桐木交易市场,占地30多亩,已发展成为周围区域的桐木集散地。在桐木市场,可根据客户需要进行粗加工;由于桐木货源紧缺,当地劳力组织数百辆货车从山东等地购货,故市场带动了木材长途运输业的发展，解决了千余人的就业；桐木市场还带动了周围餐饮业的发展；再加上对当地桐木种植的促进，桐木市场发展形成了围绕桐木销售的多条产业单链，增加了就业途径，有效利用了当地剩余劳动力。爪营乡的炒货业发展方兴未艾，应推进小包装生产，配套生产包装袋，创造机会形成一定的产业复链，更多地利用当地原料和劳动力。爪营乡的种鸡、蛋鸡和肉鸡的饲养势头较好，已形成规模；鸡粪风干厂、配料厂等已有建设，形成一定的产业链。需完善的是应设法延长产业链，在饲料种植、肉鸡加工、包装、供应超市等方面进行开发，形成复杂的产业链和良性自循环，更多地吸纳当地劳动力。总之，像爪营乡这样多管齐下、形成一定的产业联动效应的做法，不失为解决欠发达地区农村发展的有效思路。

2. 能人富户带动发展模式

在经济发达地区的农业产业化模式中，采取“公司＋农户”或“公司＋基地＋农户”（即龙头企业带动型）的经营方式较为普遍。这种模式以农产品加工、储运、营销等企业（公司）为龙头，围绕某一种或几种产品实行一体化经营（王发兴，1999）。由龙头企业直接与农产品生产基地发生联系，再由基地与农户实行有机联合，采取“风险共担，利益共享”的原则，形成由龙头企业带动农户生产的规模经营局面。这种模式的形成要求有三个方面的条件：相当数量的经营实力较强的龙头企业；具有相当规模的农产品专业化生产基地；龙头企业与农户之间良好的信誉关系。

在经济欠发达地区，普遍缺少有实力的龙头企业，专业化生产规模较小，与发达地区差距较大。调查表明，兰考县也有少数农村能人兴办的实力企业，对周围乡村地域有一定带动作用，初具“龙头企业带动型”的一些特征，但为数极少。多数情况下，与其说乡村发展是由龙头企业带动，不如说是由能人、富户带动的。经调查发现，在兰考农村普遍存在多种产业、多种形式的由能人、富户带动发展的实例，在综合各种发展形式的基础上，总结出能人富户带动发展模式（图 4—7），下面给出发展案例。

闫楼乡少数能人兴办了板材加工企业，其中实力最强的共三家，即森森木业、鑫福木业和富涛板材，兰考县拥有出口自营权的板材加工企业仅此三家。这几家企业投资规模大，如鑫福木业资产高达5 000万元，有实力吸引外国投资且拥有出口自营权，其产品远销日本、中国台湾、澳大利亚、韩国和美国等，占有一定的国际、国内市场。它们对当地中、小规模的同类加工企业(多数分散在农户家中)带动作用较大，经过几年的发展，闫楼乡的板材加工企业已达102家，全县同类企业才126家，从而使本乡的乡镇企业发展在全县位居前三名。

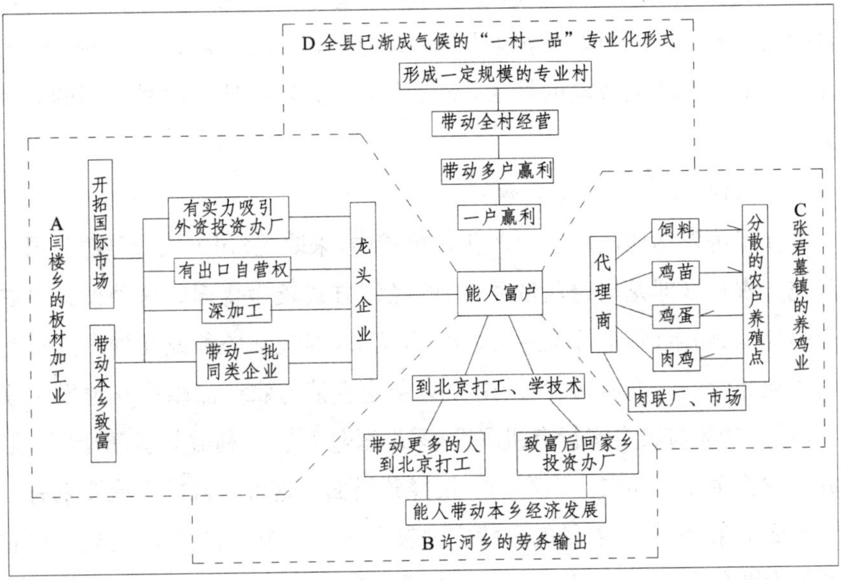

图4—7 兰考县农村的能人富户带动发展模式

在兰考县，类似的带动形式还有很多。如张君墓镇的养鸡业，已有两三家养鸡厂的厂长正式挂牌开始做周围地区养鸡业的“代理商”。代理商与分散的农户养鸡点之间存在双向的代理关系，一方面，他们作为养鸡户的代理，汇集农户的鸡蛋、肉鸡，直接与肉联厂或市场联系；另一方面，他们作为外界饲料厂、鸡苗厂的代理，向农户定时供应饲料、鸡苗等。代理商不同于企业，代理商根植于规模较大的同类产品的企业，拥有良好信誉。

许河乡的劳务输出，也是一种典型的带动式发展类型。早在20世纪80年代中期，许河乡便有一部分农民到北京做工，以搞建筑为主。这些人积累了资金和技术之后，很快成为农村"能人"，一方面，他们中不断有人回乡投资、办厂；另一方面，他们不断带动本乡更多的人到北京从事类似工作。往复循环，促进了本乡经济发展。

在兰考县普遍发展起来的专业村，也是一种带动作用。最早某一户经营某种产品赢利，后来带动多户农民经营此产品并获利，进而带动全村农户经营此产品，这样便形成了所谓的"一村一品"的专业村。如小宋乡、孟寨乡等的专业村均是如此发展而来。

总之，欠发达地区农村的能人富户带动发展模式以多种形式广泛存在，政府应充分发挥能人、富户——这些农村先行军的作用，鼓励农村形成致富气氛，形成以点带面的良好发展局面；同时也要警惕欠发达地区农民普遍存在从众经营心理，因为产品只有拥有市场和销路，其经营才有保证。

3. 政府协调引导发展模式

近年在发达地区农业社会化服务体系建设中，政府作用发挥较多的是促使农民成立多种形式的农村生产合作组织和各类专业生产协会(夏君等，2002)，通过提高生产的组织化程度，克服分散农户信息和技术水平低、产品市场认同度低、竞争力差的缺点，最终促进了农产品市场的占领(雷德才，2002)。通过政府的推动和扶持，在农民自愿、自发的基础上，这些农村经济合作组织采取"民办、民营、民受益"的方针，具有较好的群众基础，普遍受到欢迎。在经济欠发达地区的农村，政府的协调、引导作用更为重要。在兰考县的调查也表明，凡是政府协调、引导作用发挥好的乡镇，农民的生产积极性高、农业规模化发展势头相对较好。在实地调查的基础上，总结出欠发达地区农村的政府协调引导发展模式(图4—8)。

兰考县红庙镇比较典型。在政府牵头下，红庙镇成立了农业协会，下设各个专业生产分会，如养猪协会、养羊协会、养鸡协会、蔬菜种植协会等，协会名誉会长由镇长担任，会员来自于各种养殖户，均是农业生产好手。农业协会负责对本镇农户生产进行指导和咨询,但不向农民收取任何费用。镇里还成立了农业开发服务公司,具体服务人员来自农业协会,它向农户提供各种产前、产中和产后服务,农业生产中各关键环节,如肥料、农药、技术、种子、饲料以及销路等均由它把关。农业服务公司在一定程度上解决了农户的后顾之忧,因此备受拥护。

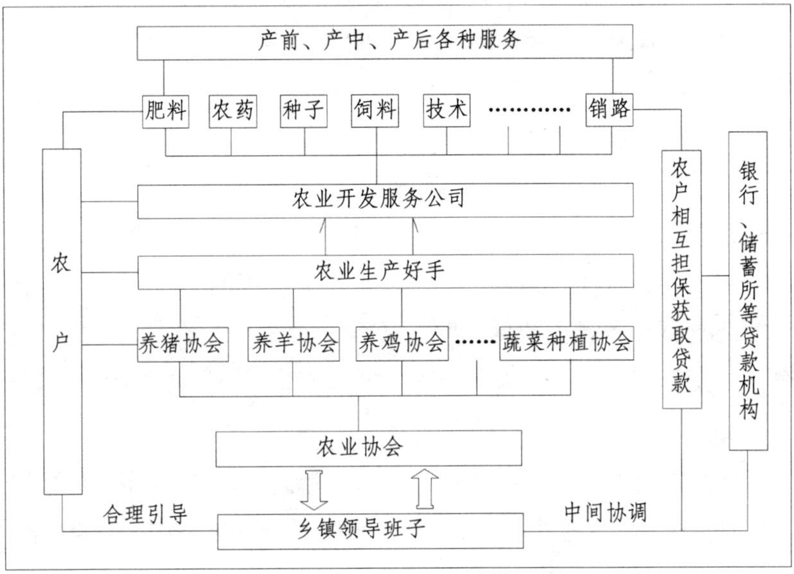

图 4—8　兰考县农村的政府协调引导发展模式

红庙镇政府的协调作用还表现在农业贷款的发放方面。红庙镇的农业贷款实行农民相互担保制度,由政府出面协调、引导。农业贷款期限依照生产周期。政府在对贷款农户初步审查的基础上,向银行提供可贷款的农户名单以及农户信用好坏的信息,银行则按政府提供的信息进行贷款。对于新贷款户,要采取担保措施;而对于有信用的农户,则不再担保。欠发达地区农业生产的困境无外乎资金、技术和销路,红庙镇政府充分发挥了引导和协调作用,使这些难题迎刃而解,全镇农业生产势头良好,值得推广。

在政府发挥协调作用方面,兰考县也不乏失败的案例。如兰考县各大规模的板材加工厂在兰州、武汉等城市都设有各自的办事处进行板材销售,各办事处各自为营,分布散乱,相互之间没有联系。县政府曾出面协调,将位于同一城市的本县板材加工厂的办事处集中,成立综合办事处,以扩大兰考桐木的影响并形成规模经营。结果由于费用克扣、机构支出过大等原因,很快宣告失败。所以,在这种发展模式中政府必须多予、少取,不把企业当作摇钱树,以为企业服务作为首要宗旨,真正起到协调、引导的作用。另外,在固阳镇的调查表明,固阳的桐木畅销天津、北京、武汉、太原等地,在这些城市中也均设有分散的桐木销售点,迫切需要政府协调,组织统一销售机构,扩大影响。可以预见,政府协调引导发展模式在欠发达地区有较好的应用前景。

四、新时期经济欠发达地区乡村发展战略与政策措施

1. 经济欠发达地区乡村发展的若干战略问题

(1)新形象战略

如前所述,打破人们对区域旧形象的认识,利用知名度,围绕新区域形象建设创造发展契机已刻不容缓。区域形象集中体现了区域发展战略,需要从战略高度上对兰考新形象的建设加以强调。按照区域形象策划理论,一个完整的区域形象,包括理念识别、视觉识别和行为识别三个方面(王黎明,1997)。实际上,"焦裕禄精神"是兰考发展的最好理念,它包括了两层内涵:①领导的廉政为民;②全县各界人士,发扬焦裕禄艰苦奋斗在第一线的精神,为了兰考发展尽心尽力。前文所探讨的标志形象和配套形象建设均属区域形象的视觉识别范畴;而基础形象建设中的种种措施则是行为识别。新形象战略关系到兰考县的发展大计,需要一定的宣传,如在高速公路、省道的兰考入口处打出"新兰考,新形象"的标牌,以引起世人关注。

(2) 品牌战略

经济欠发达地区也要打出自己的品牌。兰考在桐木材及其相关产品

方面有实力打出品牌。政府应将“品牌战略”视为现阶段主导产业进一步发展的重大战略方向,大力协助开创全县桐木材及相关产品的品牌。如就一般桐木材而言,县政府可以协调各乡镇,共同打出“兰考桐木”的品牌。由于特殊的土壤条件,兰考县种植的泡桐木质疏松,十分适合音板的要求,兰考县一直是全国三大音板生产基地之一。兰考桐木音板的发音质量独一无二,在国内市场上已占有相当份额(仅固阳镇的桐木音板就占全国市场的60%),尤为难得的是已形成对众多民乐界专业人士的吸引力。当前,兰考民族乐器成品已有品牌,且有一定的国内、国际市场,但就音板而言,尚未占领国际市场。由于音板用材少,属于技术密集型产品,开发潜力较大,故有必要形成“兰考桐木音板”品牌。另外,一些重点企业在桐木精加工、家具制作等方面有一定生产规模和国际、国内市场,都有待于打出品牌,产生更大影响。

(3) 独特的城镇化战略

经济欠发达地区应该走有自身特色的城镇化道路。据统计,在兰考县通过改变居住地来实现城镇化的比例并不大,如县城所接纳的由乡镇迁来的居民所占比例不足5%,小城镇所接纳的由农村迁来的人口比例也较小。这种状况与兰考的经济背景所处的发展阶段有关,也与县域内部乡镇的发展状况及其差异有关。除城关镇、固阳镇等两三个镇的乡镇企业发展尚好、镇区有一定集聚实力以外,其余乡镇均是以农业发展为主的乡镇,大多数又缺少龙头企业而以小规模、分散的农户经营为主。客观地讲,像兰考县这样的经济欠发达地区应采取几方面相结合的城镇化发展模式:①对于广大的乡镇政府驻地而言,驻地往往与数个村庄毗邻,可以在重视产业发展的同时采取措施促使居住向集镇适度集中发展;②对于广大乡村而言,应实现以向非农产业转换作为主要的城镇化发展方式,就地解决大部分农村剩余劳动力问题;③鼓励农村实现多种形式的劳务输出,解决一部分农村剩余劳动力,积累发展资金,带动农村致富的氛围。

2. 新时期经济欠发达地区乡村发展的若干政策措施

(1) 农业发展方面的政策措施

国家曾提出针对加入WTO农业发展的四大战略，即结构调整战略、科教兴农战略、发挥比较优势战略和加强扶持与鼓励竞争并重的发展战略（包蹇、孟辉，2002）。按WTO的《农业协议》，中国不能在出口补贴、价格保护等方面对农业生产进行过度保护，但可以在科研、技术推广、基础设施建设等方面给予农业多方面的支持，即所谓的"绿箱政策"。而且进入国际市场的农产品所要求的质量标准也有所提高，对化肥、农药、食品添加剂等的使用都有严格要求（赵新培，2002）。所以像兰考县这样的经济欠发达地区农业所面临的问题不仅限于结构调整方面，地方政府应该明确职责，出台具体政策来规范农业生产条件，推广科技农业，保护和改善农村生态环境，保证农产品从田间到餐桌的绿色通道。

(2) 乡镇土地方面的政策措施

据调查，许多乡镇普遍反映现有土地制度与乡镇企业发展之间存在较多矛盾，尤其表现在城镇建设用地批准难、与搬迁农户之间协调难、乡镇城建管理缺乏一定的执法权等方面，因而乡镇在建设与严格的土地法规、制度执行方面造成难以协调的矛盾。许多已基本谈妥的投资项目因土地难以批准而"流产"的情况时有发生。所以，应该引起相关政府部门的注意，适当给予乡镇一级城建或土地部门一定的执法权；参照发达地区的经验，对于到小城镇投资办厂的客户给予用地等方面的优惠政策；为鼓励发展，对经济欠发达地区的小城镇，适当安排更多的农地转用指标，对于在城镇规划区内租赁国有土地兴办乡镇企业或开办各类市场的情况，最大限度地优惠土地租金；在符合国家法规制度的情况下，尽量创造宽松的环境，妥善处理好土地管理与发展经济的关系。

(3) 有关城镇化发展方面的政策措施

在经济欠发达地区，政府应出台优惠政策鼓励乡镇企业尤其是龙头企业的发展。如兰考县许河乡为了鼓励农民兴办企业，对于新办企业的厂长给予如下优惠:子女上学学费免30%、医疗费用免20%～30%、优先安排宅基地等。优惠政策取得明显成效,近年许河乡新办企业数量大增。

在经济欠发达地区,虽然以实现向非农产业转换作为主要的乡村城镇化发展方式,但在其发展过程中,无疑要对乡镇企业的分散与集聚布局问题引起足够重视。在苏南等经济发达地区,“村村点火,户户冒烟”式的乡镇企业发展在经历了一度辉煌之后已充分暴露出过于分散化的弊端,可谓是前车之鉴。欠发达地区应该及早吸取教训,尽可能地促使已成形的乡镇企业向镇区集中,可以采取一些措施,如对于愿向小城镇搬迁的企业在水、电、地、税等方面提供优惠,尽可能地降低其搬迁成本和在小城镇的经营成本。

随着国家户籍制度的改革,农民进入城镇的条件已放得较宽,然而对于欠发达地区的农民而言,迁居到小城镇仍然存在门槛,这也是兰考县农民通过居住地转移方式实现城镇化的比例并不高的原因之一。地方政府可出台一系列的政策措施,如通过减收或免收农民的城镇增容费、入学赞助费及其他多项费用(石忆邵,2000),对于一批低积累但富于进取且具备良好素质的农民可免去“户口迁入小城镇必须购买商品房的条件”(叶裕民,2001:154),积极鼓励农民进城、进镇。

五、小结与讨论

对经济欠发达地区乡村发展模式的探讨实际上是与经济发达地区农业产业化模式的特点相对照进行的。这等于先给经济欠发达地区一个基本定位:乡镇企业发展举步维艰,普遍缺少具有实力的龙头企业;农业专业化生产规模较小且没有形成完备的产业链;农业管理粗放、缺乏技术含量,企业多作坊式经营;小城镇经济不发达,县城占据经济发展的“天时、地利、人和”。上述特点决定了套用发达地区的农业产业化模式并不能真正解决问题;但是,在经济欠发达地区,农业产业化经营早期的痕迹却普遍存在,这又使得我们的研究不能脱离发达地区农业产业化模式的理论指导。

值得强调的是,上述经济发展特点正是欠发达地区乡村发展模式的形成机理:一方面,它们达不到农业产业化模式所要求的相对完善的产业经营方式;另一方面,又的确在当地的实践磨炼中形成了一些行之有效的农村发展经验。而且,这些经验未必完善,需要研究者对其进行理论的提炼、补充甚至局部纠正,因此,经济欠发达地区的发展模式在一定程度上包含了研究者的设计和策划理念。以县城为主导的县域发展模式充分发挥了县城——这一经济欠发达地区“区域焦点”的作用,其操作程式应围绕现实区域形象问题诊断和新区域形象建设,从标志形象、配套形象和基础形象建设等方面展开。在欠发达地区的农村,多元化产业联动发展模式、能人富户带动发展模式、政府协调引导发展模式都是立足于自身基础而形成的、值得推广的发展经验。欠发达地区乡村发展除了选择不同的发展道路以外,还需要从更高的层面——区域发展战略上加以配套。“新形象战略”就是要通过改善软、硬件环境,通过宣传以引起世人关注;“品牌战略”代表积聚实力,要有所为也要有所不为,经济发展策略要有侧重点;“独特的城镇化战略”是县域乡村发展的保障。当然,发展战略的贯彻、发展模式的推广还需要政府出台一系列切实可行的政策措施。

第四节 庐江模式:人口流出区低收入高消费现象的地理学解释

一、引言

农村地区的收入和消费关系是乡村研究的重要论题。收入—消费关系研究一般会追溯到弗里德曼在1952年所阐述的理论:收入可分为持久性收入和暂时性收入两大类,消费者倾向于消费掉所增加的持久性收入中的大部分,而针对所增加的暂时性收入,相当大的部分会被储蓄,换言之,消费与心理预期有关。很多中国学者结合中国农村的情况对这一理论进行验证,发现农民收入是影响消费的重要因素(吕红珊、齐艳玲,

2007;许春、陈茂学,2007;任志强,2008),消费支出主要取决于现期收入中的持久收入部分(余立凡、本洋,2003;李锐、项海容,2004)。他们还发现,中国农民的收入与消费之间存在着长期稳定的均衡关系(关俊霞,2007),但中国农民收入中存在增长缓慢、地域差距悬殊、可支配收入不确定等问题,导致消费结构不合理(尹晓玲等,2004)。如果对农村收入种类加以区分,发现工资性收入、家庭经营性收入、财产性收入以及转移性收入对农村居民各种消费支出的影响各不相同,要启动农村消费市场需要加大农村居民的转移支付水平(吴华超、温涛,2008)。实际上,农村消费存在多方面的影响因素,除了收入水平以外,还受到农村收入分配因素的制约(孙江明、钟甫宁,2000)。另外,农村消费存在习惯效应,消费者易于随收入的提高而增加消费,但不易于随收入的降低而减少消费(谢树曼、张岳恒,2008)。很多学者研究了中国农村的收入—消费与拉动内需之间的关系,认为农民收入虽然得以提高,但消费仍然不足,未能拉动内需(刘东辉、钟涨宝,2005)。还有学者认为,近年中国农民收入预期低而支出预期高,直接影响了农村市场在扩大内需方面的作用(邹海涛、周小菊,2001)。甚至还有学者认为,当前中国农村消费与收入的关系存在一个悖论,即农村居民消费并不随收入增加而增加,有时甚至呈下降趋势,其深层次的原因在于农民持久收入的主要来源——农产品的价格长期偏低,以及农民的消费行为日益理性化,风险预期增强(汪本强、江可申,2003)。

在中国的经济欠发达地区,由大量农民工外出打工所引发的人口向发达地区的流动,已经相对普遍。这些人口流出区,多数为传统的农业大县,工业发展相对滞后,就业岗位的缺乏促使了跨地区城镇化方式的发展。在这类地区的县城或城区,出现一种令人费解的现象,即县城或城区收入水平较低,但消费水平很高,这种现象是过去研究中国农村收入—消费关系的学者所没有涉及的。我们最初在安徽省庐江县发现这一现象,后来发现全国很多欠发达地区都存在类似现象。实际上,庐江现象已经成为人口流出区的一种模式,它代表了高度开放的乡村系统在遭遇快速城镇化和市场转型时出现的一种阶段性的反馈结果,对于理解中国乡村转型和重构过程有着重要的理论意义。本文将结合庐江的案例,对人口流出区的低收入高消费现象展开讨论。

二、实证研究地区

本节以安徽省庐江县作为实证研究地区(图 4—9)。

庐江自古就有“鱼米之乡”的美誉,是“六五”期间国家首批投资建设的商品粮基地县,目前是全国商品粮油基地县和粮油生产百强县,是安徽省的重点产茶县、水产基地县和商品猪准基地县。农业生产优势一直是县域经济发展的首要战略,但长期以来县域工业经济不发达,致使大量农村剩余劳动力外流。

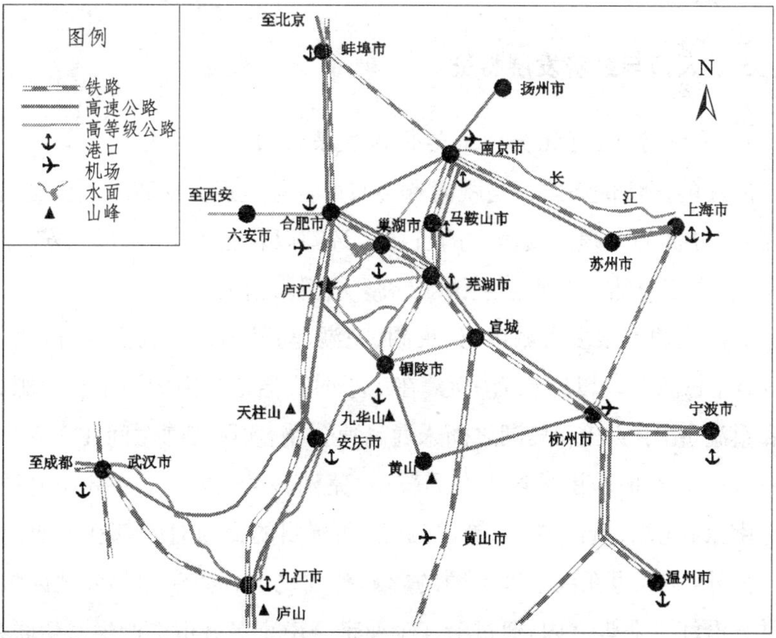

图 4—9　庐江县区位

注:按调研时的行政区划。

2006 年庐江县的总人口约 120 万,下辖 17 个镇,其中庐城镇为县城驻地,城区人口不到 15 万人。除了农业以外,庐江还有三大优势,即区位优势、矿产资源优势和温泉资源优势。庐江最大的区位优势是距安徽省的省会城市合肥仅70公里,北临巢湖,南近“黄金水道”长江,位居沿江开发开放经济区。庐江的矿产资源也比较突出,矿产资源种类多、储量大、品位高,其中铁矿石储量占安徽全省的1/4,硫铁矿储量占全省的一半,明矾石储量位居全国第二。庐江的汤池温泉水温高、流量大、水质好,汤池已经开发为著名的旅游度假区。尽管拥有这些资源,但出于各种原因,尤其是思想观念的保守、缺乏经济基础以及体制的制约等,与周边其他地区相比,庐江的经济发展一度滞缓。近年来,庐江县政府已意识到这一问题,准备在工业和旅游业等方面培育新的经济增长点。但第二、第三产业的发展需要大量的劳动力,作为人口流出区的庐江面临着如何促使人口回流的艰巨任务。

三、人口与经济发展特征

1. 区位特点:有优势但未转化为发展动力

庐江的区位优势之一是距离省会城市合肥较近。从庐江到合肥机场仅需40分钟的车程。安徽省的省会经济圈以合肥为中心,以六安、巢湖为两翼,庐江自然是在省会经济圈的影响范围之内。

庐江周边有很多大城市,如巢湖、芜湖、马鞍山、六安、安庆、南京、黄山等(图4—10)。以庐江为中心,在1小时交通范围内的城市有合肥、铜陵和巢湖(由于庐江和巢湖之间未通高速公路,实际交通时间在1.5小时左右),1～2小时范围的城市有马鞍山、芜湖、六安、安庆,2～3小时范围的有南京、九江、黄山、蚌埠等,与武汉和杭州的交通时间都在4小时以内。另外,庐江也在南京都市圈的影响范围之内。庐江的部分地区位于安徽省沿江工业带之内,通过沿江工业带与南京等城市也产生密切联系。庐江与周围大城市在距离上的优势,为其人口的向外流动提供了便利。另外,庐江与合肥、南京等大城市也存在一种反向关系,即作为生态农业基地和温泉度假中心的庐江已对周边大城市居民前来休闲、度假产生了一定的吸引力。

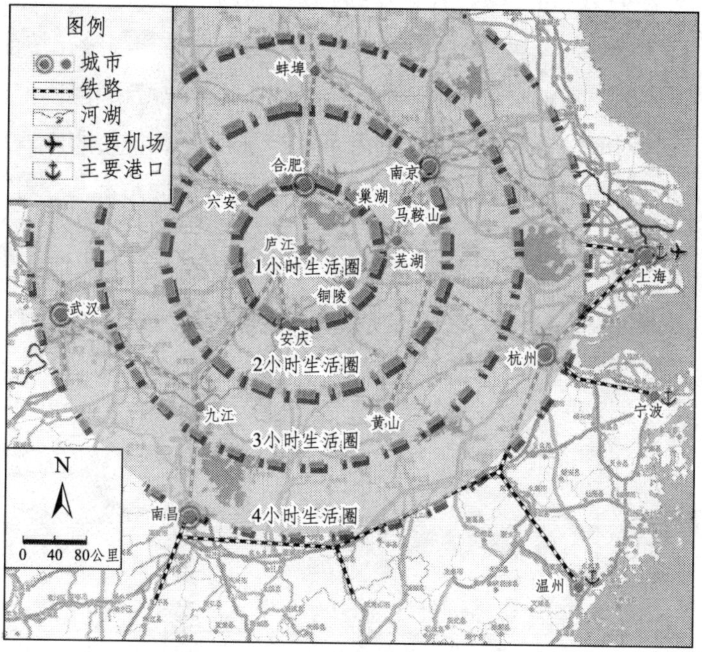

图 4—10　以庐江为中心的 4 小时通勤圈

2. 经济发展特点:传统农业大县与工业后进地区

庐江县是传统的农业大县,如按 2006 年的数据,第一产业 GDP 还占绝对优势,规模为 21 亿元,占总 GDP 的比重为 38%。庐江是全国农业生产百强县之一,为周围城市如合肥、铜陵、芜湖、马鞍山等提供了优质农产品,作为这些地区的"菜篮子"一直是庐江经济发展的重要功能之一。其实,庐江周边的很多县都具有类似的特点,多以农业经营为主,都是农业大县。

但从改革开放以来庐江三次产业发展的轨迹来看,第一产业 GDP 所占比重有下降的趋势,第二产业和第三产业 GDP 所占比重则逐渐上升(图 4—11)。尤其是近几年,第三产业 GDP 和就业人员比重上升的速度更快,第一产业 GDP 和从业人员比重下降的速度也有所加快。如 2003～2006 年,庐江县第一、第二、第三产业的就业人口比重分别从 45%、37%、

18%转变为41%、38%、21%,就业结构似乎存在由“一三二”型向“二一三”型转变的趋势。这种变化趋势所表现出的产业结构高级化特征,符合当前中国地区发展的一般特征,但与经济发达地区或城市相比,经济转型的速度还相对较慢。一方面,说明在庐江经济比重中农业的影响根深蒂固;另一方面,也说明庐江的工业和第三产业已开始起步。

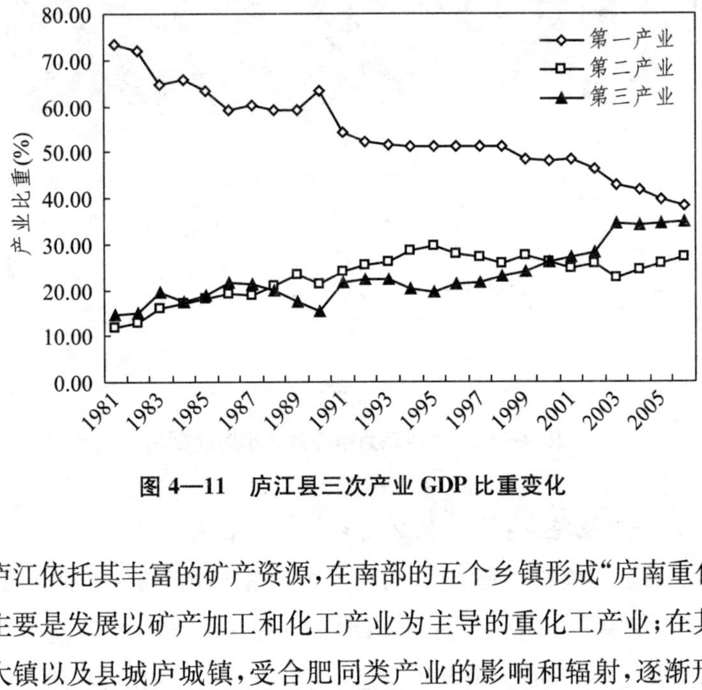

图4—11 庐江县三次产业GDP比重变化

庐江依托其丰富的矿产资源,在南部的五个乡镇形成“庐南重化工基地”,主要是发展以矿产加工和化工产业为主导的重化工产业;在其北部的同大镇以及县城庐城镇,受合肥同类产业的影响和辐射,逐渐形成了“汽车零部件基地”,主要生产汽车车身附件、内饰件、冲压件、内燃机配件、橡塑件等汽车零部件产品;另外,在县域西北部的四个乡镇,集聚了一些以生产磁性材料为主的重要企业,形成了“磁电基地”。这三个工业区已经初具规模,也成为庐江未来要重点打造的产业基地,但总体而言,庐江还是属于工业发展后进型地区。

3. 人口迁移特点:户籍人口净迁出和大量人口外出打工

庐江的人口迁移表现出与传统农业大县地位相一致的特征。可以从三个方面来分析庐江人口迁移的特点。

首先,户籍人口的机械增长和净迁出问题。庐江县户籍人口的机械增长表现出多年负增长的特征。对比人口机械增长和自然增长更容易说明问题(图 4—12)。1992 年以来,庐江县户籍人口的机械增长除了 1995 年有不到 1 000 人的正增长以外,其余年份均表现出不同程度的负增长。2003 年及以后,户籍人口净迁出量每年都在 6 000 人以上,而同期人口的自然增长都在 4 000 人以上。这种变化特点导致县域总人口在 2003 年以后基本上每年都略有减少。

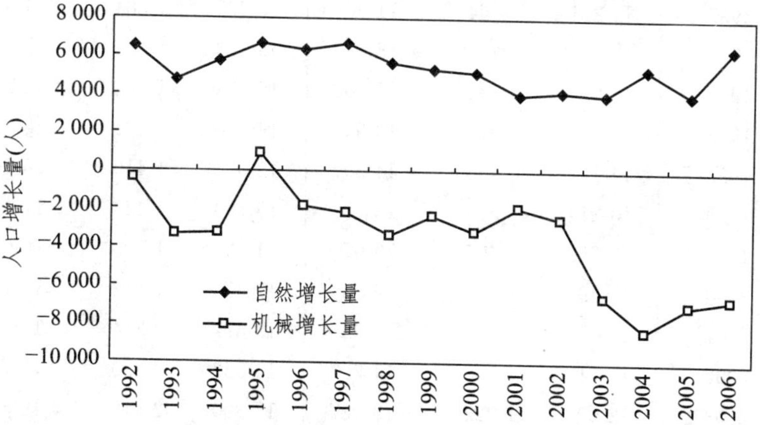

图 4—12　庐江县户籍人口的自然增长量与机械增长量(1992～2006 年)

其次,户籍人口迁入、迁出的差异性特征。庐江县户籍人口的迁移表现出以省内迁入和迁往省内为主的特点,说明庐江县的人口迁移还局限在近距离和省内的迁移。

对于迁入人口而言,1992 年以后,庐江县户籍人口的省内迁入部分多数年份都在 1 万人以上。而同期,庐江县户籍人口的省外迁入部分多数年份都在 1 500 人以下。从表 4—1 可以看出省内迁入人口和省外迁入人口的巨大差异。对于迁出人口而言,迁往省内的人口和迁往省外的人口也存在明显差异。1992 年以来,庐江县户籍人口迁往省内的部分绝大多数年份都超过 13 500 人,而同期,庐江县户籍人口迁往省外的部分都低于 3 300 人。户籍人口迁移的上述特点,说明庐江县的人口迁移主要以省内为主,以近距离为主。这种人口迁移特点,与庐江县域经济正处于起步阶段的特征相一致。

表 4—1 庐江县户籍人口的迁入和迁出(人)

年份	户籍人口迁入			户籍人口迁出		
	省内迁入	省外迁入	总迁入	迁往省内	迁往省外	总迁出
1992	25 997	568	26 565	26 190	825	27 015
1993	11 201	464	11 665	13 695	1 264	14 959
1994	13 387	443	13 830	15 823	1 224	17 047
1995	16 933	472	17 405	15 338	1 184	16 522
1996	13 551	377	13 928	14 378	1 372	15 750
1997	14 147	450	14 597	15 336	1 410	16 746
1998	13 214	569	13 783	15 723	1 423	17 146
1999	12 269	1 407	13 676	14 428	1 605	16 033
2000	14 891	1 163	16 054	17 376	1 812	19 188
2001	13 091	904	13 995	13 677	2 274	15 951
2002	12 517	1 750	14 267	14 352	2 380	16 732
2003	12 005	1 022	13 027	17 200	2 415	19 615
2004	10 844	1 325	12 169	17 375	3 145	20 520
2005	9 782	961	10 743	14 481	3 258	17 739
2006	7 743	1 324	9 067	12 597	3 096	15 693

第三,外出务工经商人员的流出地和数量规模。庐江县的外出务工人员主要就近流往上海、江苏、浙江等经济发达地区和安徽省以内(图 4—13)。由此可见,距离因素和流往地的经济富裕程度起到主导性作用。按 2006 年数据,在庐江县的全部外出人员中,流往上海的最多,占 25%;其次是流往江苏,占 18%;再其次是安徽省以内,占 17.6%;另外流往浙江和北京的分别占 11%和 8.5%;广东由于距离较远,流往广东的人员只占 5.8%;实际上,流往距离较近的上海、江苏、浙江以及安徽省内部流动的人员已经占总流出人员的七成以上(占 71.4%)。

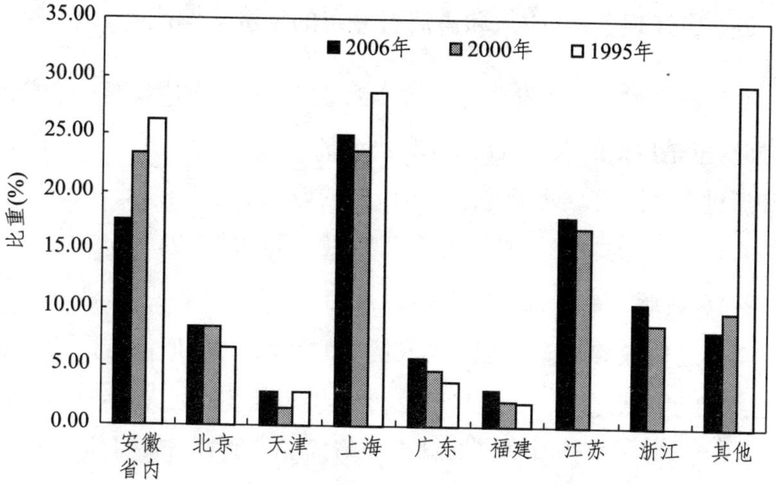

图 4—13 庐江县外出人员的流出地分布(1995 年、2000 年和 2006 年)

汽车站所反映的对外客流量分布也具有类似特点,因为绝大多数的对外客流是出于外出打工的目的。庐江的对外客流主要流向江苏、浙江、上海方向,其中流向江苏和上海的客流量占总流量的 40%,流向浙江的占 10%,其余 50%主要流向合肥、巢湖。江苏的主要进入城市是南京、常州、无锡和镇江,浙江的主要进入城市是杭州、温州和宁波。武汉和南昌都位于庐江的 4 小时范围圈内,但联系强度明显弱于合肥、南京、杭州和上海,可见庐江的对外客流主要是向北进入合肥和向东进入长江三角洲地区。

庐江县有大量的农村剩余劳动力,在本县非农产业不发达的情况下,他们外出务工十分普遍。但关于庐江县外出打工人员的数量统计,不同部门存在精确度不一的统计结果。综合在各个部门的调查结果,近年庐江县外出务工人员约在 40 万人。这个数量相当巨大,他们流向经济发达地区,使得“打工经济”构成庐江发展的一大特色。

四、庐江现象:低收入和高消费并存的经济学悖论

对庐江人口和经济发展特点的分析可以让我们对庐江有一个总体把握,即这里是典型的人口流出区,农业经济发达,工业和第三产业处于起步和后进发展阶段。处于这种发展阶段的地区往往具有"低收入低消费"的特点,但庐江的收入—消费关系却表现出不同的特点。

1. 居民收入的特点

庐江在安徽省属于人均月收入偏低的地区。如,庐江居民的月收入比无为、肥西等邻县低300～500元,比巢湖市低500元左右,比合肥市低1 000元左右[①]。庐江县劳动和社会保障局提供的数据表明,庐江针对下岗贫困职工的最低生活保障每月也只有140元左右。据调查,庐江县城机关工作人员的月收入一般在1 000～1 500元之间,多数处在略高于1 000元的状况。工厂工人的月收入更低,一般每月不超过700元。一些外引内联企业,每天工作时间普遍在10小时以上,工人每月工资仅600～700元,如果按每天8小时工作时间来计算的话,他们的月工资都在500元以下[②]。显然,城镇居民的低收入特点与县域工业经济不发达、总体财政收入较低的局面有直接关系。

2. 居民消费的特点

在经济欠发达地区,尤其是以农业为主导产业的传统农业大县,城镇居民的低收入似乎不足为奇。但庐江的特殊性在于,在如此低收入的状态之下,居民的消费却高得出奇。

庐江的高消费主要表现在以下几个方面:

(1) 住房价格高。庐江的房价已经超过了其地级市首府城市巢湖[③]的房价,达到与省会城市合肥基本持平的程度。

---

① 指2007年9月调查时的情况,下同。

② 庐江县劳动保障局:"关于企业'招工难'问题的调查及对策建议",2007年。

③ 地级市巢湖于2011年8月22日撤销,同期,庐江县并入合肥市。

(2) 餐饮消费高。据调查,庐江餐饮业十分火爆,饭店中饭菜的价格普遍比合肥和巢湖饭菜价格高出 20%以上。笔者在调研期间(2007 年)用餐时也发现,普通饭店餐饮的价格并不比北京低。

(3) 一般生活消费品的价格都偏高。举例来说,很多因婚丧嫁娶而要在家中操办酒席的居民或村民,他们一般不会在庐江县城采购食物原料,而是开车或租车直接去合肥采购,从而节省开支。

(4) 庐江的地价亦偏高。庐江的地价总体上比周围的县都要高,与合肥等大城市地价相近,地价偏高的一个最直接的后果是难以吸引投资,因为庐江的发展环境和基础设施与大城市相比处于劣势,在这种情况下,很多投资商宁愿到基础设施和服务设施更好的大城市也不愿到庐江来投资,故庐江处在"不上不下"的尴尬地位,造成引资难的局面。

3. 庐江模式:令人费解的"收入—消费关系"

20 世纪 90 年代以后,庐江的消费水平处于偏高的状态,总体上比巢湖市高出 1/3 左右,比合肥市也要高出很多。而这些又都是在城镇居民低收入状况下发生的,这一方面造成很多问题,另一方面也成为一个难解之谜,因为一般而言,收入低的地区消费也会低,这是基本的经济学规律。庐江低收入和高消费之间的矛盾似乎成为一个经济学上的悖论。

五、庐江模式的地理学解释

作为传统农业大县的庐江,其低收入和高消费并存的矛盾似乎难以从经济学上寻求合理解释。但是对区域经济来讲,业已存在的经济运营模式和社会消费方式一定有其原因。况且,这种低收入高消费的状况能够持续下去,也一定有其经济社会基础作为铺垫,只不过具体的原因被隐藏了,没有从表面上表现出来,或者我们需要到系统以外,去寻求外在的动因。地理学强调系统的外在联系,强调从深层次挖掘现象的原因,为我们提供了很好的分析视角。

1. 人口流动对消费的影响

对于一个区域系统而言,区域与外界的联系会对系统内部产生影响,进而可能将这种影响扩大成整个系统的质变。庐江县就类似这样一个系统,大量外出打工的农村剩余劳动力就是这个系统与外界发生的主要联系之一。如前所述,近年庐江约有 40 万人口在外打工。这些外出打工人口的收入远远高于在庐江本地工作的人口的收入。而这些外出打工人员基本上都是农村人口,所以就造成了一种局面:庐江城镇居民的收入比不上农村外出打工人口的收入。

庐江大量外出务工的农民在经济条件获得改善后,多数情况下,他们开始考虑转变身份,即由农民工转变为市民。但在中国户籍管理制度没有实质性改变的情况下,这种转变存在极大的困难和难以消除的阻力。对他们来讲,在打工所在地的大城市购房还不太可能,当然也有少数人已经实现这个梦想,但对大多数的农民工而言,在家乡的县城购房更具有可操作性。赚了钱的庐江农民工便是如此,他们中的多数开始在县城买房,在县城居住和消费,因为他们已经具备了这个经济实力。

中国的农民,在自身难以实现向城市居民身份转变的情况下,往往把希望放在了下一代,即采取措施来改善子女的上学条件,希望子女能通过考大学实现摆脱农村户口并在城市就业的梦想。在经济欠发达地区,县城往往集中了全县最好的中小学,尤其是高中,这里的学校是大学升学率最高的地方。庐江也是如此。多数农民工在经济条件获得改善以后,开始想方设法把其子女转到县城的学校上学,当然这样做要付出更多的经济代价。很多城市中小学的招生以居住地为依据进行划区分配,如果学生不在学校的招生范围之内,家长可能要付出很多额外的代价,如向学校缴纳赞助费等。减少这种代价的一个最好办法就是在城里拥有一处自己的住房,这样学生就可以理所当然地进入其居住地所在的相关学校的招生范围中。因此,在庐江,这些经济条件比城镇居民好得多的农民,争相在县城购买住房,然后把其子女由农村学校转移到县城学校,有的继续外出打工便由妇女或老人住在县城照顾孩子上学。这种风气一度使城市开发的房地产供不应求,造成房地产价格居高不下的局面。

2. 特殊消费群体对消费的带动

经济学原理告诉我们,商品的价格由供需关系来决定,当商品价格过高时,往往是因为商品供不应求。如果说庐江大量的外出打工人口在县城买房,造成了县城住房供应的压力,影响了供求关系并导致住房价格的上升,还是能够说得通的。但对于一般的消费品而言,似乎还没有达到商品供不应求的局面。因此,一般消费品,尤其是生活消费品的高价格很难从商品的供求关系上寻求解释。那么一定还存在供求关系以外的原因。

调查发现,在庐江,一些特殊群体的消费行为对物价产生了影响,从最初的刺激性消费发展到对一般消费水平和物价的带动作用。在庐江,有两大所谓的"特殊群体"值得注意。

一是入驻在庐江的省属地质企业。庐江拥有矿产资源,早在20世纪初就得到了开采。如县志中就有如下记载:1921年,矾矿200多名工人罢工,取得增加工资的胜利;1931年,矾矿60名工人罢工,迫使矿主给工人每人每天增加铜钞10枚,补发所欠工人的工钱。新中国成立后,一些省属地质企业入驻庐江南部矿区。最典型的是省327地质队。它可以追溯到1955年在小矾山建立的华东地质局327地质队,1960年改为安徽327地质队,1966年改为安徽省地质矿产勘察局327地质队。1997年,省地质局实行战略性调整,将安徽工程勘察处和安徽省地质矿建设工程公司组建为新的327队。327队现有职工规模达到1 174人,其中专业技术人员400多人,高级技术人员255人,总资产2.5亿元,具有8项各类地质勘察和其他专业的甲级资质。这类地质企业,不属于庐江县管理,而是归属安徽省管理,因此其工资和收入执行的是类似合肥的标准,远高于庐江本地的收入。这些企业坐落在庐江南部山区,在厂部或周边乡镇的镇区,服务设施和娱乐设施很少,迫使这些收入相对较高的人群到县城来消费。他们中的大多数都在县城购买了住房,婚宴、请客及其他各种娱乐活动基本上都安排在县城。相当一部分人拥有私家车,每天往返于县城和厂部之间。这些省属企业的职工,在退休后基本上都在县城生活。

二是位于白湖镇的白湖农场。白湖农场是安徽省劳改局所属的本省第一大劳改监狱。在白湖农场工作的管教人员有1.5万人,劳教人员约2万人。白湖农场主要的管理中心位于白湖镇的塘串河街道,白湖农场所引发的交通流量(探视劳教人员)和商贸对塘串河街道的经济产生很大影响,使塘串河的商贸及其他第三产业远远超过白湖镇政府驻地。白湖农场的情况与327地质队的情况类似,职工的待遇很高,收入水平接近省会城市合肥的水平,这些职工退休之后一般都会在县城居住。他们子女上学、平时的就医和主要的消费场所也都选择在县城。另外,随着庐江工业的发展,越来越多的外来客商来到庐江,他们的消费水平相对较高,一般都在县城消费。

总而言之,这些特殊的消费群体,有着比庐江本地高得多的收入,又有相对较高的消费需求,在庐江,只有县城才是他们相对合适的消费场所。因此,这些特殊消费群体的消费行为,如购房、餐饮等,对本地的消费起到了刺激作用,他们带动了庐江本地消费档次的提升,最终对庐江一般的消费水平和物价起到了带动作用。

3. 传统文化习俗对本地消费的影响

庐江一些传统的文化习俗和消费习惯对本地消费水平产生了影响。

历史上的庐江是一个出学子、出幕僚的地方。中国历史上的第一个地方官楷模文翁(汉景帝时期)便是庐江人。庐江属于"桐城派"文化根系,桐城文化重学风、文风的特点带给庐江很多影响,如庐江人多具有好学上进、勤奋朴实的优良品格,但是,传统教育缺陷也深深印在庐江人的脑海中,使得"学而优则仕"、"官本位"、重官轻商、重农轻工的思想根深蒂固[①]。在庐江,经商赚钱者的地位远远比不上政府官员。这也是庐江经济发展起步较晚的一个重要原因。重官轻商的思想根源在于"好面子",这种思想也直接影响了消费。有人认为庐江人是"穷大方",可谓一语中的。因此,尽管庐江县城机关干部和居民的收入并不高,但他们往往对消

① 范洛森:"再掀'环境年'、'招商年'建设热潮,推进庐江实现超常规、跨越式发展",2007年。

费过于讲究，如在餐饮和抽烟方面，档次都高于其地级市首府巢湖。在庐江，凡考上大学者，其家庭都要“大会宾客”，被邀宾客都要送礼，宴席的规模和收送礼金的程度不亚于婚宴。在庐江的调研时间正值高考发榜期间，在庐江县城各大酒店随处可见“凡考上大学并举办宴席者，持大学录取通知书酒水可全部免费”的大幅广告，绝非偶然。据悉，有的贫困家庭在孩子上大学的学费、生活费尚无着落的情况下，已经着手借款为“庆祝宴会”做准备了。也有某接受访谈的政府机关官员表示，在过去的两个月中，他在参加亲友、同事子女考学贺宴时所送出的礼金总额已超过全年收入的一半。在庐江，在这种“穷大方”习惯的影响下，消费显然存在相互攀比的现象，这种攀比不仅发生在本地居民之间，如相互谈论贺宴的规模、档次，也发生在异地之间，如我们就遇到某政府官员自豪地谈起在任何一阶段庐江人抽烟的档次都要比同时期巢湖人高出一档。总之，这些传统文化习俗和习惯对本地的消费起到很大的推动作用，使得县城的消费水平与居民的收入水平不相符。

六、庐江模式的理论意义

作为一个传统的农业大县，庐江是一个典型的人口和劳动力输出区，大量的劳动力外出打工，以获得更多的收入。中国经济欠发达地区的农村多数属于这种情况。庐江的特殊性在于，在县城收入很低的情况下，却保持了一种高消费的特点，其消费水平超过其地级市首府巢湖，达到甚至超过省会城市合肥的标准，从而形成了一种表面上的经济学悖论，即低收入和高消费并存。当我们从地理学的视角来分析这种现象时，发现可以寻求到问题的根源，可以获得解释。

当然，庐江的发展还有它的优势：一是区位优势，它离省会城市合肥很近，与合肥的时间距离甚至比到巢湖的时间距离还要短，因而饱受合肥的影响，是安徽省会都市圈的外围组成部分，这密切了庐江与合肥之间的联系；二是资源优势，这里矿产资源储量丰富，早在计划经济年代便入驻了省属大型矿产企业，近年又发现了新矿产储备，为庐江今后的发展创造了契机;第三,庐江是一个对基础教育极为重视的地区,近年参加高考的人数在全国各县中位居第一,向全国输送了大量的人才,如庐江籍在全国各地任职的处级以上干部超过1万人,但可惜的是,由于地方经济的原因,学成后归来的人才却极少。上述这些特点,多多少少为庐江的高消费局面起过作用。但是,我们更关心的是庐江模式或庐江现象能说明什么?

其实,庐江模式有更重要的理论意义。

当我们把庐江这个区域当作一个开放的系统来考虑的时候,当把要素的流动,尤其是人口流动的因素,以及外在的力量,尤其是采取省会城市收入标准的特殊群体加进我们的分析框架的时候,一切似乎变得明朗。正是这些外在因素、系统之间的流动因素,对庐江的收入—消费关系起了决定性的影响。这说明现代中国乡村系统是开放的。在中国农村,即使是在类似庐江这样的经济欠发达地区,乡村系统经受了市场经济的洗礼已具备典型的开放特征。表面上看,庐江县城保持低收入高消费的特点,成为一个经济学悖论,但当我们以开放的观点去审视它时,当加入劳动力和特殊消费群体这些外在变量之后,也许综合的收入水平并没有那么低,整体上仍然是高收入和高消费,局部是低收入和高消费。所以,从系统开放的视角来看,低收入高消费的经济学悖论只是庐江系统的局部特征。

另外,庐江模式的理论意义还表现在,在庐江这样一个区域,传统计划经济下的城乡二元分割状态已不复存在,已经表现出城乡融合发展的特征。致富后的打工人员在县城买房和生活成为一般的趋势。省属矿产企业和白湖农场的职工,这些计划经济年代所形成的分布在农村的非农业人口,他们的收入远高于庐江县城的居民,更不用说高于周边的农民了,他们实际上是传统的计划经济所造成的一种城乡分割的表现。但近年这些典型非农人口在县城消费、购房,安排他们退休后的生活。在这种情况下,庐江县城成为一种整合了传统的城镇居民、富裕的非农居民和富裕的农村人口的载体,在这里实现了城乡交融。因此,庐江实际上为我们提供了一个中国经济欠发达地区依靠自身力量实现城乡融合的案例。

最后要讨论的是，对于庐江这样的传统农业大县和人口流出区，“打工经济”已经占据乡村发展的主流，而且对社会生活和消费水平等产生了全局性的影响，但促进人才的回流才是本地经济发展的长久之计，也才能从全局上解决收入—消费关系的矛盾问题。一般而言，经济欠发达地区有大量的农村剩余劳动力，本地企业的招工一般不成为问题。但有趣的是，庐江一方面在大量地输出剩余劳动力，另一方面，本地企业却出现“招工难”的局面，其实这也是很多经济欠发达地区带有共性的现象。这里的招工难并非无人可招，而是具备一定素质和技能的劳动力难招。这也说明庐江在开展劳动力素质培训、改善结构性用工短缺方面需要努力。将来庐江的发展需要更多的人才，一方面，需要所谓的“凤还巢”，即为致富的外出打工人员创造条件回乡创业；另一方面，也要加强对留守本地的农村剩余劳动力的技能培训，还要改善生活和就业环境、提高收入水平，吸引高素质人才尤其是庐江考出去的高学历人才回乡就业，把庐江的基础教育优势转化为经济发展优势。只有经济发展了，才能普遍性地提高全县居民的收入水平，也才能从全局上解决收入和消费之间的矛盾。

七、小结

庐江是典型的人口流出区，有大量的外出打工人口。这类地区一般为经济欠发达地区，多是传统的农业大县，观念上的桎梏、体制上的约束以及经济基础的薄弱使得这类地区在经济发展上有所滞缓。尽管近年这类经济欠发达地区已经意识到发展工业的重要性并采取措施积极引进投资，承接从发达地区转移来的工业企业，但它们总体上还属于工业后进地区。

一般而言，在经济欠发达的人口流出区，收入水平总体较低，消费水平也较低，收入—消费关系在双低的状态下保持平衡。但庐江的情况正好相反，在低收入的状态下维持了较高的消费水平，形成一个难以解释的“经济学悖论”。当我们从地理学的视角出发，考虑到区域外生力量的作用时，发现人口的流动和特殊消费群体的生活方式对庐江较高消费水平的形成起到了关键性的作用。庐江的传统社会文化习俗对本地消费水平的提升也起到推波助澜的作用。这种人口流出区的“低收入—高消费”构成庐江模式的主要特点。庐江模式的理论意义在于,它表明了即使是在中国的经济欠发达地区,乡村系统经受了市场经济的洗礼已具备明显的开放特征,依靠其自身力量,欠发达地区可以彻底打破计划经济遗留下的城乡二元分割,并实现城乡融合发展。

第五节 经济欠发达地区的“回归工程”发展模式[①]

一、引言

在城镇化发展过程中,资源禀赋的不同必然产生区域发展差异,换言之不可避免地存在经济发达地区和经济欠发达地区。国内有学者曾利用“发展程度指数”对欠发达地区进行过界定(赵柯、赵苗,2005)。欠发达地区发展滞后的原因主要包括区位条件差、思想观念陈旧和人才匮乏、工业化进程缓慢、资金等生产要素的制约(殷笑梅,2006)。对于欠发达地区的发展,有学者认为必须采取跨越式发展,以比较优势为基础,以大力发展竞争优势为主导,在两种优势的结合中实现本地经济的跨越(李成,2006)。有学者认为中西部地区得天独厚的自然禀赋为发展新型资源型经济奠定了坚实的基础(中国经济发展的新动力调研组,2009);也有学者提出强化从比较优势到竞争优势的技术路径,无疑有利于欠发达地区做出合理的产业和技术选择,从而改善本地区的经济福利(齐子鹏、段红艳,2004);另外,中西部地区的城镇化应注意发挥大中城市尤其是大城市的扩散效应和辐射作用,通过产业转移、技术转让、资本输出和信息传播等,大城市可以带动周边小城镇的发展,不同规模的城市应相互补充、相互促进(黄海、李炎谛,2005)。

---

① 本节的合作者为作者的研究生倪毅。

"回归工程"作为欠发达地区城镇化发展模式之一,由于其出现时间较晚,因此对其研究主要开始于2000年以后,并且以"人口回流"以及"回乡创业"的形式出现。很多学者结合安徽、四川等地的实情开展研究,认为回归工程的原因在于城乡二元经济结构的存在、家庭和自我发展需求以及乡土情结(陈如,1996;黄慧,2007);回乡创业人口属性以中青年为主(赵曼、刘鑫宏,2008);现有模式包括独资式、合资式和外联式等几种(秦艳、巩前文,2007);其意义在于对当地社会发展、产业结构转变以及公共服务的提升有着积极的促进作用(刘光明、宋洪远,2002);政府相应的对策包括创造宽松的创业环境、完善农村金融服务、拓宽创业信息渠道以及开展创业素质培训等(赵曼、刘鑫宏,2008)。

在经济欠发达地区,尤其是中西部人口众多、经济基础薄弱的地区,如何实现发展乡镇工业的最初资本积累和人才集聚成为阻碍经济发展的主要"瓶颈"。实际上,在多个地方出现的"回归工程"发展模式,在解决资金和人才问题上却取得一定的成效。本文所探讨的"回归工程",除了包括外出打工者中积累了一定的资金和技术并回乡创办自己的企业或投资的精英人员以外,还包括回乡继续打工者。目前对于回乡创业的研究,更多强调的是积极方面,而本节采取更为客观的角度,总结"回归工程"的发展特征和原因,以便于地方政府和相关部门制定相应的政策措施,扬长避短,以"回归工程"促进地方持续快速发展。

二、"回归工程"的概念

1."回归工程"的背景

一方面,20世纪80年代开始了"民工潮",但由于户籍制度的限制以及建立在户籍制度基础上的一系列制度安排,使农民工一直处于城市的"边缘"位置,无法获得像城市居民一样的经济和社会地位;另一方面,在打工过程中,一部分进城务工人员自身资本积累逐渐增加,个人能力逐渐增强,从而萌发创办企业的冲动,发展属于自己的事业。于是90年代初,在河南、安徽、湖南、湖北等各地开始陆续出现进城务工人员"回归"现象。

此时的“回归”人群多为打工者中的精英,回乡的目的是进行投资创业,因此他们就成为第一批“回归”人员。随着回乡创业人群的增加、创业的稳定和规模的扩大,产生了更大的劳动力需求。与此同时,“回归人员”在当地的消费也带动其他产业发展,最明显的是第三产业的发展,进而扩展了当地的就业市场,于是便带动了另一批“回归”人员——回乡就业者,从而引起所谓的“双回归”。

2.“回归工程”的概念

要解释清楚“回归工程”,应当涉及两个方面的内容,即“回归”和“工程”。

“回归工程”中的“回归”包含两部分人。一部分即回乡创业人群。指最初以获得经济利益或者更好的发展为目的,外出务工营生者,在经过一定时间的务工或经商,开阔了眼界,增长了胆识和才干,并且积累了一定数量的资金,感到利用其自身拥有的资金优势或其他能够调动的资源,可以获得更高收益并帮助家乡获得发展,便返回“家乡”创办工、商企业,或从事非原来意义的农业规模经营和开发性生产行为。这里的“家乡”并不一定是要回到原来的农村或居住地,也可以是当地的县城。“回乡”也并非要把现实中的“家”或其他现实发展的空间或场所转移或者搬迁到家乡,而是将现有自身拥有的资金或能够调动的资源用于帮助家乡发展。“创业”规模可大可小,大到投资数十上百万元创办企业,小到投资数千元开饭店、经商等。另一部分,则是由于回乡创业群体在家乡创办企业等行为促进了当地经济的发展并提供了更多的就业机会,那些自身虽然没有足够能力或愿望“创业”,但是在综合多方面因素的考虑下,选择“回乡”继续务工的人群。“回归工程”所指的是创业者与打工者的“双回归”,实现了以创业带动就业、以回归促回归的良性发展。

“工程”则指由于两部分人群的回归促进了当地经济和社会发展,政府为了保持或促进这一良性循环,进一步通过乡情和亲情的感召以及政策的引导、氛围的营造和服务的到位,动员并招引更多在外务工和经商的人员回乡考察、投资兴业、献计出力,实现资金、技术和人才的全方位回归,进而促进当地经济和社会的发展。

三、"回归工程"发展模式的特征

1. 区域背景特征

"回归工程"的产生和发展地区主要有两个特征:第一,经济欠发达地区,它实际上是一个相对的概念,主要表现在区位条件较差、经济基础薄弱以及社会、文化和观念等方面较为闭塞;第二,打工大县,因为欠发达地区的经济、文化、社会发展程度较低,随着信息流通,本地农民了解到发达地区有更多的发展机会,于是前往发达地区打工,这些外出打工的农民工是"回归工程"产生的前提。

但是经济欠发达地区也是一个动态的概念。即使是欠发达地区,也存在着自身的优势、发展潜力和空间,只要把握住优势和机遇,欠发达地区也可以实现快速发展。这也是"回归工程"得以出现的一个重要条件。总体而言,"回归工程"所出现的地区,多数为经济欠发达地区,区位条件相对较差,经济基础薄弱,就业容量较小。

2. 人口流动特征

从最初单纯的"民工潮"到现在"民工潮"与"回归工程"并存的状态,人口流动也由原来的单向流动转变为双向流动(王西玉、崔传义,2003)。

"民工潮"所促进的单向人口流动发展源于比较优势和规模效应。比较优势主要在于劳动力价格的低廉以及对城市居民不愿意从事工种的较宽的接受度,其直接的经济效果是可以赚取远高于在本土本乡从事同样工作所获得的劳动报酬。这样的经济效果导致广大欠发达地区的人口大量涌向经济发达地区(主要是大中城市)。当流入地的人口数量达到一定规模时,就会刺激该地消费需求的增加并吸引大量的投资扩张市场。市场的扩张,又必将会吸引更多的人口流向该地,并再次派生出新的消费和投资需求,为加快人口单向流动速度创造了新的条件。但是当这种新的消费和投资需求因人口流入地的资源、环境实际承受能力等因素的限制趋向饱和时,人口的单向流动性便会出现流动性成本、风险加大、流动性的收入不稳定和保障不足等现象的发生。

为了积极应对因人口单向流动停滞不前所带来的挑战,那些已经在人口单向流动过程中积累了一定的资金、技术的最初的打工者纷纷将目光转向早先并不被人们所注意的人口流出地。在流出地开发新商机的同时,也让不少农民实现了"在家门口打工"的夙愿。于是,人口双向流动性便产生了。

"单向流动"与"双向流动"的相同之处在于都是以发展自我、谋求比较利益为主要目的的行为,且流动的规模与该地区经济发展水平成正比,即经济发展的速度越快,流动规模越大。它们的区别则在于"单向流动"是一种"谋生式的流动",欠发达地区的人口单向流动到发达地区,往往存在一定的盲从性,使得他们也成了社会最易受到侵害的群体;而"双向流动"则含有"成就式流动"的部分,"回流"的目的不仅仅在于谋生,还有实现自我价值的目的,因此这一流动有明显的选择性,其利益更能得到保障。

3. 从事行业特征

回归人群从事的行业也有共同的特征,大致包括以下几个方面。

首先是创办的企业多是依托当地资源建立和发展起来的。比较优势贸易理论认为,国际贸易的基础是生产技术的相对差别以及由此产生的相对成本的差别。这个理论用到"回归工程",就可以解释创办的企业多依托当地的优势资源建立和发展起来。虽然当地可能区位条件较差,经济基础薄弱,但是往往具有自然资源、劳动力资源等优势,利用这些优势资源,更能在竞争中取得优势地位,从而获得更多的经济利益。以当地农业自然资源、农副产品加工以及廉价的劳动力为基础发展的行业一般具有投资小、周期短、见效快的特点,因此这类行业适应了积累不充分的回乡创业者行业选择的要求,成为其迈向成功的起点。

其次是从事的行业多与打工经历有关。回归工程人群回乡创业和就业的行业分布广泛,但基于外出打工的经验,往往会从事与原就业相关的行业。因为自身能力的限制,这些人在外出打工期间大多从事建筑业、劳动力密集的传统制造行业、服务业等,所以回乡选择的职业也集中在低技术含量部门，多数会选择服务业、商业等行业。

4. 整体产业特征

根据经济学中的产业梯度转移理论，当发达地区和大中城市进入更高层次的发展阶段以后，一些低层次的产业（如劳动密集型产业）会因当地劳动力成本提高而不再具有竞争优势，从而出现向欠发达地区转移的趋势。改革开放之初，中国沿海地区正是利用这个优势，承接了国际产业转移。随着城市经济进一步发展，大城市地价和工资不断上涨，对环境保护的要求提高，原有优势逐渐减弱，而"回归工程"所涉及的欠发达地区正好成为沿海地区劳动密集型产业转移的承接地。很多回乡创业人群正是看中了这一机遇，成为发达地区技术、产业向相对落后地区转移的桥梁，纷纷利用当地廉价的劳动力，利用当地资源，发展劳动密集型产业，解决了大量农村剩余劳动力的就业问题。

第二个特点是产业规模较小。最重要的原因是由于资金的局限，这也成为阻碍"回归工程"发展的首要困难。回归人群通过自身打工积累的资金相对有限，再加上针对"回归工程"人群借贷的项目数量较少，使得很多回乡创业人群主要通过原先的亲戚和朋友关系借款，往往资金量少，很难满足企业提高技术含量和管理水平以及进一步扩大再生产的需要。而小规模加工工业以及第三产业中的服务业、零售业早期需要的投资较少，门槛低，又往往成为回乡创业者的首要选择。但这些行业对于创造就业机会的能力相对有限。另外，由于积累的知识有限，对于小规模的个体和私营经济尚能应付，一旦企业规模扩大或者市场化程度加深，这些创业者的文化素质和管理水平将很难适应新的需求。可以借鉴的成功经验也少，回乡创业者也需要承担一定的风险。再者，"回归工程"所在地区面临一个共性的问题，即留不住人才，即使有扩大规模的希望，也很难招到满足相应需求的员工，人才外流问题仍然严重。另外，企业规模小往往由于分散、无组织而造成政府难以管理，企业自身比较脆弱。一旦规模扩大和市场化程度加深，各种弊端将纷纷呈现。

四、“回归工程”产生的原因

1. 宏观经济层面的作用

从大层面上来讲，宏观经济环境的变化对于“回归工程”的作用不容忽视。由原先沿海地区、经济特区的发展特权，到现在“开发西部”、“中部崛起”、“振兴东北”等区域经济发展战略的出台，国家的宏观调控政策正在向原先的落后地区转移，这些地方的政策逐渐放开，有些方面甚至超过沿海地区。并且，由于在经济发展上的时间差，这些地区往往能体现一种后发优势，很多产业在相对发达地区已经发展成熟，而在这些地区发展水平较低，还蕴藏着巨大的投资机会、巨大的市场潜力和发展潜力，因此当前更能在经济发展过程中占据有利地位。

2. 来自劳动力输入地的作用

(1) 户籍制度

在目前的国内，户籍就如同“一等公民证”，最开始是对城市和农村的区别，拥有城市户籍，就能享受城市的一系列的政策和制度保障。相反，农村人口无论在城市居住多久，也无法享受城里人有的特权。近年，户籍制度的限制越来越少，有些地方也取消了城乡差别，但是户籍制度的影响却远没有消失，仍然保持了当地居民身份特权的绝对权威。没有当地的户籍，照样无法与当地居民“平起平坐”，在北京、上海、广州等一线城市，户籍问题尤为突出。

户籍制度的存在，使得在城市和农村之间、在当地居民和非当地居民之间形成了一个无形的壁垒，成为限制农民工在迁入地落脚和发展的最大障碍。事实上，户籍从制度上将全民的政府异化成了部分人的政府。对农民工的歧视首先体现在正当权益无法保障方面。在就业上，被迫接受低工资或者是同工不同酬。没有合理的身份，必然得不到合理的工资。在社会保障上，无法享有与当地居民同等的权益，劳动就业保障、住房、医疗、教育、社会福利等等，都只是针对当地居民。

此外，户籍制度的歧视也体现在精神层面。很多当地居民会对进城务工经商人员具有排斥心理。“农民工”这一中性词也演变出歧视的色彩。不仅是当地居民,就连担负着社会公正责任的报纸等新闻媒体,也不时会在法制或社会版上出现歧视色彩的文字。这种心理上的歧视更让农民工无法真正融入城市,最终不得不返回原住地。

(2) 就业压力

进城务工人员的就业压力来自两个方面:一方面是由于发达地区城市本身就业容量有限,大量劳动力的进入使发达地区就业市场曾一度出现供过于求的局面;另一方面,下岗职工问题也间接影响到外出劳动力的就业空间。随着国有企业改革的深化,城市下岗职工迅速增加。城镇解决自身就业需求的压力很大。又由于缺乏就业保障,农民工与当地居民相比要承担更大的就业压力以及就业风险。

同时,由于进城务工人员自身素质的限制,很难进入一些要求相对较高的行业,从而限制农民工的就业面,使其大部分集中在一些劳动密集型产业,但由于城市现代化的发展,科学技术的引入,使得这些产业逐渐缩水、转移甚至淘汰,这就对农民工就业产生更大的威胁。

(3) 生存和生产成本

随着城市经济的发展,城市的地价和房价不断上涨,高昂的地价和人工费用导致城市无论是生存还是生产成本都不断上升。长期的低工资,赚最少的钱,却要承担与当地居民相同的消费,甚者由于社会保障制度的偏向性而要承担更多的额外费用。尤其是缺乏城市户籍,子女上学要么成为问题,要么需要花费极大的成本。因此,对外来务工者而言,在城市中生活的高成本与低收入成为普遍现状。在城市买房定居更需要有相当的经济实力。如果没有足够的经济成本在新的地方落户、购买住房,交付各种生活支出,那么进城定居对广大的农民工来讲就显得高不可攀。

此外,想要在城市创业的群体,高额的房租、水电以及劳动力雇佣费用,使其原始投入增加,相应风险也增加。高门槛、高费用和高风险,成为其在城市创业的阻碍,使其难以进一步发展。但相同的资金投入,在家乡创业就绰绰有余,因而有更大的发展空间。

3. 来自劳动力输出地的作用

(1) 环境因素

对于创业者而言,发达地区竞争激烈,创业空间相对狭窄。然而,家乡的创业空间相对宽松,创业选择机会较多。同时,当地政府对吸引回乡创业日渐重视,纷纷出台一系列有利的政策和措施,打造良好的投资环境,比如在资金、土地、服务等方面给予优惠和便利,精神上给予鼓励,政治上给予荣誉,解除了他们的后顾之忧。良好的经济环境,是经济赖以发展的基本条件。地方政府所做的这些鼓励和扶持工作及制定的相关政策为创业者创造了有利的政策环境,一些具备一定条件的外出劳动力看准机会,从长远发展的角度选择了回乡创业。

对于就业者而言,当地政府一方面为了配合创业,为其提供劳动力资源;另一方面,为了吸引劳动力集聚,往往会提供一系列就业服务,比如提供免费职业技能培训,举办招聘会,为创业者和就业者牵线搭桥,从而为外出务工人员的回乡创造了良好的就业环境。另外,无论对于创业还是就业的人员,当地社会人文环境不仅没有发达地区的那种排斥,创业者还得到当地政府和乡亲的大力支持,这种氛围大大鼓舞了农民工回乡的士气。

(2) 情感因素

传统上对于迁移劳动力的分析往往集中在经济方面的影响,即迁移者作为经济理性人而存在,迁移决策是经济利益比较的结果。但中国人心灵深处的恋土和恋家相重合的"故土情结"却在非理性的层面对其迁移产生影响。地方的风土人情和生活习惯等已经在这些迁移劳动者的心灵深处打下烙印。尤其是当在一个完全陌生的环境饱受生活磨难之后,回到家乡能增加安全感,这种家乡情结也成为回乡创业和就业决策的动力之一。尽管回乡创业和就业应该是理性决策的结果,但也不可否认其中有情绪化的作用。很多回乡投资者都存在造福家乡的心理,不仅为了自身的利益,同时也为了家乡的发展。尤其当家乡快速发展以及创业环境日益改善的情况下,这种情结的作用就更加明显。

（3）家庭因素

新家庭迁移学派认为，人口迁移不仅仅是个人的决策，而是关系到整个家庭的利益。尤其对于家庭观念较重的中国人来讲，选择回乡还是外出，是个人和家庭生活中的一件大事。子女抚养和教育、照料父母等家庭因素起着主要作用。人口的频繁流动，打破了传统的家庭固定模式，近年来中国很多地区都出现"留守儿童"问题（叶敬忠，2008），并且已经演化为影响经济欠发达地区持续发展的一大社会问题。由于经济能力和现有制度的限制，很多外出务工人员都将子女留在家乡，由老人抚养，由于年龄和精力的原因，他们又很难承担起教育的重任，往往对孩子放任自流。同时，外出务工人员与其子女的感情联络也明显不足，孩子在家庭中找不到情感归宿，就很容易形成孤僻的性格，做出过激的行为。另外，因为照顾父母而回乡的人数也较多。由于父母年迈需要人照顾，又无力将其接进城，就不得不回乡。

（4）自身需求

恩格斯将人的需要划分为三类：生存性需要、发展性需要、享受性需要。三者间的关系是：人们首先追求生存需要的满足，当生存需要得到基本满足后，逐步转向追求发展需要和享受需要。马斯洛的需求层次理论认为，人们最基本的需求是生理需求。当这种需求满足后，安全需求、社交需求、尊重需求和自我实现的需求会日渐强烈。

许多外出务工人员当初选择迁移的原因，主要是经济原因，但也不排除其他方面的原因，比如在城市有更多发展的机会，去城里感觉比留在家乡要"高人一等"等。但是进了城之后，才发现现实生活与他们所渴求的高层次的社会需求背道而驰。因此他们希望得到更多的尊重和认可，自身的价值能得到充分的实现。于是便把目光投向了家乡，利用市场经济的思维和打工学到的技术重新审视自己家乡的各种资源，并权衡利益得失与市场风险，这些原始动力推动着很多外出打工者做出回乡创业的决定（图4—14）。回家乡创办企业，成为了他们实现理想的最佳选择。即使回乡继续受雇于他人，也不会遭到城里人对外来者的歧视。

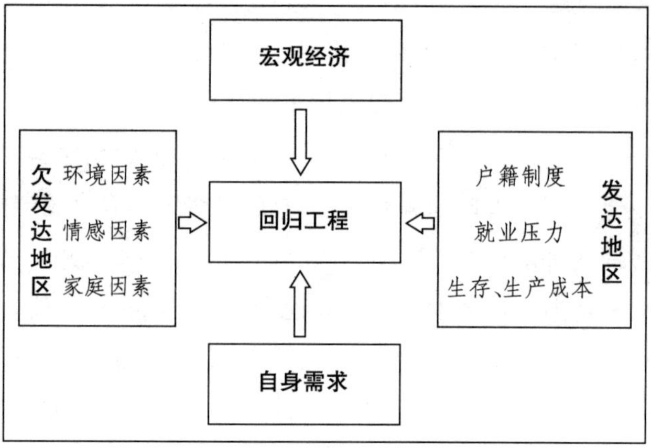

图 4—14 “回归工程”形成的原因分析

五、通城县“回归工程”实例分析

1. 通城县发展状况

湖北省咸宁市的通城县,处于省域最南端,位于湘、鄂、赣三省的五县(市)交界处(图 4—15)。全县地形、地貌条件为东、西、南三面环山,人口密度较大,境内既不通高速公路,又无铁路和水路,矿藏资源也没有优势。2007 年全县总人口 46 万,人均耕地面积 0.61 亩,人多地少,非农产业欠发达,建设新农村的物质基础薄弱。通城县在咸宁各县市中属于弱势地区,县城只能算作一个欠发达的小城镇。

从硬件基础看,通城县没有优越的条件,但是通城人有自己的“软件”优势,即传统的重商、打工习惯。解放前后,通城县就曾经是著名的“长工之乡”以及“边贸之乡”,茶叶生意一度十分红火。20 世纪 80 年代全国“民工潮”开始的时候,通城农村剩余劳动力就纷纷外出打工。目前全县常年在外务工经商者 11.4 万人,占农村剩余劳动力的 98%,其中县外转移 9.73 万人、县内就地转移 1.67 万人,通过务工取得的劳务经济每年达 12 亿元,人均 1.2 万元。有一大批人成为建筑地产和工商企业界的成功人士,其中资产超千万元的有200多人,过百万元的有近2 000人[①]。

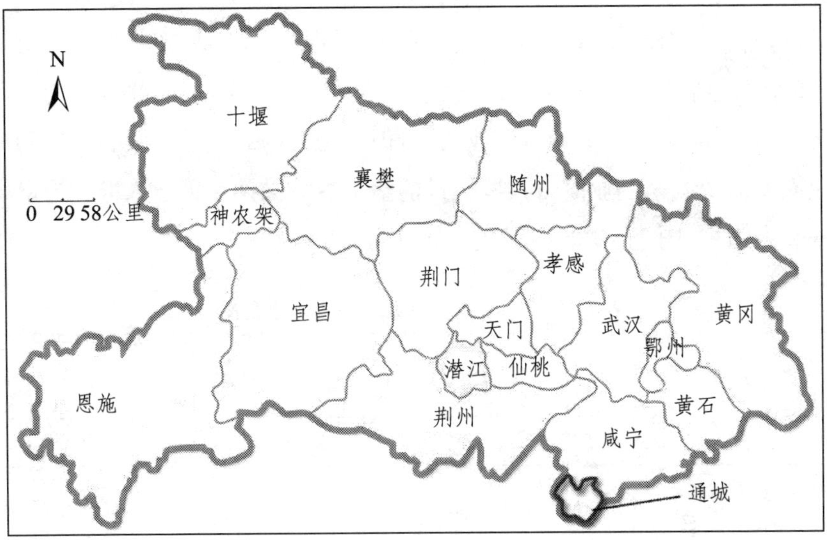

图4—15　通城县区位

2. 通城县"回归工程"发展状况

从全县农村劳动力流向分布情况来看(表4—2),全县农业人口346 810人,占全县人口的75%左右,其中劳动力239 007人,占农业人口总数的68.9%;外出务工人员106 828人,占劳动力总数的44.7%[②]。回归创业人员约4 500人,占外出务工经商人员总数的4.2%。

具体分析外出务工经商人员,从年龄结构区分,大致可以分为三类:第一类为"民工潮"的先锋,他们大概都出生在20世纪70年代之前,改革开放后第一批走出农村,当时属于敢闯敢干的一群人,外出的目的最初是为了改善生活条件,其普遍文化程度较低,大多在初中及以下,但是他们在所有外出务工者中资格最老,经验也最丰富,随着时间的累积,有能力

① "回归工程简介",通城信息网,2008年9月。

② "通城县深入推进'回归工程'情况汇报",中共通城县委员会、通城县人民政府,2008年。

的一部分人积累一定资金后开始自主创业;第二类为70年代出生的外出务工者,目前还多处于打工一族,但是相对文化程度比上一代高,头脑灵活,也有了相对的积蓄,可以说是回归创业的未来潜力;第三类为所谓的"80后",他们外出打工的目的不是为了糊口,而是为了开阔眼界,学习和接受新事物,虽然还不具有创业实力,但也是"回归工程"中吸引的回归就业人群以及未来创业潜力人群。目前整个通城县回乡创业人群主要以第一类人为主(图4—16)。

表4—2 通城县农村劳动力流向分布情况

	合计	在家务农	县内经商、短工	学生、赋闲及其他	外出务工
人数(人)	239 007	98 230	11 183	22 766	106 828
占总劳动力百分比(%)	100	41.10	4.68	9.52	44.70

资料来源:肖定明:"实施回归工程,发展县域经济——通城县外出务工人员回乡创业情况的调查",2008年。

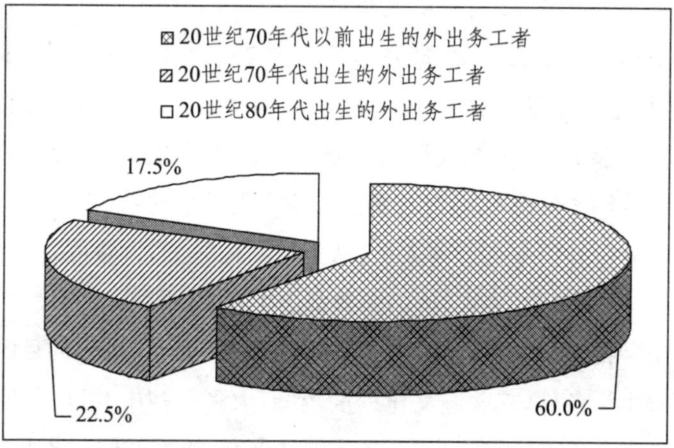

图4—16 通城县回归创业人群年龄结构

从回归创业项目的角度区分,全县投资金额最大的是工业项目,占回归资金总额的60%以上,其中规模以上工业企业30家,占全县规模企业总数的68%。投资人数最多的是服务、餐饮、商贸等第三产业，约占回归创业人员总数的70%以上。在投资和经营方式上，工业项目以独资为主，第三产业项目以合作、合股或联营等方式为主[①]。

但是，通过通城县回归人群的不同类型，也可以看出回乡创业人群自身条件的局限性，而这些局限性也导致不同程度的问题。首先，由于回乡创业人群创业的启动资金多半是靠打工所积累，还有部分通过其他手段集资，因此创办的企业总体来讲以小规模为主，同时，又以个体私营企业占绝大多数，大部分固定资产投资额在几十万元，多的不过3 000万元。由于资金局限，使得很多企业出现运转困难以及流动资金不足的问题，通城县除玉立砂带、福人药业、平安电工三家企业年产值过亿元、宝塔砂布年产值7 000多万元外，其他企业年产值均不足5 000万元，没有利税过亿元的企业。整体上看，缺乏对县级经济起支撑和决定作用的大项目和高利税企业。规模偏小又导致通城县回归工程创业管理不科学的问题。由于企业规模小，行业分散，不利于政府统一管理和规划。同时，尽管在城市务工期间吸收了部分经验和知识，但由于回归创业者自身文化程度不高，因此也影响其创办企业时的管理模式不够科学，家族式管理、权责不清、方向不明都是常见的问题。在规模较小时还能够应付容易，一旦企业规模扩大，管理滞后的问题日益凸显，最终影响到企业的进一步发展。其次，产业链的缺乏问题。除涂附磨具产业外，其他产业缺乏上下游配套、互补的相关项目，不能形成较为完整的产业链，原材料及配件、配料等基本依靠异地供应，导致成本增加。在产品开发上，品种也较为单一，以中、低档类型为主，还没有实现由数量型的粗放增长向质量效益型和集约型转变。这些问题都是"回归工程"发展模式今后要解决的问题。

3. 通城县"回归工程"迄今为止取得的成效

针对"回归工程"，通城县政府也采取很多积极的手段予以鼓励和引

---

① 肖定明："实施回归工程，发展县域经济——通城县外出务工人员回乡创业情况的调查"，2008年。

导其发展,这些手段既包括具体政策措施层面,也涉及情感层面。

为了鼓励外出务工人员回归,通城县政府每年到几个外出打工主要流向地举行同乡会,宣传家乡的引资政策;利用打工者回乡过年的时机召开联谊会,通报家乡发展状况;支持外出务工人员参与"村官"竞选,提高其社会地位等一系列措施来公开支持和鼓励"回归工程"的顺利进行,促使一大批在外务工经商人员走上了回归之路。同时,对于回归人员,在回乡创业和就业过程中遇到的相关问题,政府也制定和采取相应的政策和措施来帮助其解决,坚定其回归信心同时确保"回归"实效。

在公共服务上,以"回归"为重,建设、生产、发展过程中,确立一对一的领导、单位和服务专班,提供全程、畅通、高效服务,并且不断优化政策、法治、服务和信用等的发展环境。对于回乡创业者遇到的困难,政府利用很多办法来破解难题。如利用原国有企业破产、乡镇和学校撤并后闲置的存量土地以及把经济开发区建设与新农村建设结合起来解决用地问题;成立信用担保有限公司,在省财政厅的支持下,提供资金贷款和担保以及倡导民间资本的投资新理念来解决资金问题;以"请、聘、派、调"的方法以及就业、创业双"回归"办法来解决用工问题等。

由于政府采取一系列积极措施,才促使"回归工程"发展到一定的规模。2004～2006年间,通城县共引进"回归"项目386个,"回归"资金10.8亿元,招商引资项目数和到位资金分别是上一个三年的8.7倍和7.6倍。粮食加工、乳品等六大农业支柱产业板块,年生产、销售规模突破5亿元,转移农村劳动力26 000多人,带动农户年增收3 000万元以上。一大批"回归"企业纷纷建成投产,全县工业实现了百分之百的民营化,规模以上工业企业从2003年的15家发展到2007年的44家,在建的还有10家。初步形成了涂附磨具、云母绝缘材料、制药和电子信息基础材料四大特色产业,成为亚洲最大的涂附磨具生产基地、中国最大的云母绝缘材料生产基地以及湖北省较为集中的电子信息基础材料加工基地。这些"回归"企业不仅弥补了国有工业企业改革后拉下的差距,而且把通城工业经济推上了一个新的高峰,在全县形成了投资创业的热潮①。

六、"回归工程"的理论意义

经济欠发达地区"回归工程"发展模式的理论意义在于,它为深入理解区域发展机制和发展道路提供了一些启示,主要包括以下几个方面。

首先,劳动力无限供给的现实悖论(刘铮,2006)。中国有8亿农民,1.5亿农村剩余劳动力,从理论上,随着城镇化的推进,城市对于用工的需求增加,在城市拉力和农村推力之下,劳动力将不断地从农村转移到城市,因此将处于劳动力无限供给的状态。但是近年来,沿海一些大城市却接二连三地发生"民工荒"问题,这与理论相矛盾。而"回归工程"正是劳动力无限供给的现实悖论,它说明了产生城市劳动力无限供给的基础动力机制正在发生变化,这将对未来劳动力的转移产生深远影响。

其次,区位条件对于发展模式选择的影响。中国地区发展过程中,一方面,由于各地自身区位以及自然禀赋条件有优劣之别,并且从历史上就引起人口的地理分布很不平衡;另一方面,改革开放初期,国家一系列发展战略都倾向于东部地区,从而造成了东、中、西地区的发展不平衡。东部地区先一步发展,但不代表中、西部地区能够完全遵循其发展模式。珠三角模式、苏南模式、温州模式分别代表了发展外向型经济、乡镇企业以及个体经济带动城镇化发展的成功,然而将这些东部地区发挥作用的模式照搬到中、西部地区,却无法克服其自身工业基础薄弱、生态环境脆弱以及资金短缺等条件的限制。因此,在中西部欠发达地区,需要寻求适合自身条件和特点的发展模式。"回归工程"的提出,可以说针对中西部欠发达地区特别是人口流出大县的发展提供了一个可行模式。

再次,外来打工者难以融入流入地的城市社会和适应当前中国户籍

① 肖定明:"实施回归工程,发展县域经济——通城县外出务工人员回乡创业情况的调查",2008年。

制度状况的权宜之计(冯健等,2010)。尽管对当前中国户籍制度改革的呼声很高,尽管户籍制度一直处于改革的过程中,但外来打工者难以融入主流社会以及他们不得不面对由户籍身份而带来的教育和社会保障方面的尴尬却是不争的事实。吸引那些"业有所成"、"学有所成"或"眷恋家乡"的外出务工者回乡创业和就业,无疑会在一定程度上缓解上述尴尬和矛盾,也能减轻对流入地的压力。当然,政策引导和情感因素只是辅助手段,外出务工者是否参与"回归工程"的行为最终还是他们权衡利弊尤其是对自身综合利益考虑的结果,应该还是以"市场行为"为主。参与"回归工程"可视作外出务工者在保持自身经济和社会综合利益最大化的前提下,适应当前中国户籍制度状况的权宜之计。

七、小结

由于地区和城乡之间的差异,早在20世纪80年代就形成从农村到城镇、从欠发达地区到发达地区的打工人群,后来由于规模日益扩大,逐渐形成了"民工潮"。但是由于劳动力市场的分层性、城乡分割的社会保障制度和户籍管理制度等障碍的存在,使得进城务工者在务工地处于"经济上吸纳而社会上排除"的状态,大量的外出务工者不得不面对被社会排斥的尴尬处境。与此同时,劳动力输出地的基础设施建设、服务水平提高、发展环境改善,使得原劳动力输出地对劳动力的吸引力增加。两方面共同作用下,开始形成返乡就业和创业的人群,当地政府意识到这个有利时机而采取积极的促进措施,使得"回归工程"逐渐成形。"回归工程"对于促进欠发达地区城镇化,带动当地社会、经济和文化的发展建设,缩小城乡和区域差距,增加就业机会等方面都起到积极的影响,总体而言,"回归工程"是适应时代需求而产生的,回归人群可以为输出地引进技术、注入资金、带来市场信息,有利于当地收入水平的提高。因此,全国有很多地区特别是当初的打工大县纷纷开展"回归工程",来提高当地的发展水平。

但是由于"回归工程"发展时间还比较短、经验有限,而且回归人群都是当初的外出务工者,虽然在城市打工过程中开阔了眼界、积累了经验,但自身知识和技能毕竟有限,因此在发展“回归工程”的过程中往往集中在技术含量较低的产业,并且产业分散、管理落后,使得这些企业对抗风险能力低,难以适应市场发展需求。从长远发展趋势来看,“回归工程”仍将是外出劳动力的一种选择,并且规模有扩大的趋势,当地政府如果合理引导和促进“回归工程”的发展,通过规范相关部门行为,改进工商、税务部门的管理办法,以及通过制度创新为回乡创业者提供资金、信息等服务,不仅有利于回乡创业者的发展,起到吸引更多外出劳动力回乡创业的作用,同时也是加快农村和小城镇城镇化进程的有利条件,为缩短城乡差距和地区差距提供条件。

从理论的层面上看,“回归工程”的意义在于它为深入理解区域发展机制和发展道路提供了启示。作为劳动力无限供给的现实悖论,它说明产生城市劳动力无限供给的基础动力机制正在发生变化,这些变化对未来农村剩余劳动力的转移将产生深远影响。与东部经济发达地区不同的是,中西部经济欠发达地区的发展需要面对自身的各种约束条件,这些约束使得这一类地区的发展很难套用东部发达地区的经典模式,而“回归工程”正为中西部欠发达地区特别是人口流出大县的发展提供了一个可行模式。“回归工程”可视作外来打工者难以融入流入地的城市社会而另寻发展机会和适应当前中国户籍制度状况的一种权宜之计。

第六节　多层次城镇化:新时期城乡发展分析的综合视角

一、多层次城镇化:一种综合分析的视角

城镇化是一种影响极为深远的社会经济变化过程。地理学对城镇化的研究一般强调人口和非农业活动向城镇的转型、集中、强化和分异,城镇景观的地域推进等看得见的实体变化过程,以及城市的经济、社

会、技术变革在城镇等级体系中的扩散进入乡村地区,甚至包含城市文化、生活方式、价值观念等向乡村地域扩散的较为抽象的变化过程(周一星,1995:60～61)。为了更准确地描述不同地域的社会经济演化特征,"城镇化"这一概念不断得到发展,并衍生出一些新的概念,如前文已述及的自上而下式城镇化、自下而上式城镇化、外联型城镇化和内生型城镇化。另外,乡村城镇化就是乡村地区的城镇化(郑弘毅等,1998),也更加侧重从乡村这一极反映城镇化的特征。近年,还有学者提出"半城镇化"的概念(Webster,2002;郑艳婷等,2003;刘盛和等,2005),用来形容区位和禀赋条件较好的农村地区所发育和形成的城乡土地利用混杂交错、社会经济结构急剧变化的、"似城非城"的过渡性聚落类型,它以较高的产业和就业结构的非农化水平以及较低的人口和城镇的空间集聚度为典型特征。

20世纪90年代以后,市场化对中国城镇化的影响越来越大,市场已经完全融入城镇化过程。与传统的城镇化经典模式不同的是,新时期的城镇化往往表现出多元化和多层次化的特点,我们很难用单一的方式来描述和概括出城镇化的特征,如三大经典模式在90年代以后的新发展,就足以说明问题,甚至有学者认为,对现在苏南模式最好的概括就是"不拘一格"甚至"没有模式的模式"(鲁强等,2003)。新时期的城镇化研究需要更综合的视角:一方面,城镇化就像一根线索,它一头连着"城",一头连着"乡",因此,更多的时候对城镇化的研究往往既要联系城市、又要着眼乡村,往往城乡不可分离;另一方面,城镇化存在不同的空间层次,各种外来人口实际上是跨越省市的城镇化,它们和本土的城镇化、基层的城镇化等交织在一起,共同构成地区城镇化的特征。我们称这种综合的分析视角为"多层次城镇化",它强调在城乡系统中,用不同的空间层次去解构地区的城镇化过程,以更清晰地洞察城镇化的特征和发展动力。多层次城镇化为我们提供了一个分析新时期城乡发展特征和发展动力的综合视角。

二、实证研究地区与基本判断

1. 实证研究地区

本节以山东省淄博市作为实证研究地区(图 4—17)。淄博市曾因其独特的“分散组团式”或“组群式”布局特点引起规划界和学术界的重视,侯仁之等学者曾称之为“淄博模式”。淄博市下辖五区三县,即中心城区张店区、淄川区、博山区、临淄区、周村区以及桓台县、高青县和沂源县。五个城区之间互不相连,均被非城镇建设用地所分割,形成“五朵金花一起开”的局面,具有典型的分散组团式布局特点。2005 年年末全市人口 442.4 万人,人口密度为 745 人/平方公里,GDP 总量为 1 431.0 亿元,其中,第一、第二、第三产业 GDP 总量分别为 58.7 亿元、955.8 亿元和 416.5 亿元,三次产业比例为 1∶16∶7。同期中心城区张店区总人口为 70.4 万人,非农业人口为 55.2 万人。从经济发展水平来看,淄博市在山东省各市中属于发展水平相对较高的地区。

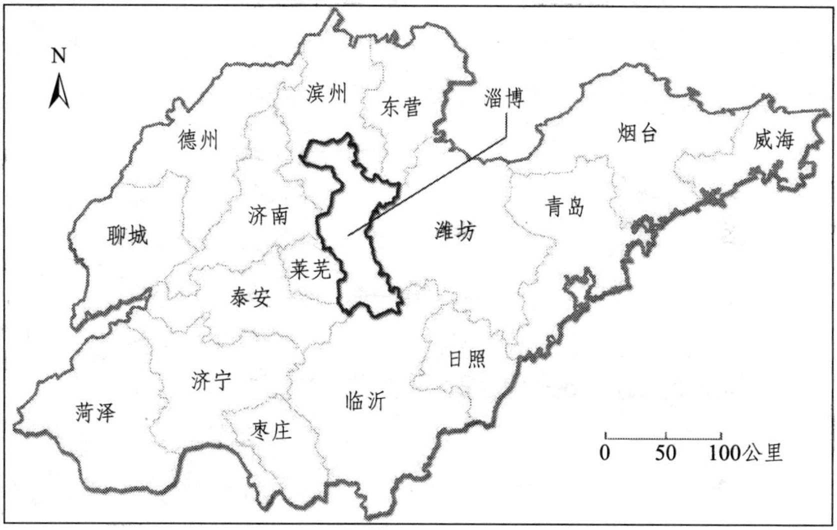

图 4—17　淄博市区位

改革开放以来,在城市经济快速发展的同时,淄博市的城镇化进程也被快速推进,而且表现出多层次的特点,形成复杂的动力机制。因此,淄博市是研究多层次城镇化比较合适的实证地区。

2. 城镇化与工业化关系的判断

对城镇化与工业化关系的判断将为下文的研究提供一个基础,也可以为未来城镇化发展目标的确定提供重要依据。分析表明,淄博市的城镇化明显滞后于工业化,但二者差距有逐渐缩小的趋势。

通过计算两个指标来反映淄博市城镇化与工业化之间的关系,即工业化率和城镇化水平。工业化率可通过工业增加值占全部 GDP 的比重来计算。城镇化水平,一般采用非农化水平,但这个口径偏小,因为它不包括外来人口和在城镇工作的农业人口。由于非农业人口统计连续性好,便于长时段比较,因此非农业人口比重仍是衡量城镇化水平最常见的方法。另外,城镇化水平还可以使用官方公布的数字。图 4—18 给出了 1994～2005 年间淄博市以非农业人口比重计的城镇化水平和工业化率之间的对比关系。不难看出,二者有较大差距:工业化率远远高于城镇化水平,但是这种差距有逐渐缩小的趋势。以非农业人口比重计的城镇化水平属偏小统计,不妨再使用淄博官方公布的城镇化水平数据。据统计,1998 年和 2002 年淄博的城镇化水平分别为 44.1%和 45.7%,淄博 2002

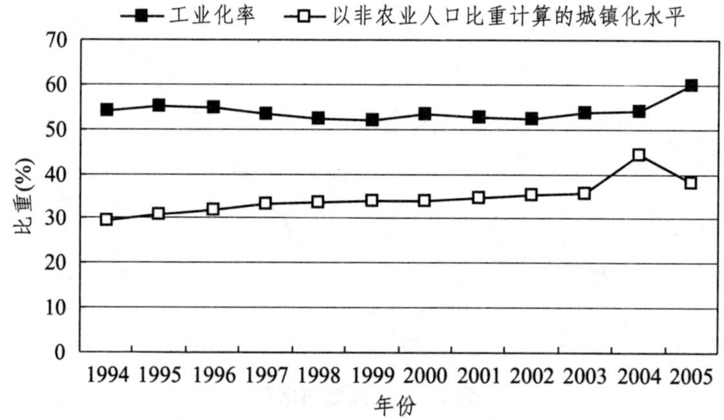

图 4—18 淄博市工业化率与城镇化水平对比(1994～2005 年)

年的城镇化水平比同期全国高出 6.6 个百分点,比同期山东省高出 5.4 个百分点(王任辉,2003)。把 1998 年和 2002 年官方公布的城镇化水平与同期工业化率相比,发现 1998 年淄博市工业化率比城镇化水平高出 8.2 个百分点,2002 年则高出 6.6 个百分点。仍然表明,淄博市城镇化滞后于工业化进程,而且二者差距有逐渐缩小的趋势。

城镇化长期滞后于工业化会带来许多负面影响,也反映了目前城镇化发展中所存在的问题:大量从事非农产业的农民被隔离于城镇化之外,城乡居民生活和收入的差距拉大;限制了第三产业发展,制约了就业规模的扩大;致使消费需求不足提前到来。因此,工业化与城镇化应该同步推进,在相互促进中实现协调发展。淄博的工业比较发达,应该把加快城镇化步伐、为工业化发展创造良好的外部环境以及把城镇化与工业化同步推进作为未来城镇化的发展目标。

三、多层次城镇化的发展特征及其动力

1. 跨越省市的城镇化:与山东省其他地区以及全国各省份的关系

(1)传统的血缘、地缘以及商缘纽带使跨省城镇化方式明显而且集中

淄博市吸引了大量的来自东北和西北、中部地区的湖北、河南以及东部地区的浙江、江苏等地的外来人口,具有明显的跨省城镇化特点。

在图 4—19 和图 4—20 所示的迁往淄博市的人口与各省迁出人口总量的比较图中,既可以观察淄博迁入人口来源地的分布特点,又可以洞察淄博特点与全国的不同之处。根据居住地和户口登记地的统计(图 4—19),人口迁往淄博的最明显的省份是黑龙江、浙江、湖北、河南、吉林等。全国著名的人口迁出大省四川、安徽、湖南,对淄博而言,其人口迁入虽然也较大但并不如在全国突出。对全国而言,人口迁出并不突出的黑龙江、浙江、湖北、吉林等省,迁往淄博的人口却相对突出。从图 4—20所示的按居住地和出生地统计的人口迁移中,尤其能够反映出淄博存在明显的东北三省人口迁入的特点,而他们迁到除山东以外的全国各省的情况并不突出。各区县迁入人口的来源地反映了类似趋势,

图 4—21(为抽样数据)给出了迁往各区县人口排在前五位的省份,总体上看,仍以来自黑龙江、浙江、湖北、吉林、河南等省的迁移人口最为突出。

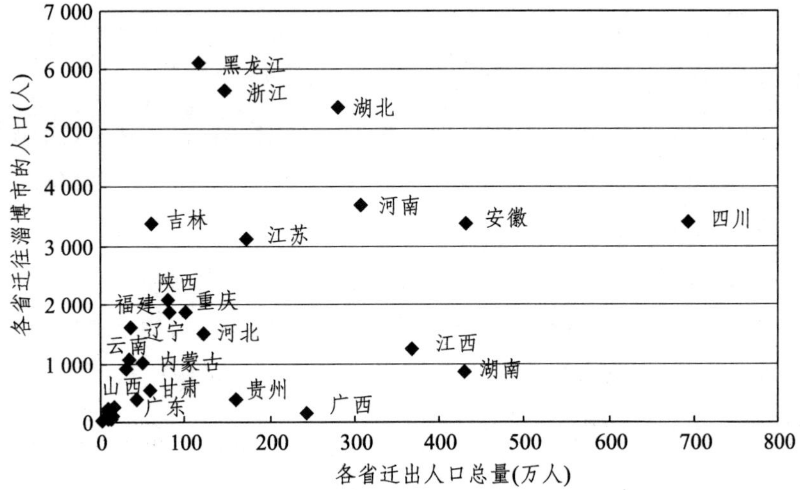

图 4—19　2000 年各省迁往淄博市的人口与各省迁出人口总量的比较

(按居住地和户口登记地)

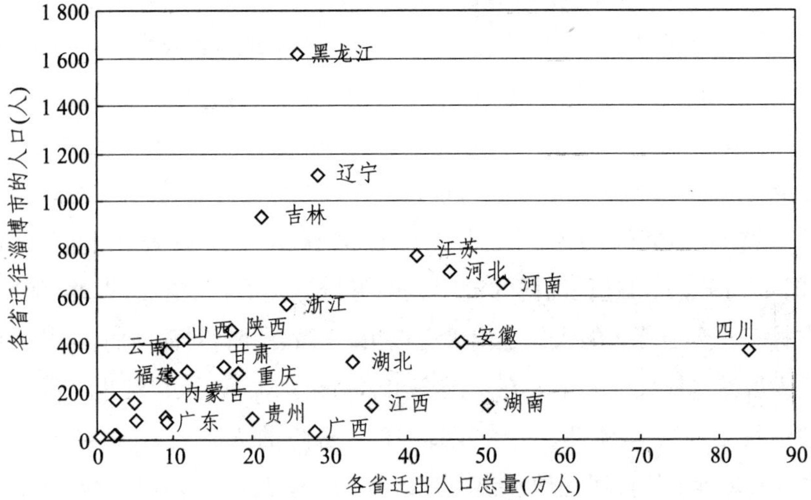

图 4—20　2000 年各省迁往淄博市的人口与各省迁出人口总量的比较

(按居住地和出生地)

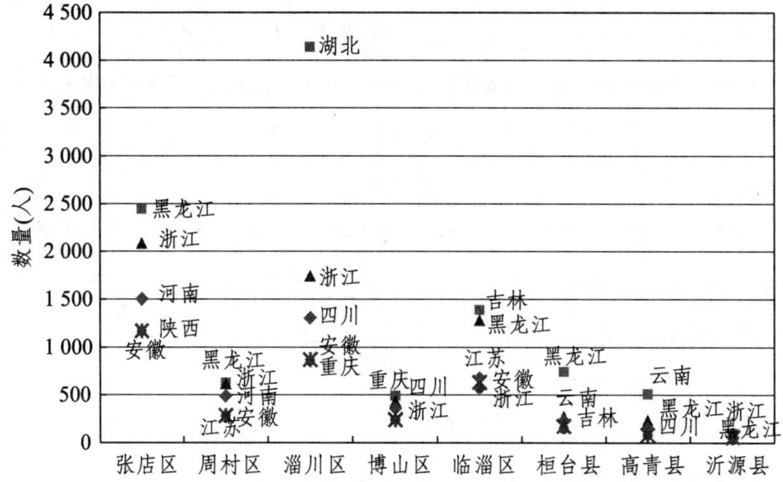

图 4—21　2000 年淄博市各区县省外迁入人口来源地分布

（迁入人口数量排在前五位的省份）

跨省份迁入人口的上述特点可以从血缘、地缘和商缘关系上寻求动力。

首先,山东和东北的独特的血缘、地缘关系,使大量的当年“闯关东”的人口回流至淄博。山东和东北历来有无法割舍的社会联系,从古至今,山东人多次闯关东,“闯关东”甚至成为具有山东特色的地区文化传统,并在齐鲁大地承传、沉淀、累积。在山东的一些地区,“闯关东”十分普遍,如在胶东地区,几乎村村、家家都有“闯关东”的经历,甚至村里青年人不去关东闯一闯就被乡人视为没出息。“闯关东”的流民一般春去冬归,这是主流,但越来越多的流民在关东生根。正是这种血缘和地缘关系的不断延伸,加强和扩大了山东和东北的社会关系,关东甚至被称为山东人的第二故乡。20 世纪 90 年代以来,随着向市场经济的转型,东北普遍出现了工业经济效益下滑的“东北现象”,大量的传统老工业基地失去曾经拥有的活力,直接影响了东北人口的就业和收入水平。在这种背景下,当年“闯关东”的关内人及其后代开始回流,尤其流向像淄博这样的山东经济发达地区。据调查,在张店的东北人约有 5 万人,很多都是过去在东北、现在(退休后或下岗后)返乡的,也有来淄博寻找工作的。

其次,经济的落差使淄博吸引了一部分来自西北甚至中部个别省区(如河南、湖北)的迁移人口。在这些地区,工资水平相对较低,淄博相对较高的工资水平具有一定的跨省区的吸引力。

再次,商机的存在使一部分浙江、江苏等经济发达地区的人口来到淄博经商,尤其是来自于浙江省的人口,在淄博市的中心城区、周村区和淄川区经营服装生意或小商品批发生意的情况较多。

(2) 经济落差使跨市城镇化特点突出

淄博市吸引了大量山东省内的迁移人口,尤其是对鲁西南、鲁西北的人口颇具吸引力(图 4—22)。就人口迁移动力而言,经济实力和收入水平的落差及由此而导致的吸引力是鲁西南、鲁西北地区人口迁往淄博的主要原因。

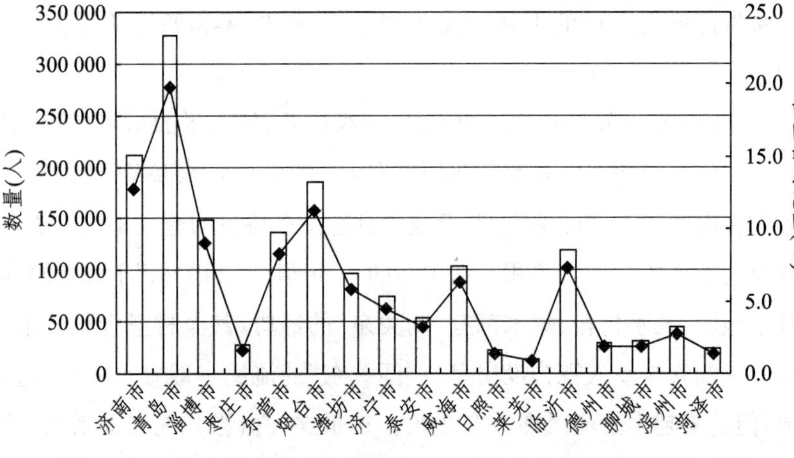

图 4—22 2000 年山东省各市迁移人口中来自本省其他县(市)、市区的人口数量及占全省的比重

注:图中柱状代表数量,折线点代表比重。

从山东省各市吸引本省其他县(市)、市区的迁移人口数量上看,淄博在山东省各市中位居第四位,次于青岛、济南和烟台,高于东营、临沂、威海、潍坊以及其他九个地级市。针对省内迁移人口的来源地问题,我们对张店、临淄和周村的统计部门进行了调查。在张店的流动人口中,来自于鲁西南、鲁西北的人口占的比重最多,尤其是来自菏泽、济宁、聊城等地的外来人口较多;在临淄的流动人口中,大部分也包括鲁西南和鲁西北;在周村,纺织业主要吸引本省和淄博市其他区县的务工者,本省其他地区的主要来自临沂、滨洲等地。因此,淄博的省内迁移人口来源地主要包括鲁西南、鲁西北地区。鲁西南、鲁西北地区经济发展相对落后,经济实力和收入水平都比淄博差。因此,经济落差使淄博的工资水平对这些地区的人口具有较强的吸引力。如在临淄,本地劳动力的价格高于普通就业岗位的价格,当地人对每月 800 元以上的工作才肯接受,而很多每月四五百元的岗位只有吸引外地人口(2004 年进行调研时的水平,下同),实际上经济条件相对较差的外地人口也愿意接受这样的工资水平。

2. 组群式城市间的城镇化:中心城区与其他城区和区域的关系

(1) 规模效应使中心城区对市域其他区县人口的吸引力持续增长

20 世纪 90 年代以来,中心城区成为接收其他区县人员户口迁移最主要的目的地。这种关系可以从中心城区和其他各区县户籍人口的机械增长率及其变化的对比上得到反映(图 4—23)。与其他区县相比,中心城区户籍人口的机械增长率曲线总是高高在上。2003 年中心城区人口机械增长率高达 24.6‰。在其他区县,外出务工人员一般不会迁走户口,除了升入外地大学和参军因素以外,区县户口减少基本上是由于人口市内迁移造成的,显然中心城区的规模效应所带来的强大吸引力已经使其成为接收其他区县人员户口迁移最主要的目的地。

与中心城区比较靠近的三个区——周村、临淄和淄川,其人口的机械变化和离中心城区较远的博山、桓台、高青和沂源有所不同。20 世纪 90 年代末期以前,离中心城区较近的临淄和周村也接收了一定的户口迁入人口,但之后它们也基本上成为人口的迁出地。90 年代以来,离中心城区较远的博山、桓台、高青和沂源的人口,多数年份都呈现机械负增长,是明显的人口迁出源地。长远来看,随着中心城区的不断壮大,随着新区建设的不断完善,中心城区必将产生更加明显的规模效应,中心城区对其他区县人口的吸引力会持续增加。

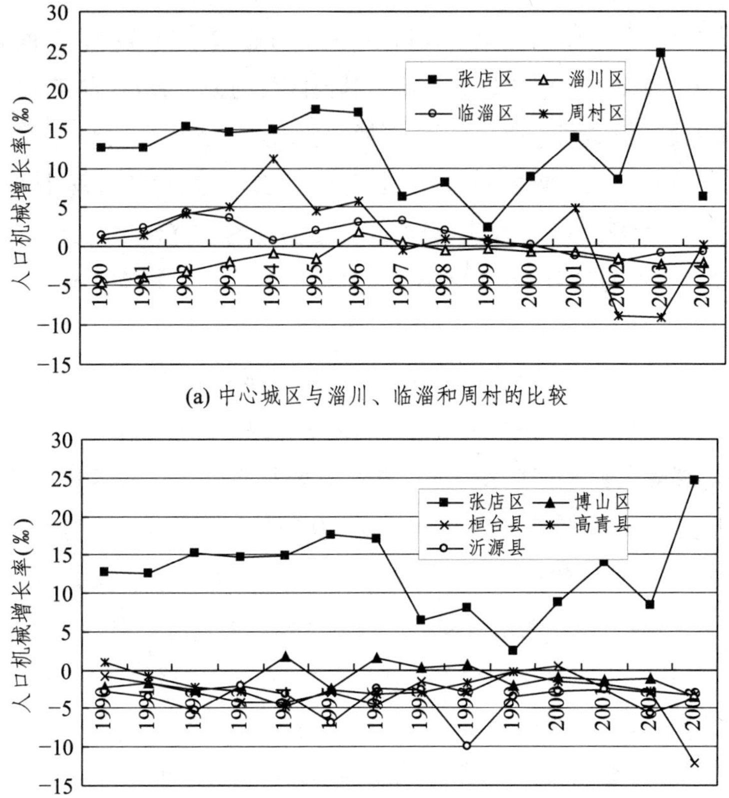

(a) 中心城区与淄川、临淄和周村的比较

(b) 中心城区与博山、桓台、高青和沂源的比较

图 4—23　淄博中心城区与其他各区县人口机械增长率的比较

(1990～2004 年)

(2)依靠区位优势实现与中心城区对接将促进本区县城镇化发展

中心城区周围的各区县,包括临淄区、周村区、桓台县和淄川区,利用与中心城区紧密相邻的区位优势以及便利的交通条件,纷纷采取措施与中心城区对接,为本区县城镇化发展创造条件(图 4—24)。

临淄通过打造"西部工业带",加强与中心城区之间的联系,扩大中心城区对本区城镇化的带动作用。“西部工业带”是临淄区域发展规划的主要构想,包含了国家级的齐鲁石化工业区和工业实力雄厚的凤凰镇,它位于张店区和临淄区之间,毗邻中心城区,具有区位优势。临淄区通过打造“西部工业带”,实现与中心城区之间的对接,进而扩大中心城区对临淄区发展的带动作用。

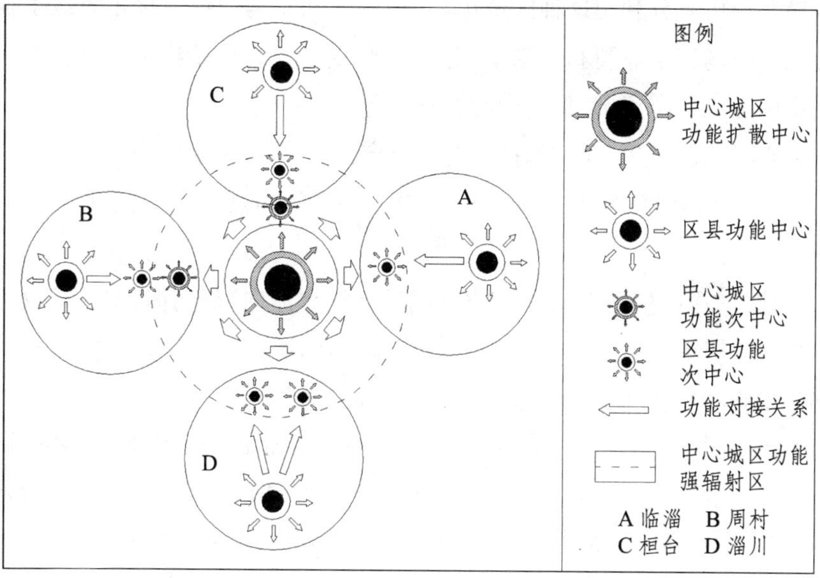

图 4—24 淄博中心城区与周边区县功能对接关系

周村通过“东部新区”的规划建设,实现与中心城区对接,作为促进未来城镇化发展的一大重要措施。周村的“东部新区”已纳入淄博新区,规划面积 50 平方公里的经济开发区纳入淄博高新区政策辐射区。淄博市委、市政府有西迁计划,周村正是看准这一契机,不失时机地实施东扩计划。西迁后的市政府距周村只有 10 分钟车程,可以想见,不久的将来周村和中心城区之间会实现“零距离”对接。

桓台县充分利用与淄博高新技术产业开发区紧连的优势条件,将本县工业园布局在与开发区接壤的地段并集聚了大量的重点工业项目,这一优势也成为桓台招商引资的重要资本。在淄博高新区的北部边缘,已经无法分清哪些工业属于淄博高新区,哪些工业属于桓台工业园。实际上,目前桓台的工业园与中心城区之间已实现了“零距离”对接。区位优势会极大地促进桓台城镇化发展。

淄川利用区位优势,使其紧临中心城区的一些地区获得较快发展。淄川城区以北的地区距中心城区的距离较近,如杨寨镇、双沟镇、黄家铺镇等。淄川充分利用这种区位优势,在杨寨和双沟两镇建设了省级工业园区——杨寨工业园和双沟工业园,已形成自身的产品特色。全区共三个集中的工业园区,仅临近中心城区的地区就占了两个。工业园区发展对中心城区已产生影响,如杨寨的工业产品对中心城区影响较大。

(3) 很多城区强调在某一方面与中心城区的职能互补关系和功能融合趋势

首先,在居住功能上,将来有可能形成“双流向”的局面,即不仅仅是中心城区吸引其他城区的居住,一些近距离的城区或地区也可能分担一部分张店的居住功能。一方面,中心城区的居住和房地产对其他城区的居民仍有持续的吸引力;另一方面,中心城区不断增长的房价使一些经济实力不强的居民望而却步,而与张店距离较近的周村、淄川北部地区等地的房价十分便宜,反倒有可能成为他们购房的首要选择。如近年张店西部房地产的价格约 2 500～3 000 元/平方米,而周村均价只有 1 500～1 600 元/平方米,周村距张店仅 12 公里,车程也只需 15 分钟左右。周村已明确提出利用房地产差价,吸引中心城区居民来周村购置房产的策略,甚至设想将来形成“工作在张店,居住在周村”的格局。淄川北部的杨寨、双沟等乡镇也有利用房地产差价来分担中心城区居住功能的计划。

其次,周村利用区位优势与环境优势,提出打造淄博“后花园”的目标,强调发展生态经济、营造生态环境和培育生态旅游,实际上是与中心城区实现功能互补,以生态环境的优越条件弥补中心城区因环境污染而缺乏休闲功能的缺陷,这一目标定位,为本区城镇化发展创造了条件。

另外,博山提出利用优越的自然环境条件,发展第二住宅,吸引中心城区的居民在周末时间前来度假,也是对中心城区居住和休闲功能的一种补充。博山利用其优越的自然山水格局,强调发展生态旅游和建设宜居城市。目前已有张店等地居民来此购买第二住宅的现象,且形成一定的规模。博山据此提出在住宅功能上注重发展第二住宅功能,把张店和其他地区的一些居民在周末吸引到博山来居住。实际上是对中心城区居住和休闲功能的一种补充,通过这种方式可以在一定程度上促进当地发展。

3. 本地区城镇化:城区或县城对区域农民的吸引

(1) 充足的就业岗位使外来务工人员较多而本地外出务工人员较少

除了桓台和高青的建筑劳务输出比较典型以外,尽管本地政府鼓励劳动力外出务工,以通过这种途径提高农民素质,但淄博市农民到淄博以外地区务工的现象并不突出。各区县调查均表明,淄博市外出务工人员总量并不多,去广东、上海等经济发达地区打工的现象亦不甚突出。另据淄博市劳动和社会保障局的数据,2002 年淄博市共有近 10 万农民外出务工,其中本市务工者占了一半,跨市流动占了另一半,可见真正走出淄博市以外务工的农民数量并不多。

从城镇化动力上进行分析,这种特点的形成包括以下几个方面的原因。①淄博的工业相对发达,各区县本地可提供的就业岗位较多,因此农村劳动力不必外出务工在本地便可找到就业渠道。②在淄博的产业结构中,以加工业为主,而且手工生产较多,以生产劳动密集型产品为主,需要大量的手工劳动力,既解决了本地农村剩余劳动力的就业问题,还会吸引外地的剩余劳动力。③工资的地域差别决定了农村剩余劳动力的流向。淄博经济的发展使本地人均收入和工资水平相对较高,这会造成两种结果:其一,本地农民工若到外地务工,多数情况下的收入水平还不如本地高,故农民不愿意外出;其二,高工资条件对外地的农民工会产生更大的吸引力,使其愿意付出距离成本来淄博务工,另外,一些对本地农民工没有吸引力的低工资岗位对经济条件相对较差的外地农民工仍会产生吸引力。

(2) 城区主导型城镇化:城区和县城对农民居住有较强的吸引力

实地调查表明,目前农民到城区或县城买房居住的现象比较普遍,表明城区或县城在推进本地区城镇化进程方面扮演了十分重要的角色。实际上,近年来在淄博城镇化进程中,中心城区构成吸引市域人口最大的一个中心,各城区或县城构成吸引农村人口的次级中心。这种状况,与传统农业县县城得天独厚的优势,民营经济不发达的区县小城镇被城区或县城垄断的局面,以及城区或县城能提供充足的就业岗位并解决农民进城后的生存问题等原因有关。

在高青的调查表明,大部分农民愿意到县城做工而不是外出打工。近年农民进城买房的势头很强劲,很多年轻农民都到县城打工、成家并贷款买房。县城平均房价在1 700～1 800元/平方米左右,面积在80～100平方米的住房最为抢手,因为这类住房正是进城青年农民最乐意购买的。目前县城开发的住房几乎供不应求。在淄川,城区房地产发展势头良好,购房者除了城区机关工作者、个体私营者等二次换房的人以外,很多乡镇干部都住在城区,有的下班后花一个小时的通勤时间来城里,还有一部分具有一定购买力的富裕农民亦来城区买房居住。从长远来看,随着户口差别的消失和城区就业岗位的增多,会有更多的农村人口来城里购房居住。在临淄,交通比较方便,大量经济条件较好的乡镇人口选择到县城来居住,使得乡镇人口总量在减少,估计有数万乡镇居民居住在县城里,这种现象非常普遍且已形成风气。在临淄,反倒很少有农村人选择到小城镇定居,很多村领导或企业中经济条件稍好者都到县城购买住房。另外,在博山、周村、桓台等区县都有类似趋势。

从城镇化动力上来看,城区或县城对农民表现出极大的吸引力并非偶然,这种局面的形成原因至少有以下几点。

首先,在一些传统的农业县,如高青、沂源,或一些民营经济并不发达的区县,如博山、周村、临淄等,城区或县城往往一统天下,广大的小城镇并没有真正发展起来,小城镇与城区或县城相比没有太多竞争力,因而小城镇对农民的吸引力很小,城区或县城则具有得天独厚的优势。在临淄,小城镇甚至出现了萎缩的现象,区政府认为过去的设镇标准参考了百姓一天往返距离的标准,现在百姓都开私家车办事,在这种情况下,小城镇还要有大量的行政办公人员,这是对资源的极大浪费,因此对小城镇发展非但没有优惠政策,反而采取种种措施抑制小城镇,鼓励农民直接与城区发生联系。

其次,在一些民营经济或乡镇企业发展较好的区县,如桓台、淄川等,有一些小城镇经济实力较强,对农民有一定的吸引力,它们分担了城区或县城的部分吸引农民居住的功能,但城区或县城仍具有“天时、地利、人和”,仍然占有垄断地位。

再次,城区或县城对农民有持续的吸引力,关键在于它们能提供就业岗位,能够解决农民进城后的生存问题。很多乡镇企业不发达的小城镇之所以对农民没有吸引力,就在于农民进入小城镇后并没有解决生存之道,小城镇无法解决农民的就业问题,甚至很多农民感觉还不如在农村生活更有保障。如在高青县,县城能创造很多就业岗位,农村青年到县城找一个相对满意的工作并非难事,加之本地农民观念保守,比较恋家,故大部分愿意到县城做工而不是外出做工。

(3) 城区主导型城镇化发展的长远动力

城区或县城工业项目的增加、城区环境的改善以及不断宽松的户籍政策都将成为城区主导型城镇化发展的长远动力。

首先,工业项目的吸引。从长远来看,各区县都在着力改善城区或县城的投资环境,出台更多的优惠政策和优越条件吸引投资、引进工业项目和鼓励外来企业落户,从而创造更多的就业岗位,对农民进城的吸引力会进一步增加。如高青县对落户企业提供“零收费、零地价、无偿服务”的优惠措施,对落户企业不收取土地使用费,加之劳动力价格相对便宜,对外来投资具有相当的吸引力。一定时期内的项目引进和农民进城务工实际上可以形成连锁效应:项目增多→就业岗位增多→吸引更多农民进城→充足的廉价劳动力→吸引更多的项目。

其次,户籍政策的不断宽松。随着户籍制度改革,农民进城的政策不断放宽。2005 年 3 月淄博已经取消了农业户口和非农业户口的划分,农民和市民在身份上已没有差别,这是大势所趋,显然会促使更多的农民到县城来务工和居住。同时,农民收入不断增加,房产交易手续简化,城区或县城的功能不断完善,各类房源的充足及金融部门的购房贷款渠道畅通等等,都会激起新一轮农民的进城热潮。现在农民进城的目的也多种多样,但总的来看是改善生活环境、享受城市文明和谋求更大发展,有的还为后代发展做出考虑。据桓台县房管部门的调查,当前农民进城主要有以下几个方面的原因:一是为子女的教育考虑;二是为了更好地发展事业;三是把老人接到城区或县城颐养天年。总之,随着户籍制度的宽松和各种发展条件的改善,将来各城区和县城在吸引农民进城居住方面仍会保持良好势头。

再次,城区环境的改善。随着城区旧城改造的进行、各种设施的完善以及发展环境的改善,自然而然地会吸引更多的农民来城里定居。

最后,政府的调控手段。政府的手段也会发挥一定的作用。如淄川区,贫困山区的农民占全区的 1/3,为改善这种局面,政府已采取措施让其往城区转移,已实现了 2 万人的迁移。再如博山区,也采取措施使山区的几十个村子迁移到城区里居住。通过政府的干预,降低了山区农民进城的"门槛"和就业成本,有效地解决了农民脱贫和生态环境建设问题。政府的干预只是针对山区贫困农民发展所采取的措施,就区县城镇化的主流而言,仍要更多地依赖农民的"自然转移",政府的调控手段只能作为辅助方式。

4. 基层社区的城镇化:底层的力量

(1)"城镇化滞后于工业化"在基层社区的体现

首先,小城镇规模偏小,影响了城镇发展实力、基础设施水平和吸纳农村剩余劳动力的能力,制约了自下而上式城镇化的发展。据淄博市建委的统计,除了沂源、桓台和高青 3 个县城驻地镇以外,1999 年淄博市共有建制镇 79 个,镇区平均人口规模 0.73 万人。镇区人口规模在 0.6 万人以下的建制镇占建制镇总数的一半以上,镇区人口规模在 1 万人以下的建制镇占了 70%,镇区人口在 2 万人以下的建制镇占了 95%

(表4—3)。淄博小城镇镇区人口规模普遍偏小,已成为阻碍城镇化进程推进的难题。尤其是淄博市作为山东省的经济发达地区和工业基础最为雄厚的地区之一,小城镇规模的偏小明显是城镇化滞后于工业化特点的重要原因之一,它导致难以形成规模效益,影响到城镇发展实力,不利于充分吸收农村剩余劳动力。

表4—3　1999年淄博市建制镇的镇区人口规模统计(除县政府驻地镇外)

等级(人)	个数(个)	个数比重(%)	人口总规模(万人)	规模比重(%)	平均规模(万人)
0.3万以下	23	29.1	4.4	7.62	0.19
0.3万~0.6万	18	22.8	8.25	14.3	0.46
0.6万~1.0万	14	17.7	8.18	14.17	0.58
1.0万~2.0万	20	25.3	26.67	46.2	1.33
2.0万~5.0万	4	5.1	10.23	17.71	2.56
5.0万以上					
合计	79	100	57.73	100	0.73

资料来源:淄博市城乡建设委员会、淄博市规划设计研究院:"淄博市小城镇发展与布局规划",1999年。

其次,小城镇的产业实力影响到就业岗位的提供,经济实力的缺乏使大量的小城镇在吸纳农村人口方面难以发挥更积极的作用。除了少数民营经济或乡镇企业比较发达的小城镇外,大部分小城镇在有效吸纳农村人口方面没有起到应有作用。更多的小城镇发展面临一个"两难"困境:既有吸纳农村人口的愿望;与此同时,由于缺乏足够的就业岗位,而难以对农民产生吸引力。城区或县城的开发区的种种优惠条件(尤其是税收条件)对企业产生巨大的吸引力。在这种动力下,更多的企业倾向于迁往城区或开发区,新办的企业更是优先选择落户城区而非小城镇镇区,因此造成小城镇在产业发展方面存在先天不足。小城镇不仅在吸引企业方面难以和城区或县城相竞争,由于就业岗位缺乏,在吸引农民居住方面更是无法与城区或县城相提并论。农民进城、进镇,不仅是要解决居住问题,关键还是要解决生存之道的问题,这才是真正意义上的城镇化。如果没有就业渠道,农民对进城或进镇后的生活往往存在后顾之忧,因而不愿意放弃土地,这进而又成为农民进城或进镇的障碍。因此,如何解决小城镇的产业发展问题,如何平衡城区开发区对企业的吸引与小城镇产业发展之间的关系,是缩小淄博市城镇化与工业化差距的一个亟须解决的难题。淄川区的经验值得借鉴。淄川将重点发展的两个工业区布置在小城镇,实际上将产业落户的优惠政策与小城镇发展有机地结合起来,小城镇有足够的就业岗位吸引农民,促进了城镇化进程。

再次,中心镇需要政策扶持,要强调规模经济,避免分散型城镇化。除了城区和县城关镇以外,中心镇应成为推进城镇化进程的重点扶持对象。由于小城镇与农村的地缘关系密切,农民进入小城镇比进入大中城市付出的心理成本和经济成本要低,同时小城镇发展可以把城乡两个市场较好较快地连接起来,迅速促进农村第二、第三产业的发展,并大量吸纳农村剩余劳动力,促进农业规模效益的提高和农民收入的增长。但是强调小城镇对城镇化的推进作用,并不意味着小城镇的“遍地开花”,而是应该重点支持和发展县城关镇和中心镇,给予更多的扶持政策,使之成为农村人口的重要吸收地,使之尽快成长壮大为中小城市并产生规模效应,从而加快农村人口城镇化进程。实际上,城镇化和经济发展之间是互为促进的关系,推进城镇化本身对经济发展有一定的推动作用。

第四,促使农村劳动力的“就地转移”和“兼业转移”特点向“异地转移”和“专业转移”方向发展。长期以来,淄博市农村劳动力的“就地转移”和“兼业转移”特点是造成城镇化滞后于工业化的一个重要原因。就地转移,即主要的劳动力仍然消化在农村内部,农村剩余劳动力到乡镇企业工作的多,到外地务工的少;兼业转移,即绝大多数转入非农业部门的劳动力并没有完全脱离农业,而利用闲暇时间来经营非农产业,很多属于季节性转移,农忙务农,农闲时务工经商。农村劳动力转移的这两个特点,虽然使淄博的工业化率较高,但并没有形成农村人口向城镇的大规模集聚,使得城镇化滞后于工业化。要缩短工业化与城镇化之间的差距,必须促使农村剩余劳动力转移模式的改变,即从以就地转移为主转变为以异地转移为主,从以兼业转移为主转变为以专业转移为主。异地转移,即打破“离土不离乡”、“进厂不进城”的模式,使农村劳动力真正走出农村,甚至走出淄博,到大中城市和城镇创业或打工、经商;专业转移,就是使农村人口真正离开土地,从事专业化的生产经营,真正减少从事农业劳动的人口,提高农业劳动生产率,切实推进农村人口的城镇化进程。

(2) 经济实力和政府作用的双重动力:小城镇城镇化的样板

从基层社区的角度来看,淄博也有一些小城镇在吸纳农民居住、促进城镇化发展方面做得比较出色,树立了参考样板。这样的小城镇往往有较强的经济实力和产业支撑,或是有政府的扶持政策或相关措施。

淄川区的杨寨镇是以经济实力促进城镇化发展的典型。杨寨镇以“工业化带动城镇化,城镇化提高工业化”作为全镇发展战略,不断完善城镇建设,做大建陶业,壮大镇域经济。目前,所有企业已完成改制任务,全镇大型建陶生产线增至220余条,年产建陶3亿平方米,国内生产总值9.1亿元,上缴税金4 135万元,财政收入2 267万元。杨寨成为淄博市经济强镇,被列为国家级综合改革试点镇。杨寨镇的经济实力雄厚,产业的发展为镇区提供了大量的就业机会,对农民进镇有持续的吸引力。淄川区的双沟镇,不仅有自己的经济实力,政府也采取了一定的措施鼓励农民到镇区居住,促进城镇化水平的提高。政府通过控制宅基地的审批,引导镇域农民到镇区建房,最主要的是双沟镇经济实力较强,镇区能够为农民提供大量的就业岗位,给村民提供很多的优惠条件。可以想见,通过政府的政策引导和相关措施,实现了以工业集中促进居住集中的目标。

另外,桓台县的马桥镇、唐山镇,临淄区的凤凰镇,淄川区的黄家铺镇、罗村镇、寨里镇和龙泉镇等都是比较有经济实力的小城镇,很多还拥有靠近重要公路、靠近中心城区或本地城区的区位优势,发达的乡镇企业提供了众多的就业岗位,对农民进镇有相当大的吸引力。在临淄的凤凰镇,目前城镇化水平已超过50%,临淄区的经济开发区也已迁至凤凰镇,本镇的农民基本上以务工为主。

总之,在这些样板小城镇,“经济实力+政府扶持”是一条最常见的城镇化公式,也构成了小城镇吸引农民居住的最主要的动力,这种来自基层社区的城镇化经验应在全市加以推广,以点带面,促进全市的城镇化进程。

(3)"本地根植性"和"社会化服务"的联合效应:村级社区城镇化的样板

1)"根植性城镇化"的特点之一:从资源优势、工业兴村到多业并举、链条式生产,强大的经济基础提供了城镇化的基本支撑。

根植性城镇化是立足于本地资源优势,从工业兴村到多业并举,发挥龙头企业的带动作用,不断提高经济实力,进而以雄厚的经济实力为依托,通过提高乡村的社会化服务水平来促进农村人口的本地城镇化。临淄区的南金村、北金村以及博山区的万杰集团对周围乡村人口城镇化的推动作用都属于这一类型。

临淄区的南金村,曾是偏远的贫困小村。自 1992 年以来,该村集体收入增长了近 100 倍,已发展成拥有固定资产 20 亿元、农民人均收入超过 1 万元的远近闻名的富裕村。2003 年,全村实现工农业总产值 17 亿元,工业销售收入 16 亿元,创利税 3.6 亿元,是全国小康示范村。南金村拥有丰富的地下铁矿资源,1992 年,"发展村级经济支柱产业"被确定为南金村的发展目标,村里靠捐、借、贷的方式集资 20 余万元启动资金成立宏达铁矿厂,第二年开出矿石并赚回 50 万元。在此基础上南金村制定了"分步走,一年开发一个新项目,走加工升值、滚动发展,向高附加值、高技术含量要效益"的发展路子,逐渐形成了集采矿、选矿、烧结、炼铁、发电、机械加工、科技开发等为一体的多元化经营格局。2000 年,南金村对下属企业进行了产权改制,责、权、利关系更加明确,南金村领导和村民都作为企业的股东,企业发展劲头更足。南金村注重产业的配套联动和拉长产业链,促进产业集群的形成。南金集团已形成了集矿业、钢铁、发电、煤化工一体化的链条型产业模式。2004 年,南金集团实现销售收入、利润、利税分别为 21 亿元、2.3 亿元、3.5 亿元。

与南金村相邻的北金村,也因地制宜地发展农村经济,走工业兴村的发展道路。最初因为用水矛盾,北金村没有把土地分给每家每户,而是实行了集体耕种,使土地宜粮则粮,宜林则林,宜牧则牧,腾出劳力来搞工业,开发矿山,增加农民收入。北金村确立了“工业兴村,工业富民”的理念,坚持做大做强村里的骨干企业——山东隆盛钢铁有限公司;坚持“立足北金,站稳临淄,扩大周边,艰苦创业,滚动发展”的战略,充分发挥自身资源优势,在原有矿山产业的基础上,进军钢铁、化工、造纸、纺织、热电等行业。另外,北金村把建成“经济发展工业化、企业管理现代化、农村生活城镇化、对外经营集团化、村庄建设花园化、领导干部公仆化”的新北金作为奋斗目标。2004年,北金集团实现销售收入、利润、利税分别为10亿元、1.6亿元、2亿元。

2)“根植性城镇化”的特点之二:以提高社会化服务水平促进村民生活方式的城镇化,村级社区已经嬗变为以企业为主体形式的社区组织。

随着农村乡镇企业的发展,农村的以农户为基本组织形式的制度正在改变,而以企业为基本组织形式的新制度正在形成,如临淄区的南金村与南金集团、北金村与北金集团、博山区的岜山村与万杰集团等,已基本形成了“村企合一”的组织,企业已代替传统的农户演变为主体组织形式,村级社区已经嬗变为以企业为主体形式的社区组织。在强大的企业经济实力保障下,淄博市许多经济发达村落着力提高其社会化服务水平和建立社会保障制度,努力建设现代化新农村甚至“小康城”,促进城镇化生活方式的实现。

南金村的村民生活早已实现城镇化。从1993年开始,南金村先后投资4 000多万元实施安居工程,建成了水、电、暖、冷配套齐全的居民楼25幢,单体、复体别墅12幢,人均住房面积达到35平方米,350户村民全部入住。先后投资400万元建起了高档次的幼儿园、小学;投资600万元建成了集美化、绿化、娱乐于一体的水上乐园、文化广场;投资800万元兴建了高标准的宏鲁中心医院,在村民和职工中实现职工医疗保障和养老退休制度,每年定期为老人和职工免费体检两次;投资500万元建成了宾馆式老年公寓。注重加强企业文化建设,不断丰富群众业余生活。坚持以各种文化活动为载体,建设农村文化阵地,使职工们在各种寓教于乐的活动中受到教育。南金村不断推动社会各项事业的快速、健康、协调发展,实现了"幼有所托、少有所教、成有所为、老有所养"和"农村城镇化、农业科技化、村庄公园化、厂区园林化"的发展目标。

博山区的万杰集团和岜山村、辛庄村等的关系更为典型。岜山村是万杰集团的所在地,万杰集团曾经是岜山村的村办企业。万杰集团把"建设小康城"、"把农村改造成现代化的小城市"作为村级社区的发展目标,提出"地球上的任何一个点都能成为世界的中心"的发展理念。早在1989年,全村1 000多人口全部住上了有水、电、气、暖设施的楼房,为了进一步实现村民生活方式的城镇化,1990年万杰集团提出了"万杰集团(岜山村)10年教育规划",并承诺:从幼儿园到小学实行免费教育;中学实行奖学金制度;考入或送入大专院校学习的村民每月享受生活补贴,毕业后回公司工作,所有学费全部报销;到2000年年底,男50岁、女45岁以下普及高中或中专教育,达不到者将失去享受岜山村村民一切福利待遇的资格;达不到高中以上学历的村民,企业不予录用等。后来,万杰集团又创办了万杰医学院、万杰科技学院及万杰朝阳职业中专。从1991年至今,万杰集团直接用于村民和职工上学培训的费用已达7 000多万元。目前,岜山村的孩子进入国内各高校接受高等教育的比例已经达到70%以上,有500多人取得了学士、硕士和博士学位。目前,全世界有12个国家有岜山村的孩子留学,其中攻读博士学位的有24人。到2000年年底,50岁以下的男子、45岁以下的女子已经普及了高中或中专教育。而在万杰集团的近万名员工中,有近一成毕业于万杰医学院、万杰科技学院及职业中专,四成在职业中专培训过。

岜山村别号是"万杰城",这里城镇化的设施比比皆是:楼房、商场、超市、餐馆、银行、邮局,还有星级酒店等。岜山村已建有3个超级市场和6家银行,城镇化的生活设施比较齐全。组成居民小区的几十栋居民楼和3栋高层住宅均是商品化住宅,目前已有60多户村民和职工购买了私家车。岜山村还建设了老年公寓,公寓里保健室、娱乐室、餐厅和浴室齐全,两人间里有席梦思、沙发、彩电。村里老人60岁以上就能免费住公寓,节假日还能到风景名胜区游玩。除了邑山村,万杰集团还兼并了周围的刁虎村、辛庄村等村庄,对村庄的设施、村民的生活方式进行了大量的投入和城镇化改造。

总之,在淄博的上述经济发达村落,村级企业的崛起已成为城镇化的另一个重要动力。已经形成以企业为主导力量推进村民福利设施的改进和生活方式城镇化转变的特点,在这样的地区,企业成为推动村级社区发展和功能演变的主导力量。

四、多层次城镇化模式

前文,我们结合在山东省淄博市的实地调查,从多层次城镇化的角度分析了淄博城镇化的特征和动力。可以从城镇化问题、城镇化目标、城镇化动力、城镇化形式和城镇化结果等方面概括一个模型来反映这种分析思路(图 4—25)。

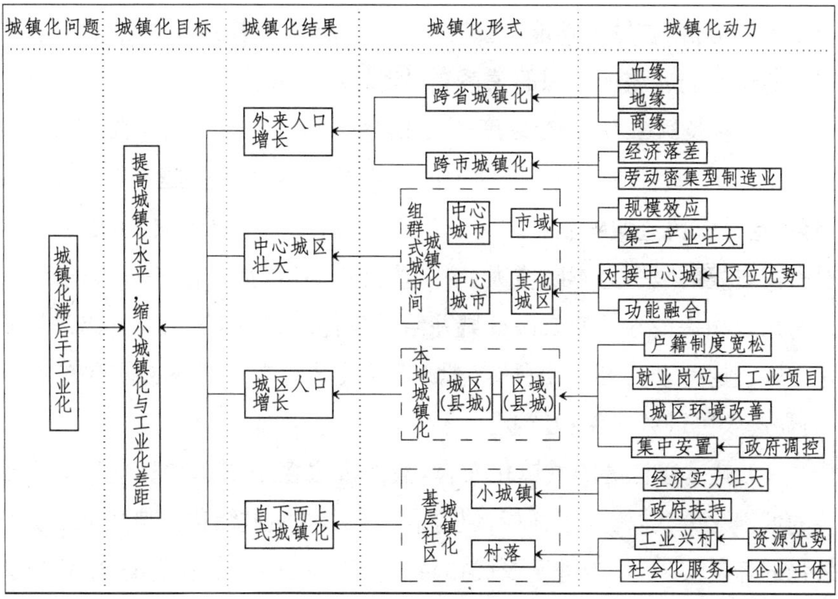

图 4—25　多层次城镇化发展模式:淄博经验的概括

首先，根据相关指标可以断定淄博市城镇化发展滞后于工业化发展这一基本的城镇化问题，进而确定城镇化发展的目标，即要提高城镇化水平，缩小城镇化与工业化之间的差距。

其次，淄博市多层次城镇化的发展形式及其基本动力如下。

(1) 血缘、地缘和商缘会继续推动淄博市“跨省城镇化”，未来会有更多的外省人口出于各种原因而实现向淄博市的迁移。

(2)与山东其他地区(主要是鲁西南、鲁西北)经济的落差及收入水平的差距，加之劳动密集型制造业对劳动力的需求，使淄博市对山东省很多地区的人口具有持续的吸引力，形成“跨市城镇化”。

(3)目前中心城区的第三产业表现出良好的增长势头，从总体规模上看，将来中心城区的第三产业会继续壮大，第三产业必将成为中心城区城镇化发展的一个强劲的动力。另外，随着人口和经济规模的增加，中心城区的规模效应会进一步得到发挥，会促进中心城区吸引更多的市域人口。中心城区周围的若干区县，借助区位优势，在城市用地和景观上强调与中心城区的对接，在城市功能上强调与中心城区的互补和融合发展，使得未来中心城区与各城区之间的关系变得密切和复杂。

(4) 从长远来看，户籍制度还会不断地放宽，“身份”对农民进城的约束越来越小；城区或县城不断增加的工业项目，必将提供越来越多的就业岗位，这是农民进城的立足之本和生活之源；随着城区环境的改善，城区对农民自发的吸引力不断增大；对一些特殊地区，如山区的贫困地区等，政府采取相关措施促使农民进城并给予集体安置，亦是比较突出的城镇化方式。这些动力都将增强未来城区或县城对本区或本县农民的吸引力，促进农民进城居住和就业。

(5) 就基层社区的城镇化而言，淄博市很多小城镇和村落形成了独特的城镇化方式，树立了样板，值得推广。小城镇城镇化的典型大多拥有较强的经济实力，可为进城农民提供就业岗位，再加上政府的扶持作用，小城镇成为吸纳农民的有效社区。一些城镇化发展突出的村落，多数是依靠资源优势起家，通过工业兴村、多业并举，形成一定的产业链，不断提高经济实力,使村民过上富裕生活。经济实力的增强使企业有能力完善村庄的各种社会化服务,让村民过上"城镇化"的生活,实现生活方式的城镇化,形成以企业为主体甚至"企政合一"的农村社区发展模式。

再次,就城镇化的结果而言,跨省城镇化和跨市城镇化的发展,将导致外来人口的大幅度增长,组群式城市间的城镇化将促使中心城区的壮大和人口规模的扩大,本地区城镇化的结果显然会导致各城区人口的增长,而基层社区的城镇化实际上是自下而上式的城镇化发展,多种形式城镇化发展的结果实际上是为了实现城镇化的既定目标,即通过提高城镇化水平缩小城镇化与工业化之间的差距。

五、小结

多层次城镇化为我们提供了一个分析新时期中国城乡发展特征和发展动力的综合视角。从这个角度上来看,多层次城镇化强调在城乡系统中,用不同的空间层次去解构地区的城镇化过程,以更清晰地洞察城镇化的特征和发展动力。也可以把多层次城镇化视为新时期城镇化发展的一种模式,这种模式随着转型期市场经济的日趋完善而出现,是在用单一模式难以反映和概括新时期中国区域城镇化发展特征的前提下,强调城镇化发展的多元化和多层次性。

多层次城镇化分析类似一个系统分析,它包含城镇化发展的基本问题、围绕基本问题所确定的发展目标、要实现这一目标而要求的城镇化发展的形式、特征和结果以及形成它们的动力机制。这样一个类似系统分析的研究框架,使得我们不能就事论事,即就乡村论乡村,有必要把城镇化这条线索充分展开,把城镇化所联系的两极——"城"和"乡"——融入分析框架,把城镇化发展的区域背景——从宏观到微观——一层层地解构出来。

除了淄博的组群式特点为其他地区所没有以外,跨省市的城镇化、本市内的城镇化、本地区的城镇化以及基层社区的城镇化在各地或多或少、或强或弱地都会存在,从这个意义上讲,多层次城镇化的分析视角在其他地区城镇化特征和动力的分析中也可以得到应用。

第七节　小城镇与现代乡村社区变迁

一、研究思路与实证地区

乡村社区是指一定乡村地域上具有相对稳定和完整的结构、功能、动态演化特征以及一定认同感的社会空间,是乡村社会的基本构成单元和空间缩影。一个较大的功能相对完备的村落可以构成一个乡村社区;几个邻近的村落,彼此相互联系,设施配套建设和共同利用,村民有共同的归属感,也可成为一个乡村社区。

当前,尽管学术界对中国城镇化的方针和道路存在争议(周一星,2010:402～409),但数量庞大的小城镇作为中国实现城镇化的一条重要途径却毋庸置疑(蔡秀玲,2002:31)。尤其是改革开放以来,在苏南等经济发达地区,小城镇在推动乡村社区演变方面曾起到重要作用,小城镇一度成为乡村发展的"龙头"。这种乡村发展的"小城镇模式"或"小城镇经验",引起学术界的关注(费孝通,1984:1～8)。

通过乡村社区研究可以较为全面地洞察乡村社会的组织结构、空间特征与过程及其变迁的动力机制,加强对乡村社会现象和社会问题的认识;而通过小城镇发展对乡村社区变迁关系的研究,可以洞察小城镇在乡村社会变迁中的作用,小城镇对广大乡村地区发展的带动作用,以更深入地理解"小城镇发展模式"。

苏南是中国乡村经济最发达的地区之一,其小城镇的蓬勃发展在现代乡村社区变迁过程中扮演了非同寻常的角色。因而,以苏南作为本节的实证区域,更易于说明问题。小城镇发展经历了由"大问题"、"大政策"到"带动乡村经济和社会发展的大战略",再到"建设社会主义新农村"的背景。研究小城镇发展与现代乡村社区变迁并展望其发展趋势,无疑对社会主义新农村建设有一定的意义。

二、区域小城镇发展历程与特点回顾

早在明清之前，苏南小城镇就以数量之多著称；明清资本主义经济的萌芽和专业化生产所带动的专业市场的繁荣促进了苏南市镇大量兴起，也奠定了现今小城镇布局的框架结构（张小林，1996）；直至解放前，商业发展和近现代交通运输方式的普及都对苏南小城镇发展与布局产生了影响，这时的小城镇主要是农副产品集散地；新中国成立后，随着基层政权的建立，小城镇逐渐演化为乡村地域的政治、经济和文化中心；20 世纪 80 年代以来，伴随着乡镇企业的异军突起和农村工业化水平的大幅度提高，苏南小城镇则进入崛起和迅速发展的新时期；20 世纪 90 年代中后期以来，苏南小城镇改革与发展适应整个国家经济体制的改革与转型，已经步入市场化的阶段。

苏南现代小城镇发展特点主要表现在以下几个方面。

（1）20 世纪 90 年代末期以前，苏南建制镇数量增长显著，撤乡建镇相当普遍，推动了苏南乡村城镇化水平的提高；90 年代末期以后，大规模的行政区划调整促进了建制镇规模的扩大，城镇化的规模效应有所提高。

苏南现代乡镇企业的迅猛发展加速了乡村城镇化发展进程，使过去一些规模较小的集市乃至中心村在乡镇企业发展驱动下快速上升为小城镇（刘彦随、鲁奇，1998）。在 20 世纪 90 年代末期以前，随着经济实力的增强，苏南撤乡建镇的情况相当普遍而且增长较快，如 1985 年苏南建制镇共 35 个，至 1997 年年底已达 334 个（占乡镇总数的 80.3%），12 年间增长了约 9 倍。建制镇数量的增加及其引发的人口在空间地域上的重组使苏南乡村城镇化水平得以大幅度提高，截至 1997 年年底，苏、锡、常三市的城镇化水平分别达 32.4%、40.2%、37.7%，在全国处于领先地位。

20 世纪 90 年代末期以后，改变乡镇规模偏小和分布分散的特点，实现小城镇的规模效应，苏南开展了大规模的行政区划调整，大量的乡镇被合并，小城镇规模普遍有所增长。另外，城市的空间扩张也兼并了一批小城镇，使苏南城镇化水平又有大幅度的提高。在这种背景下，苏南建制镇数量未增反减,由1997年的334个减至2005年的187个,其中常州由81个减至64个,苏州由158个减至64个,无锡由95个减至59个。截止到2005年年底,苏、锡、常三市的城镇化水平分别达到65.0%、67.0%和60.4%,已经远远超过了江苏50.5%的平均水平和全国43.0%的平均水平。

(2) 小城镇建成区面积逐渐扩大,乡镇工业不断改革和升级带动了周围乡村社区的发展。小城镇规模扩大、乡镇企业发展以及乡村人口流向城镇的相关制度改革使小城镇吸纳农村剩余劳动力的能力大大增强。如在无锡市,1990年小城镇吸收农业剩余劳动力的比重已达到60%,小城镇成为农业剩余劳动力转移的主要地域载体。从小城镇作为城市企业向乡镇企业扩散的中介来看,现代小城镇工业的改革与升级将带动乡村工业和乡村社区的发展。

(3) 小城镇功能趋于完备,分区布局合理,规划向高水平迈进。苏南小城镇纷纷编制并实施了相对科学的规划与建设方案,公用设施配套建设,功能分区相对合理,城镇面貌日益向多功能、高标准方向迈进。

(4) 小城镇类型日益多样化。苏南现代小城镇类型多样,有古镇新貌型、旅游开发型、港口发展型、交通枢纽型、专业市场型、工业主导型、产业名都型、科技兴镇型和农副产品加工型等(叶飞,1995)。小城镇类型的多样化与竞相争妍有利于繁荣乡村社区文化和发扬乡土特色。

(5) 小城镇的发展和建设在一定程度上促进了城乡协调发展,缩小了城乡差距,推动了苏南城乡一体化的实现。小城镇作为乡村社区中的非农业活动据点,其建设与繁荣使乡村社区在稳定粮食生产增长的同时,全面发展多种经营,丰富城镇居民的副食品供应。苏南小城镇及其带动乡村社区的发展实际上是将乡村和城市共同置于工业化和城镇化框架之中,形成城乡互补、共同繁荣的发展战略,对缩小城乡差距、推动城乡一体化的实现大有裨益。

三、小城镇发展与现代乡村社区变迁

1. 小城镇及其乡镇企业的发展与现代乡村社区观念的转变

在中国经济发达地区,小城镇往往成为推动城镇化发展的主力军。在苏南,现代小城镇的发展又与乡镇企业的兴起和繁荣密不可分(朱方明,1995:96)。小城镇及其乡镇企业的发展给乡村社区观念的转变带来了积极影响,主要表现在以下几个方面。

(1) 传统的城乡二元结构趋于解体,城乡差别的观念逐渐消除

苏南小城镇发展有效地吸收了农村剩余劳动力,缓解了农村人口城镇化对大城市的压力,有力地推动了广大农村地区经济的发展,缩小了城乡差别,使传统乡村人所持有的城乡经济和社会的二元结构观念日益趋于解体。

(2) 从"小农业"观念到"大农业"、"大力发展乡镇企业"的创新观念和致富观念

苏南传统的农业经营方式限于搞单一粮食种植的"小农业",改革开放后率先走上了综合经营、全面发展的"大农业"道路(包括农、林、副、渔、工、商、建、运、服等十项),并在实践中创造了以发展乡镇企业为主要特征的苏南模式,开创了一条崭新的农业经济运行机制,为农民增收创建了有效渠道,使农村迅速致富。致富道路和观念的树立使苏南乡村社区在全国脱颖而出。早在20世纪80年代初,苏南农村就出现了不少亿元乡镇和万元富户;紧接着,又涌现出一批批闻名遐迩的富裕县、乡、村、户;至今,有"华夏第一"之誉的县、镇、村基本上都出现在苏南农村。

(3) 从闭塞的小农经济观念到开放的市场经济观念和信息观念

传统农村自给自足的自然经济是造成乡村社区思想和观念陈旧封闭、湮灭农村生产力活跃因素的根源。改革开放使苏南农民从土地上解放出来,并涉足商品经济和市场经济领域。现代市场经营和激烈竞争使苏南农民在乡镇企业的经营上锐意改革和创新,紧随时代步伐,追求高效率,采用现代化的交通和通讯传递工具,对信息异常重视。苏南乡镇企业

在国内广设信息窗口,20 世纪 80 年代中期仅无锡市所属三县(市)、郊,就在全国各地设有 1 万多个信息窗口,信息员 4 万多名,能够迅速、及时、准确地向企业反馈信息(王霞林、朱同广,1995:23)。

(4) 消费和生活观念的转变

较之改革开放前较低的消费水平,改革开放后城镇经济及乡镇企业的发展使农民拥有足够的经济实力,购买现代化的生活设备并开始追求现代文明,消费和生活观念都发生较大变化。据调查,20 世纪 90 年代苏南农村的消费和生活注重营养与居住条件的提高,文化娱乐的消费增长迅速,日益朝多样化、高档化和内涵化方向发展(姜爱萍,1998)。农民的行为合理化、规范化、节奏化,观念理性化,人际关系契约化,作息制度化,都推动了乡村社会生活的现代化。

2. 小城镇发展与现代乡村社区经济的变迁

(1) 小城镇作为农业社会化服务基地,为传统农业向现代农业转变提供了基础支撑

苏南现代小城镇的发展对乡村社区农业的作用可以从三个方面加以理解。

首先,早期的城镇工业一般均是从发展农用工业开始,制造各种农业生产资料,生产和维修各种农业机械;现代的小城镇工业中以农副产品为原料的加工工业占相当大的比重。所以,小城镇工业的发展促进了城乡关系和工农关系的密切化发展,促进了乡村农业的发展。

其次,现代农业产业化所要求配备的社会化服务体系包括农业生产要素供给服务、农业作业服务、销售服务和保障服务,除农业作业服务中的部分项目之外,绝大部分的社会化服务都设置在小城镇上。因而小城镇的发展直接与农业产业化密切相关。

再次,发展小城镇带来经济实力的快速增长,其中相当一部分用来支援农业现代化建设,从而化解了农业产业化所面临的急需大量资金的困境。

(2) 小城镇建设带动了乡村社区产业和经济结构的升级与调整,加

快了乡村社区发展

早在20世纪二三十年代,苏南就已经出现工业下乡的现象,如江村的纺织厂便是为了挽救农村手工业和经济,一些知识分子和农村有识之士将一些现代工业技术和设备引进农村而开办的工厂(Fei,1939;费孝通,2001:31～33)。20世纪80年代以前的社队企业,属集体性质企业,其所有者是当时的人民公社和生产大队或生产队,从构成来源上看,有相当一部分是城镇国营企业下放到农村转变而成的,因而农村社队企业的发展与城镇工业有着不可割舍的联系。20世纪80年代以来所发展的乡镇企业深受城镇产业和经济结构的影响,既改变了苏南传统农业内部种植业占主导地位的单一化结构,也调整和改变了过去以第一产业为主的农村经济结构格局,推动了苏南乡村社区的发展。

(3) 小城镇发展规范了乡村市场,促使乡村初级市场向专业市场变迁

在改革开放初期,解决温饱问题是农村改革的出发点和立足点,当时最急需也最具备条件的是农副产品交易,因而20世纪80年代初苏南小城镇纷纷出现农副产品交易和小型集贸市场,这时的小城镇为农村经济发展提供了初级市场。到20世纪80年代中期,随着改革开放的深入,国家放宽了一些农副产品和工业品的价格控制,允许完全根据市场进行流通,同时也放宽了城乡控制政策,允许农村人口自理口粮到小城镇务工经商,使农村市场开始升级变迁(王春光,1996:172)。一些小城镇出现一批专业市场,并呈现由地区性封闭市场向全国市场、由单一市场向综合市场发展的趋势。小城镇与乡村市场发展常互相促进,如吴江市盛泽镇,丝绸工业的发展使镇区形成全国最大的丝绸、化纤集散市场——东方丝绸市场,年销售额超过15亿元。盛泽镇由丝绸手工业产品集散中心发展成了江苏丝绸工业生产的重要基地和全国出口真丝绸的主产地之一,被誉为"华夏第一镇",经济发展也促进了城镇建设,使盛泽镇具备了更好的投资环境和经济发展动力。

(4) 小城镇发展促进了乡村经济体制和技术的创新

小城镇作为城乡联系的必经环节和纽带,其灵活性、便达性和基层性使小城镇有效地担当了消化和吸引大城市先进技术,再因地制宜地向广大乡村地区传播的中间站。小城镇对其乡村腹地的举措往往灵活方便,适合地区特点和宜于操作,能有效地诱发乡村经济体制改革的活力,成为乡村社区的创新源。

(5) 小城镇成为通过推进优势产业、形成连锁效应,实现乡村经济全面均衡发展的实验地

按现代空间结构理论,小城镇是乡村地域经济发展的增长中心。小城镇主导产业的选择及相关决策,对其乡村腹地有举足轻重的影响。可以根据不同经济部门发展的关联作用,选择联系效应较大或者在当地具有某种比较优势的产业作为支柱产业,然后,通过"向前"、"向后"和"水平"连锁的发展策略(朱方明,1995:96),逐步建立乡镇经济体系,通过重点推进,形成连锁效应,实现乡村社区经济的全面均衡发展。

3. 小城镇发展与现代乡村社区文化的整合和变迁

社区文化是文化的一个有机组成部分。广义的社区文化是指社区居民在特定区域内长期实践中创造出来的物质文化、观念文化和制度文化的总和。狭义的社区文化,是指社区居民在特定区域内长期活动过程中形成起来的、具有鲜明个性的群体意识、价值观念、行为模式、生活方式等文化现象的总和(奚从清,1996:193)。苏南乡村在地域上受到苏、浙、皖、沪等地诸多大城市的交叉辐射,尤其是广大深入乡村腹地的小城镇的发展,使苏南乡村社区文化具有兼容性和灵活性的品格,不断整合、变迁,走向多元化和小康化。

(1) 现代小城镇发展及文化娱乐设施的建设使小城镇成为乡村地区文化和娱乐中心,推动了乡村社区文化的发展

随着小城镇经济实力的增强,小城镇文化娱乐设施的配备逐步现代化。早在20世纪90年代,苏州市就基本上实现了每个乡镇都有文化中心、影剧院或会堂、文化馆或文化站、文化娱乐中心、广播电视中心、报纸刊物订阅中心等各种活动设施,形成了初具规模的乡村文化设施网络。

张家港市的欧桥镇从20世纪80年代以来,投资兴建了影剧院、图书厅、文化宫、灯光球场,多次举办全国球类邀请赛,邀请外地文艺团为村民表演。小城镇文化设施建设及水平的提高,丰富和活跃了乡村社区的文化生活,促使人们的文化消费观念和生活方式的变更并日益向现代化水平发展。

(2) 现代小城镇是乡村社区文化活动的舞台,乡村文化生活空间基本上以小城镇为中心进行扩散

苏南乡村有特色的社区文化基本上都是在小城镇(一些大型的在县城关镇)举办的,这与现代小城镇交通便利、各种设施配套齐全、文化氛围淳厚是分不开的。如中国第一所农民兴办的文化园林——无锡县堰桥镇的吴文化公园,占地22万平方米,投资2 500万元。它以吴地文化为内涵,以艺术园林为表现形式,全面展示了各个时期、各个方面具有特色的吴文化内容,成为人们了解吴文化、研究吴文化活动的一个重要窗口。锡山市杨市镇也是一个以小城镇为依托开展乡村社区文化较为典型的例子。杨市镇早在20世纪80年代就先后建造了占地20多亩的"杨市娱乐城",内有影剧院、歌舞厅、镭射影视厅、小剧场、商店、小餐厅等,融文化娱乐、科普宣传、电影戏曲、音乐舞蹈、产品销售、饮食文化于一体,成为全镇群众享受高雅娱乐的活动中心、小城镇精神文明建设的窗口和理想阵地(王霞林、朱同广,1995)。苏南众多乡镇都把镇区作为开展乡村社区文化活动的舞台和乡村社区文化生活空间的集聚点,花大力气规划和建设小城镇的文化基础设施。

(3) 小城镇发展为乡村社区文化由同质单一走向异质多元奠定了坚实基础

传统自然经济支持下的乡村社区文化的典型特征就是单调同一、闭塞落后;苏南现代小城镇及乡镇企业的发展为乡村社区文化的开展提供了必不可少的物质基础和经济支撑,也促使社区文化向异质性、多元化方向发展。首先表现在文化形式的多样性,既有包括民间歌舞、戏剧等民间艺术在内的乡土文化;又有以历史文化名人或地方传统风物为媒介,把传

统特色与现代形式、民俗和风情、经贸合作、旅游文化享受等综合在一起的各种文化艺术节,如溧阳茶叶节、江阴的徐霞客文化旅游节、宜兴的陶瓷艺术节等;还有村落文化、乡镇企业文化、民间商业文化、家庭文化等各种形式。其次,表现在社区文化设施和文化服务对象的多样性,如一些乡村社区的文化节,其服务对象和范围已跨越国际界线。再次,表现在乡村社区文化体制和运营方式的多样化,具体表现为国家、集体、个体私营、合资、外资等多种体制并存。

4. 小城镇发展与现代乡村社区聚落的演变

随着小城镇的发展和乡村城镇化水平的提高,城乡界限日益模糊,也引发了苏南乡村社区聚落的变迁,主要表现在以下几个方面。

(1) 小城镇发展与现代乡村社区聚落形态的演化

苏南是著名的"水乡泽国",乡村密布和交错的水网、河道成为内外联系的主要交通道。传统的村落布局往往以河道为轴心,沿河岸呈带状布局。现代小城镇的建设带动了城镇与其乡村腹地、区域与外部环境之间交通条件的改善,公路、高速公路等的便捷性使河道的交通功能逐渐减弱。一些村镇为争取相对有利的区位而将乡镇企业或聚落发展方向向沿路或主要路口集中,再加上一系列缩村并点的措施,使得苏南乡村社区聚落形态由相对分散的带状向相对集中的团聚状转化。现代乡村产业结构的调整及乡村人口流动等因素也对城乡用地结构产生影响,进而影响到乡村聚落的形态。

从聚落内部形态着眼,城镇经济的发展、生产力水平的提高更使其变化巨大。解放前苏南乡村社区住宅以砖墙瓦屋为主,茅屋较少(仅占10%～20%);改革开放以来,许多乡村社区住宅已翻盖了多次,两三层楼房基本上成为苏南乡村社区住宅的普遍倾向(吴月静,1998)。20世纪80年代后期以来,别墅式院落和三四层楼房已屡见不鲜,室内装潢及布置也较为考究。

现代乡村社区聚落的变化也带来了一些负面影响,如一些村落盲目扩大建筑面积,弃老宅而寻基底面积较大的新宅地,使村落中心形成"空心”，造成了土地资源的粗放利用和极大浪费，也不利于乡村社区的繁荣。在现代乡村建设中，常将乡村发展简单地与具备高层建筑集群密布的城市外观特征划等的认识，给乡村发展营造了误区（冯健，1999），都有待于在乡村规划和建设中调整。

（2）小城镇发展与现代乡村社区聚落功能的变迁

现代苏南乡村社区的基础设施布局和服务功能得到加强，表现为由零乱分散到规模集中，由盲目主观到相对科学。近些年，苏南乡村掀起了中心村规划与建设的热潮，每个中心村实际上就是小城镇的缩影，相当于乡村地区的四级集镇，它为周围乡村社区提供服务，公用设施配套齐全，可以看做是小城镇对乡村社区聚落影响的结果。

（3）小城镇发展与现代乡村聚落体系的变迁

村庄和小城镇是农村聚落的两种主要形式，在一定地域范围内，村镇共同组成一个有机整体（金其铭，1989：28），即乡村聚落体系。苏南乡村聚落在演变过程中，根据其自然和历史人文基础，发生了功能的分化：一些区位优越、经济基础雄厚和发展历史悠久的村落成为乡村行政、生产、流通和文化娱乐中心，或逐渐演变为小城镇；一些村落则沦为单纯的农业地域，或趋于衰落。从总体上看，现代小城镇的空间扩展和对乡村人口、产业结构及生活方式的影响密切了城乡聚落之间的联系，也使乡村聚落服务范围发生变更。苏南乡村聚落体系日益趋于合理。

（4）现代小城镇规划及建设带动了乡村社区聚落规划水平的提高

小城镇规划的制定对乡村行政村的规划、中心村规划、工业小区规划及各种乡村土地利用规划等的编制具有指导作用，前者的水平和效应也直接影响着后者。尤其是在转型期间，乡村社区的发展面临着难以确定的随机因素，规划弹性大，一方面增大了规划的难度，另一方面也是乡村社区发展难得的机遇。如苏州工业园区的建设和规划就给周围乡村社区的发展带来了随机效应（冯健、刘庄，1999；冯健等，1998），它带动了乡村社区产业结构的升级和规划水平的提高。

5. 小城镇发展与现代乡村社区保障的健全

乡村社区保障涉及的面较广,如社区保险、社区救济、社区福利、优抚安置、社区互助和个人储蓄积累等都属乡村社区保障范畴,它们相互补充、各司其职,共同构筑起乡村社区安全网的完整体系。社区保险和社区福利是社区保障体系中的主要部分,前者包括社区养老、失业、医疗、工伤保险,后者包括社区福利服务业、便民利民服务业和乡镇企业职工管理服务业等。长期以来,对农民的社区保障多局限于救灾救济和优抚安置方面,缺乏能够覆盖乡村全体农民的社区保障项目和能够包容全部社区保障项目的乡村社区保障制度。

苏南现代城镇经济和农村经济的发展,一方面,使农民生活水平提高、农业经营风险增大、农村家庭结构小型化和人口老龄化趋势明显,从而使农民对乡村社区保障要求迫切;另一方面,社区保障作为一种政府行为,也需要寻觅多元化的投入主体和参与主体,小城镇及乡镇企业的发展正迎合了这种需求,使乡村社区有实力动员社会力量参与社区保障,并逐步形成乡村社区保障服务和管理的社会化格局。苏南农民已逐渐享有待业、失业、医疗、养老保险等方面的乡村社区保障,解除了农民中部分因放弃土地、多渠道创业而产生的后顾之忧,也在一定程度上减小了城乡差别、促进了乡村城镇化的发展。

四、现代小城镇建设与乡村社区发展展望

1. 小城镇发展与社会主义新农村建设

从20世纪80年代初期开始,小城镇发展被作为乡村发展的"大问题"、"大政策",主要是着眼于农业专业化、农村发展及农民的转移和致富。而十五届三中全会和九届人大二次会议上中央所提出的"发展小城镇,是带动农村经济和社会发展的一个大战略",则是源于现代实践已证明小城镇对于带动农村经济和社会发展以及扩大内需、促进国民经济健康发展具有十分重要的意义(胡必亮,1999),而且从某种程度上说,小城镇发展直接影响农村经济的可持续发展。2005年,中央在十六届五中全会提出建设社会

主义新农村,把建设社会主义新农村作为解决“三农”问题的总抓手,小城镇发展对于国家彻底解决“三农”问题无疑具有重要意义。

(1) 发挥小城镇建设与农业产业化的互动效应,使小城镇成为建设社会主义新农村的示范地

如前所述,农业产业化强调优化组合各种生产要素,把农产品的开发、生产、加工、销售等环节连在一起,形成有机结合、相互促进的现代农业组织形式和经营机制。小城镇建设为农业产业化所形成的各类农村专业市场、合作经济组织、龙头企业、商品基地和农业科技示范区提供了基地,而后者也将影响小城镇布局的优化、功能的完善和规模的膨胀,为小城镇快速健康发展打下坚实基础并带来活力(徐晓伟,1999),从而形成互动效应。如果说建设社会主义新农村是解决“三农”问题的总抓手的话,小城镇可视作建设社会主义新农村的示范地。

(2) 强调小城镇规划建设的“三集中”,促进乡村社区功能的调整

小城镇及其工业区被认为是农村工业化与城镇化同步发展的重要空间载体(国务院研究室课题组,1994:1～9)。现代小城镇规划与建设遵循“三集中”的原则,即农村人口向小城镇集中、耕地向种田能手集中、工业向园区集中。集中的结果主要表现在三方面。首先,原来分散在乡村社区的小企业可以复垦为耕地,一些旧的村庄在撤除合并中也能腾出大量耕地。苏南的大量实践已表明,通过土地整理增加了耕地,重新调整了乡村土地的利用布局和聚落结构。其次,耕地向种田能手集中则宜于规模经营,为推行农业产业化奠定了基础。再次,人口向小城镇集中,使乡村人口的活动和居住都面临调整,从而影响到乡村社区聚落的形态和功能。

(3) 以小城镇发展促使乡村社区第二、第三产业的发展

乡镇企业发展到现在,再依靠传统的“村村点火,户户冒烟”的发展模式,已难以适应竞争日益激烈的现代市场变化。小城镇作为城乡空间网络中的重要节点,应该在城乡产业体系的分工中承担一定的角色,积极连接到城乡产业网络中去(曾菊新,2001:131～132)。乡村工业的进一步发展客观上需要集中布局,并要求小城镇作为载体为其服务。小城镇建设的高涨

及其吸纳大量乡村劳力就业的现实,一方面改善了农民的生活质量,使农民可以享受城市人的生活方式与就业福利,并缩减了城乡差别;另一方面,其各种基础设施的发展和完善也为乡村社区第三产业的发展带来了活力。

2. 以科学的小城镇规划带动乡村社区规划水平的提高和乡村社区发展,并推动城乡一体化的实现

(1) 小城镇规划与乡村社区发展战略制定

小城镇的发展不仅仅是小城镇本身的问题,它也是周围乡村地域发展的增长中心和突破点。因此,小城镇规划应纳入区域范畴,应强调以乡村地域发展为着眼点,强调对乡村地区主导产业的分析论证和对乡村社区发展战略的制定。

(2) 小城镇规划带动乡村社区规划水平的提高

小城镇规划的编制要遵循客观规律,因地制宜地突出个性。在一些核心问题上,如功能分区、基础设施建设、小城镇性质定位、新老区衔接、环保和资源节约等方面更要体现出其科学性和高水平。科学的小城镇规划将带动乡村社区规划水平的提高,如对中心村、行政村规划、土地利用规划等都具有指导作用。

(3) 以科学小城镇规划的实施作为推动城乡一体化战略的先行军

在小城镇规划中,应该使城乡一体化的思想逐步有所体现。有学者提出中心镇区可采用离散式组团(街道办事处)布局,其间隔以大片开敞空间(农田、水面),使乡村城镇化、城市田园化、城乡融合为一体,虽然其有效性尚待检验,但不失为一种尝试(陆百甫等,1999)。以小城镇规划及实施作为城乡一体化的切入点和突破口,可操作性强,宜于见效。

3. 小城镇相关制度及政策改革与乡村社区发展

首先是土地利用与管理制度改革。当前,小城镇还普遍存在规划面积过大、占用耕地较多、土地成本过大、存在进城门槛以及如何合理解决进城农民的土地收益等问题(朱守银、张照新,1999)。实践证明,只有实现土地资源配置方式由单一的行政性征用向以市场配置为主的转变,才能达到利于乡镇企业集中、有效转移乡村人口、充分保护村集体和农民土

地权益的目的。

其次是户籍制度改革及配套措施。继续深化户籍制度改革,有效吸引乡村人口向小城镇集中,解决小城镇人口规模相对过小、居住分散而不稳定等问题。除此以外,还要重视与户籍制度改革相配套的其他方面的举措,如创造足够的就业岗位,使向小城镇迁居的农民不再为生计而担心,实现农民的职业转移与空间转移同步发展。

再次是小城镇投资融资方式的改革与完善。以往小城镇建设资金筹集渠道过于单一和政府投资方向不明确造成了小城镇建设资金的缺乏和基础设施的落后。只有建立政府、企业和个人共同投资的多元化投资渠道并明确政府的投资方向(如主要集中财力用于小城镇基础设施建设和维护),才能形成良好的投资和生活环境,促进小城镇建设迈上新台阶,并造福于乡村社区。

第八节　本章总结

本章以实证研究的手法,集中较多的笔墨探讨了乡村重构过程中的各种发展模式与发展经验。

20 世纪 90 年代以来,农业产业化发展模式在全国获得推广。由于经济发达地区农业产业化发育得更好,更具有典型性,因此,说农业产业化是经济发达地区乡村发展模式更有针对性。常见的农业产业化模式包括龙头企业带动型、专业市场带动型、中介组织推动型和科技推动型四种类型,不同地区也存在这些模式的变种。合理的利益分配机制保证了农业产业化模式的正常运行。

农业产业化模式本身就要求规模经营,因此,可以把农业专业化生产作为农业产业化发展的一个基本环节;也可以把专业化作为产业化发展的前奏,因为,很多地区的现代农业都是从发展专业化生产开始的。以欠发达地区作为研究对象,更容易发现农业专业化生产存在的问题。对于经济欠发达地区而言,盲目套用农业产业化模式并不能真正解决问题,但农业产业化经营早期的痕迹却普遍存在,使得我们不能脱离发达地区农业产业化模式的理论指导。结合新区域形象建设,形成以县城为主导的县域发展模式,可以充分发挥县城“区域焦点”的作用。多元化产业联动发展模式、能人富户带动发展模式、政府协调引导发展模式都是立足于欠发达地区自身基础而形成的、值得推广的乡村发展经验。

近年中国很多以人口流出为典型特征的经济欠发达地区的县城或城区出现低收入和高消费并存的现象。区域人口流动是形成人口流出区低收入高消费现象的关键原因,另外,特殊消费群体的带动、传统文化习俗也是重要的影响因素。庐江模式的理论意义在于,它表明即使是在经济欠发达地区,乡村系统经受了市场经济的洗礼已具备开放特征,依靠其自身力量,欠发达地区可以彻底打破计划经济遗留下的城乡二元分割,并实现城乡融合发展。

从 20 世纪 90 年代初期,河南、安徽、湖南、湖北等各地开始陆续出现进城务工人员回乡创业和就业的现象,即所谓的“回归工程”。这一现象与“民工潮”所造成欠发达地区人才外流、发展滞后正好相反,可以说在一定程度上对当地经济和社会发展起到积极促进作用。“回归工程”的意义在于,对于中西部人口众多、经济基础薄弱的欠发达地区而言,将成为其经济发展的最初资本积累和人才集聚的重要方式,有利于推动当地城镇化发展,缩小城乡和区域差距。

多层次城镇化分析,强调用不同的空间层次去解构地区的城镇化过程,以便更清晰地洞察城镇化的特征和发展动力,它提供了一个分析新时期中国城乡发展的综合视角。山东淄博市的实证研究表明,多层次城镇化模式随着转型期市场经济的日趋完善而出现,是在用单一模式难以反映和概括新时期区域城镇化发展特征的前提下,强调城镇化发展的多元化和多层次性。改革开放以来,在苏南等经济发达地区,小城镇在推动乡村社区变迁方面起到重要作用,乡村发展的“小城镇模式”或“小城镇经验”广泛存在。

第五章　空间规划：乡村形态与景观重构

空间或空间结构是一定时期的经济社会要素在土地上的投影，是人作用于土地利用的外在表现，空间自身具有生产特征和生产过程（冯健，2004:103）。从某种意义上看，空间可以视作城镇化的一种结果。其实，也可以把空间视作城镇化的一种动力，乡村空间与乡村城镇化之间可以互为表征、相互促进。规划主要是对空间的筹划和安排，通过规划所形成的乡村景观结构是一种理想的景观蓝图。通过这些景观蓝图，可以在一定程度上透射乡村的空间重构特征。20 世纪 90 年代以来，地理学者参与了大量的集镇规划工作。本章立足于大量的规划样本，从地理学的视角对各类型集镇的空间规划与景观结构模式进行理论上的总结，也对建设社会主义新农村背景下村庄规划提出看法，力争从空间上透视乡村重构过程。

第一节　大型集镇规划与空间重构

一、研究思路与研究样本

改革开放以后，中国的集镇规划工作得到广泛开展，并日益显示出对指导乡村发展与建设的重要性。20 世纪 90 年代以来，集镇规划一度达到高潮，尤其是在经济发达地区，几乎所有乡镇都对集镇规划的作用引起重视，充分认识到集镇建设必须要依靠规划引导，甚至有的乡镇已开展过多轮的规划工作。

从参与规划编制的学科来看，主要是建筑学（城市规划）和地理学（经济地理学)。建筑学出身的规划工作者善于微观层次规划和实体景观的具体操作;而地理学出身的规划工作者擅长总体规划、区域规划和宏观发展战略的研制(董黎明、陶志红,2000)。大量的规划实践有待于从理论上进行总结。另外,当我们回顾改革开放以来中国小城镇领域的研究状况时会发现:一般性研究居多,具体性研究偏少;总论性研究居多,专题性研究偏少;散论性研究居多,系统性研究偏少;有一定的技术研究,但理论提炼更为缺乏(冯健,2001)。具体到集镇规划方面,上述缺陷就更为突出了。尤为难得的是,地理学长于归纳共性和理论总结的传统,为系统地总结 20 世纪 90 年代以来的集镇规划实践和开展集镇规划理论研究提供了条件。

正是基于以上背景和思路,从本节开始,拟运用地理学的理性思维对大量的各种类型的集镇规划实践进行总结,以期从集镇空间规划的层面来反映乡村空间重构的某些特征以及主要方式。需要强调以下两点。其一,由于集镇规划包含的内容较广,本书重点强调空间规划,即总体规划中除工程规划以外的部分。具体而言,主要探讨集镇规模性质定位、主导产业选择、主要用地布局、功能结构布局与景观空间、交通规划及集镇空间形态等方面,而对于难以提炼一般性规律、纯技术性的工程规划和详细规划基本上不予涉及。其二,由于多数规划是 20 世纪 90 年代开展的,因此对集镇规模的划分主要参考当时的标准。1995 年江苏建制镇的平均人口规模为 6 911 人,非建制乡集镇平均人口规模为 2 715 人[①],考虑到集镇的平均人口规模并参照大量的集镇规划样本,把现状人口 8 000 人以下的集镇作为中小型集镇,把现状人口 8 000 人以上的集镇作为大型集镇。

本节讨论大型集镇规划与空间重构,选取了苏南地区的六个集镇规划样本,包括了张家港市妙桥镇、张家港市锦丰镇、苏州工业园区唯亭镇、常

---

① 江苏省建设委员会:《村镇建设统计年报(1995)》,1996 年。

熟市梅李镇、武进市横山桥镇和江阴市华士镇(图 5—1)[①]。大型集镇是苏南乃至江苏普遍存在的一种集镇类型。与功能布局相对简单、集镇形态大多为集聚式、团聚状或条带状形态的中、小型集镇相比,一个大型集镇规划后的面貌更类似于一个小城市,其内部功能结构与用地布局相对复杂。本节的六个样本集镇的现状人口与用地规模、集镇地位等详见表 5—1,它们基本上涵盖了苏南大型集镇中的各种类型,具有一定的代表性。

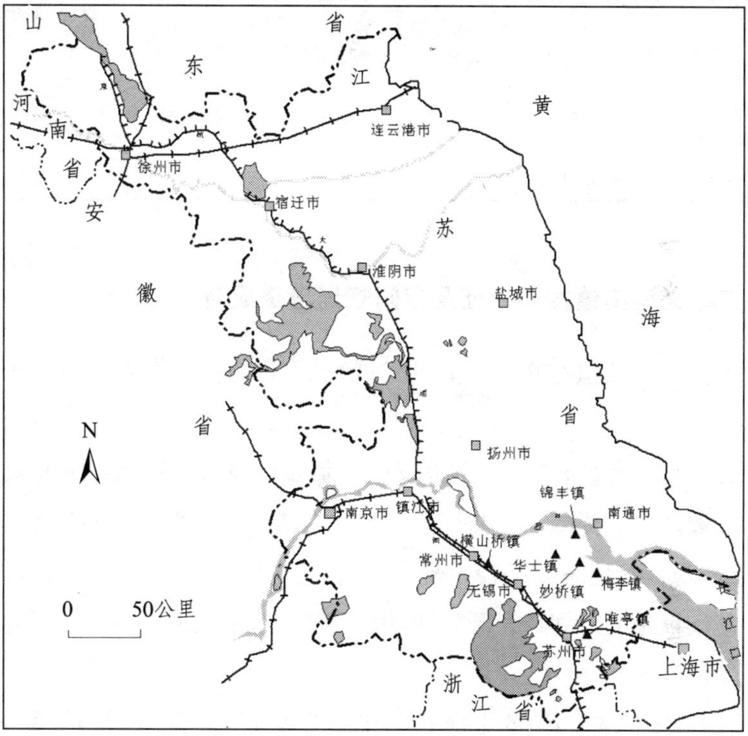

图 5—1　苏南六个大型集镇研究样本的区位

注:按调查时的行政区划。

---

① 各样本集镇的规划期限如下:张家港市妙桥镇为 1995(现状)～2000(近期)～2010(远期);张家港市锦丰镇为 1997～2000～2010;苏州市工业园区唯亭镇为 1998～2002～2010;常熟市梅李镇为 1998～2005～2020;江阴市华士镇为 1994～2000～2010;武进市横山桥镇为 1995～2000～2010。

表5—1 苏南六个大型集镇样本现状人口、用地规模与集镇地位

集镇名称	所属市县	现状人口（万人）	现状建设用地面积（公顷）	人均建设用地面积（平方米/人）	集镇地位
妙桥镇	苏州张家港市	1.0	111.5	115.50	一般集镇
锦丰镇	苏州张家港市	1.7	183.3	107.80	中心集镇
唯亭镇	苏州工业园区	1.328	103.89	78.18	工业园区配套建设服务基地
横山桥镇	常州武进市	1.9	222.74	117.23	中心集镇
梅李镇中心镇区	苏州常熟市	1.274	199.16	156.30	中心集镇
华士镇	无锡江阴市	1.6	249.67	156.04	中心集镇

二、大型集镇发展特征及空间规划思路应对

苏南大型集镇存在许多共同发展特征，各特征应有对应的空间规划思路。

(1) 苏南大型集镇经济发达，大、中城市的技术转移和经济要素扩散对其发展产生重要影响；同时，苏南大型集镇地处江苏省乡村经济发达地区，集镇与乡村地域联系较为密切，二者的发展常互为促进。因而，要求各种基础设施的规划具有开放性，为集镇与上、下级地理单元之间的交流和联系创造便利。

(2) 苏南一些城镇的土地利用往往热衷于向外扩展或另辟新城，而忽视对旧城的改造利用，导致闲置土地所占份额较大，如一般占城镇总面积的5%～8%，有的高达35%(刘彦随、鲁奇，1998)，这在大型集镇中尤其突出。从而要求在集镇规划中要因地制宜地选择合理的功能与景观结构模式，恰当地处理好集镇改造与开发的关系。

(3) 在20世纪80年代，苏南大型集镇的空前发展很大程度上归功于乡镇企业的异军突起(傅小锋等，1997)；而90年代以来，苏南大型集镇

的产业逐渐呈现多元化发展趋势,许多集镇的商业及各种服务业发展推动了集镇发展。这种现实不仅对规划中集镇主导产业选择和性质定位提出更高要求,同时也要求不同种类建设用地布局乃至同类用地内部各亚类型用地布局必须有所侧重。

(4) 苏南大型集镇发展历史悠久,集镇规划工作开展较早,许多集镇建设面貌更像小城市;但是经历过 20 世纪八九十年代集镇发展和建设的高潮之后,苏南大型集镇亟待寻求新的发展契机。显然,在规划中不失时机地尝试一些新的规划理念和方法正是顺应了这种需求。

三、大型集镇空间规划与景观结构模式

1. 集镇规模预测、性质定位与主导产业选择

(1) 人口规模预测

由表 5—1 可见,六个集镇现状人口规模均较大,均超过 1 万人,像中心集镇锦丰镇和横山桥镇则接近 2 万人。苏南大型集镇发展的历史积累往往较长,一般都拥有良好的区位条件和相对雄厚的城镇经济基础。考虑到集镇发展的要求及规划期内人口增长的可能性,一般规划的人口规模也相对较大。如样本中六集镇远期规划人口基本上都超过或等于 3 万(表 5—2):妙桥、唯亭两镇非中心集镇,远期规划人口在 3 万;而四个中心集镇——锦丰镇、横山桥镇、梅李镇中心镇区、华士镇的远期规划人口均超过 3.5 万(后两镇达到 4.5 万)。华士镇人口远期规划到 4.5 万,主要是考虑到:①闻名中外的全国十大明星村之一——华西村位于集镇西侧,未来集镇势必要分担部分华西村的流动人口;②华士镇人均耕地 0.042 公顷,低于江阴市人均 0.046 公顷的平均水平,是全市人均耕地较少的集镇之一,因而农村剩余劳动力的压力较大;③集镇工业发展迅速,具有吸收农村剩余劳动力的能力。梅李镇中心镇区人口规划到 4.5 万,缘于:①作为区域性中心集镇,梅李镇有条件建成为人口大镇;②在新的行政区划调整落实之后,梅李镇和原赵市镇、珍门镇三镇合并,新的梅李镇镇域面积及镇域人口规模的扩大势必导致区域增长中心梅李镇中心镇

区人口的大幅度增长;③新梅李镇镇区三大片区之间实行不同的规模政策,“适度发展赵市片区,控制发展珍门片区”必然导致中心镇区人口规模的成倍增长。

表5—2 苏南六个大型集镇样本的人口与用地规模规划

	近期人口(万)	远期人口(万)	近期用地(公顷)	远期用地(公顷)	近期人均用地(平方米/人)	远期人均用地(平方米/人)
妙桥镇	1.9	3.0	235.0	389.1	123.7	129.7
锦丰镇	2.2	3.8	222.0	373.0	100.9	98.2
唯亭镇	1.5	3.0	148.85	293.59	99.23	97.86
横山桥镇	2.5	3.5	476.21	629.54	190.48	179.87
梅李镇中心镇区	2.0	4.5	291.47	536.92	145.73	119.32
华士镇	3.0	4.5	360.00	585.00	120.00	130.00

(2) 用地规模的规划

从用地规模上看,四个中心集镇的现状用地规模都超过180公顷,两个一般集镇都是100公顷多一些。相关研究表明,西方国家的经验是城镇人口规模在3万～5万之间,最能充分发挥小城镇的集聚规模效应(李富阁,1999:60),按江苏村镇规划标准对规划期末人均用地(100～120平方米/人)的要求标准折算,比较适宜的城镇用地规模应在300～600公顷。当然,一方面,集镇的规模既不可一概而论,也无统统做大的必要(冯健,2000;冯健、张小林,2000),关键在于因地制宜;另一方面,苏南大镇中的重点镇或区域性中心集镇倒有挑战规模的需要,而编制集镇规划正是一次难得的机遇。因而,在六个样本集镇中,除唯亭镇以外,其他集镇远期规划用地均超过300公顷,重点镇梅李镇中心镇区、横山桥镇和华士镇超过500公顷。总体而言,对于苏南大镇中的中心镇和重点镇,结合其发展实力和未来发展的可能性,人口和用地规模可以适当向上浮动。

(3) 集镇性质定位与主导产业选择

苏南大型集镇往往拥有特色产业或特殊发展环境,因而在确定集镇发展的主导产业方面并不困难,主要是要充分考虑集镇发展的区域环境、经营传统及所面临的新的机遇,并在集镇性质中做出恰当表述。如唯亭镇的集镇性质定位为“全镇经济与社会发展中心,苏州工业园区配套建设的服务基地”,就是充分考虑到集镇临近苏州工业园区这一特殊发展环境。不论是从镇区阳澄湖环境将成为苏州工业园区旅游发展和休憩开发基地的角度,还是从特色农业使集镇成为苏州工业园区副食品供应基地的角度,唯亭镇都将担当为园区配套服务的基地。再如张家港市的妙桥镇,近年不失时机地将其工业优势转化为商业优势,建设了全国最大的羊毛衫专业市场——妙桥中国羊毛衫商城。由于商业优势,“现代化的商业城镇”这一职能必然是妙桥镇性质定位的重点所在。

苏南大镇多拥有悠久历史,长期作为区域重镇,这种区域地位无论是对集镇性质的定位还是对集镇发展规模的确定都具有指导意义。如拥有数千年历史的江南文化名镇——梅李镇,自古就有“东乡十八镇,梅李第一镇”之称;从现状来看,梅李镇经济位居常熟市前列,是重点发展的骨干镇,而且常熟市总体规划已将其列为市域二级城镇,历史渊源加上现实基础奠定了梅李镇在市域东片的中心地位。故“江苏省历史文化名镇,常熟市域东部的中心镇”这样的表述出现在梅李镇性质定位中是比较适宜的。

2. 集镇路网设计与交通规划

即使是苏南大镇,虽然经济实力较强、建设步伐较快,但现状集镇的道路大多不成网络。路网与交通规划的一些关键环节处理如下。

(1) 主次干道及路网的设计

在道路红线宽度方面。按村镇规划标准,集镇一级道路在24～32米,二级道路的红线宽度在16～24米,三级则在10～14米;当大型中心镇规划人口超过3万人时,其主要道路红线宽度可突破32米的限定。样本中的各大型集镇,规划人口至少3万人,道路的红线宽度大多有所突破。如梅李中心镇区规划一级道路宽30～36米,二级宽18～24米;锦丰镇区规划一级道路宽28～47米,二级宽20～25米;一般性集镇唯亭镇和妙桥镇(规划人口3万人)在大镇中属规模稍小一些的类型,一级道路红线宽度尚未突破30米。

在道路的组合及其功能设计方面。主干道既要穿越集镇的繁华地段、使主要公建项目沿路布置,又能将镇区与对外交通道路有效连接,还要将主要功能分区有效分隔。次干道一般与主干道相间布置并相互衔接,使道路分布相对均匀,并担负起各功能区之间的有机联系。主次干道即已基本构成镇区路网主框架,如梅李镇中心镇区一级干道的"三横三纵"格局和二级干道的"三横四纵"格局已形成合理的镇区道路网络。主干道、次干道和支路,既能自成体系,又能互相协调,共同构成镇区完整而合理的道路系统。

(2) 街巷小道的改造、规划和交通设施的规划布局

苏南大型集镇老区建设基本定型,其内部交通条件的改造要将现状街巷纳入集镇整体规划,拓宽改建窄小道路,提高支路路网密度,重点解决异形交叉口等交通卡口地段,使老镇区能够达到机动车运行通畅,以全面带动老镇区的改造。

交通设施规划布局的关键是要依照集镇发展的需要和用地发展情况适宜地设置交通设施。妙桥镇规划的停车场多达五处,每个面积都在0.2~0.5公顷,在这五个停车场中,有一个作为集镇西部工业区之用,其余四个均布置在商业区,为全国最大的羊毛衫商城提供配套服务设施。锦丰镇也根据不同环境,分门别类地规划四处停车场,切实满足镇区行政机关、市场、文化中心及医疗设施等主要公共建筑的停车需要,并且对于现状缺乏停车场但又必需的情况,采取逐步改造、辟出专用停车场的办法。

(3) 多种对外交通方式的综合规划

苏南大型集镇历史上往往因为拥有优越区位而发展起来,这种区位常是水陆交通便利之处,到了现代更形成多种交通方式汇聚一起的局面,应巧妙地将其融入集镇规划并有效地转化为集镇发展的动力。如梅李镇中心镇区,其周边既有高速公路、省道,又有铁路和水路,在规划中考虑在适当地点设立互通式立交,对于封闭式的交通过道则严格控制其沿线两

侧用地并使其与镇区道路合理衔接,对市域规划中的铁路选线与集镇的关系作科学论证,并作适当的微调,利用镇域航道、加强管理和充分挖潜以发挥水运优势,从而通过多种对外交通方式的综合规划,将诸交通条件切实转化为集镇发展动力之一。

3. 集镇公共用地规划布局的特色与要领

(1) 公共用地的规划布局要有侧重点,切实保证规划的可操作性

大型集镇公共用地的规划布局要有侧重点,不仅表现在各类公共用地布局的地段选择方面,而且同一类公共用地的内部各类型之间也要有所侧重。大型集镇规划还要强化近期与远期建设的有机结合,切实保证规划的可操作性。

如就行政管理用地而言,一般都考虑重点布局在集镇新区或窗口地带,而且要保证其近期就要建设,从而以乡镇政府的建设及其他重要办公设施的建设带动规划的实施,才能保证规划的可操作性。另外,对于行政区划调整后的乡镇,由于管理范围和办公机构均发生变化,要注意其办公用地规模的变化与重新选址的合理性。如,梅李镇经三镇合并后,镇政府驻地仍选在中心镇区,行政管理用地的面积适当有所增长。再如,在居住用地的规划布局方面,苏南大型集镇的居住用地相对复杂一些,一般要分成几个等级进行开发,普通商品房开发和自筹开发类型对地段位置的要求不高,而高档住宅类型则要求在景观优美且交通便利的新区,有时还要依地形地貌条件,选择在近水、近山、近大型绿地位置,才易于增加对富裕人口居住的吸引力。

(2) 本着"以人为本"的规划理念,规划始终要贯穿人文关怀

在苏南大型集镇规划中,本着"以人为本"的规划理念,把为人的生活需求提供便利作为一根主线贯穿在公共用地规划布局的始终,让规划充满着人情味和对人的关怀。

"以人为本"是近年来规划界所倡导的一种新的规划理念,"以人为本"的关键还是要落实到具体的规划措施上来。举例而言,在教育机构的设置方面,要考虑到各类学校的服务人口与服务半径,按照国家的规划标

准进行配置,所以规划后的苏南大型集镇往往具有多所中、小学和幼儿园,如妙桥镇规划建设两所中学、三所小学和十所幼儿园。

在苏南大型集镇规划中,文体科技用地的功能常常规划得更细,也是基于“以人为本”的规划理念。如锦丰镇规划新增两块文化用地,一处用于安排文化馆等娱乐设施,另一处则用来布置图书馆、展览馆等建筑;近期还要新建一座占地 1 200 平方米的综合型室内水上游乐中心。在梅李镇中心镇区则采取以下措施:①保留现状文化中心,用作博物馆、展览馆等;②新规划一处体育中心用地,配置标准运动场、室内球场、游泳池等设施,用于举办体育活动、大型群众集会和开展健身活动;③新规划一处文化设施用地,集影视、舞厅、农民活动中心、科技培训中心、青少年活动中心等为一体;④另规划若干小型的文化设施,如录像厅、书报亭和图书室等,可随居住和商业用地灵活安排。

另外,在苏南大型集镇规划中,出于需要布置两处以上集市贸易设施用地,使各贸易市场之间存在合理的功能分工,巧妙地化解近期利益和长远利益之间的矛盾;布置一处或多处公园、休闲娱乐场所,结合绿化用地与道路网络布置若干广场,不囿于追求经济效益而忽视社会效益的短见,无不是出于“以人为本”的规划理念。

(3) 突出与主导产业发展相配套的建设用地规划特色

多数苏南大型集镇以工业作为主导产业,其工业发展基础较好,在工业用地规划上,面临比其他类型集镇更为严峻的挑战。

首先,集中布局仍是苏南大型集镇工业规划的主体思路,规划中一般都新辟有工业小区并把其作为镇域今后工业集聚的主要地段。同时要注意工业内部的分类集聚问题,把同类的企业在地域上尽量集中,从而有利于生产协作和管理。

其次,苏南大型集镇工业面临着用地置换与搬迁问题,对于现状效益较差、设备简陋、不成规模,对居住环境影响较大,占据中心地段而难以体现城镇土地的级差效益,不利于集镇发展等类型的工业,均需搬迁、进行用地置换。

再次，苏南大型集镇工业发展方向应在规划中明确：到底以发展什么方向的工业为主？是农产品加工业还是服装加工业？是以高新技术产业为主还是以配套工业为主？工业小区主要是集聚镇域乡村工业、吸引外界投资办厂还是接收邻近大城市的搬迁企业？只有方向明确了，才便于安排规划应对措施。如唯亭镇定位为重点接收苏州工业园区迁出企业，力争形成具有一定规模、与园区配套的现代产业基地；而梅李镇则强调依靠区位优势优先发展高新技术企业。

对于不以工业作为主导产业的集镇必须突出规划特色。如妙桥镇把商贸定为主导产业，市场贸易用地的比例自然加大。除在镇区中心和镇区西片新建农贸市场外，原羊毛衫商城以东、以南的大片土地均被辟为商贸用地，并配以相应的广场、公共绿地、停车场、市政设施、辅助商业等设施，从用地结构上完善羊毛衫商城的功能。规划同时注重妥善解决商城内各市场之间的功能分工、建筑风格、交通组织、休憩场所、开放空间等一系列问题，开辟完善步行系统，处理好车流与人流的分离，组织好地块间的联系。

4. 功能布局与集镇景观结构模式

集镇规模大，易造成内部结构复杂、布局相对分散和个别功能区的集中状况不明显。在苏南大型集镇，由于规划中布置多处中小学，大多集镇的文教机构相对难以集中；工业区一般也都是分为现状和开发新区两大片，这是普遍现象；休憩用地除了建有大型游园外，一般也是分散在集镇各处；居住用地有可能集中，也有可能被分割成几大片。所以，大型集镇的功能分区同中小型集镇分工明确的功能结构布局存在较大差别。经过分析，发现六个样本集镇空间规划的功能布局与景观结构符合四种模式。

(1)“同片紧凑型”功能布局与景观结构模式

在样本集镇中，锦丰镇各类用地的规划布局比较集中，功能分区相对明显，各功能区组合紧凑，共同组成一个有机整体，属典型的“同片紧凑型”景观结构模式（图 5—2）。这种紧凑的布局方式，在同一片内容易做到集镇建设与功能分工的主次分明，利于生产和服务的协作配套，也能最大限度地减少工业区对生活区的干扰和污染。

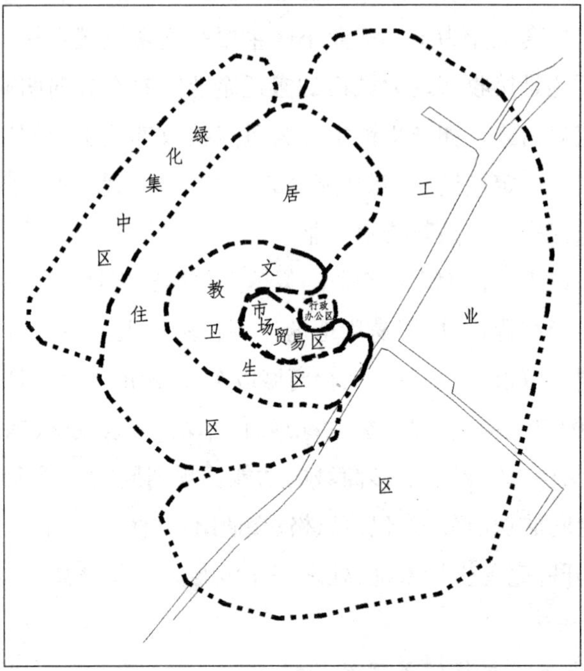

图 5—2 锦丰镇"同片紧凑型"功能布局与景观结构模式

(2)"同片分散型"功能布局与景观结构模式

妙桥镇属"同片分散型"景观结构模式(图 5—3)。这种模式的典型特征是各功能区被分割成多片并穿插布局。其优点是能方便居民的生活及其对各种服务设施的利用;缺点是易造成布局的零散和混杂,特别是工业区穿插在生活区、文教区之间,易造成干扰和对居住环境的破坏。华士镇规划亦属此种类型。

(3)"同片双中心型"功能布局与景观结构模式

梅李镇中心镇区的规划属"同片双中心型"景观结构模式(图 5—4),盐铁塘基本上把镇区分成两个部分(即图 5—4 中的 A 系列和 B 系列),每个部分又有其自身的各种功能区。这种景观结构模式的优点是有效地解决了大型集镇内部的联系,便于居民生活和对各种服务设施的使用,而且建设的时序与主次关系分明,易于操作。它往往以一边为主,另一边为辅;一边为开发新区,另一边为改造的老区;两边规划与建设的侧重点也不相同。其缺点大致同“同片分散型”,尤其是工业用地被分割得七零八碎。当然,如果两边都能采取“紧凑型”的结构布局,效果会更好。横山桥镇也属此种类型。

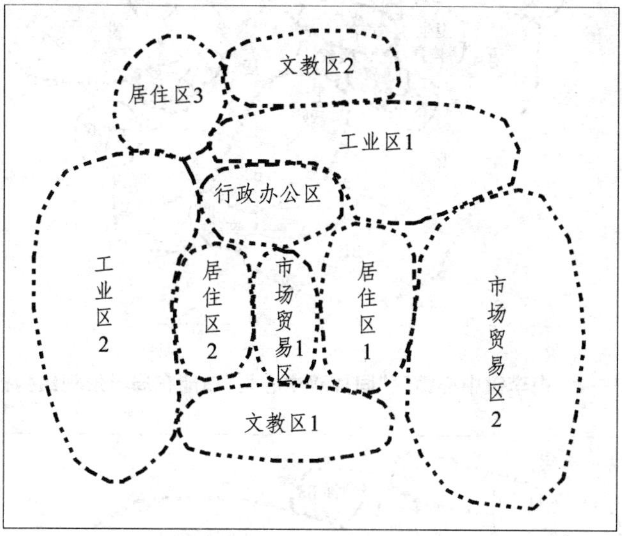

图 5—3　妙桥镇“同片分散型”功能布局与景观结构模式

(4) “双片组团型”功能布局与景观结构模式

唯亭镇的规划属“双片组团型”景观结构模式(图 5—5),娄江和青秋浦“丁”字形交叉的河道地形以及交叉口左边归属苏州工业园区领地的现实状况,再加上集镇东北有沪宁高速公路的屏障作用,使集镇用地发展被分割成两大组团(即图 5—5 中的 A 系列和 B 系列)。本模式的优缺点大致同“同片双中心型”,像唯亭镇区的两片基本上相连,还算不上是十分典型的分片组团式布局,如果两片之间不相连,还需在规划中加强两片之间的联系。

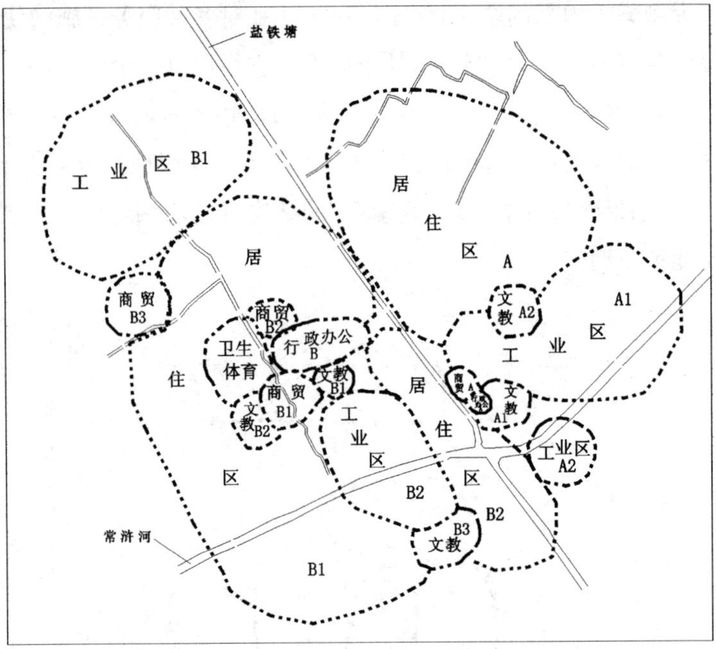

图 5—4 梅李镇中心镇区"同片双中心型"功能布局与景观结构模式

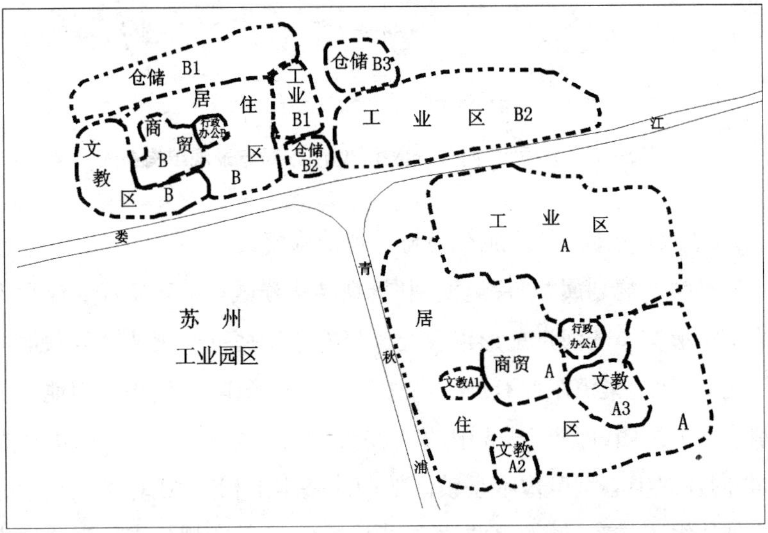

图 5—5 唯亭镇"双片组团型"功能布局与景观结构模式

四、小结与讨论

1. 苏南大型集镇规划中改造与开发的关系

苏南大型集镇,老区建设基本上都已形成相当规模,在集镇规划中不可避免地要遇到如何协调老区改造与新区开发之间关系的问题。新区一般都建成为集镇的窗口和主要繁华地带,代表集镇新的城镇风貌;老区则是展现传统城镇风貌的主要地段,一般集中了大量的居住建筑用地,故其改造是改善集镇人居环境的重要组成部分。所以,在集镇规划与建设中,新区开发与老区改造应是并列的关系,不可偏废任何一方。从居住环境的建设方面来看,老区原居住用地一般要保留,但要迁出影响居住区环境的工业用地,注重密集区基础设施、卫生条件和绿化面积的提高,做到分期改造;新区住宅建设则应统一规划、集中成片发展,尽可能以街坊为建设单位,按照现代化居住区的要求,建设多层公寓式住宅,控制低层、独立式住宅的建设比例。值得注意的是,在老区的改造中,要注重对文物古迹、古树名木和传统风貌的保护,不要因改造而造成新的破坏。如梅李镇中心镇区的规划中,就专门制定了保护规划,提出详细的保护措施,颇见成效。

2. 近期建设规划与集镇空间形态演化的时序

苏南大型集镇的近期建设规划须引起足够重视,因为只有合理确定规划分期,才能确保集镇规划建设的可操作性,从而保证集镇空间形态的有序演化。有几点要加以强调:其一,集镇近期建设规划要密切结合集镇现状建设基础,考虑到规划集镇的功能与景观结构类型,合理确定近期建设项目及其布局;其二,结合集镇自身的特点,探索不同的规划引导方法,如有的集镇规划中专门设计了"城镇设计引导"部分,将近期建设项目与城镇设计引导有机结合,对若干重点项目设计具体的建设引导方案,可操作性强,不失为促使集镇向规划空间形态有序演化的有效方案;其三,要结合集镇的融资渠道与建设启动资金来源等,设计集镇近期建设规划,因而在基础资料调查期间,就应对集镇建设的资金来源、融资渠道等着手调查、研究,尤其是近期建设中一大批重点项目的建设更需要大量的启动资金,如果资金不到位,再详尽的规划方案也不过是一纸空文。

3. 山水集镇规划理念的尝试

所谓的"山水城市",就是要建设一个宜人的居住环境,实现人、自然、城市的和谐共生与持续协调发展,把整个城市建成为一座超大型园林(鲍世行、顾孟潮,1996:1～10)。山水城市强调良好的环境质量,通过植物造景、建造相当面积的绿地并使其合理布局,将自然纳入城市,使城市景观呈现城市建筑美与环境美相融合的特征,实现城市的园林化。我们关心的是集镇有没有可能建成为山水集镇或生态集镇?山水集镇能否成为农村集镇规划、建设的一种全新模式?其实,与城市相比集镇与乡村的自然环境更为接近,将自然环境融入集镇的规划、建设之中更易于操作和见效。一方面,苏南属水乡泽国的吴文化区域,众多集镇依山近水,有建设山水集镇的条件;另一方面,苏南大型集镇经济实力普遍较强,有建设山水集镇的经济保障。

如横山桥镇依托其优越的自然环境、荟萃的人文景观及雄厚的经济基础,与旅游业发展相结合,在规划中尝试运用山水集镇的规划理念,虽然存在不尽如人意之处,但仍不失为一种有益的尝试,它为苏南大型集镇新规划模式的探索及生态环境的改善起到表率作用。

第二节　中小型集镇规划与空间重构

一、研究思路与研究样本

与大型集镇相比,中小型集镇功能布局相对简单,集镇的形态大多数为集聚式或团聚状形态;在受交通条件影响较大的地区,集镇沿交通干线布局可能导致条带状形态;比较少的集镇为分散组团式布局。中小型集镇作为平原地区上一种广泛存在的集镇类型,有必要对其空间规划和空间形态模式进行总结,以便从规划层面上来反映这一类型集镇空间重构的特点。

作者收集了大量江苏省中小型集镇的规划样本,从中选出十个作为本节研究样本,它们都属于苏中、苏北的中小型集镇,规划多是1995年以后开展的。具体样本包括:南京江浦县的桥林镇、浦口区的盘城镇、六合县的八百镇,盐城盐都区北蒋集镇,南通通州市的西亭镇、姜灶镇、十总镇和北兴桥镇,扬州市邗江县的蒋王镇和运西集镇(图5—6)。

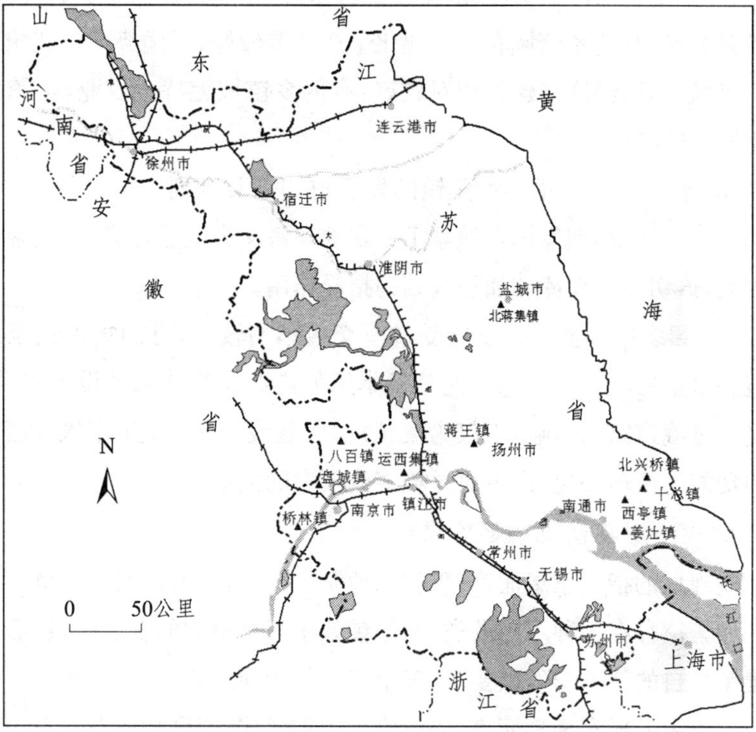

图5—6　江苏十个中小型样本集镇的区位

注:按调查时的行政区划。

二、中小型集镇发展特征及规划思路应对

1. 苏中、苏北中小型集镇的发展特征

(1) 集镇人口的现状集聚规模相对较小,集镇分布密度相对较高,集

镇及其乡村腹地经济相对落后。样本集镇的现状人口规模都在 8 000 人以下,最小规模的集镇只有千余人。中小型集镇分布密度相对较高,大约四五十平方公里会分布有一个集镇。与大型集镇相比,广大的中小型集镇经济相对落后,其乡村腹地发展也相对滞后。

(2) 中小型集镇发展状况分化较大。从区位条件上看,位于城市郊区的集镇,发展条件相对较优,集镇经济条件也相对较好。从农业的产业化经营上看,有的乡镇域农业专业化生产开展较好、有优势产品和相对稳定的市场,集镇经济与建设相对较好;有的乡镇域无特色农业,集镇发展与建设比较滞后。

(3) 转型期广大中小型集镇的发展迫切需要规划。20 世纪 90 年代以来,广大的中小型集镇在积累了一定的经济实力之后,集镇建设幅度有所加大,迫切要求发挥和加强规划的指导作用。

(4) 很多中小型集镇发展受过境交通影响较大,有的集镇甚至沿过境道路呈条带状布局形态。尤其是集镇的商业设施和基础设施布局,过于受到过境道路的影响,不仅为集镇规划、建设带来一定的困难,也使集镇的功能趋于单一化,产生对过境客流较大的依赖性。

2. 中小型集镇规划思路应对

就规划的指导思想而言,重在因地制宜、因时制宜。因为数量广大的中小型集镇存在各种不同的类型,集镇处于各个不同的发展时段,需要依据集镇各自的特点与发展要求,确定规划的指导思想。

就集镇的形态规划而言,一般应采用集聚式、团聚状形态。对于现状沿交通干线布局的集镇,规划中必须加以调整,妥善处理好集镇与过境公路和对外交通的关系,彻底改变传统的长条状布局形态,将集镇尽量规划为团聚状形态。一般而言,不宜采用组团式布局,因为毕竟集镇的规模较小,设施布局相对简单,组团式发展不仅容易导致集镇粗放的土地利用,在现有经济实力条件下,反倒对居民生活造成不便。如果集镇新老区有一定间距,非用组团式不可,也要尽量缩短各组团之间的距离,尽量减少组团的数量。

苏中、苏北的广大中小型集镇,往往处于长期缺乏规划指导集镇建设的局面,基本上都是采取见缝插针式的建设方式。现状集镇内部也因缺乏治理而使坑塘沟渠污染严重。许多小规模工业散乱而随意地分布在集镇内部,不仅破坏了集镇的整体形象,而且严重影响到生活区的居民。因此,集镇规划总的原则首先应强调建设宜人的居住环境,既要使规划布局合理又要有利于生产和生活;其次才可把重点放在规划如何切实促进集镇发展上。许多中小型集镇毕竟经济实力有限,在条件许可的情况下可以尝试发展规划与空间规划合一的做法,使集镇规划既能指导集镇建设又能寻找到集镇发展的突破口。

就规划手法而言,应该综合发挥规划师的各种素养,结合具体集镇的情况尝试各种不同的手法,敢于突破、勇于创新,才能不断丰富中国集镇规划实践,完善集镇规划理论。

三、中小型集镇空间规划与空间形态重构

1. 集镇规模预测、性质定位与主导产业选择

(1) 集镇规模预测

样本集镇中,既有地方性中心集镇,又有普通的乡集镇,还有大城市郊区的集镇,具有一定的代表性。这些集镇的现状人口一般不超过8 000人,相对而言,中心集镇的人口规模比一般集镇要大,小集镇人口有的只有1 000～2 000人(表5—3)。从集镇现状建设用地上看,中心集镇的面积相对较大,有的超过100公顷,如蒋王镇;除几个较小规模的集镇外,一般的集镇面积都超过40公顷(表5—4)。

从规划结果来看,中心镇的人口规模除十总镇外基本上都超过1.5万人,八百镇超过2万,建设用地规模除十总镇外均超过150公顷,八百镇超过200公顷。对于一般集镇而言,绝大多数中小型集镇的远期人口规模都在1万～1.6万,用地规模多在100～180公顷。

表 5—3 苏中、苏北十个中小型集镇人口规模的现状、预测和集镇地位

	人口规模单位	现状	近期	远期	集镇地位
桥林镇	万人	0.5	1	1.7	中心集镇
盘城镇	万人	0.3	0.8	1.1	一般集镇
八百镇	万人	0.74	1.24	2.01	中心集镇
北蒋集镇	人	7 306	8 650	13 500	一般集镇
西亭镇	人	4 997	9 318	17 000	一般集镇
姜灶镇	人	7 039	8 599	13 600	一般集镇
十总镇	人	3 858	6 500	12 500	中心集镇
北兴桥镇	人	2 565	6 100	10 100	一般集镇
蒋王镇	人	7 597	8 900	15 727	一般集镇
运西集镇	人	1 490	6 600	12 500	一般集镇

表 5—4 苏中、苏北十个中小型集镇用地规模的现状及预测

	用地规模单位	现状	近期	远期	集镇地位
桥林镇	公顷	66.37	108.28	159.58	中心集镇
盘城镇	公顷	24.8	98.6	108.2	一般集镇
八百镇	公顷	72.2	115.9	201.5	中心集镇
北蒋集镇	公顷	44.83	87	132.62	一般集镇
西亭镇	公顷	44.64	116.8	175.92	一般集镇
姜灶镇	公顷	75.37	95	154	一般集镇
十总镇	公顷	46.30	70.00	132.24	中心集镇
北兴桥镇	公顷	23.12	68.5	107.32	一般集镇
蒋王镇	公顷	144.67	154.58	169.85	一般集镇
运西集镇	公顷	51.33	87.82	143.75	一般集镇

(2) 集镇性质定位

集镇性质定位应突出以下三个方面。

首先,明确集镇是否为区域性中心集镇,集镇是否拟建中心集镇或有没有建成为中心集镇的潜力。只有明确集镇的地位,才能对其人口规模或用地规模的规划起到指导作用。一般而言,中心集镇的人口规模可适

当向上浮动,主要考虑到集镇未来人口的机械增长率增大和不断增多的流动人口的原因。如果属拟建或有潜力建成中心集镇的情况,要对这种潜力做充分的调查和分析,只有在确认的情况下才能写入集镇性质。“建成为区域中心集镇或重点集镇”并非一个时髦的口号,必须尊重客观实际。

其次,要综合考虑集镇以外的城市和区域发展背景,并用以指导本集镇规划,避免就集镇论集镇。盘城镇是南京市浦口区的一个普通集镇。如果仅着眼于集镇自身,镇区虽集中了十几家商业网点,但商贸尚不能够成为集镇的主导功能。如果着眼于整个南京市,则情况大不相同。南京市总体规划曾提出浦口区盘城镇、沿江镇等将作为大厂区、高新区的生活服务配套基地(南京市规划局,1990),再加上盘城镇在区位及现有基础等方面拥有一定的优势,商贸完全可能成为集镇规划期内的主导功能,故其镇区性质定位为“以商贸为主体的镇域政治、经济和文化中心”。南京江浦县的桥林镇也属类似情况。从南京都市圈的层次上看,桥林镇是南京都市圈内的重点城镇之一。因此,该镇未来的发展,尤其是规模预测、性质定位、相关产业的选择等方面,应在南京都市圈的大范围内统一协调,充分考虑到都市圈内人口与经济的空间变动规律和趋势,并做出相应的举措。

再次,应立足于传统支柱产业,积极寻找新兴主导产业,培育新的经济增长点。南京市江浦县桥林镇,历史上就是江浦县最大的集镇,商贸发达,是皖北至江南的商品集散地,后来有所衰落。但桥林镇商业流通的历史传统有一定程度的保留,现在仍然是江浦县西南部的农副产品集散地,它对周边乡镇具有一定的惯性吸引力,其辐射范围可延伸到周围的安徽和县等地,集市高峰时有 5 万～6 万人在桥林进行交易。在规划中,显然应该把市场贸易培育为集镇未来的主导产业。另外,作为传统的农业县,农副产品的深加工也应该成为规划期内集镇重点扶持的经济增长点。因此,桥林镇的集镇性质被定位为“以市场贸易和农副产品深加工为主导产业,交通便利的县域南部物资集散重镇,镇域政治、经济和文化中心”。南京市六合县的八百镇,现状镇区虽无游园,但镇域有一定的旅游资源且镇域各景区与镇区相距较近。因而设想以此为依托、以旅游服务业为主体的第三产业作为镇区社会经济发展的新增长点。可以相信,旅游业将成为未来集镇发展的主导产业。

2. 道路交通规划与集镇空间形态

(1) 路网结构与集镇空间形态规划

道路系统规划是集镇空间规划的基础,路网结构即道路系统的几何形状。路网结构不仅直接影响整个集镇的布局,而且对未来集镇的发展、居住环境的改善等都有直接的关系。因为一个城镇的道路系统一旦形成,就决定了城镇发展的轮廓,直接关系到城镇能否经济而又合理地发展(武汉建筑材料工业学院等,1979:321)。集镇原有道路,都是在一定自然及历史条件下,根据集镇发展需要长期演变而成。转型期的集镇规划,既要充分利用原有道路,又要因地制宜,合理而灵活地选择适宜的道路网络结构。规划路网将决定集镇的用地布局形态,而且各项基础设施的规划布局往往也以路网为基础而进行。

从形态发生学的角度来看,集镇空间形态由道路网络和外部轮廓共同组成。道路网络决定了集镇空间形态的基本骨架,外部轮廓决定了集镇空间形态的基本形状。集镇空间形态规划应重视上述两大方面。

对大量的中小型集镇样本的分析,发现就路网的组合、构造及其所决定的集镇空间形态骨架而言,大致包含格状路网、放射状路网和自由式路网几种类型。

格状路网的最大特点是街道排列比较整齐,基本上呈直线型,街坊用地经济、紧凑;交通组织简单便利,不会形成复杂的交叉口,车流可以较均匀地分布于所有街道上,交通机动性好等(金兆森、张晖,1999:91～93)。缺点是道路交叉口较多,且对角线方向交通不便(宋家泰等,1985:206～207)。格状路网在中小集镇规划的实践中应用较为频繁,根据实际情况,它又可以演绎成许多亚类(图 5—7)。①正方格状路网。邗江县运西集镇类似一个正方格状路网,其"五横五纵"的道路格局有力地沟通了集镇内部各组团之间的有机联系。②长方格状路网。通州市十总镇是典型的长方格状路网,“三纵七横”的道路格局奠定了集镇长方形的空间形态。③流线型格状路网。通州市西亭镇的规划类似一种流线型格状路网,基于这种类型路网的集镇空间形态类似“梯田景观”,道路线条流畅,形式美观,十分富有活力。其实,现状集镇的自然条件和已有建设基础已经定下了“流线型”的基调,如集镇两条主要河道河型微弯且呈斜交叉状,规划区范围及已有的若干道路均是造成“流线型”形态的因素。

放射状路网系统以某些公共建筑为中心,由中心引出放射道路,并在其外围铺设一条或几条外围道路。这种路网的优点是使公共中心区和多功能区有直接通畅的交通联系,路形有曲有直,易于结合自然地形和现状;其明显缺点则是容易造成中心交通拥挤、行人及车辆的集中,有些地区的联系要绕行,交通灵活性比方格状差(武汉建筑材料工业学院等,1979:321)。具体到本节的中小型集镇样本,放射状路网又可演绎出四种亚类型。①放射环状路网。通州市姜灶镇规划路网基本上近似放射环状结构,这种路网结构很好地解决了现状集镇道路不成体系的“人”字形骨架,以及过境公路穿越镇区、与商业大街混合使用并造成生活与交通秩序相互干扰等问题。②放射扇形路网。南京市浦口区盘城镇规划基本上是一个放射扇形状路网,河流、大堤将规划区范围切割成一个扇形状,而且诸河流走向是沿着扇形边界或与之平行的,故按放射扇形状设计路网,纵横容易贯通,自然天成。③放射三角状路网。六合县八百镇的规划路网大致近似于一个放射三角形,八百镇已有建设基础及邻近镇区的居住用地基本上被框在一个以镇区中心为中心的三角范围之内,现状道路与河流构成图 5—7(f)中的“女”字形构造,按这种结构规划其路网切实可行。④放射方形路网,它是放射环形状的一种变通,综合了放射状路网和方格状路网的优点,邗江县蒋王镇的路网类似此形态。

自由式路网,路型弯曲自然,无一定自然形状。其优点是充分结合自然地形可以减少道路工程土石方量;其缺点是道路弯曲、方向多变,曲度系数大,而且由于道路曲折,形成许多不规则的街坊,影响建筑物布置和管线工程布置(金兆森、张晖,1999:91~93)。自由式道路系统一般都结合地形起伏(受山地影响)或水域局限,使道路迁就地形所成。

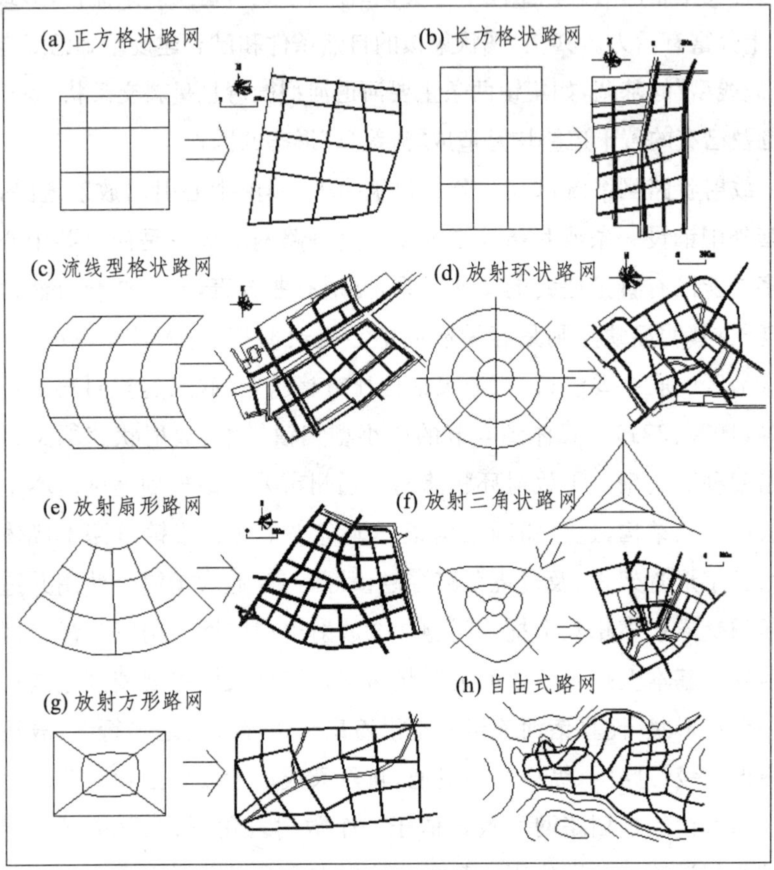

图 5—7 各种路网类型与中小型集镇的空间形态

集镇平面形状的外部轮廓也是集镇空间形态的一个组成部分。集镇外部形状轮廓往往由多个形态要素组合而成,常表现为各种不同的形式。如方与方的组合,方与圆的组合,方与尖(三角)的组合,方、圆、尖的组合以及圆与圆的组合等(图 5—8)。

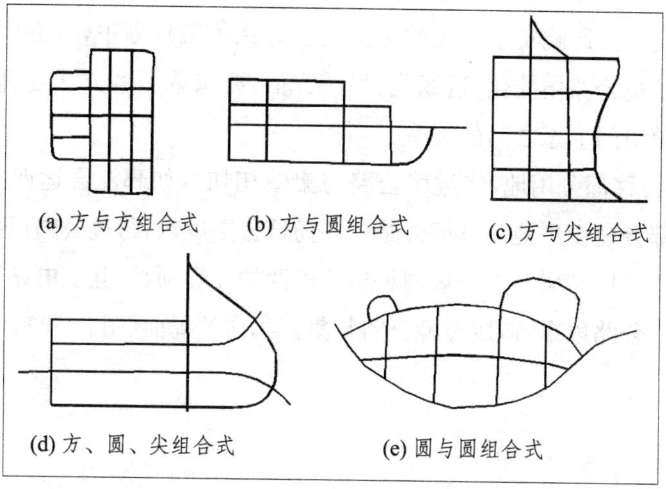

图 5—8　集镇形状轮廓的各种组合类型示例

以上所探讨的集镇空间形态基本上都是关于集中式布局的集镇，能见到的城镇布局形态还应有带形、组团式布局和分散式布局（同济大学城市与规划教研室，1986：49～52），它们在形态结构上有别于集中式城镇形态。带形发展的城镇主要是受自然地形限制或由于交通条件（沿河、沿公路）的吸引而形成（城乡建设环境保护部城市规划局《城市规划手册》编写组，1988：328），下节将探讨水乡圩区的集镇规划，其现状布局大多呈长条带状。对于中小型集镇，一般的规划思路是尽量使集镇由条带状形态向团聚状形态转变。近距离组团式类似于组合式，至于远距离组团式和分散式布局在中小型集镇规划中不宜使用，因为集镇规模相对较小，分散形式会导致不集约，即使现状集镇存在分散局面，在规划中也要尽量使其向集中式布局转变。

（2）过境公路与集镇空间形态规划

许多中小型集镇依靠过境公路而获得发展。由于过境公路给集镇带来了过境人流，将促进集镇贸易、服务业的发展，所以集镇贸易设施、服务设施乃至行政办公机构和相当的居住建筑都沿公路两旁布局。这种传统的布局方式会带来道路功能混乱、人流物流混杂、行车速度缓慢等问题，既影响交通又影响集镇居民的生活安全。在集镇规划中，一方面要尽可能地使过境公路便捷化、通畅化;另一方面，要采取一些方法处理过境公路和集镇空间形态之间的关系。

1）转移部分用地，使过境公路与集镇相切。如邗江县运西集镇，现状绝大部分建设用地在过境公路——扬瓜公路以东，跨过公路以西，还分布着一些工厂和居民点。规划将集镇以西的建设项目(除变电站以外)搬迁至扬瓜公路以东，造成过境公路与集镇相切的局面(图 5—9)。

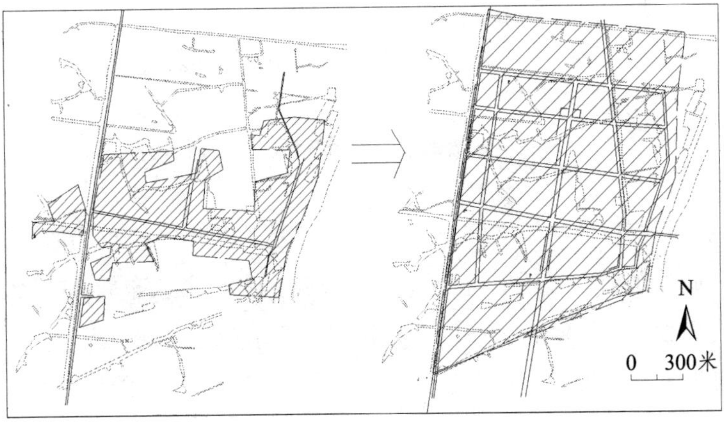

图 5—9　邗江县运西集镇规划用地转移

2）通过规定集镇用地的发展方向来引导集镇形态演化，避免过境公路对集镇的干扰。如盐都区的北蒋集镇，毗邻两条过境公路，集镇以西有省道盐兴公路，以南则有另一条省道盐金公路。所以规划中规定集镇用地的发展方向为向北、向东发展，新规划集镇内部道路向西、向南、向东分别与两条省道相接，既避免了省道过境，又充分沟通了集镇内部通道与省道的联系(图 5—10)。

3）采用替代战术，规划新的道路承担过境公路的职能，或分解其人流、车流量。最简单的形式，假设穿越集镇的过境公路为 A，另外规划一

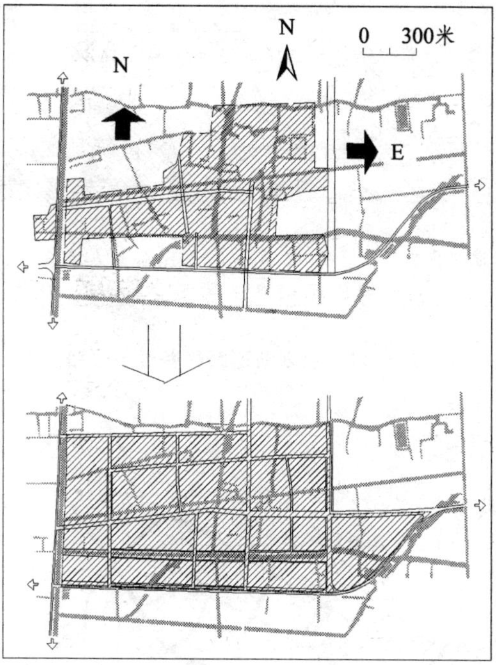

图 5—10　盐都区北蒋集镇通过规定用地发展方向引导集镇形态演化

条道路 B 绕过集镇,在功能上代替 A,如图 5—11a 所示。如果过境公路改线有困难,就需要规划新的道路分解过境公路的人、车流量,从而缓解过境公路对集镇的压力。当穿越集镇的过境公路较多时,或流量较大时,还需采取规划环式过境道路的办法。如图 5—12 所示,在通州市姜灶镇,现状镇区有两条过境公路:一为姜张公路,由张芝山至通州方向,流量甚大(A);另一为姜灶至南通方向,流量稍小(B)。规划环状路网,使南环路以立交的方式直接接上石江公路(C),从而使张芝山至通州方向的交通依托规划的南环路(D)得到解决,至南通则依靠西环路(E)。姜灶与南通方向的过境交通从规划北环路(F)绕行。

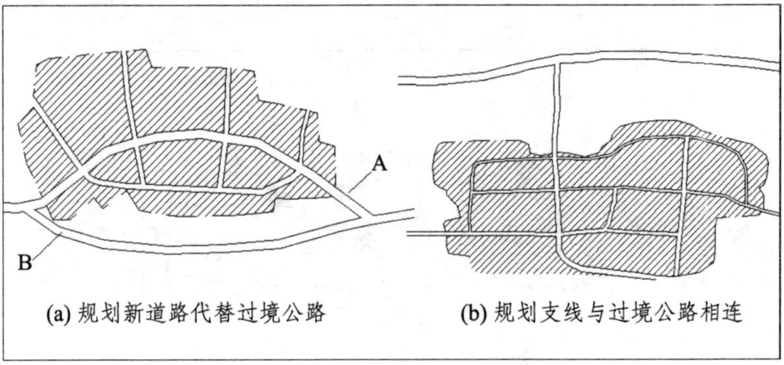

图 5—11 规划新道路代替过境公路

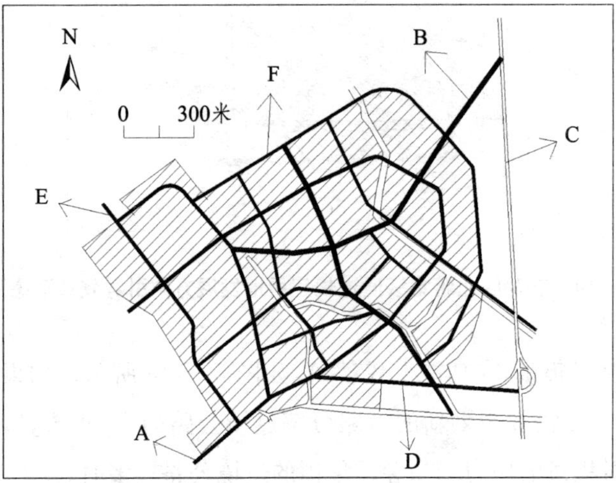

图 5—12 通州市姜灶镇规划中过境公路的处理

4）有时需要规划支线沟通与过境公路的联系。当过境公路距集镇有一定距离时，为充分发挥过境公路的作用，还须用“架接”的方式，规划支线与过境公路相连（图 5—11b）。也是处理与过境公路关系的一种方式。

3. 集镇的功能结构布局与景观结构

（1）采用“分片式、多类型”开发方式引导集镇功能结构布局和塑造

新的城镇景观

苏中、苏北大量中小型集镇的居住环境大都存在类似问题:老居住区住宅分布凌乱,住房新旧程度与建筑形式参差不齐;居住区内部服务设施配备不全;许多集镇内部垃圾随意堆放,坑塘水面污染严重,严重破坏了居住环境,影响了城镇形象。即使是在集镇规划实施之后,如果老区居住环境不加改善、新开发居住区不引起对上述问题的重视,城镇面貌仍会大打折扣。特别是针对当前中国农村建设现状,有学者认为普遍存在"城不像城、村不像村"的问题,即所谓"走了一村又一村,村村像城镇;走了一镇又一镇,镇镇像农村",很有见地。切实改善集镇居住环境是解决以上问题的有效方案之一。

可以尝试采用"分片式、多类型"的开发方式来引导居住用地布局,进而引导合理的集镇功能结构的形成,并改善居住环境,建设城镇型景观。

在邗江县运西集镇规划中,居住用地的开发就采取上述思路。居住用地的规划着重旧区改造和新区开发两大方面。在旧区,控制居住用地发展,侧重改造和配套建设各种服务设施。在新区采取"分片式、多类型、多层次"开发模式:在交通相对偏远的片区开发普通商品房住宅;在交通适中、集中的新开发地区开发私人自筹住宅区;而在交通便捷、环境优美、临近服务中心处,则开发一定的高档住宅群,并注重高、中、低比例适当,满足不同层次居民的需求。江浦县桥林镇的规划中,居住区开发也采取三种形式,即普通商品房开发区、自筹开发居住区和高级别墅区,其中以商品房开发为主。在镇区东部,由于岗地较多、地形复杂而使土地难以利用,规划则强调在这一地段依地形地貌条件开发一定的高档住宅区和别墅区,不仅能形成优美的城镇景观,而且也能增强对人口的吸引力,尤其是对外界富裕人口居住的吸引力。总之,通过这种方式,对集镇功能结构的分异化和清晰化进行有效引导,并塑造新的城镇景观和城镇形象。

(2) 寻求并强调集镇功能结构布局的"线索",形成具有特色的景观结构

苏中、苏北的广大中小型集镇,往往城镇建设混乱,集镇功能结构不

清晰,更缺乏形成功能结构合理布局的线索。即使是规划之后,如果不找到一条清晰合理的线索来引导集镇功能结构布局,规划后的集镇也容易缺乏特色。集镇功能结构布局线索的寻找,可以从不同的视角着眼。常见的线索是以城镇发展或新城镇建设为主线,沿这条主线往往布局有重要的商贸设施(尤其是集中的商业街),城镇的行政办公中心、重要的交通设施(如停车场)以及其他重要的服务设施和新建大型建筑等,以期形成一条集中展现城镇建设新面貌的发展轴线,通过这条轴线贯穿城镇主要的功能组团,并形成整个城镇相对合理的结构。也可以从自然景观入手,形成一条有地方特色的景观轴线。甚至可以寻找地方文化的线索,总之要因地制宜、就地取材,以功能主线集中展现城镇的建设特色。

我们在江浦县桥林镇的规划中,强调了两条线索(图 5—13),形成两条主轴线。

一个是"城镇发展主轴线"。规划石碛路为镇区的主干道,沿路两侧的用地开发以布置重点项目为主。规划的石碛路强化绿色景观,沿路适当布置多处绿化带;建成为镇区主要的商业街;沿路建有两处广场且呈东西呼应之势;在石碛路东端新辟行政办公用地、停车场、电信大楼用地等,以展现镇区的新貌。因此,规划后的石碛路融办公、购物、休闲游憩等多种功能于一体,是体现未来镇区现代化水平的最主要的经济发展轴线。

另一个是展现镇区特色的是"绿色景观主轴线"。桥林镇最突出的自然景观特点是有一条河(石碛河)从镇区穿过。历史上,石碛河一度是桥林镇与长江沿岸城市的主要联系通道,有"小秦淮"之誉。桥林镇因河而盛,成为皖北至江南的商品集散地,并博得"小上海"之誉。但随着公路、铁路等运输方式的兴起,内河运输在运输结构中所占的份额越来越小,再加上石碛河道的淤积和河上大闸的修建,使桥林镇的经济逐渐削弱。从现状来看,石碛河对镇区分隔严重,也成为镇区规划的一个难点。我们的规划思路是化劣势为优势,寻求桥林镇的历史文化传统和自然景观线索,把石碛河及其周围景观引入新镇区,成为一条绿色景观带。具体措施是在石碛河两岸规划大面积的绿化带和两条沿河道路,规划建设三座桥跨过石碛河与其他道路沟通,从而将石碛河融入镇区规划建设之中。将石碛河建成为镇区主要的绿色景观带,不仅将自然景色引入镇区生活空间,丰富了城镇景观,同时也是对桥林镇历史城镇风貌的继承和重塑。从这个角度上讲,规划思路保持了历史文化的延续性。

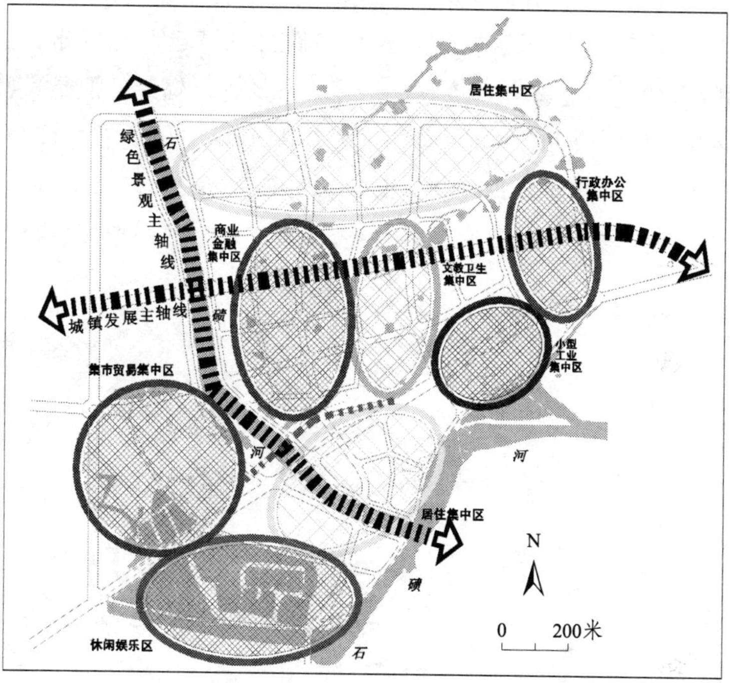

图 5—13　强调城镇发展轴线和绿色景观轴线的
桥林镇功能布局与景观结构

(3) 通过发展轴线的变换引导集镇形成新的功能布局和景观结构

有的集镇在规划之前已经形成一定的功能结构特点,或已初步形成城镇发展轴线。在集镇规划中,为保证规划的可操作性,一般要尊重历史传统和发展基础,往往在城镇发展轴线雏形的基础上对其进行纠正和完善,避免集镇建设的大起大落和完全另起炉灶。但是,很多中小型集镇往往沿过境公路发展,重要的基础设施沿路布局,并沿路形成初步的发展轴线。在这种情况下,必须对这种发展局面进行纠正,要重新确定合理的城镇发展轴线。通过发展轴线的变换,引导集镇主要设施布局的转移和新的功能结构布局的形成。

我们在邗江县运西乡的集镇规划中,就运用了这一方法,取得很好的效果(图 5—14)。对集镇影响较大的交通条件是位于集镇西侧的扬瓜公路,过往车辆十分繁忙,这条过境道路加强了运西与扬州、江都等市的联系,使运西能够有效接收扬州等城市的直接辐射。但是,现状也出现一些重要行政办公用地、重要的基础服务设施用地沿过境公路布局的问题。尽管运西乡政府已意识到这一问题,想扭转这种局面,把东西向的运西路培育为城镇发展新轴线,但没有规划的调控,政府似乎有

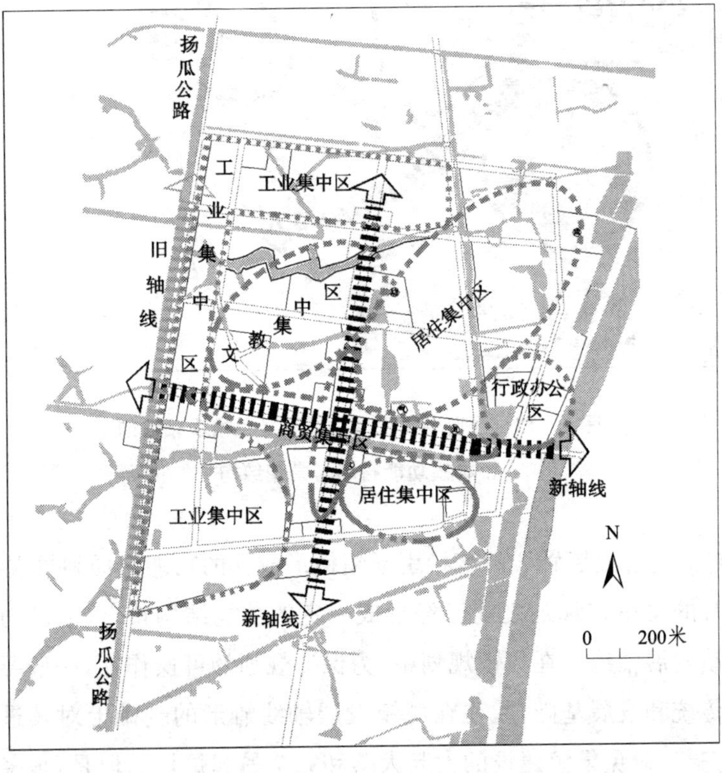

图 5—14 强调发展轴线变换的运西集镇功能布局与景观结构

些力不从心。在运西集镇规划中,我们对城镇发展轴线进行了变换,主要措施包括:一方面,沿运西路和运西中路形成“十”字形城镇发展新轴线,将原来沿过境公路布局的重要设施和用地向新轴线转移,与此同时,沿过境公路布置一定的绿化用地,对过境公路和新集镇之间进行有效隔离;另一方面,结合集镇的盛行风向,将工业用地尽量布局在过境公路旁侧,将居住用地向远离过境公路的方向转移,这样既发挥了便利的交通条件对工厂的有利影响,同时也对新的集镇功能结构布局和景观结构的形成起到有效引导作用。

四、小结与讨论

1. 在规划中体现集镇与周围乡村的空间联系及其中心承转职能

集镇作为城乡之间联系和交流的中间环节,不仅可以为城市提供从农村聚集来的原材料、农副产品、初级日用品以及各种劳务,而且还可以为城市向农村转移产品、资金、技术、人才开辟广阔的市场,还可以接受城市更新换代但尚有持续使用价值的技术、设备和产品(陈玉梅,2000)。集镇背靠大中城市、腹容广大农村,起到城乡经济接合点和联系枢纽的作用。从这个角度上看,广大的集镇既是农村的中心,又依附于其他较大城市,担当的是区域“中心承转”的职能(图 5—15)。还可以再换一个角度看集镇与其周围乡村聚落的关系(图 5—16)。中心集镇的服务半径最大,其范围覆盖周围若干个一般集镇和村落。尤其在苏中、苏北,区域中心集镇所担当的这种无论是对上(大、中城市)还是对下(周围村落和其他集镇)的承转功能都是极为突出的,其对周围集镇与乡村发展的影响较为显著,因而迫切需要在规划中考虑到这些因素。

那么,集镇的这些职能及其与周围乡村地区的空间关系如何体现到集镇规划中去呢?我们认为集镇的职能及其与周围区域的空间关系决定了集镇规划结构的开放性及其承上启下的作用。既反映在集镇对外交通的组织上,也反映在公共服务设施的布局上。在对外交通组织方面,一般要开辟新道路解决对外交通穿行镇区的矛盾;根据对外交通干线(包括铁路和公路),进一步确定集镇发展的方位;在集镇主要的客货流集散点、工业集中区附近,重视车站和停车场的规划布置;为便于农村物资集散,还

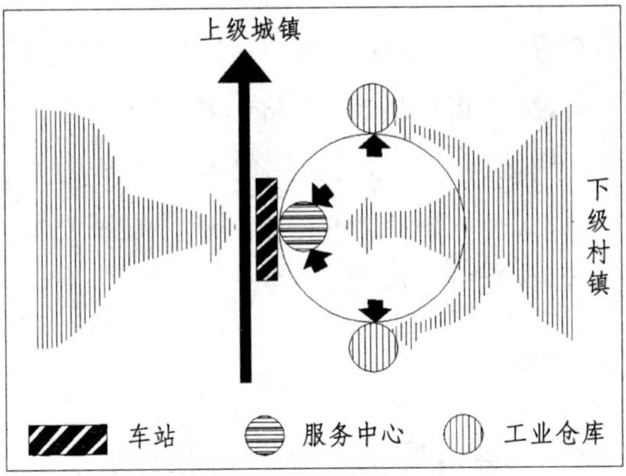

图 5—15　集镇的"中心承转"职能

资料来源:城乡建设环境保护部城市规划局《城市规划手册》编写组(1988)。

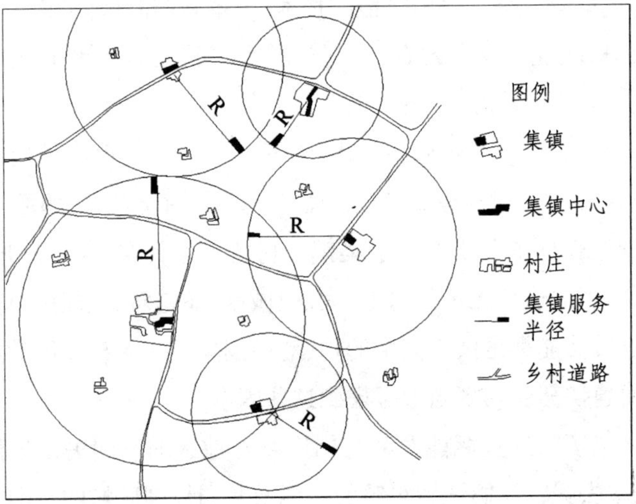

图 5—16　集镇与周围乡村聚落的空间关系

资料来源:胡德瑞等(1989)。

要开展综合交通运输方式规划，尽可能多地开辟各种运输通道，如高速公路、省道、一般过境公路、铁路和水路等，多种对外交通组织的合理规划为集镇未来的发展创造了条件。在公共服务设施布局方面，要重视与长途汽车站相配套的基础设施和服务的规划，要做到布局合理和方便快捷；还要规划好大型公共建筑如电影院、体育场、文化科技中心、图书馆和集贸市场、商业设施等，使之尽量接近农业物资集散点的位置，以便于为周围区域服务。

2. 重视集镇规划与集镇社区文化之间的关系

社区文化是城镇发展的"根"，也是城镇规划的灵魂，规划师应该从文化的高度上来把握城镇规划。集镇规划和建设离不开集镇社区文化的建设。

对集镇社区文化建设的重视，首先要做的是保护好传统社区文化和传统城镇风貌。规划不是更新，也不是完全抛弃旧貌、追求焕然新貌，而是基于传统上的再创造。规划师应该对集镇的社区文化和传统的风俗、习惯等有敏锐的观察力和感受力，要及时地识别出哪些是传统城镇风貌，哪些是优良的文化传统，哪些是典型的社区特色文化，要从地方文化中捕捉规划灵感。只有在集镇规划中对地方文化传统有所保护、有所发扬，才能使规划成为具有"本地根植性"的建设蓝图，而不至于成为"乌托邦"。对于一些真正不适合今日需要的设施，既不抱残守缺，也不轻率拆除，而是分情况进行保留、改造、迁移、拆除、恢复等多种方式的处理（同济大学，1991：209～218）。有历史和艺术价值的建筑和建筑群，必须保留，要尽最大可能地完整保留；有些可在保留风格和历史价值的条件下，进行改造扩展，并组织到集镇的空间布局中去；对有些保留不全或部分残缺的情况，可以在原有基础上加以利用，如各种观、祠、庙等，规划成为公园或游览胜地等。

另外，还要靠开展现代社区文化来突出集镇的个性与特色，而不仅仅着眼于经济发展。在具体的规划措施上，要对开展社区文化的相关设施布局引起重视，如文化馆、影剧院、乡镇文化站等，要给未来集镇社区文化活动的开展留下空间。

3. 集镇空间形态规划中的传统文化手法和艺术手法

就城市规划而言,不同性质、规模的城市应具有不同的艺术特色,城市总体艺术布局亦能反映出城市的艺术特色(盖湘涛,1988)。其实,集镇规划也是同样的道理,一个成功的集镇规划是一件经得起历史考验的艺术品,要求规划师应具有一定的传统文化根基和艺术素养,并把相关的文化和艺术因素自觉而有效地融入到集镇规划的实践中去。究竟如何在集镇空间规划中体现传统文化和艺术的因素,似乎并无定法,只能视具体情况进行发挥。我们坚信,只有把中国传统文化和艺术成分融入城镇规划,才能使中国城镇规划具有民族特色,也将有助于中国规划理论在全球规划界占有一席之地。

为便于理解,可以举几个例子。比如,中国古诗文中的“起、承、转、合”结构可以运用到集镇的空间形态规划中。无论是中国古代的文章还是诗词,都强调“起、承、转、合”结构,由破题到承接、使转和高潮,最后到收尾,强调自然过渡和层层递进的关系。这种结构式逻辑是古人长期的经验积累,富有深厚的美学特征。这种结构逻辑在中国绘画中同样存在。在集镇空间形态规划中,同样可以吸收这种结构式逻辑的特征。在图 5—17(c)中,集镇空间布局的起点在 A,经过 B_1 处逐渐过渡到空间布局的重点,即 $B_2C_2C_1$ 所围之范围,至 D 处收尾并与过境公路相联系。我们可以把这种“美学语言”转变成“生态安全语言”和风水思想:如果集镇的建设重点布局在 A 处或 D 处,显然都不符合生态安全原则,因为布局在 A 处会使集镇右半部的居民在利用设施方面面临不便,而布局在 D 处,依托过境公路发展,集镇居民的生活会不安全;只有经过 B_1 处和 D 处的过渡,布局在如图的位置才最安全、最方便、最自然。

再如,借助于中国传统文化和绘画艺术中的虚实关系,会使集镇空间形态最大程度地满足人的视觉和心理需求。中国古代兵法中强调“虚虚实实”的原理。“虚实”和“阴阳”相对应,阴阳相生,虚实相生。艺术中也极为重视虚与实的关系，认为虚与实是一对相对立的概念，没有虚就没有实，应该虚实相生，知虚守实。在集镇规划中，也是同样的道理。如果物质景观是实，那么非物质景观就是虚；绿化用地是虚，则其他各建设用地就是实；公共用地、工业用地是实，居住用地就是虚。规划师应对“虚”引起重视，以虚衬实，以虚补实，虚实相映，虚实互补，虚实相生，共同组合成协调的集镇景观统一体。否则，规划建设出来的集镇景观就不协调。

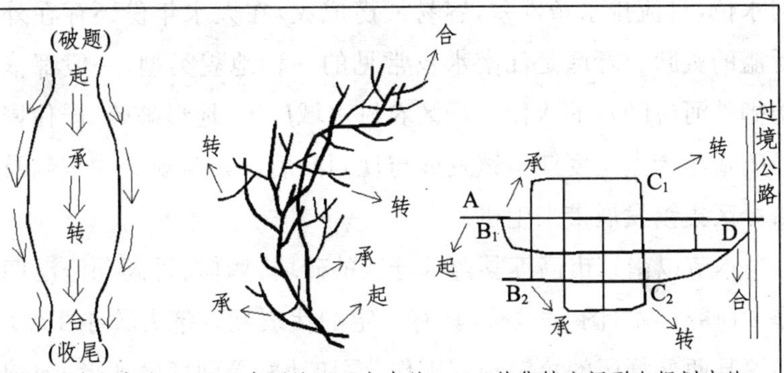

(a) 中国古诗文中的“起、承、转、合”结构 (b) 中国绘画语言中的“起、承、转、合”结构 (c) 某集镇空间形态规划中的“起、承、转、合”结构

图 5—17 中国古诗文的“起、承、转、合”结构与集镇规划手法

此外，艺术中强调两种相反因素的对比和统一，如静与动、直与曲、圆与方、刚与柔、新与旧、主与次、整与碎、枯与润等，对集镇规划和集镇景观设计也有一定的参考意义。如就线条(主要是道路、绿化带等)来讲，一味地使用直线往往给人以枯燥之感，要巧妙地使用曲线，将直线和曲线相结合。像“S”形、“C”形曲线及倒“S”形、倒“C”形曲线、“之”字形、“Z”字形曲线等都非常具有动感，如能巧妙地组合到集镇规划中，定会给集镇景观带来活力。当然，城镇的艺术布局必须在适用、经济的前提下来考虑，如果牺牲前者，单纯追求艺术性，则城镇艺术只具有形式而无生命力(同济大学，1991：209～218)。事实上，适用、经济的要求与艺术是相辅相成的，主要在于规划师的灵活运用和巧妙处理。

第三节　水乡圩区集镇规划与空间重构

一、研究思路与研究样本

圩区是指有堤垸防御外水的低洼平原,主要分布在沿江、滨湖和受潮汐影响的河口三角洲,其特点是地势低平,地面高程一般低于汛期外河水位,自流排水条件差,容易渍涝成灾,在大水年份还存在外河洪水泛滥的威胁。圩区是江南水乡常见的一种地貌类型,一般都依靠圩堤防御外河(江)水的入侵。圩区农村水域广大、地形破碎、居住密集和交通闭塞等特点一度使集镇发展与规划滞后。集镇规划的编制及实施将给圩区集镇发展带来生机。

本节以南京市高淳县西部圩区的砖墙、狮树、丹湖和沧溪四个集镇作为研究样本(图5—18),具有一定的代表性。笔者曾于1999年开展高淳县西部圩区的集镇规划工作,深切地感受到圩区地形、地貌和水文条件的特殊性和复杂性,圩区农村聚落结构和型式的独特性,圩区农村社会经济传统的封闭性,以及这些条件给编制集镇规划所带来的难度。在初期调查阶段,曾对以往的有关水乡圩区集镇规划的研究文献进行检索,希望能从中借鉴到有益的方法,但事与愿违,几乎没有查到任何有关圩区集镇规划的文献。从这个角度上讲,圩区集镇作为江南常见的一种集镇类型,对其规划进行系统总结,将对水乡地区的集镇规划有重要参考价值。要编制出高水平的规划,首先必须"吃透"圩区农村聚落的特点和社会经济传统。因此,本节先从圩区农村聚落特征、圩区社会经济传统和圩区居民心理特征分析入手,探讨圩区集镇规划编制的复杂性与特殊性,进而对圩区集镇空间规划与景观结构模式进行系统总结,并就圩区农村发展的一些问题展开讨论。

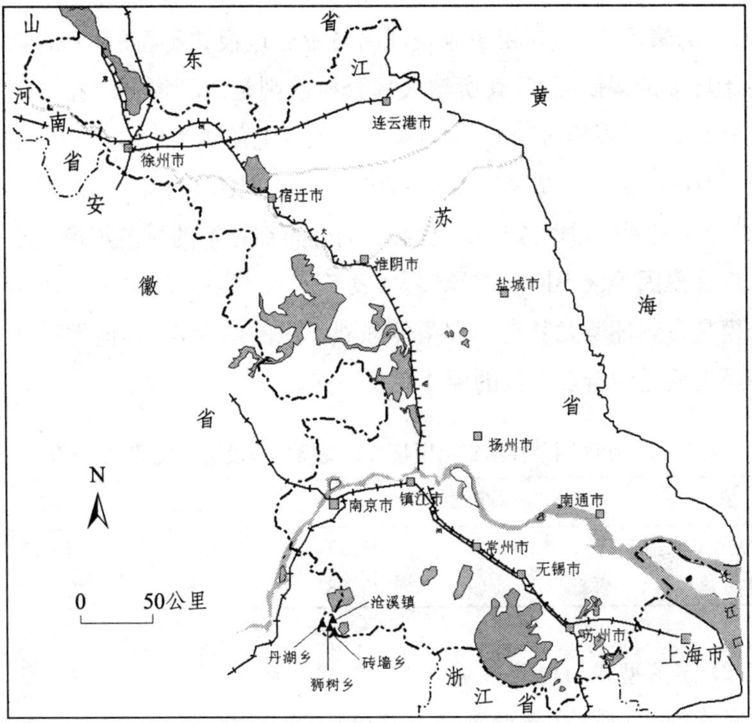

图 5—18　五个圩区样本集镇的区位

注:按调查时的行政区划。

二、圩区农村聚落特征和社会经济传统分析

1. 圩区农村聚落特征

(1) 聚落体系与村镇规模

早在 20 世纪 80 年代初期,位于高淳县西部的县政府所在地淳溪镇是全县唯一的一级集镇,西部圩区尚无二级集镇,而在东、中部地区却集中了全县的四个二级集镇,但无中心集镇,因而对于呈东西向狭长状的高淳县而言,县域集镇体系有很大的不合理性(金其铭等,1984)。经过 20 年的发展,随着一些集镇经济实力的增强和县域集镇体系问题日益得到

重视,二级集镇数量有所增多,集镇体系也渐趋合理。但着眼于单个集镇、集市的聚落体系,则较多地表现出与中心地模式不符的一面,如相对于位于圩堤的集镇而言,其所辖大部分村落则是沿圩堤一线排开。在圩区,村落人口规模相对较大,大多是500人以上的较大村庄和千人以上的大村,村庄平均人口规模达600～700人(金其铭,1989:47)。总体规律是,沿圩堤发展的村落人口规模偏大,而分布在圩下的村落规模偏小。集镇人口规模因等级不同而差异较大(表5—5)。显然,圩区聚落体系与聚落规模是自然环境尤其是地理条件强烈作用的结果,与其他类型地区在长期历史演化中自发形成的模式明显不同。

表5—5 圩区四个样本集镇现状人口规模与建设用地规模(1998年)

	砖墙集镇	狮树集镇	丹湖集镇	沧溪镇区
现状人口规模(人)	6 100	3 755	4 180	4 800
建设用地规模(公顷)	45.49	39.88	43.06	25.96

(2) 聚落型式与村镇布局

聚落型式包括聚落形态和聚落结构型式,前者是针对某一具体聚落而言,主要是指农村聚落的平面形态;后者是指某一单独的社会文化单位内农村聚落的组合状态(金其铭,1988:24)。聚落的平面组合形态包括单个聚落内部建筑群的排列组合状态和小范围地域内聚落群体的分布特征,我们主要考察后者。圩区农村若干聚落单元组成一个相对完整的整体,组合方式大致有四种,即沿河(江)连绵型、新老区间隔型、跨河(江)子母型和隔河(江)邻近型(图5—19)。聚落型式受多种因素的影响,最重要的是地形、地貌与水文特征,也受各地社会文化习俗的影响。圩区农村聚落大多沿圩堤布局,规模较大,呈条带状形态。少部分村落分布在圩区中间地区,规模则相对较小。经过长期的整合与演变,高淳县西部圩区农村聚落基本上形成了以沿圩堤布局的密集大型聚落为主体,辅之以若干散布于圩区中的小型村落的聚落结构型式(图5—20)。

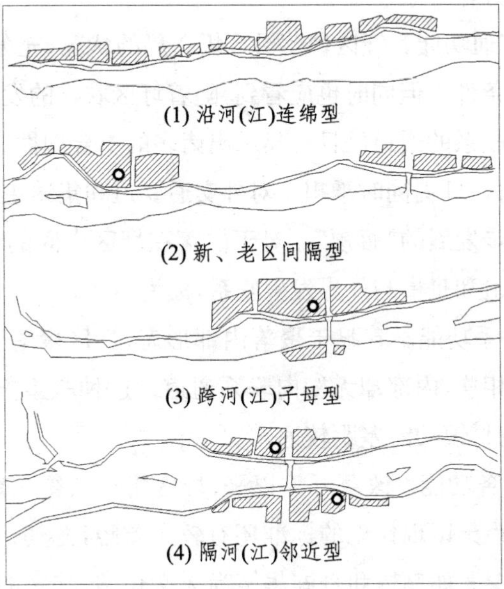

图 5—19　圩区农村聚落的平面组合形态

表 5—6　1989～1998 年十年间圩区四个样本集镇的住宅建设情况

	相关指标	砖墙	狮树	丹湖	沧溪
前	建房总面积(平方米)	23 900	15 680	19 629	16 680
	年均建房面积(平方米/年)	4 780	3 136	3 925.8	3 336
五	建房户数(户)	186	116	166	139
	建房户数占总户数的比重(%)	9.8	10.0	14.2	9.5
年	其中楼房面积(平方米)	16 730	9 990	17 952	14 178
	建楼房户数(户)	130	71	144	118
后	建房总面积(平方米)	28 256	13 250	26 527	28 140
	年均建房面积(平方米/年)	5 651	2 650	5 305.4	5 628
五	建房户数(户)	233	91	200	201
	建房户数占总户数的比重(%)	7.7	7.8	16.8	13.4
年	其中楼房面积(平方米)	25 996	11 440	25 350	25 326
	建楼房户数(户)	214	74	189	181

(3) 聚落功能

1) 对外交通功能。圩区聚落沿圩堤布局的状况,充分发挥了圩堤利于交通运输的条件。但同时也应看到,随着圩区农村的发展,以圩堤作为沟通聚落之间联系的通道已日益显示出诸多的不合理性。尤其是对大多数圩区集镇而言,圩堤同时承担了对外交通要道和集镇主街的功能,势必成为集镇进一步发展的"瓶颈"。对于散落在圩区中间的小村落而言,它们仅靠乡间小道和舟楫与外界发生联系,极为不便。

2) 内部联系功能。着眼于聚落内部形态,圩区聚落紧凑密集,由数条小道与圩堤相连,内部却无横向联系通道。这种联系方式带来很多弊端,与现代化的村镇功能差距较远。

3) 聚落服务功能。改革开放以来,圩区集镇获得一定程度的发展,但就整体而言距集镇现代化的标准还有较大差距,尤其是集镇的各项服务功能不尽完善。如狮树和丹湖集镇尚无文化站,唯一的一座电影院也早已废弃不用;四个样本集镇均无专门的市场,贸易活动主要在街头进行。因而,新一轮规划中应加强集镇服务功能和各项服务设施的规划与建设。

(4) 农村住宅建设倾向

20 世纪 90 年代以来圩区农民纷纷翻建住宅,新建住宅以楼房为主,内部装修和布置更为讲究,反映了圩区农村面貌的变化,表 5—6 反映的是 1989～1998 年的十年间四个样本集镇的住宅建设情况。

近年圩区农民住宅建设有一种倾向,即农民中的一些富裕阶层纷纷在圩堤靠河(江)的一侧建造新居,并以吊脚楼的形式向河(江)中伸展。如丹湖集镇在水阳江边建房的农户达 49 户,狮树集镇在横溪河边建房的农户达 34 户。这部分民居以 3～4 层楼房为主,造价较高,造成了富裕农民相互攀比的建宅风气和圩区农村社会空间的分化。地方政府对这种建宅行为态度不一,如狮树采取交款买地皮的做法,并规定房屋向河中伸展的长度不超过 10 米;丹湖和砖墙则采取罚款的形式,已开始限制这种趋势。

图 5—20　高淳县西部圩区农村聚落的结构型式

从长远来看,这种在江边和河边建造民居的倾向,易增大对水质的污染,进而影响到饮用水的安全,因为许多集镇水厂取水处即在这些主要河道或江中,有些还危及到圩堤的稳固性,加大了集镇向圩下发展及规划实施的难度,是一种典型的非持续发展行为,在规划中有必要制止和取缔。

2. 圩区农村社会传统与居民心理特征

(1) 以家族为核心的聚居方式和保守封闭的心理特征。圩区农村聚居方式往往以家族为基本单元,若干家族组成一村,并在村口立有反映家族特征的牌坊;许多村落至今尚保存有宗祠,一些家族祭典和其他相关活动不时兴起。以家族为核心的聚居方式,既是圩区一种地方文化的表征,又与圩区聚落内部缺乏横向联系的状况分不开。圩区农民心理相对封闭、观念滞后,尤其表现在集镇产业结构调整和发展的滞后以及主导产业的选择与创新方面。近些年农民中的精英和一些观念开放者纷纷转变观念,经营运输业、建筑业,迅速发家致富,增大了同普通农民的差距,使圩区农民阶层分化现象严重。可以说,圩区农民的这种传统、观念和心理特征是与圩区特殊的自然环境密切相关的。

(2) 对洪灾的畏惧心理和沿圩聚居的传统。高淳县圩区是历史上的洪涝灾害频繁发生地区,据《高淳县志》记载(高淳县地方志编纂委员会,1988:125),自三国(吴)五凤元年到1983年的1 729年中,共遭受洪涝灾害139次。除相国圩外,历史上其他各圩均不同程度地出现过"破圩"的记录,给人民生命与财产造成惨重损失。因此,圩区人民普遍存在对洪灾的畏惧心理,在行为上表现出沿圩堤聚居的传统。

对散布在圩区中的少量村落进行分析后,不难发现它们存在一些共同点:①其所在圩已多年未出现过"破圩"的情况,使人们对洪水的畏惧心理淡化,故向圩区中部有所发展;②这些村落地处交通异常便利之处或若干道路的交汇点;③居民由外地迁入户发展而成。砖墙乡的夹埂村便是典型一例,它距圩堤1.7公里,人口达3 300余人,其中90%为李姓,系明代由江西迁入户发展繁衍而成,有道路通往堤埂,而其所在的相国圩历史上从未破过圩。沿圩聚居的传统限制了圩区集镇的发展,是规划中必须加以调整和变革的社会传统之一。

3. 圩区集镇经济发展特点

20世纪90年代末期,高淳县共17个乡镇,其中有六个处于圩区(除本文所举的四个乡镇外,还有薛城和凤山,少部分为圩区的乡镇除外)。由各乡镇经济发展情况及在全县的位序(表5—7)不难看出,圩区各乡镇除薛城和丹湖处于"中上"和"中等"水平外,其余四个乡镇都处于"中下"

和"下"的发展水平。具体到各产业而言,除沧溪的工业稍好之外,各乡镇工业发展不容乐观;第三产业除狮树较差外,其余均在"中上"水平,这与圩区农民有从事水运业的优势和传统密切相关;而农业,除沧溪和狮树外,砖墙、薛城和丹湖占了前三位,凤山居第八位,表明圩区在发展农业上拥有相当的基础和优势。

表 5—7　高淳县圩区乡镇经济发展情况及评价(1998 年)

	人均 GDP		第一产业		第二产业		第三产业		总体发展水平评价
	数值	位次	产值	位次	产值	位次	产值	位次	
	元		万元		万元		万元		
沧溪	3 247	17	204	15	4 309	6	5 338	2	下
砖墙	3 740	16	8 767	1	2 738	13	2 630	7	中下
狮树	4 181	14	2 752	12	2 875	12	1 428	13	下
丹湖	4 906	6	5 332	3	2 880	9	2 338	9	中
薛城	4 964	5	5 339	2	4 000	8	3 815	5	中上
凤山	4 270	13	3 801	8	2 280	14	4 508	3	下

三、圩区集镇规划编制的复杂性与特殊性

1. 圩区集镇规划编制的复杂性

圩区集镇规划编制的复杂性集中表现在以下几个方面。

(1) 坑塘沟渠众多,加大了规划编制与规划启动的难度。规划区内水面所占比重较大,砖墙的水面占 25.5%,狮树占 28.7%,丹湖占 26.0%,沧溪占 29.1%。坑塘沟渠纵横贯通,与埠(沟渠所围的田地)构成交错分布的格局,势必给路网的规划营设了障碍,大大增加了造桥的数量和建设成本。

(2) 地形破碎不利于土地的综合开发利用。圩区的土地被河道沟塘分割破碎,有些呈不规则状乃至"尖条状",而且可利用面积小。所以,当规划道路通过它们时,不可避免地会造成土地综合开发利用率偏低的

问题。

(3) 在集镇现状居住区内规划道路需拆除大量民居,难度极大。聚落内部纵向小道宽度一般都小于2米,当需拓宽它们时,必须拆除两旁密集的民居建筑;规划沟通横向联系的道路,没有道路雏形,所需拆迁量极大,增加了路网设计的复杂性。

(4) 圩区集镇规划相对滞后,近年才得到重视,在此之前的许多建设愈发显示出其不合理性。对布局不合理的项目的拆建势必使集镇面对许多无法挽回的损失。并且,近些年在老区建房的农民已占相当比重,如表5—6中所示,1989～1998年,十年间丹湖集镇和沧溪镇建房的户数占总户数的比重分别高达31.0%和22.9%,同期狮树和砖墙集镇的这一比重分别为17.8%和17.5%。显然规划的居住用地对这些农民来讲已丧失了吸引力,也给集镇实施向圩堤下发展带来了难度。

2. 圩区集镇规划编制的特殊性

圩区集镇规划的一系列复杂性,使得在规划编制的过程中必须采取一些特殊思路,主要包括以下几个方面。

(1) 本着科学、合理、易于操作和逐步实施的原则编制圩区集镇规划,着眼于规划如何有效启动,确定近期建设项目和集镇建设的融资渠道,摆脱规划成果"纸上画画,墙上挂挂"的局面,并保证规划的有效实施。

(2) 圩区集镇规划用地发展方向应是限制老区发展,并积极向圩堤下拓展,主要设施及公共用地下迁,尤其要以乡镇政府、集贸市场及商业街的搬迁带动各单位向堤下发展。

(3) 规划要充分发挥水乡特色,以营建宜人的居住环境为核心,推动圩区集镇人居环境的建设。

(4) 圩区集镇规划弹性较大,应为集镇将来发展留足空间。圩区经济发展相对落后,尤其是工业在近期难以找到突破口。但是应该看到,转型期间集镇工业发展的潜力和受随机因素的影响较大(冯健等,1998),特别是新一轮集镇规划将促使圩区集镇发展运作模式的形成,并成为集镇发展的契机。因而,在工业区、远景道路、跨河(江)桥梁建设等方面规划都应留有余地,既注重近期建设又加强对远景建设与发展的规划,才是立足圩区特点、相对科学的集镇规划。

四、圩区集镇空间规划与景观结构模式

1. 集镇的规模预测、性质定位与主导产业选择

除了中心集镇之外,圩区集镇规模一般不宜太大,如规划中心集镇沧溪和砖墙人口超过1万人,一般集镇狮树和丹湖则在6 000～7 000人。这种处理方法源于这样的考虑,即圩区集镇居住密集,老区或规划区之外原属集镇范围的村落集中了相当的人口,如果规模太大,显然实施起来难度较大。而在其他地区,集镇跨度不大,基本上呈团聚状,不存在这种问题。

集镇性质和主导产业则主要考虑发挥圩区特色,因地制宜、就地取材,选择适宜的发展模式和产业发展战略。如就经济较为落后的狮树集镇而言,考虑到其工业发展水平较低而水产养殖业发展势头良好的现实,将其集镇性质定位为"以特色农业、水产农业和农产品加工业为主导产业的乡域中心集镇",则相对可行。

表5—8　圩区四个样本集镇的人口与用地规模预测

	规划近期人口(人)	规划远期人口(人)	规划近期建设用地面积(公顷)	规划远期建设用地面积(公顷)
砖墙	8 600	12 000	65.63	97.30
狮树	4 500	7 000	53.16	76.40
丹湖	3 000	6 000	43.20	67.08
沧溪	6 500	10 000	45.29	97.65

注:近期为2003年;远期为2010年。

2. 路网设计与交通规划

圩区集镇路网设计较为棘手,在设计过程中有几处关键环节需加以强调。

(1) 与水域稀少地区的集镇规划中密集的路网不同的是,圩区集镇道路的设计要少而精。由于圩区造桥的代价普遍偏高,因而道路区位的选择要尽量减少造桥数量。否则会导致上马迟缓、难以启动,在近期建设地段出现这种情况就更易引发问题。在一些死水区,可以采取将坑塘填掉的办法;对一些低等级的道路,采用造简易桥(如填涵洞、造土桥等)的办法是十分奏效的。

(2) 圩区路网的设计有时需要突破一般程式和技术规定。如图5—21中,道路①为早已建成的狮半公路,是沟通集镇对外联系的主通道。⑥为圩堤,即集镇现状主街。在分跨于不同埠的两条主、次干道③和⑤以及主干道②确定之后,按照集镇规划的技术规定,在③和⑤之间再规划高等级道路④则远达不到规定的道路间距要求(即 250～500 米)。但从现实情况来看,中间确需一条高等级道路,一方面是出于地处繁华地段(如乡政府、农贸市场及主要的商业金融用地均集中于此)的需要;另一方面也是连接子埠和友埠的必要举措,否则居民会极不便利。在这种情况下,我们认为可以突破某些技术程式。类似情况在圩区集镇规划实践中不乏其例。

(3) 道路的设计要灵活处理,要化劣势为优势并体现出特色。仍以狮树集镇规划为例,现状集镇中的狮半公路(即图 5—21 中的①),路型较差,尤其是处于路③和④中间的一段。此路宽 12 米,已经竣工,是高淳县交通局重点规划的沟通区域联系的通道之一。路东为中心小学,故在现实条件下将其从弯处打直不太可能。所以,规划中如何处理好这一段是个极为棘手的问题。规划将此弯处设计成一极具动感的"旋转三角形"状环路(图 5—21),环中设广场和具有象征意义的雕塑,建成为展现集镇现代风貌的窗口。这样,既化劣势为优势,又体现了规划和建设特色,可谓一举两得。

(4) 道路和交通规划还要充分考虑道路两旁土地的综合利用率问题。在规划实践中,常会有地方领导坚决要求按其设想的方案在土地零碎、水面广阔而难于利用两旁土地的地带规划主干道。这种主张既缺乏

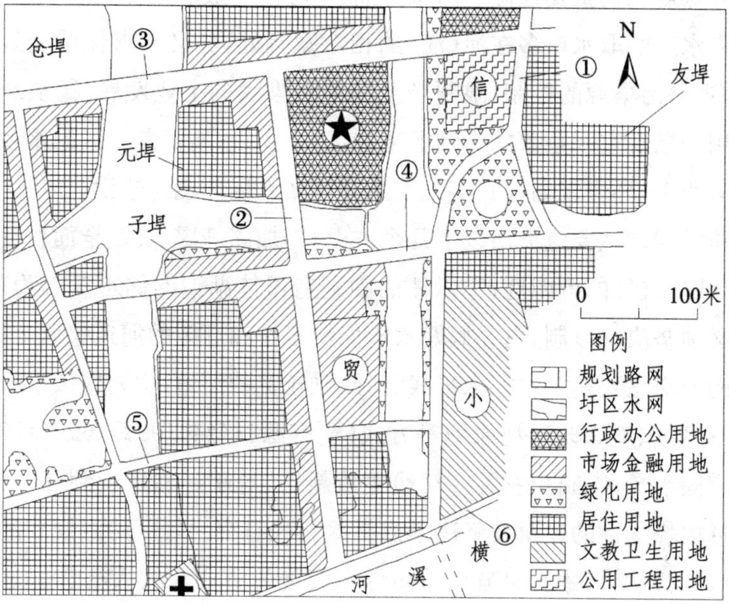

图 5—21 狮树集镇规划中繁华地段的道路网络设计

整体观念,也缺乏长远意识。因为,圩区道路规划不仅应着眼于其交通功能,还要着眼于道路开通所带来的周围土地成片的开发、利用,才能发挥其最大作用。从规划师的角度来讲,一个成功路网的规划设计便意味着集镇建设整体骨架的确定,因此绝不能轻易让步。

3. 公共用地布局和防洪、环保规划的突出地位

在公共用地及相关市政设施规划方面,总的指导思想是其指标的确定不囿于集镇规划范围内的人口。因为,一方面,在河(江)对岸圩堤上集聚着众多的本乡(镇)和他乡(镇)村落,这些村落的居民往往跨过桥或通过摆渡与集镇发生直接联系;另一方面,集镇老区仍不能与规划后的集镇完全脱离联系,在许多方面仍需依赖新区并获得发展。所以,规划集镇相关公共用地及一些市政设施标准时应综合考虑周边村落的需求。

在水乡圩区,集镇的环保与防洪规划占据突出地位。

环保规划的重要性源于两个方面:①圩区一般水产养殖业发达,再加上自来水厂的取水口多在河(江)的相对宽阔处,势必要求保持良好的水质,加强对污染源的控制,限制乃至杜绝污染大的工业发展;②从对环境的作用和景观空间意象的影响上来看,污染少、水质清是圩区的水乡特色和优势所在,环保规划及其实施关系着圩区人居环境的建设。

防洪规划主要应突出以下几个方面:①加固圩堤,实现全面积的块石护坡,减少破圩的可能性;②以往的围湖造田使湖泊的储水量大为减少,因而必须坚决加以制止;③搞好水土保持工作和圩区的河道整修工作,需整修的河道主要是一些河床平浅、河漫滩较宽的河道,主要应该采取疏浚河道、截弯取直和改造河滩地等方式(贾有源、赵悠,1992:169～170),增大河道储水量;④制止农民在江边建造新居,对于一些影响到江、河储水量或圩堤稳固性的建筑要坚决予以拆除。只有突出圩区防洪规划的地位并确保其科学性,才能保障集镇向圩下发展的方向深入人心和保证集镇规划的顺利实施。

4. 功能分区及圩区集镇景观结构模式

圩区集镇现状办公用地和商贸用地大都集中在圩堤上。在规划中,一般把它们布置在圩下的集镇窗口地带或位于主干道旁侧的繁华地带,并尽量处在集镇的近期建设范围之内,目的是以之带动集镇向圩下发展。圩区集镇一般都规划有农民公园或大块休闲、娱乐场地,一方面,作为保护水乡传统城镇风貌的主要途径;另一方面,也有效地利用了那些地形极为破碎、水面较为集中而不便利用的地块。

圩区集镇的原有建设,有些已具有相当规模,尤其是集镇的教育机构和医疗卫生设施,着眼于集镇的经济实力,考虑到一部分位置并无大碍,有些予以保留。因而易造成集镇文教、卫生用地的分散,所以在规划中无论是搬迁项目还是新建项目的布局,总的原则是尽量使之集中、合理。圩区集镇的住宅用地一般也较为分散,规划的新住宅区应尽量提高住宅档次,适当建设代表集镇现代面貌的新型高档住宅。

通过适当的、各具特色的道路系统,将各功能区、相对分散的各类用地以及集镇各级节结点有机地联系起来,形成点、线、面构成丰富、功能分工合理的圩区集镇的景观结构(图 5—22)。

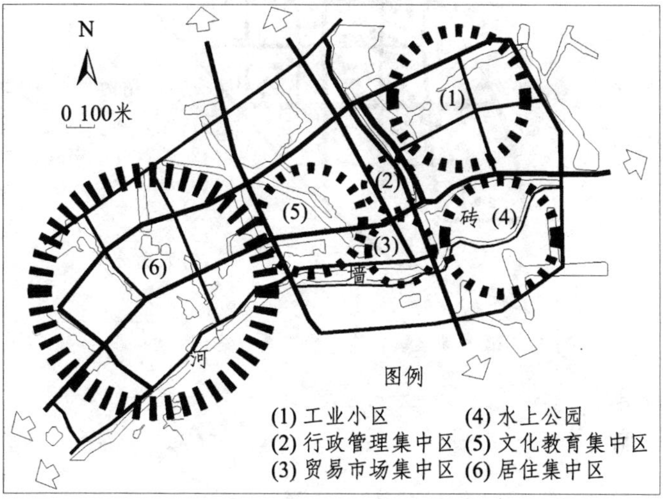

(a) 砖墙集镇功能布局与景观结构

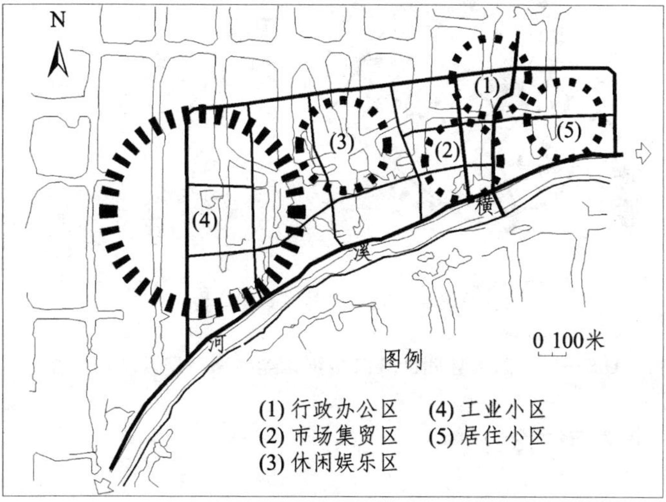

(b) 狮树集镇功能布局与景观结构

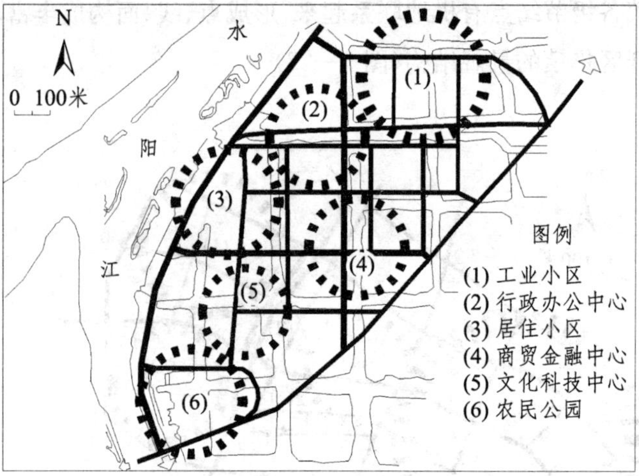

(c) 丹湖集镇功能布局与景观结构

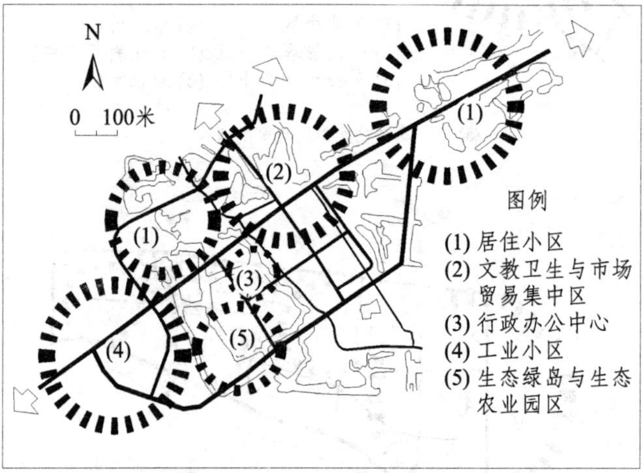

(d) 沧溪镇区功能布局与景观结构

图 5—22 高淳县西部圩区集镇功能布局与景观结构模式

五、小结与讨论

1. 圩区经济、规划普遍滞后及集镇规划对圩区发展和聚落型式调整的意义

据前文分析,高淳县圩区集镇经济发展相对落后。尤其是和与之紧

邻的苏南20世纪80年代乡镇企业的异军突起及90年代的二次创业相比,高淳县圩区诸集镇的工业发展愈发显得滞后。经济滞后是导致规划滞后的直接动因。因此,长期以来,集镇规划得不到应有的重视。农民建房混乱、缺乏统一布局和整体协调;集镇的各项大型项目建设基本上立足于老区,采取"见缝插针"的方式,具体区位选择由地方领导确定,造成"散、乱、差"的局面,缺乏长远意识,更缺乏科学性和合理性,为新一轮规划营设了障碍,也造成众多不必要的损失。对圩区集镇而言,应以新一轮集镇规划的编制及其实施为契机,抓住机遇,严格管理,促使良性集镇发展运作模式的形成,加快集镇发展步伐。

不论是圩区聚落的平面形态还是结构型式,都有很大的不合理性。规划后的圩区集镇向圩下发展,其形态由条带状转而成为团聚状,无疑为圩区聚落型式的调整营造了一个好的开端,具有重要意义。

2. 如何在规划中协调新老区之间的关系及对地方领导干预规划的讨论

圩区集镇跨度较大,有的甚至绵延2～3公里,如图5—20。而对于一些新老区已经分开建设且新区初具规模、新老区之间存在一定空间间隔的集镇,或者考虑到一些新建交通干线带来的区位效应而决定另辟新区进行规划的情况,势必面临如何协调新老区之间关系的问题。如在丹湖集镇,新老区跨度长达2.3公里,新老区之间存在长约0.8公里的"空白地域",而且老区正觉寺历史悠久,集中了集镇65%的人口,集市贸易及主要设施均布置于此;新区西陡门为新开发区,已初具规模,是乡政府所在地。如果规划完全撇开老区,显然有一定难度;若使规划区同时包含新老区在内,中间较长"空白地域"的存在又使这一设想丧失了可能。究竟如何协调二者关系呢?我们采取的办法是本着立足新区、兼顾老区的原则,不仅仅局限于集镇自身,而是从地域上着眼,兼顾老区与周边密集村落(尤其是跨江、跨河的他乡村落),估算规划期内到集镇上居住、购物、享用各项设施和服务的人口,从而确定集镇各项用地及公用设施的规模。

协调好与地方领导之间的关系也是做好圩区集镇规划的一个重要方

面。乡镇领导往往具有熟悉当地情况、对规划的启动与资金来源等的判断较为确凿的优势,但其建设思路常立足于地方上,或受地方保守传统和狭隘思路的影响,他们干预规划不可避免地具有既难于整体协调又缺乏科学性的缺点(冯健、刘庄,1999)。在圩区规划实践中,地方领导坚决要求按以往传统沿圩堤规划建设、规划区横跨新老区或完全抛开老区,主张在土地零碎、难于利用两旁土地的地带规划主干道等情况不胜枚举。因而,规划师以科学清晰的规划思路和整体协调的规划方案赢得地方领导的首肯并协调与其之间的关系无疑具有重要意义。

3. 对维护圩区传统城镇风貌和水乡特色、保持历史文化延续性的讨论

圩区集镇的民居建筑很有特色,一方面,明显受传统儒学文化的浸淫,传统文化的韵味浓厚;另一方面,建造在坑塘河沟水边的建筑则以吊脚楼的形式向水面延伸,既集约利用了土地,又较为美观且在视觉空间上极为开阔,表现出江南水乡的建筑特色。圩区民居是上述两种风格融合的结果,再加上工业污染较少而使水质清澈,因而整体呈现出宜人居住的特征、人与自然和谐共存的意象和传统城镇风貌。

从保持圩区集镇历史文化延续性方面着眼,集镇规划中要充分保留这些优良的传统地方风貌,并在许多方面予以保障,如突出环保作用,杜绝先污染后治理,以生态环境的可持续发展保障圩区宜人的居住环境,以及突出社区文化和地方特色,使传统文化得以延续、发展。

4. 集镇规划与圩区经济社会可持续发展的关系

就经济可持续发展而言,一个核心问题是集镇主导产业的选择。集镇主导产业选择的关键点是因地制宜和就地取材,而不是盲目地定位在工业上。作为县域中心集镇之一的沧溪镇,工业基础较好,发展有一定优势,可考虑把乡镇工业作为带动集镇发展的主导产业,在规划中也要特别注意为其发展留有足够空间。其他各集镇的工业显然不占主导地位,而在水产养殖、农业多种经营、水上运输和建筑业等方面却拥有一定优势,主导产业的确定及各种产业的合理组合才是确保集镇经济可持续发展的前提。

圩区社会可持续发展涵盖面较广,从集镇规划的角度来看,以下几个方面均与圩区集镇的可持续发展密切相关,需要特别加以强调。

(1) 圩区农村不良社会风气、社会陋习的摒弃,旧传统与旧观念的变革。

(2) 有效解决农村剩余劳动力问题,增加就业机会,也是确保圩区农村社会稳定与可持续发展的一个重要方面。

(3) 社会阶层分化与圩区农村社会空间分异方面。社会空间分异不同于功能分区,它主要是指居住阶层在地域上的分化(冯健,2010:85),在圩区农村已有所体现。笔者认为农村居住空间分异发展下去易造成社会不稳定因素,是农村社会非持续发展的表现之一。

(4) 树立规划的法律意识,加强实施和管理的力度。圩区集镇老区发展历史较长,主街两旁布满了商业网点,许多民居以连家店的形式存在。短期内实现商业向新区的转移存在相当困难,因而在居民中树立规划的法律意识,才是解决问题的根本途径。要加强对老街的管理,对老街相关的设施和功能采取"并、停、转"的措施,尤其要制止摊位出门上街、交通车辆的随处停放以及早集在老街的集聚等。

第四节　村庄规划与乡村重构

一、村庄规划与社会主义新农村建设

中共中央国务院在《关于推进社会主义新农村建设的若干意见》(以下简称《意见》)中强调了新时期村庄规划的重要性以及村庄规划内容的要点(城市规划通讯,2006)。《意见》指出,随着生活水平提高和全面建设小康社会的推进,农民迫切要求改善农村生活环境和村容村貌。各级政府要切实加强村庄规划工作,安排资金支持编制村庄规划和开展村庄治理试点;可从各地实际出发制定村庄建设和人居环境治理的指导性目录,重点解决农民在饮水、行路、用电和燃料等方面的困难,凡符合目录的项

目,可给予资金、实物等方面的引导和扶持。加强宅基地规划和管理,大力节约村庄建设用地,向农民免费提供经济安全适用、节地节能节材的住宅设计图样。引导和帮助农民切实解决住宅与畜禽圈舍混杂问题,搞好农村污水、垃圾治理,改善农村环境卫生。注重村庄安全建设,防止山洪、泥石流等灾害对村庄的危害,加强农村消防工作。村庄治理要突出乡村特色、地方特色和民族特色,保护有历史文化价值的古村落和古民宅。要本着节约原则,充分立足现有基础进行房屋和设施改造,防止大拆大建,防止加重农民负担,扎实稳步地推进村庄治理。

《意见》为新时期中国社会主义新农村的村庄规划指明了方向:村庄规划要通过完善乡村基础设施和公共服务设施提高农民的居住质量和生活质量;村庄规划要建设可持续的人居环境,展现社会主义新农村的村容村貌;村庄规划在技术层面之外,还要体现出对乡土文化和乡村地方文脉的人文关怀。

社会主义新农村建设不是政治运动,也不是"形象工程"和"政绩工程",新农村建设的重点应为农民提供最基本的公共产品和公共服务,满足他们生存和发展的需要,如最基本的基础设施就包括加强道路建设、安全饮水、洁净燃料、用电、通信、广播电视等设施的建设,同时改造中小学校舍、改造卫生所,并帮助农民改厕所、改厨房、改圈舍,建设必要的公共活动场所和必需的垃圾处理场所等(马晓河,2006)。通过村庄规划,要治理村庄环境,改善农村的生活和居住环境,改善村容村貌,建设可持续的乡村人居环境。

技术在新农村建设中作用巨大,但技术并不是万能的,乡村社区的发展与技术不一定呈现正相关的关系(叶敬忠,2006:447~448)。社会主义新农村建设背景下的村庄规划,实际上已不仅仅是技术层面的事情,而是应该重视村庄规划的工程技术与人文环境的结合,为建设适宜于农民目前生产、生活状况又能为他们带来真正福利的生活方式、居住环境、组织体制以及文娱形式等(贺雪峰,2006)。《意见》还强调了在村庄规划中对乡村文化和地方文脉保护的重要性。新时期的村庄规划要强调乡村文脉的继承和发扬，应该有利于农民之间的交流和互动，而不仅仅着眼于表面的“集中居住”，要促进农民之间的互动交流（张亮、李超，2006）。

总之，在社会主义新农村建设中，规划应起到先导作用，通过规划来完善乡村基础设施和公共服务，方便农民的生产和生活，提高农民居住环境的质量；村庄规划还应该促进对地方文脉和乡土文化的保护。应该通过村庄规划这个平台，为社会主义新农村村容村貌的展示创造基础条件。

二、社会主义新农村背景下的村庄规划若干问题

1. 村庄规划不能以盲目合并自然村、建设中心村为前提，应该因地制宜，考虑村庄的经济社会传统

中国村庄规模偏小、分布分散导致一定程度的耕地资源浪费的确是现实中普遍存在的问题，因此，很多地区掀起合并自然村、建设中心村的“村庄合并运动”。大的方向没错，但我们认为，中国的乡村不能完全消灭自然村、全部实现中心村，村庄规划也不能动辄就是针对合并后的中心村规划。诚然，对于那些过于分散而造成土地资源严重浪费或基础设施难以建设的村落，如一点一户或数户、一户或数户一路等情况，应该毫无疑问地要采取合并的办法（刘冠生，2002）。但是，在决定自然村是否要合并时，村庄规模因素只是诸多影响因素中的一个，不是唯一的考虑因素。针对不同的地区，是否要合并自然村、集中建设中心村还应该考虑当地的社会经济条件和人文环境传统，应该因地制宜。否则，盲目合并后的中心村，农民的幸福感未必提高，生活未必比村庄合并前好。

不妨举例说明。在苏北沛县赵圈村（原赵圈大队），共包括六个自然村，都位于县城以南3～4公里处。赵圈为村政府驻地，距县城4公里，其北0.5公里处为高庄，再往北0.5公里处为冯庄，拟以这三个村庄为例说明问题。赵圈为大村庄，人口超过千人，冯庄和高庄都为小村庄，人口不足200人。三个村庄由于距离较近，但村庄规模和耕作半径却导致村庄经济的巨大差距。实际上，在苏北这样的经济欠发达地区，耕作半径仍然在发挥作用，它可以在一定程度上影响农民生产经营的种类，进而影响农

民收入和村庄经济发展。对于小村庄而言,由于人口规模小,耕地分布在村落周围甚至庭院前后,耕作半径相对较小,再加上距离县城较近,因此,冯庄和高庄的村民大都种植蔬菜(冬天以种植大棚蔬菜为主)供应县城,村民有勤劳致富的风气,经济的积累使村民相对富裕,村庄建筑80%以上为新建的二层小楼。在经济欠发达地区,种植蔬菜需要满足很多条件,最重要的是菜地不能离家太远,以便于管理和防盗。另外,蔬菜要经常靠抽取地下水进行灌溉,若耕作半径太大,菜地的用水、用电都成为难题。人口规模较大的赵圈便明显不同了,由于村庄建设用地规模大,耕作半径较大,很多农民要跑一两公里才能到达其耕地,因此,没有形成规模种植蔬菜的局面,多数农民仅依靠粮食作物的种植,村民缺乏勤劳致富的风气,农闲时农民无事可干,经常能够看到游手好闲的少年、成天在街头小店聊天说笑的妇女甚至赌博的村民,村民收入相对较低,村庄建设面貌也明显落后于冯庄和高庄。

如果按照一般的以规模为依据的思路和行政区划调整思路,冯庄和高庄应该合并到赵圈,甚至组成更大的中心村,然后统一规划。如果这样的话,等于是把冯庄和高庄自发形成的致富道路强行堵掉,把两村庄的村民归到缺乏勤劳致富风气的大村。试问这样的规划合理吗?再者,三个村庄的建设用地本身距离并不远,合与不合究竟有多大意义?村庄的合并究竟给农民带来什么好处?因此,村庄合并问题不能只以村庄规模大小为依据,还应该考虑村庄的社会经济传统以及农民的耕作习惯。应该因地制宜地分析问题,实事求是地解决问题。

2. 村庄的特殊性决定了村庄规划要在城市规划模式以外另辟蹊径

首先要结合村庄存在的一些常见问题,分析村庄规划的特殊性,并在村庄规划中致力于解决这些特殊问题。村庄一般面临的问题是环境脏、村容村貌差,村庄规模偏小、分布散乱,村庄建设布局混乱、建筑密度不合理,村庄基础设施简陋不全并且功能较差(陈荣亮,2006)。由于资金缺乏,规划建设的投入不足使得村庄规划水平相对较低,很多村庄基础设施欠账严重,传统村庄规划也缺乏对生态环境、基础设施和公共服务设施的统筹安排,没有很好地体现出村庄特色(张俊乾,2006)。另外,一户多宅和空心村现象使村落的形态存在较大问题。农民滥占宅基地的现象严重,为了多占宅基地,有的家庭子女与父母即使同住也会各自申请宅基地,有的家庭则在子女尚未成年时已将其以后的住宅建好,一个家庭拥有两处甚至多处住宅,在城镇购买住房的农民也仍然保留村里的住宅,导致土地利用率低下,加剧了乡村土地供需矛盾(王玉华,2004)。对于外出打工的农民而言,其村中住宅往往闲置,另外,村庄的新住宅建设常与旧住宅改造相脱节,村落中心遗留下的多为破旧建筑和废弃建筑,它们没有得到充分利用,致使空心村出现。村庄的特点决定了村庄规划应该在城市规划的模式以外另辟蹊径,村庄的各种特殊性问题必须要在规划中加以考虑并探讨解决问题的对策。

3. 解决乡村基础设施的配套问题是村庄规划的重中之重

有学者总结出一组统计数据,可以有力地说明中国乡村公共设施配套落后问题(应巧艳,2006)。2005 年年底,在中国的 2 053 个县、4 万个乡、70 万个行政村和 320.7 万个自然村中,约 2%的村不通电;5%的村不通邮;6%的村不通电话;6%的村不通公路;30 多万建制村没有硬化路面;1%的乡镇没有卫生所,现有乡镇卫生所中 1/3 是危房;全国中小学危房 80%在农村;一半以上的乡镇缺乏文化设施;1.5 亿农民缺燃料;约 7 000万农民存在住房问题;60%以上的农村无标准厕所;每年产生量约为 1.2 亿吨的农村生活垃圾几乎全部露天堆放;每年产生量超过 2 500 万吨的农村生活污水几乎全部直排,50%的县无标准处理垃圾设施;5%的县无污水处理厂。基础设施和公共服务设施的配套与否直接关系到农民的生活质量问题,如果生活质量得不到保障,又谈何“新农村”呢? 因此,村庄规划应成为完善乡村基础设施和公共服务配套的一个重要契机。解决乡村基础设施配套的问题是村庄规划的重中之重。

4. 村庄规划绝不是拆旧村、建洋房,应该新村建设与旧村改造相结合,建设真正适于农民生活的社区

有人把村庄规划等同于拆旧村、建新村和建洋房,走入乡村规划的误

区。乡村规划的目标是要建设可持续的人居环境,旧房未必不可持续,洋房也未必就一定适合人居。尤其是很多村庄规划,对旧村的整治或改造少,而新建住房用地多,在规划图上布置了不少新房子,其实村庄新增人口并不多(王富更,2006),总是把"一味求新"或"求新为主"作为规划理所当然的思路,不符合实际。应该改变一味开发新村的思路,要重视旧村的改造,应结合旧村改造与结构调整,同时建设新的集中居住点,这样既可以节约规划实施成本,也尊重了村庄内在的演变规律,便于传统村落形态的保持与社会文化保护(朱东风,2006)。在农村,建房是头等大事,很多住宅新建不久,不顾现状进行拆除的做法不仅难合情理,农民也无法接受。具体的解决方法有很多,如可以强调规划远期的适度集中,近期还是应该尊重现状,可以在规划区安排一定的用地实行一期建设,待旧村中的部分村民搬迁后,再对搬迁后的空地按规划改造空间,与此同时发挥一期建设的规划带动效果,推动规划实施(石坚,2000)。有中国特色的新农村不是简单的"盖洋楼"或追求规划形式上的整齐划一,更重要的是要建设一个公共服务设施完善和适于农民生活的社区(叶齐茂,2005:6)。实际上,乡村住宅建设用地除了宅基地以外,还包括了厕所、猪圈、牛圈等用地,农民也把它们看成庭院经济的组成部分,如果在建设新农村的过程中,不管农民愿不愿意,就把农民的庭院都改成小洋房,显然并不合适(应巧艳,2006)。村庄规划一定要定位在建设真正适于农民生活、符合农村特点、农民愿意居住的社区。

5. 村庄规划要突出"村庄"特点,强调地方建筑特色和乡土风情,不要再建城镇社区或类城镇社区

村庄规划的着眼点应该是"村庄",而不是城镇社区或类城镇社区。城镇化不是让农村消失掉,或把所有的农村都建成城镇的模样。陶渊明的《归园田居》诗中所描绘的"暧暧远人村,依依墟里烟。狗吠深巷中,鸡鸣桑树颠"的乡村田园生活,是令人向往的乡村图景。类城镇社区,简单地移植城镇的各种建设元素,如广场、绿地和水泥建筑等,容易千村一面,农民在这样的"村落"中居住也缺乏对它的认同感和归属感。有特色的村落建设应该依托其自然地理背景,传承其历史文化传统,应该千村千面。

农民需要的交往空间是在大树下、池塘边、住宅庭院中或宗祠庙宇里,而不是在生硬的集散广场;农村需要村口大树或河边的纳凉空间,而不需要铺有草坪的绿地;农村需要适合乡村生活的建筑结构,而不需要城镇的高大建筑(章凌志、杨介榜,2007)。美好的乡村图景需要柳树桑树,需要小溪河塘,需要鸡鸣狗吠,需要祖坟祠堂。不能用清一色的水泥构造来破坏乡村的自然生态和文化生态,要重视保护古村落、古建筑、古树名木以及地方建筑风貌。村庄规划要突出每个村庄的特点,包括突出乡村的自然地理特点、历史人文特点、环保生态特点,要突出乡村的人情味。另外,还要保持乡村建设的乡土风情和农家风情,乡村就是乡村,新农村是现代化的乡村,而不是城乡不分的乡村。

2010年,笔者在考察浙江省义乌市的村落时,曾对义乌市生态村之一——江东街道的张村留下深刻印象。张村规模并不大,但村庄北面依山,其他三面环水,村头有一座小桥横跨于环村河流之上,桥旁河边生长着很多老树,枝干茂密,树阴清凉,是村民茶余饭后休憩的好去处。张村清幽的意境令人着迷,甚至一见难忘,其依靠乡村本土景观所形成的环境意象,远胜于那些到处可见的类城镇景观,之所以能达到这种效果,就是因为在城镇化过程中保留了"村庄"的特点。

6. 村庄规划要体现和代表村民利益,要让村民参与规划的整个过程

中国乡村的政治越来越倾向于民主化和公开化。新时期,中国乡村已经建立起以村民自治为核心内容的乡村政治体制,通过乡村民主选举的实行,使民主和法制成为当今中国乡村政治文化的主流意识(于建嵘,2001:446)。和乡村的政治进程相比,乡村规划还比较落伍。村庄规划也应该体现法制化和民主化意识,中国乡村规划推行公共参与制度是迟早的事情。农民是新农村建设的主体,乡村规划必须争取到农民的支持和参与,提高村民决策参与度,让村民感到村里的重大决策听取了自己的意见、符合自身利益,这本身也是乡村政治民主化发展的需要,可以充分保证村民对社会公共事务的参与权、知情权和决策权。让村民参与村庄规划,实际上也是把法律赋予村民的权利还给村民,保证村庄规划的制定有

广泛的群众基础,保证规划的实施在村民意愿中扎根(胡永武,2006)。让村民参与村庄规划过程,有利于了解参与村庄规划和建设的各个阶层的利益诉求,在规划的目标选择和决策中保证客观和公正,也能够更有针对性地解决问题,防止出现不顾当地财力、超越集体经济和农民承受能力的规划方案并有利于规划的实施(吕斌等,2006)。另外,村庄规划是为农民而制定的,按照规划所进行的乡村建设对农民适合还是不适合,农民心里最清楚。在村庄规划编制过程中,应以组织座谈会等形式广泛听取村干部和村民意见,把规划的制定过程演变为一个协商过程,这样既可以使规划最大限度地满足村民自身利益,也使村民真正了解规划建设的目标和意义,从而取得村民的支持和激发其遵守规划的自觉性,因为村民的支持是规划实现的根本保证(张湛鸿、陈重峰,2000)。总之,让村民及早参与村庄规划的制定,可以把农民所想、农民所需及时地融入规划,规划的每一个步骤都听取村民意见,也便于及时地对规划不合理的地方进行修正和调整,从而保证按规划建设出来的乡村是村民所需要的,是适于村民的生存和生活的。

三、小结

中央的《关于推进社会主义新农村建设的若干意见》为新时期中国的乡村规划指明了方向。在社会主义新农村建设中,规划应起到先导作用。应该通过村庄规划这个平台,切实改善农民的生活环境,提高乡村基础设施和公共服务水平,展现社会主义新农村的村容村貌。

村庄规划不能以盲目合并自然村、建设中心村为前提,除了规模因素以外,村庄合并与否还要考虑当地的经济社会和文化传统。村庄的特点和各种特殊性问题决定了村庄规划要在城市规划模式以外另辟蹊径。乡村基础设施的配套问题是村庄规划的重中之重。村庄规划不等同于拆旧村、建洋房,应该新旧相结合,建设真正适于农民生活的社区。村庄规划要突出“村庄”特点,强调地方建筑特色和乡土风情,不是要再建城镇社区或类城镇社区。村庄规划要体现和代表村民利益,要让村民参与规划的整个过程。总之,要通过村庄规划有效地推动转型期中国乡村的空间重构进程。

第五节 本章总结

本章在大量规划样本的基础上,从地理学的视角,采用以实证研究为主的分析方法,总结了 20 世纪 90 年代以来各类型集镇的空间规划与景观结构模式,对建设社会主义新农村背景下村庄规划的一些基本问题提出看法,力求从规划的角度揭示中国乡村空间重构和景观结构变迁的特征。

交通规划和路网设计与集镇空间形态演化关系密切。各类型集镇规划的功能布局和景观结构模式丰富多彩,集中展现了集镇空间形态演化的特点。苏南的大型集镇面貌更类似一个小城市,样本集镇规划分析中所出现的“同片紧凑型”、“同片分散型”、“同片双中心型”和“双片组团型”的功能布局和景观结构各有特色,都是因地制宜地引导并促进集镇空间形态合理演化的模式。苏中、苏北大量的中小型集镇,虽然难以形成像苏南大型集镇那样典型的景观结构模式,但在规划中应该采用一些方法对集镇空间形态的演化进行引导和调控,如采用“分片式、多类型”开发方式引导功能结构布局和塑造新城镇景观,寻求并强调集镇功能结构布局的“线索”以形成具有特色的景观结构,以及通过发展轴线的变换引导集镇形成新的功能布局和景观结构。作为江南水乡的一种类型,圩区集镇的规划面临较多的特殊性和复杂性,使得在规划之前有必要吃透圩区农村聚落发展的特征、圩区社会经济传统和圩区居民的心理特征。针对圩区特殊的地形、地貌和水文条件,在充分重视交通与土地综合利用率关系的基础上,通过适当的、各具特色的道路系统,将各功能区、相对分散的各类用地以及集镇各级节结点有机地联系起来,形成点、线、面构成丰富、功能分工合理的圩区集镇的景观结构。

在社会主义新农村建设中,规划应起到先导作用,应该通过村庄规划改善农民的生活环境,提高乡村基础设施和公共服务水平。村庄规划不是一股风地建设中心村,解决乡村基础设施的配套问题是村庄规划的重中之重,村庄规划不能等同于拆旧村和建洋房,村庄规划要突出“村庄”特点和强调乡土风情,不是要再建城镇社区或类城镇社区。总之,通过村庄规划,体现和代表农民的利益,建设真正适合农民生活的社区,促进乡村系统有序地重构。

第六章　制度创新：乡村重构的政策保障

制度和政策是实现乡村经济和空间重构的基础性保障。新中国成立以来，与乡村重构关系密切的一些制度，如户籍制度、土地制度和社会保障制度历经变迁。对60多年来中国乡村发展过程中的制度和政策演变过程进行系统梳理，从某种程度上讲，其重要性不亚于提出新的政策或建立新的制度，这是“以史为鉴”的重要作用。一方面，制度创新为乡村重构提供了源源不断的动力；另一方面，制度创新与中国乡村重构进程存在密切的关系，两者常常互相影响、互为因果。中国乡村制度创新的过程总体上就是一个乡村逐渐适应市场化发展的结果，在制度变迁的过程中，可以探寻乡村经济结构和空间结构演化的深层次原因。本章从政策演变的角度对中国乡村制度重构的过程、制度创新与乡村重构的关系以及乡村重构进程中制度创新展望等方面进行论述。

第一节　户籍制度创新与乡村重构

一、传统城乡二元户籍制度的形成

早在20世纪50年代，为了统筹安排城市食品供应和就业，限制农村人口盲目流入城市，中国开始实行户籍管理制度。1951年公安部的《城市户口管理暂行条例》虽是以维护社会治安和保障人民安全为宗旨，但足以表明中国的户籍制度已处于酝酿过程。该条例规定：户口管理一律由人民公安机关执行，公安人员执行任务时，各户不得拒绝；来客住宿超过三日者，须向公安派出所报告；各户均需置备户口簿，按实填写，以备查对;医院除备有户口簿外,须另备住院病人登记簿,病人入院出院时须报告之;旅栈、客店均须置备旅客登记簿,于每晚就寝前,送当地公安机关检阅备查。

1955年,国务院的《关于建立经常户口登记制度的指示》真正标志着中国户籍制度的开端。该指示规定:在全国范围内建立城乡人口按居住地进行登记的经常性户口统计制度;户口数字应当每年层层上报,最后汇总于内政部;解决农村户口的登记管理问题;户籍制度的治安功能不再被强调,户口登记行政由内务部和地方民政部门主管,城镇公安派出所和乡镇人民委员会办理户口登记,户口统计由内务部汇总等。

至此,尚未有规定对居民的迁徙自由进行限制。尽管1956年的《关于防止农村人口盲目外流的指示》、1957年的《关于防止农村人口盲目外流的补充指示》和《关于防止农民盲目流入城市的通知》等文件有缓解当时大量农村人口盲目流向城市的局面和缓解城市不堪重负的目的,大多没有起到预想的作用,实际上,1949～1957年也是新中国成立后中国公民能够自由迁徙的时期(俞德鹏,2002:17)。

1958年的《中华人民共和国户口登记条例》,规定了中华人民共和国公民都应当依照本条例的规定履行户口登记,公民应该在经常居住的地方登记为常住人口,一个公民只能在一个地方登记为常住人口,公民由农村迁往城市必须持有城市劳动部门的录用证明、学校的录取证明或者城市户口登记机关的准予迁入证明,向常住地户口登记机关申请办理迁出手续等内容。该条例第一次以法律的形式将城乡有别的户口登记制度与限制迁移的制度固定下来,开始筑起农村居民向城市迁移的壁垒;在此基础上逐渐形成了所谓的“城乡二元社会结构”,这是城乡因人口流动受到严格约束而出现的一种分割状态(冯健,2004:203)。在这种户籍制度下,农民的子女永远是农民(少数上大学者除外),而市民的子女则永远是市民,市民因为持有非农业户口而享有诸如住房、就业、副食品补贴、社会保障、医疗保险等一系列特权(刘传江,2002)。二元户籍制度就像一道无形的墙,把中国城市社会和乡村社会彻底地分隔开来,户口从此有了城市户口和农村户口的区别，中国公民的迁徙自由权利实际上已经不存在了，农民从此不能随心所欲地进城定居（俞德鹏，2002：18～19），农民实际上被拒绝在工业化和城镇化之外（叶裕民，2001：121～122）。

1975 年通过的《中华人民共和国宪法》以及后来修改的《宪法》都不再存在公民有自由迁移权利的条文。1977 年 12 月，国务院批转了《公安部关于处理户口迁移的规定》，确立了处理户口迁移的主要原则是："从农村迁往市、镇（含矿区、林区等），由农业人口转为非农业人口，从其他城市迁往北京、天津、上海三市的，要严格控制。从镇迁往市，从小市迁往大市，从一般农村迁往市郊、镇郊农村或国营农场、蔬菜队、经济作物区的，应适当控制。从市镇迁往农村，从市迁往镇，从大市迁往小市的，以及同等市之间、镇之间、农村之间的迁移，理由正当的，应准予落户。农村人口之间的通婚，对有女无儿户，应准许男到女家落户。"稍后，公安部在《关于认真贯彻〈国务院批转"公安部关于处理户口迁移的规定"〉的通知的意见》中，更具体地提出了"农转非"的内部控制指标，即每年从农村迁入市镇和"农转非"的人数不得超过现有非农业人口的 1.5‰。至此，隔断城市间、城乡间自由迁移的户籍管理制度完全形成（孟兆敏，2008）。可以说，这个时期已经从制度上构筑起中国城乡之间的围墙，其对中国社会的影响深远。

二、改革开放后城乡户籍制度重构

改革开放以后，中国户籍制度改革不断有新的举措，由严格的户籍管理制度所形成的城乡壁垒开始松动，市民所享有的特权也开始弱化，限制居民在城乡之间自由流动的措施也逐渐松动。

1984 年，国务院的一个关于农民落户集镇的规定对于突破封闭的城乡户籍管理制度具有重要意义，它规定农民可以在集镇落户，但迁往城市仍不可能。这个文件是《关于农民进入集镇落户问题的通知》，它规定：凡申请到集镇（不含县城关镇）务工、经商、办服务业的农民和家属，在集镇有固定住所，有经营能力，或在乡镇企事业单位长期务工的，公安部门应准予落常住户口,及时办理入户手续,发给《自理口粮户口簿》,统计为非农业人口;粮食部门要做好加价粮油的供应工作,可发给《加价粮油供应证》;地方政府要为他们建房、买房、租房提供方便,建房用地要按国家有关规定和集镇建设规划办理;工商行政管理部门要做好工商登记、发证和管理工作。集镇自理口粮户口这一新的户口类型的出现是中国户籍制度即将松动的第一个信号,农民取得了基本上依自己意愿进入除县城关镇以外的建制镇和非建制镇的权利,是中国现行户籍制度改革的正式开端(俞德鹏,2002:371)。“自理口粮”户籍制度的意义还包括(邹兵,2003:105～107):①稳定了小城镇的人口,通过自理口粮而进镇落户的农民多数此前便在镇上务工经商,自理口粮使这些小城镇经济的生力军获得稳定的生活和就业保障;②降低了农村城镇化的成本,新进镇落户的农民在口粮、住房和就业方面减轻了传统上由国家统包式单向承受的负担;③改变了计划体制下“农转非”的指令性计划式城乡人口迁移方式,引入了市场调节和农民自我调节的机制;④增强了“农民集镇农民建”的商品经济意识,推动了小城镇建设。

1985年,公安部出台《关于城镇暂住人口的管理暂行规定》,强调加强“流动人口管理”,并发布《中华人民共和国居民身份证条例》。1985年国家开始实施的居民身份证制度,是对户籍管理制度的重大突破,户口管理本身对于社会流动的约束又得到减弱。1994年,取消户口按商品粮为标准划分为农业和非农业户口的“二元结构”,而以居住地和职业划分为农业和非农业人口,建立以常住户口、暂住户口、寄住户口三种管理形式为基础的登记制度,并逐步实现证件化管理。

20世纪90年代初期,尤其是1992年以后,户籍制度在其他改革措施的刺激下,出现了形形色色的改革方案,各级各地政府极力以户口作为控制的砝码和可资利用的资源(陆益龙,2003:149),城镇非农业户口被作为商品参与买卖。蓝印户口、寄住户口、开发区户口等风靡一时,实际上它们都是城镇户口买卖的不同表现形式。如最早实行蓝印户口的上海市,出台了《关于外地投资浦东新区申请上海常住户口的实施细则》,规定投资总额和注册资金在500万元人民币以上、开业满两年、经济效益显著的企业,可申请5个本市常住户口指标,投资总额超过500万元的部分,每增加100万元可再申请1个常住户口指标。后来又进一步放宽为在上海投资100万人民币或购买100平方米的外销住房,便可申请蓝印户口,按规定年限可再申请常住户口。有的地方还以集资为由,明码标价并公开出售城镇户口。

城镇户口参与商品买卖,一方面,反映出当时户籍制度对人口迁移的限制以及对移民生活的种种制约,有需要才会有交易,户籍制度改革势在必行;另一方面,它是基于大批农民在无户口的条件下进入城镇就业的背景而出现的,部分解决了已向城镇迁居的农民的户口问题(叶裕民,2001:123),可谓是一时的权宜之计,在一定程度上缓解了矛盾。

1997年,国务院一个新的关于农民落户集镇的规定,明确提出农民可以进入小城镇(含县级市和建制镇),这又是户籍制度改革的一大进步。这就是国务院批转公安部的《小城镇户籍管理制度改革试点方案》和《关于完善农村户籍管理制度的意见》。《小城镇户籍管理制度改革试点方案》规定凡符合下列条件的乡村人口,都可以在小城镇办理城镇常住户口:"①从农村到小城镇务工或者兴办第二产业、第三产业的人员;②小城镇的机关、团体、企业、事业单位聘用的管理人员、专业技术人员;③在小城镇购买了商品房或者已经有合法自建房的居民",以及"与上述人员共同居住的直系亲属"。此外,"在小城镇范围内居住的农民,土地已被征用,需要依法安置的,可以办理城镇常住户口";"经批准在小城镇落户人员的农村承包地和自留地,由其原所在的农村经济组织或者村民委员会收回,凭收回承包地和自留地的证明,办理在小城镇的落户手续"。试点的范围限制在县(县级市)城区的建成区和建制镇的建成区,要求省、自治区、直辖市政府选择少量经济和社会发展水平较高、财政有盈余、城镇基础设施建设等具有一定基础、在当地具有一定代表性的小城镇,先期进行两年的户籍制度改革试点,然后在总结经验的基础上,分期、分批推开。

和1984年的改革相比,1997年的改革已经放宽到农民可以落户县级市和县城关镇,而这些在1984年的规定中还不可能实现。尽管如此,有学者认为1997年的改革仍然对农民进城落户存在较多的限制,最突出的是大中城市对农民仍然门槛高筑,将承包地和自留地上交显然增加了农民在小城镇生存的风险和机会成本(叶裕民,2001:124～125)。

1998年,国务院批转公安部的《关于解决当前户口管理工作中几个突出问题的意见》,对当前户口管理做出了进一步的改革。该意见规定:①实行婴儿落户随父随母自愿的政策。今后新出生的婴儿可以在父亲或母亲常住户口所在地的户口登记机关申报常住户口。对以往出生并要求在城市随父落户的未成年人,可以逐步解决其在城市落户问题,学龄前儿童应当优先予以解决。②放宽解决夫妻分居问题的户口政策。对已在投靠的配偶所在城市居住一定年限的公民,应当根据自愿的原则准予在该城市落户。③男性超过60周岁、女性超过55周岁,身边无子女需到城市投靠子女的公民,可以在该城市落户。对因工作调动等原因在其他地区离休、退休的人员,需要返回原工作单位所在地或者原籍投靠配偶、子女的,应当优先予以解决。④在城市投资、兴办实业、购买商品房的公民及随其共同生活的直系亲属,凡在城市有合法住所、合法稳定的职业或者生活来源,已居住一定年限并符合当地政府有关规定的,可准予在该城市落户。具体工作由公安部先行组织试点,在总结经验的基础上逐步推开。对于在城市落户的人员,各地区、各部门均不得收取城市增容费和类似增容费的费用。与1997年的方案相比,该意见没有提出要在中等城市限制农民落户,没有要求进城落户的农民必须先交还承包地和自留地,对农民进城给予更宽松的条件(刘平量、曾赛丰,2006:104)。

2000年,中共中央和国务院出台了《关于促进小城镇健康发展的若干意见》,规定对县级市市区及以下的城镇,只要有合法固定住所、稳定职业或生活来源的农民,均可根据本人意愿转为城镇户口。在这一政策的推动下,各地小城镇户籍开放的速度有所加快。

2001年,国务院批转了公安部《关于推进小城镇户籍管理制度改革的意见》,在总结试点工作经验的基础上,开始全面推进小城镇户籍管理制度改革。该意见规定:小城镇户籍管理制度改革的实施范围是县级市市区、县人民政府驻地镇及其他建制镇。凡在上述范围内有合法固定的住所、稳定的职业或生活来源的人员及与其共同居住生活的直系亲属,均可根据本人意愿办理城镇常住户口。已在小城镇办理的蓝印户口、地方城镇居民户口、自理口粮户口等,符合上述条件的,统一登记为城镇常住户口。对经批准在小城镇落户的人员,不再办理粮油供应关系手续;根据本人意愿,可保留其承包土地的经营权,也允许依法有偿转让。农村集体经济组织要严格执行承包合同,防止进城农民的耕地撂荒和非法改变用途。对进城农户的宅基地,要适时置换,防止闲置浪费。该意见还提出了具体的工作要求,包括:①加强领导,确保小城镇户籍管理制度改革工作顺利进行,小城镇户籍管理制度改革工作涉及面广、政策性强,关系到群众的切身利益,县(市)人民政府要提出当地改革小城镇户籍管理工作的具体实施意见;②严格办理小城镇常住户口的审批工作,对办理小城镇常住户口的人员,不再实行计划指标管理;③切实保障在小城镇落户人员的合法权利,经批准在小城镇落户的人员,在入学、参军、就业等方面与当地原有城镇居民享有同等权利,履行同等义务,不得对其实行歧视性政策,各地区、各有关部门均不得借户籍管理制度改革之机收取城镇增容费或其他类似费用。

该《意见》提出了改革目标,即通过改革小城镇户籍管理制度,引导农村人口向小城镇有序转移,促进小城镇健康发展,加快中国城镇化进程。同时,也为户籍管理制度的总体改革奠定基础。该意见还提出小城镇户籍管理制度改革的具体原则,包括:①"既要积极、又要稳妥"的原则,利于小城镇健康发展,加快农村富余劳动力的转移,带动农村经济和社会全面发展,同时,要充分考虑小城镇经济和社会发展的实际需要和承受能力,充分尊重群众的意愿,不搞"长官意志"、不搞"一刀切";②"总体把握、政策配套"原则,与小城镇进行的其他各项改革政策相衔接,要统筹考虑农村人口转移与就业安置、社会保障等问题,逐步把小城镇的户籍管理纳入法制化、科学化、规范化、现代化的轨道;③"因地制宜,协调发展"原则,各地区要结合本地经济和社会发展水平的实际,研究制定具体实施办法,使小城镇的人口增长与经济和基础设施建设、就业和社会保障以及各项公益事业的发展相协调。这次户籍制度改革取得巨大成绩,如在江苏,在意见出台半年多的时间内,全省实施户籍制度改革的建制镇达到978个,有334万余人办理了小城镇户口。

2001年5月1日,国家明令取消《市镇居民粮食供应转移证明》,终结了延续40多年的“户粮挂钩”政策,为户口迁移制度排除了一个重大的制度障碍(马桂萍,2008)。2002年,公安部明确规定,对于进入小城镇和县级市市区的农民,只要有稳定的居住地,有稳定的就业或者收入来源,就可以举家迁入或者个人迁入。2006年,中央下达“一号文件”,要求加快推进户籍制度改革,加快实行城乡劳动者平等就业制度,进一步清理和取消长期以来对务工农民流动和进城就业的歧视性规定和不合理限制,逐步形成城乡统一的要素市场。到2008年12月,已有河北、辽宁等12个省市区相继出台了以取消“农业户口”和“非农业户口”性质划分、统一城乡户口登记制度为主要内容的改革措施。公安部也逐步调整、放宽了婴儿落户随父随母、夫妻投靠、老人投靠子女以及投资、购买商品房人员落户等城市户口迁移政策。

综上所述,通过对改革开放以来中国户籍制度改革历程的梳理,可以把中国户籍制度的重构概括为以下几个方面的特征:①总的趋势是户籍制度逐渐放宽,城乡居民的迁徙越来越自由,传统的城乡二元结构及其壁垒不断被消除和打破;②小城镇或集镇一直是中国户籍制度改革的一个永不失效的“实验场”;③中国户籍制度的改革经历了一个从“试点地区”向城乡地区全面推广的过程;④参与户籍制度改革的地区,从小到大逐渐放开,从最早的“集镇(不含县城关镇)”,到“小城镇(含县级市和建制镇)”试点,再到“小城镇”的全面推进;从限制在“县(县级市)城区的建成区和建制镇的建成区”和“大中城市”的门槛高筑,到后来的“不提中等城市限制”等,都表现出改革被渐进式推进的特点。

三、各种城乡户籍政策及其发展的最新动态

1. 鼓励具有一定技能与贡献的人员落户的户籍政策

随着户籍管理制度的日渐松动，城市流动人口增长迅速，尤其是 20 世纪 90 年代以来，大规模的地域性流动人口现象非常普遍。随着市场经济发展，计划经济体制下的“大锅饭”、“铁饭碗”被打破，大量高学历或有一技之长的专业人士加入到流动大军中来。

为了吸引这些能够为本地经济发展做出一定贡献的人员，上海、深圳、广州、厦门、海口等一些改革开放的前沿城市，率先通过蓝印户口等措施鼓励高技能、高学历人才落户。上海市 1994 年 2 月施行了《上海市蓝印户口管理暂行规定》。文件规定：在上海投资人民币 100 万元（或 20 万美元）及以上、购买一定面积的商品房、在上海有固定住所及合法稳定工作者均可申请上海蓝印户口，持蓝印户口一定期限后可转为常住户口。深圳市 1996 年 1 月 1 日开始实行蓝印户口政策，短短两年时间就办理蓝印户口 3.7 万多人，由蓝印户口转为常住户口 7 000 人。广州在 1998 年 3 月推出了蓝印户口。其他城市也在一定范围内实行特殊的户口政策，如苏州市在苏州工业园区实行四种类别（聘用类、购房类、纳税类、投资类）的蓝印户口。

为适应市场经济发展的需要，为了有效地引进人才，安徽省对户籍管理制度进行了大刀阔斧的改革。2001 年，安徽省公安厅起草了《安徽省公安厅关于进一步改进户籍管理推进城镇化进程的意见》并经省政府批准后正式出台。在这次改革中，“农转非指标控制”、“户籍与粮油关系挂钩”等规定已彻底废除，对经批准在小城镇落户的人员，“不再办理粮油供应关系证明”，也“不再实行计划指标管理”；对批准落户的人员不得收取城镇增容费和其他类似费用，在就业、入学、参军等方面与当地原有居民享有同等权利，履行同等义务。安徽省的这次户籍改革，对引进人才也是一大突破，凡属于省辖市急需的优秀人才、紧缺人才，凭本人与用人单位签订的聘用（劳动）合同，允许本人及其配偶、未成年子女在城市落户。为

吸引外资,在这次改革中还规定:凡在安徽城市投资、兴办实体和购买商品房的人员,可申请办理当地常住户口;凡自愿到边远贫困地区投资、投劳(力)承包土地、荒山的人员,经当地政府同意签订承包合同后,允许本人配偶及其未成年子女登记当地常住户口;军转干部或大专毕业生从事个体和私营经济,在城镇拥有住房的,可在居住地登记常住户口,没有住房的,可在企业所在地的人才交流中心登记常住户口;凡在安徽省投资达一定数额的省外驻皖企业,可准予其法人代表和经营管理人员及其配偶、未成年子女在该企业所在城市登记为常住户口。这一系列的改革措施在引进高层次人才、解决大型企业集团内部职工的调动、鼓励流动人口落户等方面起到积极作用。

北京出于特殊的首都身份,户籍制度改革相对比较谨慎。但是后来也推出“工作寄住证”,规定:凡在北京高新技术企业或跨国公司总部及研发中心工作的外地人员,符合一定条件者,由企业提出申请,可办理“北京市工作寄住证”;持证者在购房、子女入托、入中小学等方面享有北京市民待遇;持寄住证三年者,经企业申请并报市人事局审批可转为北京市正式户口(田炳信,2003:233～254)。

随着北京的快速发展,尤其是北京人口的迅速增长,外来人口获取北京户口的难度也在加大,北京户口的身份对居民的影响也越来越大。2010 年 6 月,《新京报》曾以“户籍影响你的收入分配了吗”(高明勇,2010)为题开展了一次网络调查。针对“户籍出身是否拉大了收入差距”的问题,有 63.5%的被调查者选择“是,影响越来越大”,有 26.4%的人选择“未必,很多因素都影响收入”,6.0%的人选择“要细化影响收入的因素”,4.1%的人选择“希望不是仅仅说说”,可见户籍因素实际影响了六七成居民的收入;针对“户籍出身在哪些方面拉大了收入差距”的问题,26.7%的被调查者选择“子女上学困难”,25.5%的人选择“社会保障一般”,21.9%的人选择“收入福利不高”,21.7%的人选择“发展机会受限”,4.2%的人选择“其他方面”,可见是否具有北京户口可以影响居民的子女上学、社会保障、福利和发展机会。还有学者提出,户籍、出身、企业身份等差别,已经成为拉大收入差距的推手,问题的关键在于,城乡差距不仅仅体现在收入差距上,还体现在公共服务的提供上、教育资源的分配上(李实,2010)。

2. 抵制农民工与低技能者进入的户籍政策

在许多区域纷纷以各种途径鼓励高层次、高技能人才落户的同时,也有地方出台抵制农民工和低技能者进入本地的政策。

如汕头市 1996 年开始控制外来用工,把重点放在本市再就业工程;潮州市提出从总量和结构上加强对外来人口就业的管理和控制,“以提供更多岗位安排本地劳动者”;厦门市 1995 年开始加强对外来劳动力的管理,提出“统一规划,控制总量,分级审批,凭证务工,谁用谁管”的利用外来劳动力原则。

2001 年北京市出台了分类管理和分类服务的暂住证管理办法。根据外地人员来京时间、从业状况、现实表现等标准,对暂住证划分为 A、B、C 三种,政府部门将视不同情况,对他们提供服务保护或采取重点防控措施。聘用的外地科技人员可以直接办理 A 证,而把持有 C 证者作为“重点审查、防范和控制对象”。

许多政策的基本方向是以合法的手段来扩大对流动进城农民的限制范围,如取缔非法劳务市场、清理非法出租房屋,这些行动的直接目标针对的是零散进城的打工者(尤其是没有办理暂住证的农民工)。一些城市先后制订明确的限制性计划,如北京曾计划在 2000 年前缩减 30 万个外来打工人员,并规定 12 个行业、199 个工种不允许使用外地务工人员。1999 年初,某市劳动局在 1997 年、1998 年出台规定“金融、保险等五个行业 34 个工种限制使用农民工”,另规定“商业、旅游业以及住宅小区的物业管理等第三产业招用下岗职工的人数不得低于使用外地务工人数的 50%;其他各类企业招用下岗职工的人数不得低于使用外地务工人员人数的 30%”。抵制而不是积极吸纳流动进城农民的各种政策措施,最初是隐含在各种治理和管理政策里,直到 20 世纪 90 年代中期以后开始成为独立的政策措施(陆建华,2002:222~232)。上述政令措施多是出于本城市发展和社会安定的角度,尤其是考虑到外来人口与本市下岗职工之间的竞争状况以及过多的流动人口可能带来的社会隐患而制定的,对人口流动不是采用“疏导”的办法,而是采用“围堵”的方式,也未必能够取得预想的效果。

3. 城乡户籍制度改革的最新动态

尽管各地区对户籍制度改革有不同的进度,各地区在对待农民工进城方面也有不同的做法,总体而言,中国内地的户籍制度改革在如火如荼地进行着,人口流动的户口限制正在逐渐松动,入住城市的户口门槛逐渐降低,市场体制使得传统的带有计划经济色彩的户籍制度正在经受冲击。近年来,各地区在户籍制度改革与外来人口管理方面又有一些新的动态。

首先,以打破城乡割据为主要目的的户籍制度改革仍在继续,逐步实行城乡统一的户口登记制度,为城乡一体化发展提供了保障。

近年来,全国许多地区更大力度的户籍制度改革措施纷纷出台,大有互相竞争之势。例如,2001 年,广东提出按实际居住地登记户口,实现城乡户口管理一体化,改革后统一称作“广东居民户口”,大大放宽了城市居民入户的条件;同年,南京户口的政策也有新变化,规定外籍大学生打工满一年者可入南京籍;2002 年,福建取消了农业户口,从此农业户口和非农业户口将不再具有户口属性的差别;同年,沈阳采取措施最大限度地下放户口审批权限,规定公安分局和派出所即可审批办理,同时缩短办理时间;上海也有新的户籍改革措施,即大、中专学生外地求学不用迁户口;在黔东南州,“黑人黑户”(即无户口人员)也可以办理本人、配偶及子女的户口。一系列的户籍制度改革措施大大降低了个体工商户、私营企业主、大中专毕业生、打工者甚至“黑人黑户”等人员落户城市和城镇的“门槛”(石云华,2003),对本地区的经济发展实际上也起到促进作用。

到 2003 年,江西、江苏、福建、四川等省接踵传出取消城乡户籍差别、实现城乡一体化保障的消息,并相继出台实施细则。2005 年,济南出台《济南市深化户籍制度改革暂行办法》,取消农业户口、非农业户口、地方城镇户口等各种户口性质,按照实际居住地统一登记为居民户口,实行城乡统一的户口登记制度,还允许符合条件的11类外来人员落户。

到2008年,全国已有12个省、自治区、直辖市相继取消了农业户口和非农业户口的二元户口性质划分,统一了城乡户口登记制度,统称为居民户口,实现了公民身份法律意义上的平等。这12个省、自治区、直辖市包括:河北、辽宁、江苏、浙江、福建、山东、湖北、湖南、广西、重庆、四川、陕西。

总之,近年取消农业户口和非农业户口的划分不断在各地上演,也标志着中国已启动城乡统一户籍制度,为进一步实现城乡一体化提供了保障。

其次,对待外来人员的态度发生了明显转变,开始关注外来人口的异地生存条件,尝试从制度上解决外来人群的利益诉求。

过去,无论是鼓励还是限制,各城市和区域对待外来人口的政策都带有一定的歧视性或特殊性,这引起了一系列社会问题,扰乱了正常的社会秩序。最近,随着中国法治社会、和谐社会建设进程的不断加快,重视人权、体现平等的外来人口政策逐步出现。北京在这方面走在前列。早在2001年,北京市将原来给中关村等地区高新技术企业人员办理的北京市工作"寄住证"改名为"居住证",带有歧视色彩的"寄住"成了历史。2005年,北京已经决定取消实施了十年的《外地来京经商务工人员管理条例》。这一条例在1995年出台,对外来人员在京务工、经商设置了一些"门槛",如未取得"暂住证",任何单位和个人不得向其出租房屋或者提供生产经营场所,工商行政管理机关不予办理营业执照等。曾经有法律专家评议称,该条例是目前北京市实施暂住证制度的主要法律依据。这一条例的废除,标志着政府对外来人员在京务工、经商的管理模式的改变,表明政府在管理和提供服务方面,会把外来人员与市民一样对待、一视同仁,体现了人本主义的理念及对外来人员的尊重。

近年来,对于外来人口"异地高考"问题的讨论也引起社会的普遍关注。2011年,《新京报》曾就此问题对教育部进行过采访和专题报道。据报道,异地高考问题在外来人口众多的地区尤为突出,在2011年"两会"

期间,教育部领导曾表态目前正在和上海、北京两地相关部门研究,逐步推进异地高考。但随迁子女在就读地参加高考事情复杂,矛盾逐渐显现,牵扯到户籍管理等各方面的事情,单靠教育部一个部门难以解决。中国各地情况有所不同,有些外来人口压力不大的城市,已经放宽了随迁学生尤其是农民工子女的高考条件,但压力比较大的城市如北京、上海和广东等地区在解决此问题方面存在较大难度。总体方向应该是"有条件准入,无条件高考",因为完全禁止异地高考过于严厉,应从国家层面上出台指导意见,地方则根据实际情况设置门槛,最后逐步放开。外来人口子女异地高考问题涉及大量外来人口的切身利益,也是外来人口群体利益诉求的一个焦点,尽管事态的推进不是一朝一夕所能实现的,但毕竟国家和相关部委已经开始关注群众的这种利益诉求,这也反映了社会对外来人口问题的重视以及对外来人口态度的重要转变。

近几年,北京一直在酝酿出台建立流动人口的"居住证"制度。如2009年12月,北京综治办宣称北京将逐步告别暂住证,在全市推广有信息服务功能的流动人口居住证。《新京报》就此发表社论,认为这说明管理部门终于开始从政策层面正视事实,尝试改变管理和服务的理念,但字面上的变化要演变为实质性的革新并非易事,要切实改变外来人口的生存状态,而不能"换汤不换药"。并提出北京的居住证改革要想实至名归,应该做到以下三个方面:一,淡化居住证的"治安管理"色彩,不应该把绝大部分本分守法的外来人口群体预设为潜在的违法人群并由此产生歧视性的制度安排;二,居住证要实实在在地承载公共福利,要逐步实现给他们以户籍人口所应有的公共福利,包括教育、住房、低保、医疗、养老保障等;三,建立居住证转户口的制度通道。2011年,北京的居住证制度又有新的说法。据《京华时报》的报道,与过去北京实行的工作居住证(通称"绿卡")只针对高层次人才不同,居住证的发放对象扩大到"有稳定就业居住的流动人口"。北京将以居住证为载体建立全市联网、部门联动的"全员人口信息系统",按照"来有登记、走有核销"的基本要求加强流动人口基础信息采集,进行实时动态监控,有效提高人口管理的信息化和精细化水平。流动人口办理居住证后,有望根据居住年限、社会保险参保年限以及纳税情况等,享受阶梯式的公共服务。2011 年 11 月,北京市发改委发布的《"十二五"时期体制改革规划》正式提出,为遏制人口无序过快增长,各区县政府将落实人口服务管理的目标责任制,实行户籍指标调控;同时,北京市正式提出实施"居住证制度",探索建立流动人口动态信息与管理服务的联动机制。可以想见,随着政策的成熟和制度安排到位,外来人口群体的利益诉求将逐步得到解决。

再次,在长期的探索实践中,出现了一些做法超前的户籍制度改革和创新典型,其经验可以尝试在更大范围内推广。

成都市走在了中国户籍制度改革创新的最前沿。2003 年以来,成都先后实行了六次户籍政策调整,具体包括(胡燕,2011;马福云,2011):①2003 年,取消入户指标限制,以条件准入制代替"入城指标";②2004 年,取消"农业户口"和"非农业户口"类型划分,统一登记为"居民户口";③2006 年,率先实现本市农民租住统一规划修建的房屋可入户;④2008 年,实现本市农民租住私人住房可入户,打破由货币筑起的阻碍农民进城镇的壁垒;⑤2010 年,正式出台《关于全域成都城乡统一户籍实现居民自由迁徙的意见》,拟对"城乡自由迁徙"、"统一的户籍管理制度"、"统一的住房保障制度"等进行突破,到 2012 年实现成都全域内城乡统一户籍,这一意见在成都户籍制度改革史上具有里程碑意义;⑥2011 年 1 月,成都对流动人口推行居住证管理,持证人员在劳动就业、医疗卫生、计划生育、法律援助等 12 个方面享有与成都户籍人口同等的权利和保障。

成都 2010 年的《意见》强调了以下内容:建立户口登记地与实际居住地统一的户籍管理制度;统一就业失业登记,完善就业援助制度;完善城乡统一的社会保险制度,统一退役士兵安置补偿和城乡义务兵家庭优待政策;分区域统一城乡住房保障体系以及"三无"人员供养标准和低保标准;实现义务教育的公平化,统一中职学生资助政策;建立城乡统一的计划生育政策,城乡居民在户籍地享有平等的政治权利和民主管理权利。

成都户籍制度改革破除了户籍管理对城乡居民自由迁移的束缚,建立起户籍、居住一元化管理机制,保证户籍、人口管理的统一性;改变了基于户籍性质的权利差异,实现了户籍权利的平等化,使得城乡居民、流动人口都可以享有基本公共服务和社会福利。成都的成功之处及其带给我们的启发主要在于两点(马福云,2011):一,缩小户籍权利差距可以化解农村人口进城的压力,因为附加在户籍之上的诸多公共服务、社会保障的改革也及时到位了,户籍作为户口管理的真实作用才真正显现出来,原来被赋予过多内容的户籍已不再具有往日的"威力";二,户籍制度改革必须要触及的关键内容——普惠型的社会福利制度和土地制度改革要及时跟上,如成都市在推行农村土地使用制度改革的基础上,允许农民带产权进城,保障农民土地使用及收益权不会因进城而改变。

最后,户籍制度改革浪潮中也存在"逆流"。

令人意外的是,在全国户籍制度改革大潮中,一些地区也出现了改革的"逆流"现象,郑州和珠海就是典型的例子。

2001年,郑州市在河南率先推行以"降低入户门槛、吸引高层次人才"为主要内容的户籍制度改革。2003年8月,郑州入户政策完全放开,允许外地人员以"投亲靠友"等方式办理户口,属全国超前。但是2004年8月,郑州却暂停实施以"投亲靠友"为代表的"户籍新政",重新执行2003年8月以前的老标准。郑州户籍制度改革被叫停的原因在于户籍制度宽松带来短时间内人口剧增,甚至超出城市承受能力,引发了一系列社会问题。如2001年的政策实施不到1年,郑州市新增入户人口10万人。2003年的入户政策放开后的1年内,郑州市又新增入户人口15万人。过多的"新人口"不仅使全市百余家中小学新生激增,几乎所有中小学都忽然感受到严重超载的压力,有的小学竟出现三个孩子一张书桌的现象。除了学校"人满为患"以外,城市各项配套设施也没有及时跟上,治安、医疗等行业均因市区人员突然增多而受到了难以承受的巨大压力[①]。在这种情况下,郑州市的户籍制度新政不得不"紧急刹车"。这种现象引起了社会的广泛关注,也引发了对近些年轰轰烈烈的户籍制度改革背后一些问题的思考。

珠海是另外一种类型的例子,那就是人口增长造成公共财政压力加大,而停止户口迁入(过国亮等,2008)。据《南方都市报》2008 年的报道,2008 年 4 月珠海暂停一切形式的户口迁入,除暂停购房入户外,诸如夫妻、父母、子女投靠入户、大中专毕业生入户、暂住人口入户等所有户籍迁入都暂时停止。夫妻投靠、父母投靠、大中专毕业生入户等的暂停是为了便于统计原因,短期内会恢复正常,或做一些细微调整,但购房入户暂停应该不会短期恢复。据悉,珠海市政府从一年前就多次研究过"购房入户"的问题。购房入户在促进珠海市房地产勃兴、拉动珠海经济发展方面曾产生很大贡献,但是,随着珠海 12 年免费教育、全民医保、老年人免费乘车等民生政策的实行,大规模增加的人口势必带来巨大的公共财政压力,这应该是政府决定停止购房入户政策的一个重要原因。

四、户籍制度创新与乡村重构

1. 户籍制度创新是市场经济发展的要求和结果,促进了城乡要素尤其是城乡人口的合理流动,加快了乡村城镇化进程

属于社会和行政管理领域的户籍制度,原本就是计划模式和计划思维的产物,与计划经济体制有着高度的适应性,而随着经济体制改革的日渐深入,户籍制度对市场经济要求的不适应之处日益明显,越来越成为建立市场经济体制和发展生产力的障碍(俞德鹏,2002:4～5)。严格的户籍管理制度一度被指责为影响中国城乡人口流动、阻碍城镇化进程的重要因素之一。因此,旨在打破城乡割据、降低城市与小城镇户籍管理"门槛"

---

① "户籍制度改革:不是户主直属,迁入郑州慢行",新华网,2004 年 9 月 17 日,http://www.sina.com.cn。

的政策层出不穷。可以肯定的是,这些政策措施对解放农村剩余劳动力、繁荣城乡经济、促进城乡要素尤其是人口的合理流动等方面起到了积极作用。过去在小城镇中有稳定职业和收入的"边缘人口"以及在小城镇中购买了商品房且实际上已不从事农业活动的"农业人口"在新的户籍政策下,都可以申请小城镇的常住户口,完成真正的户籍"身份"转变。

在 2010 年 3 月召开的第十一届全国人民代表大会第三次会议上,温家宝总理强调,推进户籍制度改革,放宽中小城市和小城镇落户条件,有计划、有步骤地解决好农民工在城镇的就业和生活问题,逐步实现农民工在劳动报酬、子女就学、公共卫生、住房租购以及社会保障方面与城镇居民享有同等待遇。这充分表明国家对农村城镇化问题的重视,对进城农民工——这些城乡"两栖人口"或"边缘人口"生活状况的关注,也表明,农民的落户政策已经从小城镇放宽到中小城市。

在国家层面上户籍管理制度不断变化的背景下,各大城市面对日益扩大的流动人口规模,也采取了各种新的户籍政策措施,具备一定条件的流动人口也可以申请当地的常住户口而成为真正的"市民",尤其是掌握一定技术、具备一定学历的外来人才特别是高技能、高层次的人才,广泛受到本市用人单位的欢迎。因此,可以说中国户籍制度的创新实现了一部分农民户籍身份的转变,促进了乡村城镇化进程。

2. 户籍制度创新在一定程度上促进了小城镇人口规模的增长,也为农业产业化发展创造了条件

中国小城镇规模偏小是普遍性的问题。据统计,1999 年,全国约七成的小城镇的人口规模不到 5 000 人,非农业人口规模不到 2 000 人;小城镇人口规模超过 2 万或非农业人口规模超过 1 万的小城镇,占全部城镇的比重在 3%左右;中西部小城镇的人口规模就更小了,东部地带小城镇平均人口规模比西部高 76%,在人口规模最小的 2 000 个镇中,约一半分布在西部地区(李若建,2002)。小城镇规模偏小带来的后果之一就是发挥不出城镇应有的规模效应;另外,基础设施的建设效果和使用效率也难以提高。小城镇户籍制度创新无疑为农民以合法的身份进入小城镇铺平了道路,促进了小城镇人口规模的提升。

中国农村发展所要面临的一个最基本的国情就是“人多地少”所带来的矛盾。农业产业化的一个基本前提是要实现农业的适度规模经营,即让更多的农民从耕地中解放出来,让更多的剩余劳动力有效地转移到非农产业中去,实现耕地向种田能手的集中。尤其是在经济欠发达地区,农用地的附加值低,耕地的产出也低,而人均一两亩地的现实状况(很多地区的人均耕地面积甚至低于一亩)使得过于依赖土地经营的农民难以获得高收入,有时是“增产而不增收”,即使是“增产又增收”,较少的耕地总量所带来的收益增加量也十分有限。因此,要使农民增收,必须要使大量的农民从“面朝黄土背朝天”的传统生产理念中解脱出来,促使他们到大中小城市和广大的小城镇中从事非农产业活动。只有这样,才能促使耕地的适度集中经营,耕地向种田能手的集中本身也是一种高效的资源重组过程,有利于提高农业经营效率。户籍制度的创新无疑成为农村剩余劳动力转移的有效动力,成为农民改变传统生产观念的有效动力,为实现和普及农业产业化经营奠定了基础和创造了条件。

3. 户籍制度创新在一定程度上解决了进城农民的后顾之忧,促进了农村和谐社会建设,加快了乡村重构的步伐

从中国城镇化、工业化和现代化长期发展的角度来看,起源于计划经济体制下的户籍管理制度必然需要改变,因为大量外来人口,尤其是农村剩余劳动力涌入城市是无法遏制的事实。这些大量的外来人口在城市中往往从事城市人所不愿意做的最脏、最累的职业,他们为城市的发展做出了巨大贡献。但是,长期以来,外来人口却难以融入城市主流社会,很多时候他们的价值得不到承认,甚至农民工受到城市居民歧视的报道比比皆是。没有城市户口,就意味着在这个城市中没有“身份”,它会导致在社会福利等方面一系列的不平等和各种机会的缺失。在传统的计划经济时代,城市的户籍身份会与住房、就业、上学、社会福利甚至粮油等基本生活资料挂钩;在市场经济条件下,尽管很多情况已发生变化,如房地产市场的发展、单位制度的淡化等,但在就业和子女上学等方面,没有城市户籍

的农民工和城市市民相比,面临更多的困难和机会上的不平等,甚至如前所述户籍的差异直接造成经济收入的差距和经济利益的损失,这已成为进城农民的一个最大的后顾之忧。在这种情况下,建设农村和谐社会可谓困难重重。其实,农民工在城市的艰难生活状态,尤其是自身合法权益难以实现,对城市社会的和谐发展也会产生不利影响,因为它可能导致农民工对城市普遍怀有一种疏离感和责任匮乏心态(国务院研究室课题组,2006)。总之,户籍制度的不断松解表明社会已对农民工在城市中生存的各种问题引起重视,社会已开始面对进城农民工的后顾之忧问题。相信未来的户籍制度改革措施会进一步解决这个问题,会加快乡村重构的步伐。

4. 对未来中国乡村重构进程中城乡户籍制度创新的展望

首先,针对农民进入小城镇的户籍制度而言。

从目前的情况来看,农民进入小城镇的政策已经放开了。对于进入小城镇和县级市市区的农民,只要有稳定的居住地,有稳定的就业或者稳定的收入来源,就可以根据其意愿举家迁入或者个人迁入。也就是说,农民进入小城镇基本上已不存在制度障碍。但这并不意味着农民进镇不存在其他障碍。

小城镇经济发展水平的不足是阻碍农民进镇的第一道障碍。农民进镇不是一个形式,农民进镇的目的也不是为了简单地获取一张能代表城镇居民身份的"绿卡",而是为了进一步改善生活和增加收入。营造家园必须从发展经济开始(杨山等,2009:49),从这个意义上讲,小城镇的经济必须要发展,小城镇只有为农民提供了足够多的就业岗位,才能真正起到吸引农民进镇居住和工作的作用。如果小城镇的经济发展欠佳、就业困难,农民进镇后找不到工作,不但没有增加收入,还成为"无业游民",甚至连最基本的生活资料——土地也丧失了,那后果可想而知。近年,媒体经常报道一些经济欠发达地区的小城镇政府为了追求政绩,盲目提高所谓的城镇化水平,迫使农民进镇定居,常见的做法是不在村落批宅基地,而新批准的宅基地全都设在镇区。但小城镇经济发展有限,镇区提供不了足够的就业岗位,进镇农民无法在镇区生存,最后又重新迁回到了村里。而在苏南一些经济发达地区的小城镇,其规模和城镇建设面貌已不亚于一个中小城市,这种面貌实际上也是经济发展的结果,镇区有良好的收入和充足的就业岗位,农民进镇自然会有动力。因此,在户籍制度改革以外,提供就业岗位是吸引农民进镇的一个基本的经济保障。

另外,要吸引农民进镇,还要出台各种配套政策来降低农民进镇的成本。这些成本涉及到失去承包土地的成本、居住成本和子女就学成本以及各种各样的机会成本,如建立和适应新的人际关系网络等。要建立多层次的住房供应体系,特别是大力发展经济适用房,启动、搞活二级住房市场,使新进镇人员能够买得起或租得起住房;下放户口审批权限,简化落户手续,积极推行"一站式"服务;开展多种形式的咨询教育活动,使他们尽快适应城镇生活(崔树义、师凤莲,2003)。

其次,针对农民进入大中城市的户籍制度而言。

2002年《人民日报》上发表的一段文字(毛磊,2002),生动地描述了当前中国大中城市的农民工所面临的尴尬处境:"在许多大中城市,没有所在城市的户口就无缘买经济适用房,只能多拿票子买商品房;翻看当地晚报的招聘信息,许多单位都要求求职者要有所在城市的户口,许多青年人因此到处碰壁;分居两地的年轻夫妻要排队等好几年才能团聚;孩子若没有所在城市的户口,上幼儿园、学校都要比当地市民多花不少钱;在酒店从事保安工作的小伙子失业了,一时找不到工作,吃了上顿没下顿,因为他来自农村,没有失业救济……"

尽管不少地级市和省会城市已推行基本放开的户籍制度,如根据居住地、收入和就业等条件,农民可以迁入城市,但无疑仍有大量的农民工无法达到申请当地城市户口的条件,也就是说对大多数农民而言进入大中城市的门槛仍然太高。在北京、深圳、广州等特大城市,获得当地的户口更是难上加难,很多在本市工作多年(有的已工作十多年)、有较高收入、稳定的工作岗位和购买了商品房的外来人口都无法获得本市户口。

因此,针对大中城市的未来的户籍制度改革还要不断地降低农民进城的门槛。要采取措施把外来人口融入本市的主流社会。总体而言,户籍制度改革要在维护社会稳定的前提下,采取渐进的方式(崔元锋、冯华,2001),逐步建立全国城乡统一的户籍登记管理制度,并实现城乡居民的自由迁移。有学者认为(刘平量、曾赛丰,2006:122～129):要改户籍审批制为登记制;撤掉农民进入大中城市落户的非制度性门槛,重新设定农民户口入城的条件,还要协调好农村人口流出和流入地区的利益关系和政策差异。针对大中城市的户籍政策同样存在相关政策的配套问题。要淡化包括就业、社会保障、就学等制度规定中对户口的特殊要求,取消对外地户口的歧视,尤其是流动人口子女的上学问题,当前大中城市中小学生都是凭户口就近入学,对外地户口的学生或者不收,或者要收很高的赞助费,无异于提高了无户口进入城市的新居民子女接受基础教育的成本(叶裕民,2001:156)。从前文所提及的温家宝总理于2010年的讲话精神来看,国家对中小城市在吸纳农民方面的作用引起重视,中小城市的户籍制度会逐渐放开。但是北京、上海、广州、深圳等一线城市仍然是全国外来人口集聚的焦点,所谓"牵一发而动全身",可以预计其短期内户籍改革完全到位几乎不可能,更多的可能是通过渐进式改革,摸索出一条既能满足农民工的绝大部分利益诉求,又能保障城市健康持续发展的户籍改革之路。

再次是户籍制度改革的形式与实质问题。

如前所述,全国很多地方出台了以取消农业户口和非农业户口的性质划分、统一城乡户口登记制度为主要内容的户籍制度改革措施。但取消农业、非农业户口的差别,仅仅是迈出了第一步,很多根本性的问题还没有解决。也就是说,农民的农业户口的"标签"不见了,但是他们的户口所在地并没有改变,因此,他们在其所迁入的大城市中仍然是外来人口,仍然难以享受到这些城市所提供给户籍人口的在住房、就学、就业、社会福利等方面的优惠待遇,简言之,他们在迁入城市中的境遇几乎没有变化。因此,如果只是取消户口类型划分,而不继续推进配套的制度变革,便认为已经实现了城乡统筹的户籍管理,或已经取得户籍制度改革方面的重大进展,就大错特错了。要深化户籍制度改革,必须恢复户籍的真实功能,逐步取消户籍附加功能的制度安排,继续深化户籍制度的配套改革,建立全国统一的、平等的新型户籍登记管理制度(马桂萍,2008)。因为,户籍制度改革不应停留在追求外在形式层面,而应实现实质内容的变革。

总之,中国的户籍制度要改革和创新,这是促进城乡融合发展的大势所趋。但我们也应该看到,户籍制度改革并不是解决一切问题的万能钥匙。户籍制度改革和城镇经济发展相比,后者是乡村城镇化的基础也是保障,舍弃经济发展基础而以单纯的户籍制度改革促进农民进城的做法是在“舍本逐末”,也是最终无法实现的空想。我们不要高估户籍制度改革的功能,在户籍制度改革的同时,完善相应的配套政策也同样重要,通过这些配套政策,降低农民进城的门槛,并保障他们进城后的生活。

第二节　土地制度创新与乡村重构

一、中国农村土地制度重构

新中国成立前,中国实行的是封建土地制度,占乡村人口总数不到10%的地主、富农占有70%～80%的土地,占人口总数一半以上的无地少地农民不得不租种地主的土地和承受剥削,农民由于遭受高额地租、高利贷和苛捐杂税的多重盘剥,生活极其穷困,农业生产力发展受到严重阻碍(杨光辉,2006)。

新中国成立后,中国先后经历了四次大规模的农村土地制度改革。

第一次是通过土地改革,废除了封建土地所有制,实行“耕者有其田”的农民土地私有制。

实际上,在新中国成立前夕便已经酝酿废除封建土地所有制,实现农民对土地的所有权,具体体现在当时所制定的一个文件纲领中。1949年7月,中国人民政治协商会议通过的《共同纲领》规定:中华人民共和国必须有步骤地将半殖民地半封建的土地所有制改变为农民的土地所有制。

新中国成立后不久(1950 年 6 月),中央人民政府政务院颁布了《中华人民共和国土地改革法》,它规定:废除地主阶级封建剥削的土地所有制,实行农民的土地所有制,借以解放农村生产力,发展农业生产,为新中国的工业开辟道路;所有没收和征收来的土地和其他生产资料,除本法规定收归国家所有者外,均应统一地、公平合理地分配给无地及缺乏其他生产资料的贫苦农民所有。这样,政府通过强制性手段废除了地主土地所有制,将地主的土地分给佃农,土地的所有权归农民,实现了使用权和所有权合一(陈汉能等,2006)。土改完成后,三亿多无地或少地的农民得到了七亿多亩的土地,他们成为小块土地的所有者,从而实现了封建地主土地私有制向个体农民土地所有制的过渡(钱忠好,2000)。这种变革使农户生产积极性空前高涨,形成很强的激励机制,制度变迁效率和农地配置效率都相当高(韩晶,2002)。

第二次是在农民土地私有制的基础上,通过开展初级农业合作化运动,建立农村土地合作制度。

1951 年 9 月 9 日,中央召开第一次农业互助合作会议,并通过《中共中央关于农业生产互助合作决议(草案)》,决定稳步发展农业合作社运动。会议认为,农民在土地改革的基础上发扬起来的积极性表现在两个方面:一方面是个体经济的积极性;另一方面是劳动互助的积极性。这些积极性,是迅速恢复和发展国民经济、促进国家工业化的基本因素。根据中国的经济条件,农民的个体经济在一个相当长的时期内是大量存在的,不能忽视和粗暴地挫伤农民个体经济的积极性。但是,为了克服很多农民在分散经营中所发生的困难,要使广大贫困农民能够迅速增加生产而走上丰衣足食的道路,要使国家能得到比现在多得多的商品粮食及其他工业原料,并为国家工业品销售开辟一个广阔的市场,就必须提倡“组织起来”,按照自愿互利的原则,发展农民互助合作的积极性。这种劳动互助是建立在个体经济基础上(农民私有财产基础上)的集体劳动,其发展前途就是农业集体化或社会主义化。会议还提出农村互助合作的三种主要形式:第一种形式是简单的、临时性的、季节性的劳动互助;第二种形式是常年的互助组；第三种形式是以土地入股为特点的农业生产合作社①。

互助组是建立在土地和其他生产资料私有基础之上的农业生产互助组织，是为弥补个体农户单干的不足而采取的一定程度的劳动联合，农户在劳动上进行互助合作，土地和其他生产资料则保持独立，农产品的分配也保持独立。大规模发展农业生产合作社是在1952年，首先开始的是初级农业合作社。初级农业合作社允许社员在有小块自留土地的情况下将其土地交给农业生产合作社统一使用，社员按入社土地的数量和质量获得土地收益，收入以按劳分配与按股分红相结合，承认土地归农民个人私有，只是使用权变为集体共同使用②。初级合作社，按照自愿和互利原则，通过示范，在农村推行劳动互助、生产资料和土地合作制度。农民体会到了组织起来统一经营的优越性，自觉性和积极性都较高，克服了集体劳动和分散经营的矛盾，避免了因所有制突然变动而可能造成的变迁成本过高(韩晶，2002)。这次的农村土地制度改革比较成功，一方面，它采取渐进式改革的方式，没有触及农民对土地的所有权；另一方面，它又在当时的生产力水平下促使了保留农民土地所有权和转移土地使用权的统一，提高了农村土地的使用效率。

第三次是通过高级农业生产合作社和人民公社运动，建立了农地集体所有制。

1956年6月30日，第一届全国人民代表大会第三次会议通过了《高级农业生产合作社示范章程》，章程规定：高级农业生产合作社是劳动农民在共产党和人民政府的领导和帮助下，在自愿和互利的基础上组织起来的社会主义集体经济组织；按照社会主义的原则，把社员私有的主要生产资料转为合作社集体所有，组织集体劳动，实行"各尽所能，按劳取酬"，不分男女老少，同工同酬；入社农民必须把私有的土地和耕畜、大型农具

---

① "1951年9月9日，中共中央决定稳步发展农业合作社运动"，人民网，http://www.people.com.cn/GB/historic/0909/2948.html。

② 罗夫永、柯娟丽："建国以来我国农村土地产权制度的变迁轨迹和创新思考"，经济学家网，2006-7-18，http://www.chinaelections.org/NewsInfo.asp? NewsID=93438。

等主要生产资料转为合作社集体所有，社员土地上附属的私有的塘、井等水利建设，随着土地转为合作社集体所有；合作社要把全社利益和国家利益正确地结合起来，应该在国家经济计划的指导下独立地经营生产，等等。

实际上，在全国未完成建立初级社时，不少地方就转为高级农业生产合作社了。1956年年底，约九成的农民都已加入了高级社。随着生产关系问题上的思想日益"左倾"化，农地产权理论与实践也越来越左，1958年全国所有农业高级社并为农村人民公社。在1958年3月的成都会议上，毛泽东提出了小社并大社的问题，经政治局批准制定了《中共中央关于把小型的农业合作社适当地合并为大社的意见》文件，强调这是为了实现农业水利化、耕作机械化的需要，随即各地开始了小社并大社的工作。1958年8月根据毛泽东的构想，在北戴河会议上通过了《中共中央关于农村建立人民公社问题的决议》，确定人民公社是提前建成社会主义并逐步过渡到共产主义的基层组织形式。人民公社的基本特征是"一大二公"，实行"三级所有，队为基础"的所有制。"三级所有，队为基础"的制度把农地集体所有制确定下来，农村形成了以土地所有权和经营权高度集中统一、集体土地无偿使用为主要特征的农地产权制度①。人民公社的单一产权制度，是一种强制性的制度变迁，产权主体模糊，追求绝对的平均主义，过分追求社会效率而忽视经济效率，导致劳动监督成本、组织成本过高和劳动激励过低的问题，是一种极端的公平和极低效率的产权制度安排（韩晶，2002）。

第四次是改革开放后的家庭联产承包责任制。

1978年12月，中央发布的《关于加快农业发展若干问题的决定（草案）》指出：计酬办法可以按定额工分；可以按时计工加评议；也可以在生产队统一核算和分配的前提下，包工到组，联系产量，计算报酬。之后的

---

① 罗夫永、柯娟丽："建国以来我国农村土地产权制度的变迁轨迹和创新思考"，经济学家网，2006-7-18，http://www.chinaelections.org/NewsInfo.asp? NewsID=93438。

一段时间内,以“小段包工”和“联产到组”为主要形式的生产责任制得到进一步发展。有些地方,为了调动农民的生产积极性,开始采取“包产到户”的责任制形式。1980年9月,中央发出《关于进一步加强和完善农业生产责任制的几个问题通知》,确定边远山区和贫困落后地区可以“包产到户”。1983年,中央下发《当前农村经济政策的若干问题》,完整地提出了在农村实行家庭联产承包责任制。家庭联产承包责任制逐步在全国推开,到1983年年初,全国农村已有93%的生产队实行了这种责任制,到1984年,这一比例达到99%。

土地由集体所有、家庭承包的双层经营模式,保证了农地的集体所有权和农户的独立经营权,农户拥有了承包土地及其他生产资料的使用权、生产自主权、产品出售权和收益支配权,使得这一土地制度较好地解决了农民作为劳动者同生产资料的直接结合问题,调动了农民的生产积极性,推动了中国农村经济发展(胡尹燕,2003)。被誉为“拉开中国改革开放序幕”的安徽省凤阳县小岗村,在实施“大包干”前后的数据变化充分说明了土地承包对农村经济的巨大促进作用(凌志军,2008:5～20)。如,小岗村实施“大包干”第一年的粮食总量相当于过去十多年的粮食产量总和,人均收入是前一年的18倍。

家庭联产承包责任制以“包干到户”的形式为主,即各承包户向国家交纳农业税,交售合同订购产品以及向集体上交公积金、公益金等公共提留,其余产品全部归农民自己所有。家庭联产承包责任制的实行既取消了人民公社,又未走土地私有化的道路,采用“统分结合”、“双层经营”的方式,它克服了分配上的平均主义,农户有了生产自主权,劳动效率大大提高。既发挥了集体统一经营的优越性,又调动了农民的生产积极性,既体现了土地的社会功能,又强调了土地的经济功能。家庭联产承包责任制的普遍实行以及由此带动的整个农村经济改革,保证了农业生产的持续发展和农民收入的显著增长,产权制度变迁效率增进明显[①]。“包干到户”的土地承包方式,让农业生产主体——农民的生产潜力得到最大程度的释放,消除了之前农村集体生产所导致的农民个体的惰性,可以说它不仅促进了农村经济发展,也带动了农村社会进步。

另外,农村地区小城镇的土地使用制度是和整个中国城镇土地制度变革的过程联系在一起的。

新中国成立后直至改革开放以前,城镇土地归全民所有,不存在土地市场和房地产市场,城镇国有土地使用实行行政划拨制度,政府将土地使用权无偿、无限期地提供给土地使用者,土地使用权不能在土地使用者之间流转。1982 年,深圳特区率先开始进行征收土地使用费改革,按城市土地的不同等级向中外合营企业征收不同标准的土地使用费。1984 年,广州等城市也先后推行。1988 年,为了提高城镇土地使用效率,国务院发布了《中华人民共和国城镇土地使用税暂行条例》。1987 年下半年和 1988 年,深圳和上海、海口、广州、天津等市先后进行土地使用权有偿出让和转让试点。1988 年 4 月,第七届全国人民代表大会第一次会议通过《中华人民共和国宪法修正案》,规定土地的使用权可以依照法律规定转让。1988 年 12 月,《中华人民共和国土地管理法》删除了土地不得出租或以其他形式非法转让的内容,为土地使用制度改革在全国的推进扫清了道路(姜效先、郭灿章,1996)。1990 年,国务院发布了第一个关于城镇国有土地使用权出让和转让的专门法规,即《城镇国有土地使用权出让和转让暂行条例》,对土地使用权出让、转让、抵押、终止以及划拨土地使用权等做出明确规定,中国的土地使用制度逐渐向规范化和市场化方向发展。1994 年,全国人大常委会通过了《中华人民共和国城市房地产管理法》,明确规定国家依法实行国有土地有偿、有限期使用的制度。同年,国务院召开全国土地使用制度改革工作会议,提出深化土地制度改革的目

---

① 蓝庆新:“建国以来农村土地制度变迁及其改革思路”,http://www.nova.cn/Browse/ShowDoc.aspx? Code=1-21&Id=2005092209115849211。

标、任务和政策措施,中国城镇土地有偿使用制度逐渐建立。

二、土地制度变革与中国乡村重构

1. 农村土地制度变革促进了农业大发展,也促进了农村非农产业的发展,非农化发展与土地制度创新互相影响、互为因果

改革开放以后,家庭联产承包责任制的推行使农户生产经营的自主权加大,极大地提高了农民劳动生产的积极性,促进了农业生产的飞速发展。

在改革开放以前,尤其是在农业生产合作社和人民公社时期,农业生产实行的是吃大锅饭和平均主义的工分制,农民生产积极性不高,甚至存在生产惰性,农业生产效率极低,农业发展缓慢,如 1952～1978 年,农业总产值仅增长了不到三个百分点。针对人民公社体制的集中经营、集体劳动和统一分配的高度集中的特点,家庭联产承包责任制则强调“分户经营”、“分散劳动”和“一家一户自负盈亏”,彻底解决了“吃大锅饭”和“平均主义”的做法(戴安林,2001)。可以说,农村土地制度的变革极大地解放了农业生产力,激发了农民生产的积极性、主动性和创造性,极大地促进了农业的发展。1978～1984 年,农业总产值增长了约 150 个百分点,从 1983 年起,中国第一次成为粮食出口国。

家庭联产承包责任制还导致农业生产经营领域的扩大,促进了农村非农产业的发展,提高了农村的非农化水平。家庭联产承包责任制实行以后,农民拥有了充分的自主权,他们可以自由地支配资金、时间以及各种生产要素,农民被允许从事集体经营、个人经营以及合资经营等各种产业。有了自主权,农民所蕴藏的各种才能得到发挥,并迅速学会了各种新技能,不仅农民文化素质得到普遍提高,农村非农产业也获得了大发展,涌现出大量的农民企业家(林乐兴,2003)。可以说,土地制度的变革激发了农民所隐藏的“生产潜能”,并使这种潜能在生产经营的方式、形式和深度等方面得到充分释放,也说明新的土地制度符合农业生产的本性特征,可以在一定程度上满足他们的生产需求。

改革开放以来,随着农村产业结构调整和农村经济全面发展,农户经营行为发生很大变化,即由过去的经营农业为主向兼业化、非农产业化和专业商品化方向发展。农村非农化的发展又进一步诱发了农村土地制度创新。有学者认为,20 世纪 80 年代始于山东平度市的“两田制”(即将耕地分为“口粮田”和“责任田”)就是非农产业发展的产物。“口粮田”按人口均分到户,只承担农业税;“责任田”则采取按人承包、按劳承包和招标承包的方式承包经营,不仅要承担农业税,还要承担粮食订购任务和缴纳土地承包费。“两田制”将公平和效率有机地统一起来,在一定程度上弥补了“均田承包”的效率损失,提高了土地利用效率,使制度安排取得明显成效(王锋,2002)。“两田制”的出现,是非农化影响农村土地制度创新的一个典型例子。

2. 农村土地制度变革有效促进了农村剩余劳动力转移,进而促进了城镇化进程

家庭联产承包责任制的实行为实现农村劳动力的转移提供了契机,一方面,农民拥有了生产自主权,土地经营方式实现了多样化发展,农民完全有可能根据自己的特长、兴趣来组织生产经营活动,农业生产形式可以是比较利益选择的决策结果;另一方面,农业生产效率的提高为剩余劳动力的出现创造了条件。总之,实行家庭联产承包责任制,使农民的生产热情高涨,他们只需要用不多的时间就可以完成数量很少的承包土地的耕作,大量的剩余劳动力从土地上游离出来,从农业转向非农产业,这对于农业现代化和农村的现代化有重要意义(林乐兴,2003)。如果追溯 20 世纪 80 年代中国城镇化发展的最初动力以及 90 年代以后如火如荼的快速城镇化进程的制度基础,家庭联产承包责任制都应被写下浓重的一笔。

就苏南模式而言,其发展还要部分归功于农村土地制度的变革,因为家庭联产承包责任制的推行极大地提高了农业劳动生产效率,使大批的农民有可能从土地上游离出来,而乡镇企业和小城镇的大量兴起,正好为这些劳动力提供了施展才能的新天地,这些劳动力进入了本村

企业工作,也有的进入了小城镇工作,形成了“离土不离乡、进厂不进城”的苏南模式发展特征(朱通华、孙彬,1994:17～18)。可以说,农村土地制度的变革使剩余劳动力的出现成为可能,为苏南乡镇企业提供了充足的人力资源。

农村土地制度变革,一方面,它所导致的高效率经营和“丰衣足食”的局面为工业化和城镇化发展提供了稳固基础;另一方面,它所解放出来的大量农村剩余劳动力进入大中小各类城市,形成所谓的“民工潮”,有力地推动了城镇化进程。有学者对现行土地制度与城镇化的关系进行了研究(刘平量、曾赛丰,2006:59),认为在市场经济中,所有权的主体是明确界定的,这增加了新增人口获取和经营土地的压力,无地耕种的农民移向城市寻找非农就业机会,为工业提供了大量低成本劳动力,有力地促进了工业和城镇化进程,也减少了人口对土地的压力。上述分析加深了我们对土地制度变迁与城镇化关系的认识:土地制度变迁成为城镇化发展的原始动力,而城镇化的发展又进一步诱发了土地制度深度改革的机制,制度变迁与城镇化发展形成良性互动。

3. 城镇土地有偿使用制度的实行拓宽了小城镇建设的投资渠道,推动了小城镇经济和景观的重构

财政匮乏和资金不足,一直是基层小城镇政府开展城镇建设所面临的最大的限制因素。有学者认为,传统体制下城镇建设资金完全依赖于国家投入,而土地制度变革极大地拓展了城镇建设资金渠道,因为各种行为主体拥有了投资开发经营土地的权利(叶裕民,2001:132～133)。中国的小城镇多数依靠农民自身力量而自发形成,土地有偿使用制度建立后,通过城镇土地的有偿使用以及土地使用权的出让和转让,充分发挥了土地作为资产的巨大效益(邹兵,2003:110),“以地兴镇”、“以地兴乡”、“以地养镇”等成为各地乡镇政府筹集小城镇开发建设资金的有效渠道和发展理念,土地的有偿使用成为小城镇建设的主要资金来源。据统计,当前土地收益占政府投入小城镇建设资金的90%,因此,土地收益是政府投入小城镇资金来源的主体,土地问题也一直是小城镇建设的重点(蔡秀

玲,2002:271～272)。可以说,土地有偿使用制度的建立正好弥补了小城镇财政匮乏和建设资金缺乏的局限,尤其是在经济欠发达地区,有效地拓宽了城镇建设的融资渠道。

有学者把浙江温州市的龙港镇作为土地制度创新作用于小城镇建设的一个典型(杨重光、吴次芳,1996:235)。1983～1993年,龙港从一个萧条的小渔村转变为一个经济发达、人口稠密的著名城镇,其人口占到苍南县全县人口的一半以上,工农业产值占全县的八成,十年间龙港的经济和景观都经历了翻天覆地的变化,而这种变化应归功于其土地制度创新的经验。龙港本着"谁投资谁受益,谁出钱谁建房"的原则,利用土地优势,通过收取公共设施费的形式收取级差地租。在20世纪80年代中期便拥有了小城镇基础设施建设的启动资金。后来的非工业用地投资招标,获取了大量的城镇土地有偿使用出让金,从而使城镇基础设施建设和投资环境改善拥有充足资金,使城镇建设进入良性循环,极大地推进了城镇经济和景观的重构。

三、新时期中国农村土地制度面临的问题

1. 农村地区现行土地制度所面临的问题

土地制度改革对农村生产力有极大的促进作用已毋庸置疑,但改革开放30多年来,家庭联产承包责任制在实施过程中也产生了一些新的问题。概括起来,主要包括以下几个方面。

(1) 小规模的土地经营和分散经营模式延缓了农业产业化发展步伐

在现行的农村土地制度下,往往形成农户"单打独拼"和"各自为政"的生产局面。农业的分散经营模式,给农业产业化发展制造了障碍,如较小的生产规模导致了较高的市场交易成本,农产品加工业发展举步维艰,农业科技普及难度较大等(邓家斌,2001)。20世纪90年代初,邓小平在论述"国际形势和经济问题"时指出(邓小平,1993:356):"中国社会主义农业的改革和发展,从长远的观点看,要有两个飞跃。第一个飞跃是废除人民公社,实行家庭联产承包责任制,这是一个很大

的前进,要长期坚持不变。第二个飞跃,是适应科学种田和生产社会化的需要,发展适度规模经营,发展集体经济。这是一个很大的前进,当然这是很长的过程。"

中央多次强调农村土地承包的政策会保持30年不变。一方面,这种政策对稳定农村发展和提高农民的积极性起到重要作用;但另一方面,稳定的农户小规模经营和中央提出的适度规模经营也存在矛盾。据统计,全国有独立生产经营的农户2.3亿户,户均土地经营规模仅0.45公顷,呈现超小规模的特征(施超,1996)。另一组数据表明,20世纪80年代中期中国平均每户所承包的土地有8.35亩,到了90年代中期农户平均拥有的耕地下降到6亩,全国有1/3的省市人均耕地面积不足1亩,广东、福建、浙江等省人均耕地面积在0.6亩以下(王光新,2004)。无论是在经济发达地区还是欠发达地区,都存在土地小规模经营和适当规模经营之间的矛盾。细小分散的农田结构不仅带来耕作经营的不便,也导致农民无法进行大规模投入,在一定程度上阻碍了农业技术进步和产业化农业的推广。

(2) 集体所有制下的土地无法流转,农民不能自由处置土地,在一定程度上限制了农民的择业自由

农村土地的集体所有制遭到很多学者的质疑。

土地所有权的主体——"集体"不够明晰和不够完整,在很多情况下集体所有权"名不副实"。在现实中常会遇到无论哪一级集体(镇、村、村民小组)都不愿履行保护和建设土地职责的情况,土地纠纷也时有发生,都是集体所有权不明确的例证。农村土地的集体所有制还造成"多头管理"的土地产权主体,农民容易重生产投入而轻基建投入,甚至出现掠夺性的经营行为,导致土地的生产能力下降[①]。

在集体所有的土地制度下,农民对土地只有使用权,没有所有权,农

---

① 刘国鹏:"农村土地产权制度存在的主要问题和进一步改革的思路",博萃文库——中国体制改革研究,http://www.blog.edu.cn/user1/19373/archives/2005/225256.shtml。

民没有对土地所有权的自由处置权,土地既不能转让,也不能出租,这种状况既限制了农田的规模经营,也限制了农民的生产积极性及其选择谋生方式的自由,导致有些地区一度出现田地被撂荒的现象(王光新,2004)。现行土地制度常常造成农民面临一个尴尬的局面,即:进城农民仍然拥有农村老家土地的承包权,因为农村老家的土地是他们生存的一个底线,将来即使什么都没有了还可以回家种地,靠土地还可以解决基本的生存问题;与此同时,城市生活又是如此地具有吸引力,城市的高收入使得他们不断地进入城市成为"打工族"。这些进城打工的农民属于城市"体制外"的人,其就业属于"准就业",而家乡承包土地的存在使得即使在城市中失业他们也是处于"准失业"状态(张汝立,2006:287)。实际上,农民希望的是一种农村承包土地使用权的流转制度,即可以保留土地承包权,如果进城也可以把土地转包给他人耕种(叶裕民,2001:135)。不建立土地使用的流转制度,农民的择业自由显然就会受到限制,农民的城镇化就不会彻底,中国"背负土地包袱"的城镇化特点就难以消除。

(3) 现行土地制度无法给进城农民提供足够保障,农民仍无法彻底摆脱对承包土地的依赖

当前,针对进城农民的社会保障体系还很不健全。可以预料的是,在现行农村土地使用制度下,在城市没有建立起对进城农民的社会保障之前,一方面,农民必须依靠土地的保障作用,筑起一道防范进城失业和养老的保障线;另一方面,农民又不能用自己的土地财产权变现和积累进城所必要的发展资本和生存保障条件(刘平量、曾赛丰,2006:56～65)。所以,在现行制度背景下,农民对农村土地的依赖性有其现实需求,甚至这种依赖性根深蒂固。其根源在于制度缺陷和不彻底的城镇化之间相互约束,而问题的解决又不能仅仅着眼于土地制度本身,而应该从经济社会的诸多方面入手,是一个系统问题。这样就丰富了我们对于制度变迁和城镇化关系的认识,那就是在二者总体良性互动的同时,也会存在局部的"死角",而要消除"死角"需要整个系统做出相应的调整。

在2001年国务院所批转的公安部《关于推进小城镇户籍管理制度改

革的意见》中,与户籍制度改革相配合,针对进镇、进城农民的承包土地已经出台一定的政策。如:对经批准在小城镇落户的人员,根据本人意愿,可保留其承包土地的经营权,也允许依法有偿转让;农村集体经济组织要严格执行承包合同,防止进城农民的耕地撂荒和非法改变用途。值得强调的是,“使用权”的“有偿转让”与“所有权”的有偿转让是两个完全不同的概念。据悉,在现实中,尤其是在经济欠发达地区,由于种植业赢利状况普遍欠佳,进城农民转让其耕地的使用权往往是无偿的,在农业税未取消之前,一些进城农民不但不能收取土地使用权的转让费用,还要替愿意经营其承包土地的农户交上农业税。换言之,为了不违反“进城农民不许撂荒耕地”的政策,进城农民不仅难以获取土地使用权的转让金(即使获取也极少),有的还要为其承包土地的继续耕作付出更多的成本。

有些农村地区为了开发商业和建设工业园区而大规模地征用土地,在土地征用过程中,产生一系列的问题和社会矛盾,也是现行土地制度无法给农民提供足够保障的一个反映。在没有强有力的产权所有者出现的情况下,村委会等集体组织很难排除来自外界的各种干涉和干扰,真正代表村民利益参与征用土地的定价谈判,无法保障“集体”本身不受非法征地的损害,而且,征地补偿费和安置补助费的价格在实际执行时往往就低不就高,很难满足保持农民原有生活水平的标准①。征用土地的补偿费用达不到农民要求时,便导致农民上访、游行甚至更极端的行为,引发了社会矛盾。征地行为缺乏有效约束,有的地区只重视征用、不重视补偿的情况与农村土地的集体所有制有密切关系。

总之,要真正处理好进城农民和土地的关系,有必要让市场对土地资源的配置起到基础性作用,实现农民按市场价格转让获得的土地资本,并以这个资本作为其进城后有可能面临的失业后的社会保障,才能彻底解决农民对土地的依赖性。

---

① 李华罡:“农村土地制度改革的两难困境”,《经济学消息报》,2006-10-13,www.cndss.net/Article_Print.asp? ArticleID=211902。

2. 新时期小城镇土地制度所面临的问题

当前中国小城镇土地制度的一个重要问题是土地产权的模糊化与土地市场的不规范。小城镇土地产权界定模糊,土地交易缺乏规范,土地收益分配和使用政策缺乏保障,造成一系列的问题,如出让市场上土地收益初次分配严重地向行政权力倾斜,乡镇政府将从村集体那里平调来的土地作价入股或转让给私人、个体企业获得大量的收益,使村集体土地资产流失迅速等(俞文华,1998)。产权模糊问题是导致土地管理工作中行政干预过多、土地出让金随意减免和土地资产流失等现象的一个重要原因。

过于强调“以地生财”,导致粗放用地,造成大量占用耕地和大量农田抛荒的现象也是当前土地制度下小城镇土地使用过程中出现的问题。一些小城镇的领导为了追求“政绩”,过分强调规模扩张,片面地采用低成本扩张政策“以地生财”,用廉价土地换取建设资金是常见的做法,从而导致新的“圈地运动”,甚至大量农田被抛荒。有资料表明,80%以上的小城镇地改是在增量土地上进行的,在一些小城镇新区中,又有60%以上的面积征用的是小城镇周围的优质耕地,这种现象在经济发达地区表现尤为明显(梁留科等,2003)。有的地区甚至不顾客观条件和经济社会发展规律,一味求大,在小城镇建设中盲目攀比、肆意扩张,导致城镇建设用地严重超标。很多小城镇用地粗放,建筑密度和容积率较低,不仅在城镇建设过程中大量占用耕地,而且建成区内的公共服务设施配套不完善。

土地制度与小城镇集聚机制的关系也是一个重要问题。小城镇建设用地征用同大中城市一样,必须由集体土地征为国有,乡镇地方政府在这一过程中获取了一定的土地收益。政府经济利益的驱动造成了土地利用成本过高,不利于产业和人口的聚集(汪阳红,2002)。实际上,土地问题仍然是乡镇企业集聚的主要瓶颈与障碍,无论在经济发达还是欠发达地区,都存在这一问题。在经济发达地区,表面上看,能够通过获得更多的上级划拨的土地指标以及通过其他方式解决土地供需矛盾问题,但实际上,正是由于这些地区经济发展的活力,对土地供给的需求也更强烈,土地供需矛盾也更为突出。在经济缺乏活力的地区,由于难以解决企业发展所受到的土地制约问题,也使得地区企业发展受到抑制,或者造成企业大量迁往能够满足土地需求的地区,从而造成经济发展和小城镇建设的停滞(王玉华,2002)。总之,小城镇土地制度的创新也是关系到中国农村现代化发展的一个重要方面。

四、乡村重构进程中土地制度创新展望

1. 农村地区土地制度创新展望

进一步完善家庭联产承包责任制,可以从土地的产权制度、流通制度和管理制度等方面对未来中国农村土地制度的创新进行总结。

(1) 在农村土地的产权制度创新方面,应该规范农地的产权制度,明晰产权边界,让农民的土地所有权进入市场

所有权、承包权、经营使用权、收益权、有限处置权组成了中国农地产权结构,明晰产权边界就是对农地资源的一种配置(韩晶,2002)。进一步改革和完善家庭联产承包责任制,实行土地所有权和经营权的分离。如前所述,现行农村土地集体所有制的确带来一些问题,但是,如果把农地的集体所有制完全转变为土地的私有制,再重走西方发达国家的道路,在中国也行不通,而且会影响社会稳定。从实践上看,如果让市场机制充分作用于农民对土地的使用过程,让市场来调节农民土地使用权所应带来的收益,实现承包权的财产性质,也能弱化土地的所有权,并在一定程度上解决土地集体所有制所产生的问题。

应出台政策实行土地所有权和经营权的有效分离,保障农民对承包土地的使用权,农用地虽归集体所有,但可由农户占有、支配、使用并依法处置,并实现这些权力的商品化和社会化(谭国雄,2005)。这样,农民就可以根据实际需要,将土地使用权这一特殊“资本”进行最佳配置,或通过一次性出让获得出让金,或通过出租收取租金和入股参与分红等,其结果是既能保证进城落户农民获得一笔进城安置生活和投资创业的资金,又能有利于农村土地使用权市场的发育(叶裕民,2001:161)。总之,要尊重农民的土地权利,发放土地使用权证并允许其在一定条件下进入市场,把

租赁机制引入农地家庭承包制,通过土地使用权的变革变相地把土地财产权交给农民,让农民根据市场原则决定土地和劳动力的去留(刘平量、曾赛丰,2006:75～76)。总之,通过各种积极的措施,解决制度供给的滞后性问题(蔡昉等,2001:320)。这种土地制度滞后性问题的解决将对中国的城镇化产生深远的影响。它将割断进城农民与土地的联系,实现农民"彻底的城镇化"。它既没有因改变土地所有制而影响社会稳定,又在现实土地制度框架下实现了农村集体土地的市场价值,有效消除了农民附加在土地上的社会保障价值观,起到"牵一发而动全身"的作用,将使中国城镇化的制度系统向良性方向发展。

(2) 在农村土地的流通制度方面,要建立和健全农地的自由流转制度,建立完善的土地使用权市场,进而推进农地的规模经营和农业产业化发展

应在实现农民土地使用权物权化的基础上,积极培育和放开农村土地市场,允许农民成为土地使用权交易的主体,政府则把工作重点转向制定土地利用总体规划和维护农村土地市场秩序(耿生茂,2005)。要建立开放、竞争、公平、有序和规范化的土地使用权市场,制定农村土地估价指标体系,明确土地使用权的交易程序和手续,保护土地市场的正常运作(吴晨,2006)。只有实现农村土地使用权的自由流动,才可以使农民通过土地使用权的转让彻底摆脱对土地的依赖关系(刘平量、曾赛丰,2006:77),切断进城进镇农民和土地之间的"脐带",从根本上消除"背负土地包袱"的中国城镇化特点。

如前所述,家庭联产承包责任制易导致小规模的、分散的土地经营模式,不利于农业产业化发展,如果实现土地使用权的自由流转,将有助于推动农村土地的适度规模经营,在一定程度上解除产业化农业发展的规模障碍。可以在普遍实行有偿承包的基础上,根据自愿、有偿的原则,制定相应政策来引导有其他就业门路的农户放弃承包耕地(韩晶,2002),促进土地向种田能手的集中,在一定程度上削弱土地小规模经营的负面影响。也有学者提出进一步的设想,当愿意进行土地规模经营的农民所经

营的土地达到一定规模时,可鼓励其建立农场并实现企业化经营,其他农民以承包土地转让、出租或入股的方式加入农场,农户既可以进城、进镇就业,也可以以农业工人的身份成为农场职工(叶裕民,2001:162～163)。2010年笔者在浙江省义乌市农村进行了119个村落的调查(冯健等,2012),实地考察发现,学者们所提出的设想实际上在近年一些经济发达地区农村的发展中已经逐渐实现。义乌以其小商品市场和经营小商品而闻名世界。义乌农村的农民从事农业生产的人已经很少,由于小商品市场的带动,很多农村就近开展小商品生产,农民多在农村的工厂里从事小商品加工业,条件更好一些或有一定经济基础的农民则在城里市场中租用摊位并从事小商品贸易。农民所承包的耕地多由村委员会统一"收回",然后由村委会统一出租给一些种田大户或外来人口集中耕种,以实现规模经营,也有的租给有一定规模的农产品经营企业,如租给中药厂大规模种植药材。本村农民则根据自家土地面积在年底分红。

(3) 在农村土地管理制度方面,强化土地管理,建立完善的农村土地使用监管机制,及时推广新的创新模式

强化国家对农村土地的管理,一方面,国家要扮演好保护农户土地权利和土地经济秩序的"守夜人"角色,不断通过立法实践巩固改革成果;另一方面,要扮演好宏观调控者的角色,完善土地利用规划管理、土地用途管制,农地农用和限制土地征用等管理措施,对土地产权做出符合公共利益、宏观利益和长远利益的限制和干预(李学军、朱宏,2003)。政府的土地管理要公开、公平、公正,尽量用市场和社会的力量配置土地资源,同时让利于民,杜绝政府部门和相关工作人员利用权力谋取私利情况的发生(刘平量、曾赛丰,2006:81)。最好能做到土地管理立法、土地行政管理和土地行政执法监督三分离的原则,建立完善的农村土地使用监管机制(周天勇,2003)。当然,完善的农村土地管理制度尤其是农村土地使用监管机制的建立并非一日之功,但政府的监管决心、服务意识和配置资源的理念无疑十分重要,也是实现土地管理制度创新的前提和保障。

在新的、成熟的土地制度政策出台以前,在实践的磨合中,已经摸索

出一些能促进农业产业化经营的土地政策创新经验,政府应及时总结这些经验,在可能的情况下进行推广。比较典型的创新模式包括(俞悦,2003;蔡海生、赵小敏,2002;唐丽霞,2001;宋玲妹,2006):①农村土地股份合作制:它在不改变家庭承包制的基础上,把股份制引入农村土地制度,通过土地承包权入股,把使用权和收益权分离,再通过向农民配置股权,把土地承包权转换为收益权,使土地得以流转;②双层产权的土地制度:农村土地的所有权归集体所有,但业主通过一定途径来经营,业主是依法拥有、照章纳税、自主经营、自负盈亏的独立经济实体,对自己经营的农地拥有实际的占有权、支配权、收益权、处置权及其他权利;③反租倒包:村集体把原来分散承包到各家各户的部分土地反租过来,进行综合开发、整治和配套基础设施建设,将改造和规划好的土地公开向社会招标经营;④“四荒”土地使用权拍卖:把分散、零碎的土地通过拍卖的形式进行整合,取得规模效益,在所有权不变的情况下,将这部分土地的使用权长期拍卖给公司或农民,使其获得长久的土地使用权并有足够时间享受投入劳动和资金后的长期效益。不难看出,上述各种农村土地制度的创新经验,基本上都是在家庭联产承包责任制的基础上,通过市场化手段,实现农村土地的有效利用和规模经营,它们向社会的及时推广将会加快农业产业化步伐。

(4) 物权法的出台为实现中国农村土地使用关系的物权化提供了法律基础,但离市场主导下的土地经营和流转还有一定的差距

2007 年 10 月 1 日起实行的《中华人民共和国物权法》中,有关农村土地承包经营权方面的规定是一个十分重要的内容,也是物权法的一个备受关注的创新内容。有关农地经营方面的内容主要集中在第十一章“土地承包经营权”中,共有十一条规定。有关宅基地方面的内容集中在第十三章“宅基地使用权”中,共有四条规定。

有一些条款直接与农村土地使用制度创新相关。如,第一百二十五条,土地承包经营权人依法对其承包经营的耕地、林地、草地等享有占有、使用和收益的权利,有权从事种植业、林业、畜牧业等农业生产。第一百

二十七条,土地承包经营权自土地承包经营权合同生效时设立。县级以上地方人民政府应当向土地承包经营权人发放土地承包经营权证、林权证、草原使用权证,并登记造册,确认土地承包经营权。第一百二十八条,土地承包经营权人依照农村土地承包法的规定,有权将土地承包经营权采取转包、互换、转让等方式流转。流转的期限不得超过承包期的剩余期限。未经依法批准,不得将承包地用于非农建设。第一百二十九条,土地承包经营权人将土地承包经营权互换、转让,当事人要求登记的,应当向县级以上地方人民政府申请土地承包经营权变更登记;未经登记,不得对抗善意第三人。第一百三十三条,通过招标、拍卖、公开协商等方式承包荒地等农村土地,依照农村土地承包法等法律和国务院的有关规定,其土地承包经营权可以转让、入股、抵押或者以其他方式流转。

物权法对农村经济发展的积极作用比较明确。作为调整财产关系的基本法律制度,新物权法通过对各种形式财产提供有效保护,可以调动公众创造财富的积极性,促进经济的持续健康发展和和谐社会的建设,物权法的这种作用在对土地征用的有关规定上体现得尤为明显(吴元波、吴聪林,2008)。再者,通过物权法,专门将农村土地承包经营权和宅基地使用权规定为用益物权,为使农户对农地的使用权由债权转变成物权,使改革开放以来实行的家庭联产承包合同制度平稳过渡到用益物权制度(周建国,2009)。

物权法中有关农村土地承包经营方面的规定及其不完善性也引起学术界的广泛讨论。法律专家认为物权法有关农村土地制度的规定并不完善,主要问题在于:农村土地承包经营权的物权属性仍未得到贯彻落实;农村土地承包经营权的流转所受的不合理限制明显存在,农村土地承包经营权的期限与农村土地调整方面的规定存在混乱及误解政策之处;对宅基地使用权是否可以抵押存在争议;对公法规定及政策指令参引过多,农村土地征收中的公共利益无从把握(陈小君,2009)。也有法律专家认为,物权法对农村土地所有权的规定仍不清晰,与农民承包经营权转让相比,土地所有权的转移对农民利益的影响更大,维护农民利益的关键是要处理好农村土地集体所有权转让过程中的法律关系(于大水,2008)。也有学者一针见血地指出了物权法的不足之处以及完善农村土地承包经营权流转制度的未来发展方向(缪宁,2008):一,物权法应加强市场自我调控,逐步减少行政干预,尤其是要将其他方式取得土地承包经营权的流转方式下放给行政部门的立法权力予以收回,才能避免"政出多头"的尴尬局面;二,目前对农地流转的自由程度限制较严,特别是对家庭承包取得的土地承包经营权的流转要求严格,只有当承包经营权成为物权以后,法律才不能再对这种财产的转让施加过多限制,要构建完善的二级土地使用权流转市场,必须遵循市场规律,提倡在农地农用的前提下自由流转。总之,物权法的出台为实现中国农村土地使用关系的物权化提供了法律基础,但物权法对农村土地所有权的规定仍不清晰,离真正市场主导下的土地经营和流转还有一定的差距,还需要完善。

2. 小城镇土地制度创新展望

小城镇土地使用制度的创新有其复杂性。一方面,中国城镇土地制度的改革影响小城镇的土地使用制度;另一方面,与乡村在地理区位上的邻近性又使得小城镇的土地扩展与农民的利益挂钩,因而它又与农村土地使用制度及其创新有密切关系。

小城镇也面临土地市场的规范化和完善土地流转制度的问题。当前,小城镇土地市场不规范,发育也不成熟,政府及相关部门基本垄断了小城镇建设用地的一级市场,使价格双轨制下土地市场缺乏合理、公平的竞争,往往使得企业难以支付土地使用成本,难以产生有效的市场激励(王玉华,2004)。要保证小城镇土地市场的正常交易,应创造良好的市场环境并让市场机制深入到土地的流转过程中,如建立具有竞争性的建设用地多元供给机制,通过完善土地储备制度,建立土地登记查询、信息公布制度等途径,提高小城镇建设用地的配置效率(易显奇,2002)。小城镇土地征用的问题,尤其是土地征用利益分配制度的缺陷迫切需要解决。小城镇征地程序需要规范化和严格化,对土地征用的"公共目的"做出严格限定,要杜绝越权审批、先征后批、少征多占等现象的发生,要逐渐实现土地征用行为与土地市场接轨(陈美球,2001;张华松,2001)。针对小城镇土地使用制度改革中存在的征地矛盾,应提高征地费用标准,缩小征地补偿费与出让价格之间的差距,增加对被征地农民的安置途径(张乃贵等,1996),缓解甚至消除因征地而引发的社会矛盾。

最后,需要制定和完善小城镇建设相关的土地法规。要规范小城镇建设中土地获取的操作程序,公告建设用地征地方案,赋予农民知情权、监督权和公共参与权;要制定小城镇建设中集体土地及宅基地置换入镇的办法;要制定农民宅基地和村组企业迁移后的土地整理优惠政策以及镇区存量土地整理的优惠政策等(梁留科等,2003)。另外,还要理顺小城镇土地利用总体规划与建设规划等其他各种规划的关系,建立各种规划之间的衔接协调机制,在规划中加强基层用地实际需求方面的预测分析,协调好规划的控制性和弹性之间的关系,完善土地用途管制途径。

第三节　社会保障制度创新与乡村重构

一、中国农村社会保障制度重构

1. 以“集体保障”为主要特征、体现“合作化”色彩的农村社会保障制度

新中国成立后直至20世纪70年代末,中国农村的社会保障制度很不发达。在农业合作社和人民公社组织农民从事农业生产和生活的条件下,受合作化运动的影响,中国农村的合作医疗曾得到发展,也成为当时背景下最突出的社会保障制度。

新中国成立初期,东北各省积极倡导运用合作制和群众集资的方式举办基层卫生组织,1952年《人民日报》刊登了“三年来中国人民卫生事业”一文,对此给予肯定(邓微等,2006:52～53)。1955年,受农村合作化运动的影响,在山西、河南、河北等省农村出现了一批由农业生产合作社举办的保健站。1956年,全国人大一届三次会议通过了《高级农业生产

合作社示范章程》,规定:合作社对于因公负伤或因公致病的社员要负责医疗,并且要酌量给予劳动日作为补助。从此,很多地方开始出现以集体经济为基础的集体保健医疗站、合作医疗站或统筹医疗站。1959年,卫生部在全国农村卫生工作会议上对农村合作医疗制度进行了正式肯定。1960年,中央进一步肯定了合作医疗,指出以实现人民公社社员集体保健医疗制度(即合作医疗)为宜。1965年,中共中央批转卫生部《关于把卫生工作重点放到农村的报告》,强调加强农村基层卫生保健工作,极大地推动了农村合作医疗保障制度的发展。1968年,毛泽东指示对湖北省长阳县乐园公社的经验进行推广,此后全国掀起举办合作医疗的高潮。"文革"期间,农村合作医疗一度低迷。1978年,合作医疗被写入宪法。1979年,卫生部、农业部、财政部、国家医药总局和全国供销合作总社联合下发通知,发布《农村合作医疗章程(试行草案)》,使一部分地区的合作医疗制度得到恢复。到1980年,中国农村合作医疗制度的覆盖率达到全国农村行政村(生产大队)的90%,从而被世界银行和世界卫生组织誉为"发展中国家解决卫生经费的唯一范例"(郑文娟,2004)。合作医疗成为体现社会主义农村集体经济特点的重要问题。

另外,形成于20世纪50年代中期的农村"五保供养制度",也是当时背景下带有社会救济性质的农村社会保障形式之一。1956年,中央政府在《1956年到1967年全国农业发展纲要》中明确提出:"农业合作社对于社内缺乏劳动力、生活没有依靠的鳏寡孤独的社员,应当统一筹划……在生活上给予适当照顾,做到保吃、保穿、保烧(燃料)、保教(儿童和少年)、保葬,使他们生养死葬都有指靠。"这便是"五保"的源起,享受"五保"的家庭被称为"五保户"。此后,各地相继兴办敬老院,将部分"五保户"集中供养。

20世纪70年代末期以前中国农村的合作医疗制度有其社会背景,即不仅是传统的计划经济体制下的产物,而且面临当时以农业生产合作社和人民公社为代表的农村合作化运动。当时的农村合作医疗主要是由农业生产合作社、农民群众和医生共同筹资建设保健站,保健站实行巡回医疗和医生分片负责制度,经费来源包括农民缴纳的保健费、农业公益金提取以及采取记工分与发现金相结合的医生报酬发放形式。在这一阶段,首次赋予集体介入农村社会成员疾病医疗的职责,农村正式出现了具有社会保障性质的合作医疗制度,它是农村合作化运动的一种表现形式,带有典型的集体保障特点。"五保"供养责任主要由农业合作社承担,后来由村级组织承担,规定其供养标准不低于当地一般群众的实际生活水平,农村"五保"制度也是适应集体经济形式的集体保障制度。

2. 以"家庭保障"为主要特征、由计划向市场逐渐转型的农村社会保障制度

这一阶段的时间为从20世纪80年代初直至90年代末。

20世纪80年代,中国农村医疗保障一度萎缩,从90年代初开始,在中央政府的重视下,农村医疗保障又逐渐出现回升发展的良好势头。农村养老保险逐渐引起社会重视并开展试点工作,试点经验在全国全面推行。

20世纪80年代开始的农村经济体制改革,使农村集体经济逐渐解体,它带来的直接后果是集体公益金积累明显减少,这使得筹集农村合作医疗的基金越来越难,农村医疗保障制度受到严重影响,农村的合作医疗制度也随之解体和崩溃,1985年全国实行合作医疗的行政村由1980年的90%猛降到了5%(郑文娟,2004;顾涛等,1998;胡雪、李丽丽,2006)。这一时期,中央和地方政府都对农村合作医疗体系采取放任自流的做法,致使合作医疗覆盖面越来越窄,全国农村大多数村庄的合作医疗都解体、停办了,村卫生室(合作医疗站)变成了乡村医生的私人诊所。农民失去医疗保障后,由于医药费用支出的增长大大快于农民收入的增长,生病后普遍处于缺医、少药的状态(胡雪、李丽丽,2006)。鉴于农村卫生形势的日趋严峻,1986年起中国政府在全国大部分省市农村开展了一种新的称为"合作医疗保险"的社区保险项目的试点工作,即在一个村或乡的范围内,推行由政府支持、农民群众与农村经济组织共同筹资、在医疗上实行互助互济的合作或相互性医疗保险制度,遗憾的是该制度在具体实践中

遇到了费用筹集、保障水平确定和管理体制等方面的难点问题,从而大部分相继解体(魏常友等,2004)。实际上,20 世纪 80 年代中国农村的医疗保障情况不容乐观。

20 世纪 90 年代,建立社会主义市场经济体制无法回避农村合作医疗制度及其改革。1993 年,十四届三中全会的《关于建立社会主义市场经济若干问题的决定》中曾提出,要发展和完善农村合作医疗制度,表明中央政府对 80 年代农村合作医疗工作一度陷入困境的重视。同年,国务院政策研究室和卫生部在全国进行广泛调查研究,提出《加快农村合作医疗保健制度的改革与建设》的研究报告,不久,卫生部与世界卫生组织在中国 7 个省的 14 个县开展了合作医疗试点。1996 年,八届人大四次会议批准了《中华人民共和国国民经济和社会发展"九五"计划和 2010 年远景目标纲要》,提出要加快社会保障制度改革,要因地制宜地发展和完善不同形式的农村合作医疗保险制度,加强农村合作医疗工作被提上议事日程。同年,卫生部召开全国农村合作医疗经验交流会,对合作医疗的产生、发展及其对农村发展的作用进行了研讨,并提出了完善农村合作医疗的目标、原则及措施对策等,为新时期中国农村合作医疗的发展指明了方向。会后,全国有 19 个省、市、自治区共选择了 183 个县(市、区)作为省级合作医疗试点,多数地、市也选定了一批试点县,合作医疗出现良好的回升势头(邓微等,2006:71~72)。据统计,截至 1996 年年底,全国合作医疗行政村的覆盖率上升到 18%。1997 年,在中央和国务院《关于卫生改革与发展的决定》中,提出坚持民办公助和自愿参加的原则,积极稳妥地发展和完善农村合作医疗制度;筹资以个人投入为主,集体扶持,政府适当支持;提高农民自我保健和互助共济意识,动员农民积极参加;因地制宜地确定合作方式、筹资标准、报销比例,逐步提高保健水平。同年,国务院批转了卫生部及相关部委的《关于发展和完善农村合作医疗的若干意见》,肯定了农村合作医疗制度是适合中国国情的农民医疗保障制度,确定举办合作医疗的基本原则是民办公助、自愿量力、因地制宜,指出合作医疗在实施过程中要注重科学管理,实行民主监督,使农民真正受益,要求各地要加强领导,积极稳妥地推动农村合作医疗的健康发展(汪时东、叶宜德,2004)。总之,从20世纪80年代的阶段性萎缩到90年代的再度兴起,中国农村医疗保障制度经历了一个波折的发展轨迹,它实际上也是经济体制转型的一种表现。

20世纪80年代中期以后,中国农村的养老保险逐渐得到发展。

1986年,民政部和有关部委的"沙洲会议"确定了中国农村推行养老保险的基本思路,即经济发达程度不同的农村地区应采取不同的养老保险策略:贫困地区,强调搞好社会救济和扶贫;中等发达地区,强调兴办福利工厂,完善"五保"制度,建立敬老院;经济发达和比较发达的地区,强调以镇、村为单位建立农村养老保险。1987年,国务院确定由民政部牵头进行建立农村社会保障体系的探索,并在部分地区开始农村养老保险试点工作。1991年,国务院授权民政部负责开始在全国确定20个县进行农村养老保险制度的大范围试点工作。1992年民政部下发《县级农村社会养老保险基本方案(试行)》,提出建立农村养老保险制度,以保障老年人基本生活为目标,坚持资金以个人缴纳为主、集体补助为辅、国家给予政策扶持的筹资模式,确定了以县为基本单位开展农村养老保险工作的基本原则。1995年国务院办公厅转发了民政部《关于进一步做好农村社会养老保险工作意见的通知》,提出在有条件的地区建立农村社会养老保险制度。试点经验在全国全面推行,大大加快了建立县级农村社会养老保险的步伐。到1998年年底,全国已有30个省(市、自治区)2 100多个县(市、区、旗)开展了农村养老保险工作,有8 000多万农村人口参加了养老保险,积累基金160多亿元(邓大松,2002:312;邓微等,2006:53)。可以说,80年代中期以来的中国农村养老保险的发展意义重大。因为它涉及如何动摇传统的农村养老模式,尤其是家庭养老、养儿防老、土地养老等,关系到乡村城镇化的彻底性以及城镇化的制度支持如何应对社会发展趋势。

另外,在20世纪90年代,针对农村"五保"的规范化,又有新的政策出台。1994年,国务院公布施行《农村五保供养工作条例》,规定"五保"

供养的主要内容是“保吃、保穿、保住、保医、保葬(孤儿保教)”,供养标准为当地村民一般生活水平,所需经费和实物,从村提留或者乡统筹费中列支。1997年,民政部颁布《农村敬老院管理暂行办法》,规范了农村敬老院建设、管理和供养服务。通过相关的规章规定,中国农村“五保”供养工作开始走上规范化、法制化的管理轨道。

随着20世纪70年代末所确定的家庭联产承包责任制的推行,农村集体经济的力量不断削弱,农村社会保障的特点也开始从“集体保障”向以土地承包为基础的“家庭保障”转变。农村的合作医疗保障在经历了80年代的低谷之后,在90年代又得以重新回升。但以个人和家庭投入为主的筹资方式,使经济条件相对有限的农村地区的医疗保障仍面临一定的困境。据统计,全国只有18%的行政村实行了合作医疗,只覆盖全国农村人口的10%,90%的农民仍要自费看病,农村中因病致贫的农民占贫困户的30%~40%,有的地方甚至高达60%以上,即使在经济发达的苏州地区,仍有20%以上的农民看不起病(胡雪、李丽丽,2006)。中国农村的养老模式基本上还处于家庭养老的阶段,尚未建立农村老年人的经济供养体系及其良性运行机制(孟祥林,2006)。总体而言,20世纪80年代和90年代,中国农村的社会保障带有明显的以“家庭保障”为主的特征,90年代中期以后农村社会保障制度的变革逐渐体现出由计划经济体制向市场经济体制转型的特点。

3. 以“综合保障”和“市场作用”为特征、社会主义市场经济体制下的农村社会保障制度

进入21世纪以后,“农村新型合作医疗”被提上议事日程并大范围地在全国农村开展试点工作,中国农村的医疗保障制度获得进一步发展。

2002年,《中共中央、国务院关于进一步加强农村卫生工作的决定》提出建立以大病统筹为主的新型农村合作医疗制度。《决定》指出,农村卫生工作仍比较薄弱,体制改革滞后,资金投入不足,卫生人才匮乏,基础设施落后,农村合作医疗面临很多困难,一些地区传染病、地方病危害严重,农民因病致贫、返贫问题突出,必须引起高度重视。制定下一步农村

卫生工作的指导思想:从农村经济社会发展实际出发,深化农村卫生体制改革,加大农村卫生投入,发挥市场机制作用,加强宏观调控,优化卫生资源配置,逐步缩小城乡卫生差距,坚持因地制宜,分类指导,全面落实初级卫生保健发展纲要,满足农民不同层次的医疗卫生需求,从整体上提高农民的健康水平和生活质量。还制定了农村卫生工作的目标,即到2010年,在全国农村基本建立起适应社会主义市场经济体制要求和农村经济社会发展水平的农村卫生服务体系以及农村合作医疗制度,主要包括建立基本设施齐全的农村卫生服务网络,建立具有较高专业素质的农村卫生服务队伍,建立精干高效的农村卫生管理体制,建立以大病统筹为主的新型合作医疗制度和医疗救助制度,使农民人人享有初级卫生保健,主要健康指标达到发展中国家的先进水平。沿海经济发达地区要率先实现上述目标。

依照《决定》的精神,农村新型合作医疗的卫生服务网络由政府、集体、社会、个人举办的医疗卫生机构组成;发挥市场机制作用,多渠道吸引社会资金,发展民办医疗机构;坚持自愿原则,反对强迫命令,实行农民个人缴费、集体扶持和政府资助相结合的筹资机制。

2003年,在建立新型农村合作医疗试点工作会议上,明确了新型农村合作医疗是为民、利民、便民的大好事,要努力探索新形势下建立和完善农村合作医疗制度的新路子。在2004年的十届全国人大二次会议上,温家宝提出要改善农村医疗卫生条件,积极稳妥地推进新型农村合作医疗制度的试点工作。到2004年11月,全国已有30个省、自治区、直辖市在310个县(市)开展了新型农村合作医疗试点,覆盖了9 500万的农业人口(邓微等,2006:68～80)。新型农村合作医疗发展势头良好。

2005年,在《中共中央、国务院关于推进社会主义新农村建设的若干意见》中,强调了积极发展农村卫生事业的重要性,强调要积极推进新型农村合作医疗制度试点工作,从2006年起,中央和地方财政较大幅度地提高补助标准。

2006年,卫生部等七部委联合下发《关于加快推进新型农村合作医疗试点工作的通知》指出,新型农村合作医疗试点工作开展以来取得明显成效,从 2006 年起,要调整相关政策、加大力度和加快进度,积极推进新型农村合作医疗试点工作。2006 年,使全国试点县(市、区)数量达到全国县(市、区)总数的 40%左右;2007 年扩大到 60%左右;2008 年在全国基本推行;2010 年实现新型农村合作医疗制度基本覆盖农村居民的目标。实际数据显示[①],截至 2006 年年底,全国已有 1 451 个县开展了新型农村合作医疗试点工作,约占全国县(市、区)总数的 51%,参合农民已达 4.1 亿人,占全国农业人口数的 47%,补偿农民 4.7 亿人次,累计补偿 243.9 亿元。到 2009 年年底,参保人数已经达到 8.33 亿人,参合率达到 94.2%,成为中国参保人数最多的一项社会保障制度(王军,2010)。

与过去的农村合作医疗相比,新农合有以下几个显著特点[②]:①保险基金主要由政府投入,有的乡村集体经济组织也给予资助,此两项投入超过总金额的 3/4,农民个人缴纳部分不足 1/4,有别于过去合作医疗仅是农民自己出钱、互助共济的形式;②以大病统筹为主,重点是解决农民因患大病而出现的“因病致贫”、“因病返贫”问题,改变了过去资金使用上平均主义的报销办法,把 70%的资金用在大病、重病的报销上;③以县为统筹和管理单位,不同于过去的大多以村为统筹和管理单位;④确立了报销封顶线,不是过去的全部包干,以使更多的农民得到基金的支持;⑤强调基金专户存储、专款专用,在管理上实行收支分离、管用分开、封闭运行。

与农村医疗保障发展不同的是,进入 21 世纪以后,中国农村的养老保险制度却一度出现波折。有学者认为,由于多种因素的影响,农村养老保险制度在推行中遇到了种种困难,如银行利率的调整导致养老金个人账户基金收益低于银行同期存款收益,现阶段农民仍缺乏支付养老保险金的能力,养老基金运行难度加大、参保人数下降等,1999 年以后的农村

---

① 刘奕湛:“全国有 1 451 个县开展了新型农村合作医疗试点工作”,新华网,2007-3-12,http://news.xinhuanet.com/society/2007-03/12/content_5837158.htm。

② 余少祥:“新农合:是大餐?还是鸡肋?——‘新农村合作医疗’发展研究报告”,中国法学网,http://www.iolaw.org.cn/showNews.asp?id=22842。

养老保险制度实际上处于停滞整顿阶段(邓微等,2006:56～68)。1999年7月,国务院采取措施要求已经开展农村养老保险工作的地区对养老保险业务进行清理整顿。实际上,在中国农村,家庭养老仍然是农村养老的基础和主导方式,据1999年6月统计,中国农村依靠家庭养老的老人占所有老龄人口的97.6%,依靠退休金或集体经济养老的比例只有2.34%(刘金红等,2001)。

进入21世纪以来,随着中国农村税费改革试点工作的推进,尤其是取消农业税及其附加以后,农村五保供养资金渠道也随之调整。在税费改革初期,原从“村提留或乡统筹”列支的五保供养经费改为从农业税附加中支出;深化税费改革,取消农业税及附加后,供养经费又调整为主要从上级财政转移支付和地方各级财政预算中安排。

2004年,国务院公布《农村五保供养工作条例》,改“集体供养”为“财政为主供养”,提出:由于税费改革后农村五保供养遇到了较大困难,要逐步建立以财政为主,由省、市、县、乡四级财政分担的农村五保供养机制。2006年,国务院公布修订后的《农村五保供养工作条例》,并于当年开始实施。《条例》规定:农村五保供养资金应在地方人民政府财政预算中安排;有农村集体经营等收入的地方,可以从农村集体经营等收入中安排资金,用于补助和改善农村五保供养对象的生活;农村五保供养对象将承包土地交由他人代耕的,其收益归该农村五保供养对象所有;中央财政对财政困难地区的农村五保供养,在资金上给予适当补助。农村五保供养制度被认为是新中国成立以后实施的第一项农村社会保障制度,2006年五保供养资金调整为地方政府财政预算以后,标志着农村五保供养制度的发展进入了一个新的阶段。

中国农村社会保障制度改革是一种渐进式重构过程,总是由少数试点开始,进而向更多的试点和全国推广,当然也有在改革中经历波折的情况发生。20世纪90年代末期以后的农村合作医疗制度和养老保险制度改革就是上述两种情况的案例。尽管不全是一帆风顺,进入新世纪以来中国农村社会保障制度重构表现出两个方面的特征:一方面,它更多地体现出市场机制的作用,因为市场化取向诱发了农村社会保障制度利用市场手段并抵御市场经济风险的深层机制,如多渠道吸引社会资金的筹资机制和积极把民办医疗机构纳入合作医疗网络;另一方面,它又体现出综合保障的特征,市场机制、家庭保障和政府保障并存,如体现市场经济特点的养老保险与现实中仍以家庭养老为主的农村养老保障,再如五保供养已纳入政府的财政预算,成为典型的政府保障方式。

二、社会保障制度创新与中国乡村重构

1. 养老保险制度创新与乡村重构

中国当前的农村养老保险制度还算不上是完全意义上的现代养老保险制度,而是从中国国情出发的一种过渡性的养老制度(邓微等,2006:58)。这种养老保险制度对中国乡村重构起到积极作用。

有学者认为养老保障是中国农村社会保障的核心,通过养老保险可以降低农民对土地的依赖性和社会保障对土地保障的依赖性,建立以农村社会养老保险制度为核心的农村社会保障制度,才能从根本上解决农民的后顾之忧,才能为各种制度的改革和推进提供回旋的余地(刘平量、曾赛丰,2006:159~160)。与城市居民不同的是,农民不存在退休的问题,即没有像城市居民那样的退休金,老年的农民不可避免地都面临着当丧失劳动能力以后如何养老的问题,"养儿防老"、"土地养老"等家庭养老方式都是农民在没有完善的社会养老保障的前提下"未雨绸缪"而选择的权宜之计,久而久之,形成心理上的依赖性,对农村社会发展影响深远。

建立现代养老保险制度也是构建中国乡村和谐社会的重要基础和保障。

首先,完善的农村养老保险制度可以缩小城乡差距,消除城乡壁垒,促进社会稳定。城乡社会保障水平的差距是当前城乡差距的一个最突出的表现,尤其是和城市居民享有的各种养老保险、失业保险、医疗保险和各种福利、补贴相比,农民享受的社会保障太少、水平较低。中国宪法规定在全体公民中实施普遍、平等的社会保障,但是由于中国经济发展水平

和财政能力有限,庞大的农村人口长期以来难以享受到像城镇居民一样的社会保障和社会福利项目,农民被排斥在宪法所规定的社会保障权力之外(姜伟,2006)。在这种情况下,建立农村养老保险制度对消除城乡差距的作用可想而知。

其次,尽管目前中国农村养老模式仍以家庭养老为主,但老龄化社会的到来和现代人口发展的趋势必将使家庭养老功能在一定程度上弱化,而养老保险制度正可以应对这种趋势。中国早已步入老龄化社会,而且具有快速老龄化的特点,农村地区老年抚养比加大,也增加了劳动人口的负担(刘玉、冯健,2005)。现代家庭和人口结构的特点将导致家庭养老功能的弱化,这些特点包括:随着家庭人口规模缩小和核心家庭增多,老年人独居情况增加;市场经济发展增大了人口的流动性,老年人身边子女减少;现代社会竞争增强,子女照料晚年父母的时间大大减少(颛慧琳,2006)。这些人口和家庭结构变化的新特点,都使农村地区传统的家庭养老观念面临挑战,农村家庭养老功能会逐渐弱化。未来农村的养老模式必须依赖社会保障制度的建设。

另外,农村养老保险制度也是落实农村计划生育的物质基础。农村"养儿防老"的观念根深蒂固,正是这种观念导致了农民的超生、多生和偷生现象以及一些地区性别比严重失衡的问题。农村养老保险制度可以在一定程度上消除"养儿防老"观念,给农村计划生育工作的开展铲平道路,推动农村和谐社会的建设。

2. 合作医疗保障制度创新与乡村重构

卫生医疗状况的改善和居民的健康是全面建设小康社会目标的重要内容,农村合作医疗保障制度的不断完善对乡村社会的重构起着基础性的作用。

首先,农民占全国人口的七成,农民生活的改善和农村经济的发展都离不开农民身体的健康,农民健康与否关系着农村社会和谐的大局,关系着中国建设小康社会目标的实现。2000 年前后,世界卫生组织在对 191 个成员国进行的医疗卫生公平性评价中,中国排在倒数第四位(杜中杰、杨树明,2000),说明中国医疗卫生状况严重滞后于国际水平,其实中国农村医疗卫生状况更加落后。据卫生部掌握的数据表明,在中央财政的卫生支出中,仅三成用于农村,中国农村中有一半农民因经济原因看不起病。农民“因病致贫”、“因病返贫”问题一直十分突出,严重影响到农村经济发展和社会稳定,最终将制约农民脱贫致富奔小康(刘建荣、胡银华,2005)。在这种情况下,近年中国农村新型合作医疗制度及相关政策的出台、试点工作的开展及其大范围推广可谓切中时弊。

其次,农村新型合作医疗制度的推行是科学发展观的体现,利于实现乡村社会的“以人为本”,也利于维护社会的稳定。重经济增长而轻社会进步是畸形的发展观,科学发展观要以人为本,要着力解决经济社会发展中的突出矛盾和关系人民群众切身利益的突出问题,深化农村医疗制度改革是科学发展观的体现。农民看病难的问题已引发诸多的社会矛盾。据悉,近年来一些地区医患矛盾激化,医院暴力事件频繁发生,农民对医生实施暴力的现象不断增多,因医疗而引发的农民上访事件越来越多,这些都是农村医疗保障不健全对乡村社会稳定的影响(黄维,2006)。因此,农村合作医疗制度的改革是实现农民人权的保证,有利于体现医疗资源分配的公平性,对维护乡村社会的稳定也起到积极作用。

另外,近年农村新型医疗合作制度的推行,促进了社会化农村卫生服务网络的建设,发挥了农村卫生网络的整体功能,使基层乡镇卫生院的布局得到调整。对乡村医疗卫生基础设施建设的促进是农村新型医疗合作制度最直接的效果之一。借新型农村合作医疗制度开展的这个“东风”,许多省份都加强了村卫生室、乡镇卫生院和县医院三级医疗机构的建设(郑珊、崔婷婷,2006),县级医院、预防保健机构和乡镇卫生院的房屋和设备都获得改造。县级卫生机构成为农村预防保健和医疗服务的业务指导中心;乡镇卫生院以公共卫生服务为主,综合提供预防、保健和基本医疗等服务;村卫生室则承担预防保健任务,提供常见伤、病的初级诊治,从而在农村地区形成分工明确的卫生服务网络,有效地促进了农村医疗卫生事业的发展。

3. 社会救助制度创新与乡村重构

社会救助制度也是农村社会保障体系的一个环节,对乡村重构起到重要作用。中国农村的社会救助制度包括五保供养制度、农村最低生活保障制度、自然灾害救助制度等。中国农村五保制度的变迁前已述及,在此重点阐述建立农村最低生活保障制度对乡村重构的作用。1996年,民政部印发了《关于加快农村社会保障体系建设的意见》,明确提出了在全国范围内积极探索农村居民最低生活保障制度建设任务。此后,民政部在山东烟台、河北平泉、四川彭州和甘肃永昌进行试点。目前,经济发达的广东、浙江两省已建立起城乡一体化的低保制度,其他地区正处于积极探索之中。总体而言,经济发达地区的低保工作进展较好,经济欠发达地区的低保工作尚未开展(张春霞,2005)。建立农村最低生活保障制度对缓解中国乡村居民贫困状况有不可替代的作用。

农村最低生活保障制度是满足农民需求中最基本的公共产品,是维护农民作为公民应该享有的生存权利的最基本的要求,是一种解决农村贫困问题的补救机制,是农村社会保障体系中最后一道安全网(孙文基,2006:65)。农村最低生活保障制度拓宽了农村社会救助制度的范围,是农民基于集体经济的传统基本生活保障制度解体后,适应市场经济竞争风险的新需要,在一定程度上缩小了城乡社会保障制度的二元结构差距。在市场经济体制下,农村集体经济不再具有自动分担农民风险的功能,农村逐步形成了以市场调节为主导的经济运行体制,农民作为市场主体参与激烈的市场竞争(许立群,2002)。对于在市场竞争中失利的农民,通过农村最低生活保障制度,国家给提供基本的生活保障。尤其是中国加入WTO后,国内农产品市场对外开放,国外质优价廉的农产品进入必将挤占中国农产品的相当一部分市场,会导致相当一部分农民收入减少,因此,建立农村居民最低生活保障制度可以在一定程度上帮助陷入困境的农民渡过难关(郭海清,2006)。总之,农村社会救助针对的对象是乡村贫困一极或因激烈的市场竞争而失利的人群,其对乡村重构的作用表现在:一方面,它解决了乡村贫困农民的基本生活需求,缓解了贫困状况和贫富两极对立,体现了社会主义新农村的优越性;另一方面,它有效应对了部分农民暂时不适应市场经济深度发展的状况。通过经济扶助,协助农民逐渐适应市场发展。

4. 进城农民工的社会保障与乡村重构

当前,由政府负担的社会救助主要面向城市职工,从政府公布的《城镇居民最低生活保障条例》(1999 年)中可以看出,进城农民工及其家属没有从所在城市政府获得基本生活物质帮助的权利(叶裕民,2001:128)。农民工缺乏最基本、最必要的工伤保险;农民工失业现象非常严重,而农民工的失业保险几乎是一片空白,离开土地后的农民工失业风险大;农民工缺乏基本的医疗保险,大部分农民工经济拮据,难以支付大额医药费用;农民工受二元用工制度"规则"限制,单位福利、社区福利等对他们来说几乎是不可能的;农民工基本养老保险的参保率极低(和芳芳等,2006)。总体而言,作为弱势群体的农民工迫切需要完善的社会保障措施的帮助,但目前中国的农民工被排除在城市社会保障体系以外。

农民工社会保障的滞后会严重阻碍农村的城镇化进程。与城镇居民相比,农民工有效应对激烈市场竞争并在竞争中获胜的机会较少,进城农民工迫切需要社会保障的支持。但长期的城乡壁垒,使"户口"附着了太多的利益,尽管户籍制度有所放开,对于这些已经"市民化"了的农民,在住房、就业、养老、子女教育等问题上还不能靠自己或社会完全解决(刘和平,2006)。显然,社会保障的缺失和户籍制度的壁垒交互作用,形成城镇化的阻力。农民在面对这种阻力和城市高收入及城市生活的巨大吸引力时,处境十分尴尬。当然,进城农民工类型的多样化增加了其社会保障的难度(蔡冬兰、唐绍洪,2006)。尤其是对于季节性流动的农民工而言,绝大部分处于中低层职业,面临着较大的失业风险,再加上社会保障的缺失,容易铤而走险,引发社会不稳定问题。

进城农民工是中国城市人口增长的主要来源,是城镇化加速的主要动力。由于针对农民工的养老保障制度不健全,会使他们在面临年老和丧失劳动能力风险时不得不回到农村,从而延缓了城镇化进程(李宝梁、王喆,2006)。农民工社会保障严重滞后的状况也不利于引导农民工放弃兼业型农业经营,从而不利于改善农业经营方式和推动农业产业化的发展(刘和平,2006)。进城农民工的社会保障问题也会影响城乡统一劳动市场的合理发展,农民工社会保障水平的滞后不利于维护农民工和用工企业之间的劳动关系。

5. 失地农民的社会保障与乡村重构

中国的城镇化已经进入中期加速阶段(周一星、曹广忠,1999)。近年,城镇化速度的加快使大中城市空间扩张加剧,城市大规模的空间扩张致使大量农民赖以生存的土地被征用,在这种背景下,一些传统的村庄成为"城中村",很多农民丢失了土地,面临职业和身份的转变。在这种情况下,失地农民的生存和发展都将面临挑战,解决失地农民的社会保障问题也显得尤为重要。

加强针对失地农民的社会保障体系的建设,是解决"三农"问题、统筹城乡发展的重要举措。农民由于丧失了土地这一最基本的生活资料,自身将面临着转型。如果适应能力差或职业转型不顺利,则容易引发矛盾。从某种程度上讲,失地农民更需要完善的社会保障,以顺利度过自身的转型。在这种情况下,如果政府能有效地建立针对失地农民的社会保障措施,一方面,有利于增强政府的信誉,便于国家大政方针在农村的落实;另一方面,也可以弱化来自城镇化最广大的参与者的阻力,从而加速城乡一体化的进程(葛晓梅,2006)。很多失地农民进行了身份的"农转非",却没有实现社会生活的"农转非",往往造成失地又失业的尴尬局面,还会因享受不到城市居民应有的待遇和福利而心理失衡(王明英,2006)。因此,充分考虑失地农民的经济来源和生活保障问题,是落实城乡统筹发展战略的具体体现。

建立失地农民的社会保障制度,可以加快失地农民向城镇居民的实质性转变,有效地推进城镇化进程。除了养老保险、医疗保险、最低生活保障等以外,在城市就业压力不断增大和劳动力就业市场竞争日趋激烈的条件下,对于要面临二次择业的失地农民而言,为他们提供就业援助和就业培训、搭建就业平台和加强就业指导尤为重要。在失地农民群体中，劳动年龄段内的人员占大多数，做好就业安置工作是解决他们生产和生活出路的根本保证，也是维护社会稳定、加快农民市民化进程的前提条件(王顺喜，2006)。总之，建立针对失地农民的社会保障体系将会摒除失地农民的后顾之忧，减少土地丧失所带来的就业风险，使其更好地融入城镇的生产和生活环境，彻底地实现由“农民”向“市民”身份的转变。

6. 小城镇社会保障体系的建设与乡村重构

小城镇的经济结构和人口构成的特殊性决定了其社会保障与大中城市和农村的差异性，如基金的筹集方式、保障的项目、标准以及采取的形式、覆盖的范围等(傅崇兰等，2003：162)。在城镇化方面，小城镇与乡村地域的邻近性决定了小城镇与乡村有着千丝万缕的联系，小城镇社会保障体系的建设也会影响乡村的重构。

小城镇社会保障体系的建立不仅可以缩小城乡间的二元结构差距，为城乡一体的社会保障制度建设搭桥铺路，而且能为建立城乡一体的社会保障体制在政策制定、模式选择、试点推广等方面提供有益的经验(刘伟忠，2005)。小城镇社会保障体系的建立可以成为农村人口向小城镇集聚的有效动力，有助于进一步转移农村剩余劳动力，推进自下而上式城镇化的发展。小城镇的社会保障体系可以促使那些从事非农生产的劳动力放弃其所承包的土地，消除他们对土地保障功能的依赖性，解除进镇的后顾之忧，彻底实现职业和身份的转变，也使更多的土地向种田能手集中，从而提高农村土地经营的规模效益，推动农业产业化和农村城镇化的发展。小城镇的社会保障体系建设能增强小城镇发展所需的人力、资金、物资等资源，有利于打通城市与小城镇的劳动力流动渠道，与此同时，健全的小城镇社会保障体系有助于通过改善乡镇企业人力资本状况来提高乡镇企业的素质(卢海元，2004：235～236)，促进乡镇企业的进一步发展与完善。

三、乡村重构进程中中国农村社会保障制度创新展望

由于农村社会保障制度涉及的面较广,下文侧重从乡村重构和乡村城镇化发展的角度,从几个大的方面对未来中国农村社会保障制度的创新做出展望。

1. 构建多渠道、多形式的农村养老保险体系,针对新时期农村人口流动性较强的特点,推动农村养老保险制度的创新

由于中国地域广大且农村地区经济发展水平差异较大,全国农村养老保险制度的完善和推广存在比较大的困难。国家和地方政府都应对农村养老保障问题引起重视,从财政和政策方面给予支持。从总体上看,农村社会养老保险制度资金应坚持国家、企业(雇主)和个人共同负担的方式(傅远佳,2006)。有学者认为,农村养老保险制度要采取多层次、多途径的方式,采取自愿和引导相结合的办法:在经济发达地区,可不断扩大保障面和提高保障水平,让有能力多缴纳保险费的农民享受到更高水平的保障;在经济欠发达地区,要坚持自愿原则,应从低水平做起,以普及为主并提高保险意识,逐渐扩大保险的覆盖面(邓微等,2006:67～68)。有必要参照发达国家的经验,调整各级财政的支出结构,提高社会保障支出在财政支出中的比例,切实地得到政府在财政上的支持(陈华,2010)。从国家的层面上来讲,要理顺中央和地方财力与事权相匹配的体制,合理确定社会保障支出占财政支出的比重,明确划分中央、省级、省以下各级政府的社会保障职责,构建起促进社会保障体系建设的财政体制(于向辉、李素枝,2010)。在养老保险关系转移、城乡制度衔接、保险费折算等方面要有前瞻性;以科学的方式来计算和确定缴费费率、缴费标准和养老金标准等问题,把人口年龄结构、平均余命和养老金享受与分摊成本之间的关系科学化;解决好资金统筹的层次性问题,实行统一管理和网络化管理,加强服务网络及电子平台建设;建立政策和法律保障体系,为农村基本养老保险制度创造环境条件(杨翠迎,2005)。总之,财政和相应政策到位了,再加上科学的方法,健全农村养老保险体系指日可待。

为便于城镇和农村养老保险的对接,农村应该实行社会统筹和个人账户相结合的养老模式。缴纳费额的分配也实行与城镇养老保险一样的分配办法,即8%进入个人账户,其余进入统筹账户,在参保人员退休时,按照城镇职工养老保险的规定计算每月领取养老金(孙文基,2006:171～172)。要建立城乡一体的养老保险,必须要充分重视农村人口流动性较强的特点,解决好养老保障的持续性和人口迁移之间的关系。最好在城乡养老保障建立全国联网制度方面有所创新,使得养老保险可以随农民的流动而自由迁转,可以不受人口流动的影响而实现正常累积。也有学者提出,针对流动性较大的农村人口,可以专门建立以个人账户为主的养老保险制度,将单位缴费和个人缴费全部计入农民工个人账户,不计入统筹,使其随农民工工作的流动而转移,确保农民工能够切实享受到他们应该享有的养老待遇(姜伟、权锡鉴,2006)。这种做法充分考虑到农民工流动性强的特点,的确不失为一个在短期内完善农村养老保障的权宜之计。

2. 割断承包土地和社会保障之间的联系,把进城农民工的社会保障问题纳入城乡统筹背景下的社会保障体系,推动城乡社会保障制度创新

很多进城农民工仍然把土地看作一种社会保障,尽管已经进城,但仍割舍不了承包土地,把它当作失业保障的最后一道防线,这种现象可以称为不彻底的城镇化或"背负土地包袱"的城镇化。也有相当一部分进城农民工,已在城市居住多年,职业和生活都已有相当的基础,尽管与农村的联系越来越少,但内心与承包土地之间还有着"若即若离"的关系,他们既不太可能参加农村社会保障体系,同时也没有因为转让土地经营而获得较多利益。

在这种背景下,"土地换保障"、"实物换保障"、"产品换保障"等方案被提出,以割断进城农民工和土地之间的联系,排除承包土地作为社会保障的可能并有效推动城镇化进程,都是农村社会保障制度的创新。土地换保障,就是在农民放弃土地经营权时政府向其提供替代传统土地保障的制度选择形式,以保障其失去土地和进城后的基本生活;实物换保障,

就是盘活农民手中市场化程度不高或难以市场化的存量资产，通过实物资产的货币转换，变潜在的社会保障资源为现实的社会保障资源，以解决农民难以按时缴纳保险费等难题；产品换保障，就是以相关的服务机构为中介，直接以指定农产品缴纳保费，这些指定农产品一般以粮棉油等大宗农产品为主要对象，各地区也可根据实际情况加以确定（刘平量、曾赛丰，2006：164～165）。但近年，学术界对于政府号召农民“拿土地换户口”或“拿土地换社保”也有置疑的声音。《新京报》曾组织社科院的专家就土地和“户改”的关系进行过讨论。专家认为如果进城之后的农民已经不需要再依靠土地生活了，那么可以用土地换社保，但如果进城农民仍然无法在住房、子女上学等方面享受“城里人”的待遇，那么“拿土地换户口”或“拿土地换社保”就是一个谬论，就有谋取农民土地之嫌，因为政府对老百姓的公共服务有天然的责任，这是一个公共财政如何安排的问题，而不应该采用要把农民的土地卖了才有钱做公共服务的逻辑。但不管怎么说，农村社会保障制度的创新是和土地制度改革联系在一起的，在实现对承包土地使用权商品化的条件下，在保障进城农民真正享受城里人的待遇的前提下，才能提高农民“土地换保障”的积极性。

农民工在城市中属于弱势群体，而且规模较大，他们在应对天灾人祸、突发事件、失业危机、生理疾病以及合法权益侵害等方面的能力和经济基础都相对较弱，再加上城市居民对农民工的歧视非常普遍，解决农民工的社会保障问题是中国建设和谐社会极其重要的一步。农民工社会保障制度的创新应强调城乡统筹的思路，从根本上打破城乡分立的二元社会保障结构，建立全国统一的、覆盖城乡居民的、城乡和地区保障待遇有所差别的社会保障体系，并以此来解决农民工的社会保障问题（刘文海，2006）。应该着眼于建设与城镇职工相对接的、公平有序的农民工社会保障制度（叶裕民，2007：164～165）。要尽快设置和完善农民工最迫切需要的社会保险项目，如失业保险制度、工伤保险制度、医疗保险制度、养老保险制度。

要实现城乡统筹的社会保障体系，当务之急，必须结合进城农民工的流动性特点。有学者一针见血地指出,中国迄今为止难以实现城乡统筹的一个重要原因是社会保障关系的不可流动性,尤其是对于农民工而言,社会保障的缴费和获得受其地域流动特点限制而困难重重,从加快城市化速度的需要出发,应该把社会保障可携带性纳入制度设计要求之中,从而提高社会保障的城乡统筹水平和社会化程度(王美艳、蔡昉,2008)。农民工不仅流动在其家乡与目的地之间,更多的时候还会在多个目的地之间往返流动。在全国性的城乡社会保障网络建立之前,如果仅仅采用在居住地或流入地办理社会保障手续和交纳相关的保险金,农民工显然会因停留时间与享用保障时间的差距以及交纳多头保险金等后顾之忧而拒绝入保。

3. 加快失地农民社会保障制度建设,解除农民的后顾之忧,最大程度地减少因失业、疾病、养老问题产生的城镇化阻力

随着近年来中国城镇化的快速推进,失地农民越来越多,失地农民的再就业能力相对较低,土地补偿款本来就很有限,再加上村级集体组织的提留,补偿款所能维持的农民生计的时间并不长。因此,农民失地后面临的问题和矛盾激增,解决好失地农民的社会保障问题成为建设社会主义新农村的一个重要环节。

失地农民虽然获得了征地补偿费用,但相对于市场价位来讲十分低廉。因此,应当将失地农民纳入最低生活保障的范围,要加强针对失地农民最低生活保障制度的法制建设,多渠道筹集最低生活保障基金,实现最低生活保障的法制化、规范化管理,还要制定与最低生活保障制度相配套的优惠政策(邓微等,2006:298)。建立失地农民的社会养老保险制度,要依靠多渠道筹集资金的方式来加以解决,与此同时,应借鉴城镇职工基本养老保险制度实行统账结合的模式(叶剑斌等,2005)。针对失地农民建立的医疗保障制度,应支持"低水平、低覆盖"原则,推广建立福利型合作医疗保障网,由政府和集体来承担费用大头、个人缴纳较少费用,做到合理补偿医疗费用(王明英,2006)。创造条件为失地农民建立完善的就业培训体系和社会服务的保障制度,提高其劳动技能,努力通过劳动市场寻找就业机会(葛晓梅,2006)。中国的快速城镇化,不能只求快,还要求质、

求好。大量的失地农民是快速城镇化遗留的一大社会问题，他们的最低生活保障、养老保障、医疗保障和就业培训等都是关乎城镇化质量的重要方面。把针对失地农民的社会保障制度建设完善了，才有可能化“阻力”为“动力”，才能保证快速城镇化的质量。

4. 形成有小城镇特点的社会保障制度模式，提高小城镇的社会保障水平，进一步发挥其在国家城镇化中的重要作用

小城镇兼有城乡社会保障的两种特色，但总体上又接近农村的色彩，小城镇社会保障水平偏低，但又肩负着城镇化的重要任务，而在短期内无法根本改变国家对其保障投资力度的条件下，必须建立相对独立的有小城镇特点的社会保障制度（卢海元，2004：265）。小城镇社会保障制度的覆盖面也较广，如养老、医疗、失业、工伤等，重点是医疗保险和养老保险。

在近年国家大力推行的新型农村合作医疗制度中，小城镇的主要医疗机构——乡（镇）卫生院，作为新型农村卫生网络的重要节点，被赋予“以公共卫生服务为主，综合提供预防、保健和基本医疗等服务，受县级卫生行政部门委托承担公共卫生管理职能”，乡（镇）卫生院还被要求“改进服务模式，深入农村社区、家庭、学校，提供预防保健和基本医疗服务，一般不得向医院模式发展”。小城镇的医疗保险制度应继续结合新型农村合作医疗制度，深化合作医疗方式。

小城镇的养老保险制度创新在学术界已有统一认识，那就是强化个人的社会保险责任，尝试建立以个人账户和储备积累制为特点的社会养老保险制度，更加适合小城镇的发展（蔡秀玲，2002：269）。另外，实施“土地换保障”，对转让农村土地使用权的小城镇居民，允许其直接参加小城镇的社会养老保险，并根据农村土地使用权转让的不同形式和收益，折算为五年以上的个人账户累积储存额，促进小城镇居民从传统的土地保障平稳过渡到社会养老保险，在一定程度上扶持小城镇居民的就业和参保工作（傅崇兰等，2003：243）。总之，小城镇社会保障制度的完善和保障水平的提高，会进一步促进小城镇更好地发挥在乡村城镇化过程中的作用。

第四节 本章总结

由于中国乡村制度重构涉及的面较广,本章则主要抓住三个重要方面,即户籍制度、土地制度和社会保障制度,从政策演变的角度对中国乡村制度重构的过程、制度创新与乡村重构的关系以及乡村重构进程中新时期制度创新展望等方面进行论述。

改革开放以前,中国乡村制度的"强制性"制度变迁特点突出,并产生了深远的社会、经济后果,如户籍制度与城乡二元结构、高级农业生产合作社和人民公社时期的农地集体所有制与绝对的平均主义。改革开放以后,中国乡村制度的重构则逐渐体现出向市场的转型以及发挥市场机制的作用,市场化诱发了制度变迁的内因以及运用市场手段并抵御市场经济风险的深层机制。改革开放以后中国乡村制度的重构和创新过程还表现出渐进式改革的特点,总是由少数试点开始,进而向更多的试点和全国推广,参与改革的地区从小到大逐渐放开,当然也有在改革中经历波折的情况发生。

制度创新与中国乡村重构进程存在密切的关系:乡村制度创新缩小了城乡差距,使城乡壁垒和城乡二元结构逐渐消除;有效促进了农村剩余劳动力的转移,促进了乡村城镇化进程;降低了农民对土地的依赖性,有利于实现农业的适度规模经营,为农业产业化发展创造了条件;促进了城乡要素尤其是城乡人口的合理流动,加快了乡村市场化发展步伐;缓解了乡村居民的贫困状况,促进了乡村和谐社会的建设;制度创新和乡村发展之间常常互相影响、互为因果。值得指出的是,中国的制度创新和城镇化之间总体上形成良性互动的局面,但局部环节的制度缺陷和不彻底的城镇化之间相互约束,而要摆脱这种状态需要对支撑城镇化的整个制度系统做出调整,系统的调整需要把握关键环节,达到"牵一发而动全身"之效。

第七章 结　　论

当前,“三农”问题和有中国特色的城镇化道路成为国家、社会和学术界共同关注的热点问题。建设社会主义新农村目标的提出,为新时期中国乡村发展提供了重要机遇。本书的研究思路是从集镇和乡村发展规划的角度切入研究中国乡村经济和空间重构的模式、特征以及乡村制度创新过程。主要研究结论如下。

(1) 乡村重构的概念

乡村重构,是指乡村地区在某一阶段由各种发展动力所推动的以经济和空间等要素为主导的一种演化过程,以及相应的政策调控过程。地理学视角下的乡村重构更重视对过程及其特征的研究,也关注伴随乡村演化过程的相关制度和政策的创新过程。与其他学科出身的学者不同的是,地理学者侧重于关注乡村制度的演变过程,侧重于关注乡村规划的结果和空间意义,并把规划作为乡村空间形态和景观结构的塑造方式。

(2) 乡村城镇化发展道路及其评判

苏南模式、温州模式和珠三角模式是研究新时期中国乡村城镇化所绕不开的经典模式。20 世纪 90 年代以后,三大模式本身也经历了转型过程,显示了持续的生命力,为其他地区乡村的发展提供了借鉴经验。

20 世纪 90 年代以来,中国小城镇的发展和规划已步入市场化阶段,但很多基本问题仍未澄清。很多地区的城镇政府为了追求城镇化水平的提高,忽视对发展趋势和发展条件的论证而盲目追求人口规模。在小城镇规划实践中,没有把营建宜人的居住环境摆在应有位置。更有大量的小城镇规划面目类同,缺乏个性,小城镇规划没有在推动国家城乡一体化战略上发挥应有作用。

割裂的城乡发展观、不可持续的产业发展观、不科学的政绩观和滞后的规划观是中国传统乡村发展观所存在的典型问题。长期以来,国家利用工农业产品的“剪刀差”来推动工业化,形成城乡二元结构和巨大的城乡差异,延长了乡村小农经济阶段和自我封闭的状态。当前的快速城镇化产生了大量的“空心化”村落和“留守儿童”,已成为制约中国乡村发展的重大社会问题,这些问题的产生也是割裂城乡发展观的表现,使得我们有必要重新反思乡村如何依靠内生力量获得发展这一重要议题。某些地方政府单纯追求就业岗位和经济产值增长而置环境、生态和资源代价于不顾,发达地区被淘汰的污染企业大肆向欠发达地区转移,已产生严重的负面影响。“面子工程”、“形象工程”和“不计后果的发展”都源于不科学的政绩观。规划行为和观念的滞后不利于乡村发展和建设。科学发展观和五个统筹可以在一定程度上纠正和改进传统的乡村发展观,对推进新时期乡村城镇化进程有重要意义。

(3) 转型期乡村发展的产业机制和区域机制

乡村发展的传统产业机制类型多样。通过工业兴村、工业兴镇等形式,乡村工业化成为20世纪最后20年中国乡村重构最重要的动力。乡村旅游,以工业化方式推进但又依赖于传统农业生态环境,强化了农业生产和乡村的自我保持和修复功能,给乡村发展带来经济和社会的双重效益。文化对乡村社区的变迁作用表现在:通过打造文化品牌,以文化的产业化来拉动乡村发展;通过文化基础设施和本土文化的建设提高乡村社区品位,进而推动经济发展。另外,市场、外来投资等都是推动乡村发展的重要因素。

作为一种新的产业机制,产业集群的发展为乡村城镇化发展提供了强大的工业基础,节约了国家推进城镇化的成本,产业集群已成为农村聚落适应市场经济发展而进行自组织演化与结构优化的重要推动力量。产业集群降低了劳动力的流动成本、寻找工作的成本和就业门槛,成为拓展农村剩余劳动力就业十分有效的渠道。产业集群使小城镇在吸引、控制和转化资源方面发挥了重要作用，成为小城镇发展的持续动力。

转型时期，乡村发展的众多区域机制凸现。历史积累效应触发机制、小区域联动效应及配套发展机制、特殊大型项目建设带来的随机效应、区域周期性集市的时空协同机制以及乡村行政区划调整引发的发展契机等，已成为乡村发展不可忽视的动力，应在乡村规划和发展战略制定中得以体现。对乡村发展区域机制的研究，旨在强调要把动态、随机、联动、时空系统、政策效应等方面的观点恰到好处地运用到乡村规划实践中去。

(4) 经济发达地区的乡村发展模式

20 世纪 90 年代以来，农业产业化发展模式在全国获得推广，无论是经济发达地区还是经济欠发达地区，农业产业化都成为乡村基层政府必须要制定的发展目标。并不能说经济欠发达地区的农业没有发育产业化，只能说经济发达地区农业的产业化发育得更好，更具有典型性，从这个视角上看，说农业产业化是经济发达地区乡村发展模式更具有针对性。比较典型的农业产业化模式包括四种类型：龙头企业带动型、专业市场带动型、中介组织推动型和科技推动型。具体地区的情况往往是上述四种发展模式的变种。农业产业化发展模式的运行机制包括组织机制、风险机制、利益机制和保障机制，其中，利益分配机制最为重要。在中国乡村发展实践中，形成了合同式、股份制和合作式三种农业产业化发展的利益分配机制，通过它们，既实现了企业利益，又较好地保护了农民的利益。利益保证决定了农业产业化模式的可行性，它不是一种“乌托邦”。

(5) 经济欠发达地区的乡村发展模式

农业产业化模式本身就要求规模经营，因此，可以把农业专业化生产作为农业产业化发展的一个基本环节；也可以把专业化作为产业化发展的前奏，因为，很多地区的现代农业都是从发展专业化生产开始的。以欠发达地区作为研究对象，更容易发现农业专业化生产存在的问题。对苏北乡镇的调查表明，农业专业化生产已初具规模，村落之间产生分化，但也存在不少问题，如社会化服务体系没有跟上，专业化生产难以朝产业化方向发展。农民的观念和行为、农产品市场发育、经营风险、农民应对加入 WTO 的能力等都是产生这些问题的原因。

对于经济欠发达地区而言,盲目套用农业产业化模式并不能真正解决问题,但农业产业化经营早期的痕迹却普遍存在,使得我们的研究既要与经济发达地区农业产业化模式的特点相对照而进行,又不能脱离农业产业化模式的理论指导。对河南省兰考县的实证研究表明,结合新区域形象建设,形成以县城为主导的县域发展模式,可以充分发挥县城"区域焦点"的作用。多元化产业联动发展模式、能人富户带动发展模式、政府协调引导发展模式都是立足于欠发达地区自身基础而形成的、值得推广的乡村发展经验。另外,包括新形象、品牌、独特的城镇化等在内的发展战略对经济欠发达地区发展具有参考价值。

(6) 人口流出区低收入、高消费并存的庐江模式及其理论意义

庐江模式代表了那些传统的农业地区因本地工业经济不发达而大量人口外出打工,但县城却存在以高消费和低收入为特点的收入—消费关系。一般而言,发展观念的桎梏、体制的约束以及经济基础的薄弱使得这类地区在经济发展上有所滞缓。当从地理学的视角出发,考虑到区域外生力量的作用时,发现人口的流动和特殊消费群体的生活方式对庐江较高消费水平的形成起到了关键性的作用,本地传统的社会文化习俗对消费水平的提升也起到推波助澜的作用。

庐江模式的理论意义在于,它表明了即使是在中国的经济欠发达地区,乡村系统经受了市场经济的洗礼已具备明显的开放特征,依靠其自身力量,欠发达地区可以彻底打破计划经济遗留下的城乡二元分割,并实现城乡融合发展。尤其是赚了钱的打工人口,他们在县城购房、居住和消费,正在以自身的努力改变户籍所带给他们的窘境。

(7)"回归工程"发展模式及其理论意义

近年来,一些经济欠发达地区,尤其是传统的打工大县,纷纷出台政策、采用措施,吸引和鼓励外出营生者回乡创业或回乡就业,以缓解地区发展过程中所面临的人才匮乏和人才外流、资金和技术短缺的局面,取得较好的成效,形成所谓的"回归工程"发展模式。"回归工程"的形成,既有

来自劳动力输入地的作用，如户籍管理制度、就业压力、生存和生产成本，也有来自劳动力输出地的作用，如环境因素、情感因素、家庭因素和自身需求。

“回归工程”的理论意义在于它为深入理解区域发展机制和发展道路提供了启示。作为劳动力无限供给的现实悖论，它说明产生城市劳动力无限供给的基础动力机制正在发生变化，这些变化对未来农村剩余劳动力的转移将产生深远影响。经济欠发达地区发展需要面对自身各种约束条件，这些约束使得这一类地区的发展很难套用发达地区的经典模式，而“回归工程”正为欠发达地区特别是人口流出大县的发展提供了一个可行模式。“回归工程”可视作外来打工者难以融入流入地的城市社会而另寻发展机会和适应当前中国户籍制度状况的一种权宜之计。

(8) 多层次城镇化模式和小城镇模式

多层次城镇化分析，强调在城乡系统中，用不同的空间层次去解构地区城镇化过程，以便更清晰地洞察城镇化的特征和发展动力，它为我们提供了一个分析新时期中国城乡发展特征和发展动力的综合视角。山东淄博市的实证分析表明，多层次城镇化模式随着转型期市场经济的日趋完善而出现，是在用单一模式难以反映和概括新时期区域城镇化发展特征的前提下，强调城镇化发展的多元化和多层次性。

改革开放以来，在苏南等经济发达地区，小城镇在推动乡村社区演化方面曾起到重要作用，乡村发展的“小城镇模式”或“小城镇经验”广泛存在。苏南的实证研究表明，小城镇对现代乡村社区观念、社区经济、社区文化、社区聚落以及社区保障的变迁起到不可替代的作用。新时期，小城镇应起到建设社会主义新农村示范地的作用，应以小城镇规划带动乡村社区规划水平的提高并推动城乡一体化和城乡统筹发展目标的实现。

(9) 大型和中小型集镇规划与空间重构

交通规划和路网设计与集镇空间形态演化关系密切。各类型集镇规划的功能布局和景观结构模式，集中展现了集镇空间形态演化的特点和空间重构的方式。苏南大型集镇面貌更类似一个小城市，样本集镇规划分析中所出现的同片紧凑型、同片分散型、同片双中心型和双片组团型的功能布局和景观结构各有特色,都是因地制宜地引导并促进集镇空间形态合理演化的模式。大型集镇的空间规划需要对集镇改造与开发的关系、近期建设规划与集镇空间形态演化时序的关系等引起重视。

苏中、苏北大量的中小型集镇,虽然难以形成像苏南大型集镇那样典型的景观结构模式,但在规划中应该采用一些方法对集镇空间形态的演化进行引导和调控,如采用"分片式、多类型"开发方式引导功能结构布局和塑造新城镇景观,寻求并强调集镇功能结构布局的"线索"以形成具有特色的景观结构以及通过发展轴线的变换引导集镇形成新的功能布局。很多现状中小型集镇依托过境公路而获得发展,规划必须采用一定的方法处理好过境公路和集镇空间形态之间的关系。在规划中,要重视体现集镇与周围乡村的空间联系及其中心承转职能,重视规划与集镇社区文化之间的关系,可以尝试在集镇空间形态规划中使用一定的传统文化手法和艺术手法。

(10) 水乡圩区集镇规划与空间重构

作为江南水乡的一种类型,圩区集镇规划面临较多的特殊性和复杂性,使得在规划之前有必要吃透圩区农村聚落发展的特征、圩区社会经济传统和圩区居民的心理特征。圩区特殊的地形、地貌和水文条件,决定了路网的规划要少而精,有时需要突破一般程式和技术规定,充分重视交通规划与土地综合利用率之间的关系。在水乡圩区,集镇的环保与防洪规划占据突出地位:前者关系到圩区人居环境的建设;后者是集镇规划能否顺利实施的保障。通过适当的、各具特色的道路系统,将各功能区、相对分散的各类用地以及集镇各级节结点有机地联系起来,形成点、线、面构成丰富、功能分工合理的圩区集镇的景观结构。应以集镇规划的编制及其实施为契机,促进圩区聚落型式的调整和促使集镇良性发展运作模式的形成。在圩区集镇规划中,要强调维护圩区传统城镇风貌和水乡特色、保持历史文化的延续性,以集镇规划推动圩区农村经济社会的可持续发展。

(11) 社会主义新农村建设背景下的村庄规划

在社会主义新农村建设中，规划应起到先导作用，应该通过村庄规划改善农民的生活环境，提高乡村基础设施和公共服务水平。村庄规划不是一股风地建设中心村，解决乡村基础设施的配套问题是村庄规划的重中之重，村庄规划不等同于拆旧村和建洋房，村庄规划要突出“村庄”特点和强调乡土风情，不是要再建城镇社区或类城镇社区。总之，通过村庄规划，体现和代表农民利益，建设真正适合农民生活的社区，促进乡村系统有序地重构。

(12) 户籍制度创新与乡村重构

改革开放以来，中国户籍制度改革及创新过程表现出以下特征：总的趋势是户籍制度逐渐放宽，城乡居民的迁徙越来越自由，传统的城乡二元结构及其壁垒不断被打破和消除；小城镇或集镇一直是中国户籍制度改革的一个永不失效的“实验场”；中国户籍制度改革经历了一个从“试点地区”向城乡地区全面推广的过程，参与户籍制度改革的地区，从小到大逐渐放开，表现出改革被渐进式推进的特点。户籍制度创新与乡村重构的关系表现在：户籍制度创新是市场经济发展的要求和结果，促进了城乡要素尤其是城乡人口的合理流动，加快了乡村城镇化进程；户籍制度创新在一定程度上促进了小城镇人口规模增长，也为农业产业化发展创造了条件；户籍制度创新在一定程度上解决了进城农民的后顾之忧，促进了农村和谐社会建设，加快了乡村重构步伐。

中国户籍制度创新是促进城乡融合发展的大势所趋，但户籍制度改革并不是解决一切问题的万能钥匙，户籍制度改革也不应停留在追求外在形式层面，而应实现实质内容的变革。经济发展是乡村城镇化的基础和保障，不重视经济发展基础而以单纯的户籍制度改革促进农民进城定居的做法是在“舍本逐末”。不要高估户籍制度改革的功能。在户籍制度改革的同时，完善相应的配套政策同样重要，通过这些配套政策，降低农民进城的门槛，并保障其进城后的生活。

(13) 土地制度创新与乡村重构

新中国成立后,中国农村土地制度重构经历了四大阶段:通过土地改革,废除了封建土地所有制,实行“耕者有其田”的农民土地私有制;在农民土地私有制基础上,通过开展初级农业合作化运动,建立农村土地合作制度;通过高级农业生产合作社和人民公社运动,建立了农地集体所有制;改革开放后的家庭联产承包责任制,实行土地集体所有和家庭承包的双层经营模式,对农地经营收益分配关系进行调整,充分调动了农民的生产积极性。另外,农村地区小城镇的土地使用制度是和整个中国城镇土地制度变革过程联系在一起的。土地制度创新与乡村重构的关系表现在:促进了农业和农村非农产业的发展,非农化发展与土地制度创新互相影响、互为因果;有效促进了农村剩余劳动力转移和城镇化进程;城镇土地有偿使用制度的实行拓宽了小城镇建设的投资渠道,推动了小城镇经济和景观的重构。

中国农村现行土地制度存在小规模经营和分散经营、土地无法流转等问题,在一定程度上阻碍了农业产业化发展和限制了农民的择业自由,使农民无法彻底摆脱对承包土地的依赖性。未来的农村土地制度创新应强调规范农地的产权制度,建立和健全农地的自由流转制度,允许农民土地所有权进入市场,建立和完善土地使用权市场以及农村土地使用监管机制。近年来,物权法的出台为实现中国农村土地使用关系的物权化提供了法律基础,但离市场主导下的土地经营和流转还有一定的差距。

(14) 社会保障制度创新与乡村重构

中国农村社会保障制度重构过程可概括为三个阶段性特点:以“集体保障”为主要特征、体现“合作化”色彩的农村社会保障制度;以“家庭保障”为主要特征、由计划向市场逐渐转型的农村社会保障制度;以“综合保障”和“市场作用”为特征、社会主义市场经济体制下的农村社会保障制度。

中国农村社会保障制度的改革和创新是一种渐进式过程,总是由少数试点开始,进而向更多的试点和全国推广,当然也有在改革中经历波折的情况发生。进入21世纪以后，中国农村社会保障制度更多地体现出市场机制的作用，因为市场化取向诱发了农村社会保障制度利用市场手段并抵御市场经济风险的深层机制，它又体现出综合保障的特征，市场机制、家庭保障和政府保障并存。

中国农村养老保险制度、合作医疗保障制度以及社会救助制度的创新与乡村重构关系密切：缩小城乡差距、消除城乡壁垒，降低农民对土地保障的依赖性，推动农村人口城镇化进程，对缓解中国乡村居民贫困状况有不可替代的作用，是构建中国乡村和谐社会的重要基础和保障。另外，进城农民工的社会保障、失地农民的社会保障以及小城镇社会保障体系建设等都关系着新时期中国乡村重构的大计。着眼于乡村重构和乡村城镇化角度，进一步推进中国农村社会保障制度的创新，需要针对农村人口流动性较强的特点构建多渠道、多形式的农村养老保险体系；割断承包土地和社会保障之间的联系，把进城农民工的社会保障问题纳入城乡统筹背景下的社会保障体系；加快失地农民社会保障制度建设；形成有小城镇特点的社会保障模式，进一步发挥其在国家城镇化中的重要作用。近年来，一些地区所探索的让农民“土地换社保”、“土地换户口”等做法，固然是一种尝试，但要提醒政府的是，土地不应该成为农民享受社保的交换条件，因为政府本来就有责任使全民享受到社会保障和公共服务，政府更不能有谋取农民土地之嫌。

参考文献

1. Andrusz, G. , M. Harloe and L. Szelenyi 1996. *Cities after Socialism: Urban and Regional Change and Conflict in Post-socialist Societies*. Blackwell Publishers Ltd.
2. Carr, M. 1997. *New Patterns: Process and Change in Human Geography*. Thomas Nelson and Sons Ltd.
3. Clark, G. L. , M. P. Feldman and M. S. Gertler 2003. *The Oxford Handbood of Economic Geography*. Oxford University Press.
4. Daniels, P. , M. Bradshaw, D. Shaw and J. Sidaway 2001. *Human Geography: Issues for the 21st Century*. Pearson Education.
5. De Blij, H. J. 1996. *Human Geography: Culture, Society, and Space*. John Wiley & Sons, Inc.
6. Fei, H. T. 1939. *Peasant Life in China: A Field Study of Country Life in the Yangtze Valley*. Kagan Paul, Trench, Trubner & Co Ltd.
7. Friedman, E. , P. G. Pickowicz and M. Selden 1991. *Chinese Village, Socialist State*. Yale University Press.
8. Hill, M. 2003. *Rural Settlement and the Urban Impact on the Countryside*. Hodder & Stoughton.
9. Johnston, R. J. , D. Gregory, G. Pratt and M. Watts 2000. *The Dictionary of Human Geography* (4th Edition). Blackwell Publishing Ltd.
10. Kitchin, R. and N. J. Tate 2000. *Conducting Research into Human Geography: Theory, Methodology and Practice*. Pearson Education Limited.
11. Limb, M. and C. Dwyer 2001. *Qualitative Methodologies for Geographers*. Arnold.
12. Lin, G. C. S. 2007a. Reproducing Spaces of Chinese Urbanisation: New City-based and Land-centred Urban Transformation. *Urban Studies*, Vol. 44, No. 9.
13. Lin, G. C. S. 2007b. Chinese Urbanism in Question: State, Society, and the Reproduction of Urban Spaces. *Urban Geography*, Vol. 28, No. 1.
14. Logan, J. R. 2001. *The Chinese City: Globalization and Market Reform*. Ox-

ford: Blackwell.

15. Ma, L. J. C. and G. H. Cui 1987. Administrative Changes and Urban Population in China. *Annals of the Association of American Geographers*, Vol. 77, No. 3.

16. Sit, V. F. S. 1989. Industrial out Processing: Hong Kong's New Relationship with the Pearl River Delta. *Asian Profile*, Vol. 17, No. 1.

17. Skinner, G. W. 1993. *Marketing and Social Structure in Rural China*. Association for Asian Studies.

18. Wang, J. C. 2007. Industrial Clusters in China: The Low Road vs. the High Road in Cluster Development. In A. Scott, *Development on Ground: Clusters, Networks and Regions in Emerging Economics*. Routeledge.

19. Webster, D. 2002. *On the Edge: Shaping the Future of Peri-urban East Asia*, *Institute for International Studies*. Stanford University.

20. Whyte, W. F. 1993. *Street Corner Society: The Social Structure of an Italian Slum*. The University of Chicago Press.

21. Wu, F. and A. G. O. Yeh 1997. Changing Spatial Distribution and Determinants of Land Development in Chinese Cities in the Transition from a Centrally Planned Economy to a Socialist Market Economy: A Case Study of Guangzhou. *Urban Studies*, Vol. 34, No. 11.

22. Zhou, Y. X. and L. J. C Ma 2003. China's Urbanization Levels: Reconstructing a Baseline from the Fifth Population Census. *The China Quarterly*, Vol. 173.

23. Zhou, Y. X. and L. J. C. Ma 2000. Economic Restructuring and Suburbanization in China. *Urban Geography*, Vol. 21, No. 3.

24. "安徽户籍制度改革了",《法制日报》,2001 年 8 月 3 日。

25. 包蹇、孟辉:"政协九届五次会议举行记者招待会",《人民日报》,2002 年 3 月 8 日。

26. 鲍世行、顾孟潮:《城市学与山水城市》,中国建筑工业大学出版社,1996 年。

27. 北京大学城市规划设计中心:"江浦县桥林镇镇区总体规划(2000~2020 年)",2001 年。

28. "北京流动人口将可办理居住证,发放对象扩大",《京华时报》,2011 年 1 月 14 日。

29. "北京外来人员管理条例拟废止,暂不取消暂住证",《京华时报》,2005 年 2 月 23 日。

30. "北京正式提出实施'居住证制度'管理流动人口",《北京晨报》,2011 年 11 月 5 日。

31. 蔡冬兰、唐绍洪:"对农民工社会保障问题的分析",《重庆工商大学学报(社会科学版)》,2006 年第 6 期。
32. 蔡昉、郭汉英、高嘉陵:《中国人口流动方式与途径(1990～1999 年)》,社会科学文献出版社,2001 年。
33. 蔡海生、赵小敏:“中国农村土地制度发展与创新”,《江西农业大学学报(社会科学版)》,2002 年第 1 期。
34. 蔡秀玲:《论小城镇建设——要素聚集与制度创新》,人民出版社,2002 年。
35. 曹锦清、张乐天、陈中亚:《当代浙北乡村的社会文化变迁》,上海远东出版社,2001 年。
36. 常州市规划设计院:“武进市横山桥镇总体规划(1995～2010)”,1995 年。
37. 陈国柱:“解决‘三农’问题的有效途径探讨——论乡村旅游的作用”,《怀化学院学报》,2006 年第 10 期。
38. 陈汉能、崔军、乔俊果:“中国农地使用制度的变迁及其现实选择”,《当代经济》,2006 年第 8 期。
39. 陈华:“城乡统筹背景下我国农村社会保障的制度设计”,《农业经济》,2010 年第 5 期。
40. 陈美球:“小城镇发展呼吁土地制度改革”,《小城镇建设》,2001 年第 3 期。
41. 陈荣亮:“浅谈村庄规划与建设”,《江苏城市规划》,2006 年第 2 期。
42. 陈如:“当前青年农民回流现象探析”,《农业经济问题》,1996 年第 10 期。
43. 陈万灵:《农村社区变迁——一个理论框架及其实证考察》,中国经济出版社,2002 年。
44. 陈小君:“农村土地制度的物权法规范解析——学习《关于推进农村改革发展若干重大问题的决定》后的思考”,《法商研究》,2009 年第 1 期。
45. 陈映芳:《棚户区——记忆中的生活史》,上海古籍出版社,2006 年。
46. 陈玉梅:“小城镇功能论”,《社会科学战线》,2000 年第 2 期。
47. 谌新民、武立文:“以产业集群推动农村剩余劳动力向中心镇转移——以广州市番禺区为例”,《广州大学学报(社会科学版)》,2006 年第 12 期。
48.“城市形象待开发的无形资产”,《经济日报》,1999 年 4 月 4 日。
49. 城乡建设环境保护部城市规划局《城市规划手册》编写组:《城市规划资料集(2)》,中国建筑工业出版社,1988 年。
50. 程昆、佘秀江:“广东农业龙头企业存在的主要问题及对策研究——基于五家农业龙头企业的调查”,《南方农村》,2004 年第 5 期。
51. 程亚文:“敬畏自然:中国语境下的尴尬”,《书屋》,2005 年第 4 期。
52. 崔功豪、马润潮:“中国自下而上城镇化的发展及其机制”,《地理学报》,1999 年第 2 期。
53. 崔功毫、王本炎、查彦玉:《城市地理学》,江苏教育出版社,1992 年。
54. 崔树义、师凤莲:“关于小城镇户籍制度改革的若干反思”,《东岳论丛》,2003 年第

4期。
55. 崔元锋、冯华:“户籍制度改革不可冒进”,《开放潮》,2001年第9期。
56. 戴安林:“论家庭联产承包责任制为发展农村民主政治所作的贡献”,《湖南公安高等专科学校学报》,2001年第5期。
57. 邓大松:《社会保险》,中国劳动社会保障出版社,2002年。
58. 邓家斌:“浅谈家庭联产承包责任制条件下的农业产业化”,《农村经济与技术》,2001年第5期。
59. 邓微等:《中国转型期农村社会保障问题研究》,湖南人民出版社,2006年。
60. 邓小平:《邓小平文选(第三卷)》,人民出版社,1993年。
61. 东南大学建筑系:“江阴市华士集镇总体规划与详细规划(1994～2010)”,1995年。
62. 董辅:“‘温州模式’与中国民营经济的发展”,《中国区域经济》,2003年12月号。
63. 董黎明、陶志红:“中国的地理学与城市规划——回顾与展望”,《城市规划》,2000年第3期。
64. 杜鹰、唐正平、张红宇:《中国农村人口变动对土地制度改革的影响》,中国财政经济出版社,2002年。
65. 杜中杰、杨树明:“农村医疗保障出路何在”,《人民法院报》,2000年12月16日。
66. 方孟贤:“农业产业化的几个模式”,《农家顾问》,2002年第9期。
67. 费孝通:《小城镇大问题》,江苏人民出版社,1984年。
68. 费孝通:《费孝通选集》,天津人民出版社,1988年。
69. 费孝通:《江村经济》,商务印书馆,2001年。
70. 冯海发:“荷兰农业产业化经营的基本模式及主要经验”,《国外农业》,2002年第11期。
71. 冯华:《21世纪的热点:发展小城镇,推动城市化》,科学出版社,2001年。
72. 冯健:“对可持续发展与城乡发展的理性思考”,《人文地理》,1999年第2期。
73. 冯健:“对小城镇发展与规划中几个基本问题的诠释”,《人文地理》,2000年第5期。
74. 冯健:“1980年代以来我国小城镇研究的新进展”,《城市规划汇刊》,2001年第3期。
75. 冯健:《转型期中国城市内部空间重构》,科学出版社,2004年。
76. 冯健:《城市社会的空间视角》,中国建筑工业出版社,2010年。
77. 冯健:“基于地理学思维的人口专题研究与城市规划”,《城市规划》,2012年第5期。
78. 冯健、刘玉、吕智浩等:《乡村转型:政策与保障》,南京师范大学出版社,2009年。
79. 冯健、刘玉、张小林:“转型期间集镇发展机制及其对集镇规划的启示”,《城市规划汇刊》,1998年第3期。

80. 冯健、刘庄:“城乡整体观与区域可持续发展”,《山地学报》,1999 年第 4 期。
81. 冯健、王迎、刘洋华:“人口流出区低收入与高消费并存的‘庐江模式’及其理论意义”,《地理科学进展》,2010 年第 6 期。
82. 冯健、张小林:“圩区农村集镇规划编制的技术与思考——以南京市高淳县西部圩区若干集镇为例”,《经济地理》,2000 年第 4 期。
83. 冯健、周一星、李伯衡等:《城乡边界识别与动态监测》,科学出版社,2012 年。
84. 冯世勇:“农业产业化经营模式及其利益联结机制分析”,《山东省农业管理干部学院学报》,2005 年第 6 期。
85. 傅崇兰等:《小城镇论》,山西经济出版社,2003 年。
86. 傅小锋、张耀存、彭乃志:“苏南地区土地利用结构变化分析”,《地理科学进展》,1997 年第 4 期。
87. 傅远佳:“构建和谐农村与农村社会养老保障制度建设”,《行政论坛》,2006 年第 4 期。
88. 盖湘涛:《城市景观美学》,东北师范大学出版社,1988 年。
89. 高淳县地方志编纂委员会:《高淳县志》,江苏古籍出版社,1988 年。
90. 高峰:“苏南城市化的进程特色启示”,《江南论坛》,2004 年第 10 期。
91. 高明勇:“户籍就这样拉大‘收入差距’”,《新京报》,2010 年 6 月 5 日。
92. 葛晓梅:“城市化进程中失地农民社会保障探析”,《牡丹江教育学院学报》,2006 年第 6 期。
93. 耿生茂:“深化农村土地制度改革”,《贵州日报》,2005 年 11 月 2 日。
94. 龚鹏:“我国农业产业化经营的有效组织模式”,《四川农业科技》,2005 年第 9 期。
95. 龚浔泽:《江苏脉动——网络时代的区域新观察》,江苏人民出版社,2008 年。
96. 笱丰明:“农业产业集群的发展与农村城市化”,《安徽农业科学》,2006 年第 23 期。
97. 顾朝林、柴彦威、蔡建明等:《中国城市地理》,商务印书馆,1999 年。
98. 顾涛、单杰、石俊仕等:“农村医疗保障制度相关问题分析及政策建议”,《中国卫生经济》,1998 年第 4 期。
99. 顾筱和、黄郁成:“试论乡村旅游的经济影响”,《广西社会科学》,2006 年第 2 期。
100. 关俊霞:“河南省农村居民收入与消费的协整性分析”,《安徽农业科学》,2007 年第 6 期。
101. 管延俊:“WTO 框架下中国农业发展对策分析”,《潍坊学院学报》,2001 年第 1 期。
102. 广东省农业厅经营管理处:“广东省五十家农业龙头企业发展的特点、问题和建议”,《南方农村》,2001 年第 3 期。
103. 郭海清:“关于建立农村居民最低生活保障制度的思考”,《理论前沿》,2006 年第 16 期。
104. 国家统计局:《2006 年中国国民经济和社会发展统计公报》,2007 年。

105. 国务院研究室课题组:《小城镇发展政策与实践》,中国统计出版社,1994 年。
106. 国务院研究室课题组:《中国农民工调研报告》,中国言实出版社,2006 年。
107. 过国亮、吴渤、李京:“广东珠海疑因公共财政压力暂停户口迁入”,《南方都市报》,2008 年 4 月 16 日。
108. 韩晶:“中国农村土地制度变迁的轨迹与改革思路”,《乡镇经济》,2002 年第 2 期。
109. 韩振峰:“农业社会化服务问题初探”,《理论与现代化》,1995 年第 4 期。
110. 和芳芳、束坤翼、史向军:“城市农民工社会保障:现状、缺失成因及其对策思考”,《广西党史》,2006 年第 12 期。
111. 贺雪峰:“乡村建设的展开”,载温铁军主编:《新农村建设理论探索》,北京出版社出版集团、文津出版社,2006 年。
112. 胡必亮:“小城镇 大战略”,《光明日报》,1999 年 4 月 23 日。
113. 胡德瑞、李雄飞等:《乡镇规划》,天津科学技术出版社,1989 年。
114. “‘户改’不能只盯着农民土地”,《新京报》,2009 年 9 月 19 日。
115. 胡雪、李丽丽:“我国农村医疗保障制度的现状及对策分析”,《长春师范学院学报(人文社会科学版)》,2006 年第 3 期。
116. 胡燕:“基于户籍制度改革的‘成都样本’思考”,《西北人口》,2011 年第 6 期。
117. 胡尹燕:“中国农村土地制度变革的历史回顾与创新思考”,《国土经济》,2003 年第 7 期。
118. 胡永武:“欠发达地区村庄规划的反思和对策”,《小城镇建设》,2006 年第 10 期。
119. 胡兆量:《中国区域发展导论》,北京大学出版社,1999 年。
120. 胡兆量:“北京‘浙江村’——温州模式的异地城市化”,《城市规划汇刊》,1997 年第 3 期。
121. 胡兆量、阿尔斯朗、琼达等:《中国文化地理概述(第三版)》,北京大学出版社,2009 年。
122. 黄富国:“小城镇与大中城市乡村的规划比较及认识”,《城市规划》,1999 年第 2 期。
123. 黄光宇等:《当代集镇建设》,重庆出版社,1992 年。
124. 黄海、李炎谛:“西部地区城镇化模式选择”,《商场现代化》,2005 年第 30 号。
125. 黄慧:“农民工回乡创业行为分析——以兴国县农民‘创业潮’为例”,《天津市工会管理干部学院学报》,2007 年第 2 期。
126. 黄维:“农村医疗保障制度改革研究”,《武汉职业技术学院学报》,2006 年第 1 期。
127. 黄宗智:《中国乡村研究(第三辑)》,社会科学文献出版社,2005 年。
128. 季丹虎:“产业集群对农村劳动力转移的影响分析”,《沿海企业与科技》,2006 年第 4 期。

129. 贾有源、赵悠:《村镇规划》,中国建筑工业出版社,1992 年。
130.《建设社会主义新农村学习读本》编写组:《建设社会主义新农村学习读本》,新华出版社,2006 年。
131. 江苏省城乡规划设计研究院:“常熟市梅李镇镇区总体规划(1998～2020 年)”,2000 年。
132. 江苏省城乡规划设计研究院:“苏州市工业园区唯亭镇镇区总体规划(1998～2010 年)”,1998 年。
133. 江苏省城乡规划设计研究院:“通州市北兴桥镇镇区总体规划(1995～2010 年)”,1996 年。
134. 江苏省城乡规划设计研究院:“通州市姜灶镇镇区总体规划(1995～2010 年)”,1996 年。
135. 江苏省城乡规划设计研究院:“通州市十总镇镇区总体规划(1994～2010 年)”,1996 年。
136. 江苏省城乡规划设计研究院:“通州市西亭镇镇区总体规划(1994～2010 年)”,1995 年。
137. 江苏省城乡规划设计研究院:“张家港市锦丰镇镇区总体规划(1997～2010 年)”,1997 年。
138. 江苏省城乡规划设计研究院:“张家港市妙桥镇镇区总体规划(1995～2010 年)”,1995 年。
139. 江苏省建设委员会:《村镇建设统计年报(1995)》,1996 年。
140. 姜爱萍:“苏南农村社会生活空间研究”(硕士论文),南京师范大学,1998 年。
141. 姜伟:“建立健全我国农村社会养老保障制度的必要性”,《井冈山医专学报》,2006 年第 4 期。
142. 姜伟、权锡鉴:“农村社会养老保障制度存在的问题和解决思路”,《中国青岛市委党校青岛行政学院学报》,2006 年第 4 期。
143. 姜效先、郭灿章:“我国城镇土地使用制度改革研究”,《财经问题研究》,1996 年第 10 期。
144. 姜雅莉、同海梅、常国庆:“农业产业化的组织模式及利益分配机制”,《西北农林科技大学学报(社会科学版)》,2001 年第 6 期。
145. 金其铭:《农村聚落地理》,科学出版社,1988 年。
146. 金其铭:《中国农村聚落地理》,江苏科学技术出版社,1989 年。
147. 金其铭、董昕、张小林:《乡村地理学》,江苏教育出版社,1990 年。
148. 金其铭、沈国明、董新:“高淳县村镇布局研究”,载费孝通主编:《小城镇大问题》,江苏人民出版社,1984 年。
149. 金兆森、张晖:《村镇规划》,南京大学出版社,1999 年。
150. 雷德才:“转变观念,把增加农民收入落到实处”,《北京青年报》,2002 年 3 月

7日。
151. 李宝梁、王喆:“城市农民工社会保障问题的思考”,《社会工作(学术版)》,2006年第12期。
152. 李成:“为欠发达地区的发展指明路径——读《欠发达地区跨越式发展研究》”,《石家庄经济学院学报》,2006年第4期。
153. 李范英:“大力发展科技带动型农业产业化模式的思考”,《吉林特产高等专科学校学报》,2004年第1期。
154. 李福龙、刘光辉:《农业产业化——中国农业的第二次飞跃》,山西经济出版社,1998年。
155. 李富阁:《江苏经济50年》,江苏人民出版社,1999年。
156. 李华罡:“农村土地制度改革的两难困境”,《经济学消息报》,2006年10月13日。
157. 李静、杨须爱:《交往与流动话语中的村落社会变迁》,中国社会科学出版社,2008年。
158. 李明泉:“乡村文化的产业化发展道路”,《小城镇建设》,2005年第10期。
159. 李锐、项海容:“不同类型的收入对农村居民消费的影响”,《农村经济》,2004年第6期。
160. 李若建:“小城镇人口状况与小城镇户籍制度改革”,《人口与经济》,2002年第4期。
161. 李实:“城镇居民补贴甚至高于农民收入”,《新京报》,2010年6月5日。
162. 李学军、朱宏:“农村土地制度变迁与其效率增进的思考”,《中共合肥市委党校学报》,2003年第4期。
163. 李玉忠、杨建军:“农业产业化中‘公司＋ 农户’经营模式研究”,《北京农业职业学院学报》,2006年第1期。
164. 梁晋:“加入WTO对我国农业的影响及对策”,《广西大学学报(哲学社会科学版)》,2001年增刊。
165. 梁留科、曹新向、孙淑英:“小城镇土地创新制度研究”,《经济地理》,2003年第4期。
166. 林坚:《中国城乡建设用地增长研究》,商务印书馆,2009年。
167. 林乐兴:“家庭联产承包责任制与农业现代化”,《黑龙江教育学院学报》,2003年第2期。
168. 凌志军:《1978历史不再徘徊》,人民出版社,2008年。
169. 刘传江:“当代中国乡城人口流动的中间障碍因素分析”,载魏津生等主编:《中国流动人口研究》,人民出版社,2002年。
170. 刘东辉、钟涨宝:“农民收入与农村消费市场的社会学分析”,《农村经济与科技》,2005年第2期。

171. 刘东明:《农业产业化与农产品流通》,中国审计出版社,2001 年。
172. 刘冠生:“论我国农村的村庄建设规划问题”,《鲁行经院学报》,2002 年第 5 期。
173. 刘光明、宋洪远:“外出劳动力回乡创业:特征、动因及其影响——对安徽、四川两省四县 71 位回乡创业者的案例分析”,《中国农村经济》,2002 年第 3 期。
174. 刘和平:“对农民工社会保障滞后的影响分析及其配套措施”,《中国市场》,2006 年第 12 期。
175. 刘家强:《中国人口城市化——道路、模式与战略选择》,西南财经大学出版社,1997 年。
176. 刘建荣、胡银华:“构建和谐社会与加快实现农村医疗保障”,《中国医学伦理学》,2005 年第 5 期。
177. 刘金红、段庆林、董明辉:“我国农村社会保障制度研究”,《中国软科学》,2001 年第 1 期。
178. 刘平量、曾赛丰:《城市化:制度创新与道路选择》,湖南人民出版社,2006 年。
179. 刘瀑、孟守卫:“产业集群视角的小城镇经济研究”,《北方经济》,2006 年第 2 期。
180. 刘盛和、叶舜赞、杜红亮等:“半城市化地区形成的动力机制与发展前景初探——以浙江省绍兴县为例”,《地理研究》,2005 年第 4 期。
181. 刘伟忠:“对我国农村小城镇社区化社会保障模式的思考”,《理论界》,2005 年第 10 期。
182. 刘文海:“怎样解决农民工的社会保障问题”,《企业文化》,2006 年第 12 期。
183. 刘薰词:《中国“三农”问题分析》,湖南人民出版社,2006 年。
184. 刘彦随、刘玉:“中国农村空心化问题研究的进展与展望”,《地理研究》,2010 年第 1 期。
185. 刘彦随、刘玉、翟荣新:“中国农村空心化的地理学研究与整治实践”,《地理学报》,2009 年第 10 期。
186. 刘彦随、鲁奇:“苏南现代化进程中的土地问题及对策”,《地理科学进展》,1998 年第 2 期。
187. 刘胤汉、关梧枝、秦向东等:“有关农业社会化服务体系问题的研究”,《陕西农业科学》,1995 年第 5 期。
188. 刘胤汉、刘彦随:“有关农业产业化与农业社会化服务体系问题探讨”,《人文地理》,1996 年第 4 期。
189. 刘玉、冯健:《区域公共政策》,中国人民大学出版社,2005 年。
190. 刘铮:“劳动力无限供给的现实悖论——‘农民工回流’的成因及效应分析”,《清华大学学报(哲学社会科学版)》,2006 年第 3 期。
191. 卢海元:《走进城市:农民工的社会保障》,经济管理出版社,2004 年。
192. 陆百甫等:“合理规划节约用地”,《国土资源报》,1999 年 4 月 19 日。
193. 陆大道、薛凤旋等:《1997 中国区域发展报告》,商务印书馆,1997 年。

194. 陆建华:《中国社会问题报告》,石油工业出版社,2002年。
195. 鲁强、金松、方时列等:"苏南模式何去何从",《中国区域经济》,2003年12月号。
196. 陆学艺:《"三农论"——当代中国农业、农村、农民研究》,社会科学文献出版社,2002年。
197. 陆学艺、张德印、张厚义等:《内发的村庄》,社会科学文献出版社,2001年。
198. 陆益龙:《户籍制度——控制与社会差别》,商务印书馆,2003年。
199. 吕斌、杜姗姗、黄小兵:"公众参与架构下的新农村规划决策——以北京市房山区石楼镇夏村村庄规划为例",《城市发展研究》,2006年第3期。
200. 吕红珊、齐艳玲:"吉林省农村居民消费需求变动的收入因素分析",《农业与技术》,2007年第6期。
201. 罗必良、李孔岳、王京安等:《农业产业组织:演进、比较与创新——基于分工维度的制度经济学研究》,中国经济出版社,2002年。
202. 罗平汉:《大迁徙:1961～1963年的城镇人口精简》,广西人民出版社,2003年。
203. 马福云:"中国户籍制度改革的困境及其求解——以成都户籍制度改革为例",《北京科技大学学报(社会科学版)》,2011年第3期。
204. 马桂萍:"中国户籍制度改革的历史演进(1978～2008)",《新乡学院学报(社会科学版)》,2008年第2期。
205. 马戎、刘世定、邱泽奇:《中国乡镇组织变迁研究》,华夏出版社,2000年。
206. 马晓河:"建设社会主义新农村需要把握的几个重大问题",载张占斌主编:《重农时代:新农村建设机遇》,上海远东出版社,2006年。
207.(美)迈克尔·波特著,李明轩等译:《国家竞争优势》,华夏出版社,2002年。
208. 毛磊:"我国全面推进户籍制度改革,人口合理流动不可阻挡",《人民日报》,2002年8月14日。
209. 孟祥林:"从农村社会保障制度的变迁与问题论农村养老困境的解决",《山东科技大学学报(社会科学版)》,2006年第1期。
210. 孟兆敏:"我国户籍制度改革研究的回顾与展望",《西北人口》,2008年第1期。
211. 苗长虹:"乡村工业化对中国乡村城市转型的影响",《地理科学》,1998年第5期。
212. 缪宁:"物权法视野下的农村土地承包经营权流转制度分析",《农业考古》,2008年第6期。
213. 南京建筑工程学院:"高淳县沧溪镇区总体规划(1997～2010年)",1998年。
214. 南京师范大学人文地理与区域规划研究所:"高淳县丹湖集镇总体规划(1998～2010年)",1999年。
215. 南京师范大学人文地理与区域规划研究所:"高淳县狮树集镇总体规划(1998～2010年)",1999年。
216. 南京师范大学人文地理与区域规划研究所:"高淳县砖墙集镇总体规划(1998～

2010年)”,1999年。
217. 南京师范大学人文地理与区域规划研究所:“盐都市北蒋集镇总体规划(1998～2015年)”,1999年。
218. 南京师范大学人文地理与区域规划研究所:“扬州市邗江县蒋王镇镇区总体规划(1997～2010年)”,1998年。
219. 南京师范大学人文地理与区域规划研究所:“扬州市邗江县运西集镇总体规划(1997～2010年)”,1998年。
220. 南京市规划局:“南京市城市总体规划(1991～2010年)”,1990年。
221. 南京市规划设计研究院:“南京市六合县八百镇镇区总体规划(1998～2010年)”,1999年。
222. 南京市浦口区盘城镇人民政府:“南京市浦口区盘城镇镇区总体规划(1999～2015年)”,1999年。
223. 聂文丁、王瑞林:“统筹城乡发展——构建和谐社会的重中之重”,《中共山西省委党校学报》,2005年第6期。
224. 牛若峰、夏英:“农业产业化经营的组织方式和运行机制”,北京大学出版社,2000年。
225. 农业部课题组:《建设社会主义新农村若干问题研究》,中国农业出版社,2005年。
226. 欧向军、顾朝林:“江苏省区域经济极化及其动力机制定量分析”,《地理学报》,2004年第5期。
227. 庞道沐:“农业产业化与社会服务体系建设”,《人民日报》,2000年1月4日。
228. “破解异地高考难题尚无时间表”,《新京报》,2011年7月16日。
229. 漆雁斌、何训坤、任大廷:“关于农业产业化利益机制模式的分析与评价”,《农村经济》,1999年第9期。
230. 齐子鹏、段红艳:“欠发达地区旅游业发展的战略选择——从比较优势到竞争优势”,《数量经济技术经济研究》,2004年第4期。
231. 钱忠好:“中国农村土地制度历史变迁的经济学分析”,《江苏社会科学》,2000年第3期。
232. 秦艳、巩前文:“‘打工仔经济’的模式比较与选择探究”,《新疆农垦经济》,2007年第2期。
233. 仇保兴:《追求繁荣与舒适——转型期间城市规划、建设与管理的若干策略》,中国建筑工业出版社,2002年。
234. 任世英、邵爱云:“试谈中国小城镇规划发展中的特色”,《城市规划》,1999年第2期。
235. 任志强:“我国农村居民收入与消费关系的实证分析”,《消费经济》,2008年第5期。

236. 申斯春:“沿海一道亮丽的风景线——来自温州的调查报告”,《沿海经济》,2000年第4期。
237. 盛世豪、郑燕伟:《“浙江现象”——产业集群与区域经济发展》,清华大学出版社,2004年。
238. 施超:“农村家庭联产承包责任制的回顾与展望”,《云南学术探索》,1996年第4期。
239.(美)施坚雅著,史建云、徐秀丽译:《中国农村的市场和社会结构》,中国社会科学出版社,1998年。
240. 石坚:“村庄规划中若干问题探讨”,《小城镇建设》,2000年第9期。
241. 石楠:“试论城市规划社会功能的影响因素——兼析城市规划的社会地位”,《城市规划》,2005年第8期。
242. 石忆邵:“小城镇发展若干问题”,《城市规划汇刊》,2000年第1期。
243. 石云华:“黔东南州城镇户籍制度改革‘黑人黑户’也能办城市户口”,《贵州都市报》,2003年8月12日。
244. 宋家泰、崔功豪、张同海:《城市总体规划》,商务印书馆,1985年。
245. 宋林飞、叶南客等:《江苏社会发展50年》,江苏人民出版社,1999年。
246. 宋玲妹:“论家庭联产承包责任制下的土地规模经营”,《河南财政税务高等专科学校学报》,2006年第3期。
247. 隋映辉:《产业集群:成长、竞争与战略》,青岛出版社,2005年。
248. 孙德凤:“论农业产业化主体经营模式的选择”,《农业经济》,1999年第1期。
249. 孙江明、钟甫宁:“农村居民收入分配状况及其对消费需求的影响”,《中国农村观察》,2000年第5期。
250. 孙文博、王兆阳:“加入WTO对中国农业的影响与对策”,《农业经济问题》,2001年第12期。
251. 孙文基:《建立和完善农村社会保障制度》,社会科学文献出版社,2006年。
252. 谭国雄:“借鉴发达国家经验,处理好我国农业现代化六大关系”,《经济研究参考》,2005年第11期。
253. 唐丽霞:“新时期中国农村土地制度的创新”,《中国农业大学学报(社会科学版)》,2001年第3期。
254. 汤茂林:“区域发展中的城市化进程探讨——以江苏省为例”,中国科学院南京地理与湖泊研究所博士学位论文,2000年。
255. 汤茂林:“注重城市化的‘质’”,《城乡建设》,2001年第4期。
256. 汤茂林:“改革开放以来中国城市化研究概述”,《城市》,2002年第3期。
257. 唐若兰:“树立科学发展观,统筹城乡经济发展”,《华东经济管理》,2004年第5期。
258. 滕锡尧、常承国:《中国农业产业化及其现代化发展道路》,中国农业出版社,

1999年。
259. 田炳信:《中国第一证件——中国户籍制度调查手稿》,广东人民出版社,2003年。
260. 同济大学:《城市规划原理》,中国建筑工业出版社,1991年。
261. 同济大学城市与规划教研室:《小城镇总体规划》,中国建筑工业出版社,1986年。
262. 童昕、王缉慈:“东莞PC相关制造业地方产业群的发展演变”,《地理学报》,2001年第6期。
263. 万宝瑞:“关于建设社会主义新农村的思考”,载张占斌主编:《重农时代——新农村建设机遇》,上海远东出版社,2006年。
264. 汪本强、江可申:“浅论农村居民消费与收入关系之‘悖论’”,《南京航空航天大学学报(社会科学版)》,2003年第2期。
265. 汪光焘:“认真研究改进城乡规划工作”,《城市规划》,2004年第11期。
266. 汪时东、叶宜德:“农村合作医疗制度的回顾与发展研究”,《中国初级卫生保健》,2004年第4期。
267. 汪阳红:“小城镇发展的土地问题”,《城市问题》,2002年第4期。
268. 王春光:《中国农村社会变迁》,云南人民出版社,1996年。
269. 王发兴:“市域农业产业化研究”,《地域研究与开发》,1999年第2期。
270. 王锋:“农村非农化与土地经营制度变革”,载杜鹰、唐正平、张红宇主编:《中国农村人口变动对土地制度改革的影响》,中国财政经济出版社,2002年。
271. 王富更:“村庄规划若干问题探讨”,《城市规划学刊》,2006年第3期。
272. 王光新:“从家庭联产承包责任制到农场制”,《北方经济》,2004年第3期。
273. 王缉慈:《创新的空间——企业集群与区域发展》,北京大学出版社,2001年。
274. 王缉慈等:《超越集群——中国产业集群的理论探索》,科学出版社,2010年。
275. 王建军:“大力推进农业产业化经营,促进农民增收”,载郭焕成、高新法、张义文主编:《农村产业结构调整与农村城镇化研究》,西安地图出版社,2002年。
276. 王军:“中国农村社会保障制度建设:成就与展望”,《财政研究》,2010年第8期。
277. 王克群:“试论乡村旅游对新农村建设的推动作用”,《老区建设》,2007年第1期。
278. 王黎明:“区域形象设计——区域发展战略研究的新课题”,《经济地理》,1997年第4期。
279. 王美艳、蔡昉:“户籍制度改革的历程与展望”,《广东社会科学》,2008年第6期。
280. 王明英:“对我国失地农民社会保障问题的思考”,《职业时空》,2006年第14期。
281. 王任辉:“淄博城市化水平高出全国6.64个百分点”,《鲁中晨报》,2003年12月25日。
282. 王顺喜:“关于我国失地农民社会保障的政策建议”,《领导科学》,2006年第

19期。
283. 王西玉、崔传义:“打工与回乡:就业转变和农村发展”,《管理世界》,2003年第7期。
284. 王霞林、朱同广:《苏南农村的精神文明建设》,江苏人民出版社,1995年。
285. 王玉华:“乡镇企业集聚的土地制度创新与小城镇发展——再论‘孙耿模式’”,《管理世界》,2002年第3期。
286. 王玉华:“土地制度改革下小城镇的可持续发展与建设”,《中国人口·资源与环境》,2004年第5期。
287. 王志强:《小城镇发展研究》,东南大学出版社,2007年。
288. 韦光、左停:“农村产业集群现象透视”,《江苏农村经济》,2005年第12期。
289. 魏常友、郑小华、阎正民:“我国农村医疗保障制度的现状分析与对策思考”,《中国卫生事业管理》,2004年第8期。
290. 魏丽华:“发挥产业集群效应,带动新农村建设——以河北白沟箱包制造业为例”,《特区经济》,2006年第12期。
291. 吴晨:“中国农村土地承包经营权流转制度困境的思考”,《滁州学院学报》,2006年第2期。
292. 吴华超、温涛:“新时期我国农村居民收入与消费关系的新趋势:基于启动农村消费市场的现实背景”,《南方农村》,2008年第2期。
293. 吴天然:《中国农村工业化论》,上海人民出版社,1997年。
294. 吴元波、吴聪林:“试探新物权法、农村土地征用(征收)制度与大都市郊区城市化”,《生产力研究》,2008年第8期。
295. 吴月静:“乡城转型期农村聚落的演变研究——以苏南为例”,南京师范大学硕士学位论文,1998年。
296. 武汉建筑材料工业学院、同济大学、重庆建筑工程学院:《城市道路与交通》,中国建筑工业出版社,1979年。
297. 奚从清:《社区研究——社区建设与社区发展》,华夏出版社,1996年。
298. 夏君等:“农民钱包如何‘鼓’起来”,《人民日报》,2002年3月7日两会特刊版。
299. 项飚:《跨越边界的社区:北京“浙江村”的“生活史”》,三联书店,2000年。
300. 向会娟、曹明宏、潘泽江:“农业产业集群:农村经济发展的新途径”,《农村经济》,2005年第3期。
301. 谢树曼、张岳恒:“广东省农村居民收入与消费关系的协整研究”,《华南农业大学学报(社会科学版)》,2008年第4期。
302. 谢雨萍、邓祝仁:“发展生态农业旅游对乡村生态伦理的影响研究”,《旅游学刊》,2006年第9期。
303. 谢志岿:《村落向城市社区的转型——制度、政策与中国城市化进程中城中村问题研究》,中国社会科学出版社,2005年。

304. 徐维祥、唐根年:“基于产业集群成长的浙江省农村劳动力转移实证研究”,《中国农村经济》,2004 年第 6 期。
305. 徐晓伟:“发展小城镇:大战略要有强支撑”,《经济日报》,1999 年 4 月 19 日。
306. 徐延山:“产业集群化与农村城镇化的互动发展”,《浙江经济》,2006 年第 20 期。
307. 许宝健:“小城镇也姓农——关于小城镇的采访札记(二)”,《经济日报》,1999 年 4 月 14 日。
308. 许春、陈茂学:“江苏农村居民消费和收入关系”,《江苏农村经济》,2007 年第 1 期。
309. 许立群:“建立农村居民最低生活保障制度及其政策选择”,《北京行政学院学报》,2002 年第 6 期。
310. 许学强、薛凤旋、阎小培:《中国乡村—城市转型与协调发展》,科学出版社,1998 年。
311. 薛凤旋、杨春:“外资影响下的城市化——以珠江三角洲为例”,《城市规划》,1995 年第 6 期。
312. 薛凤旋、杨春:“外资:发展中国家城市化的新动力——珠江三角洲个案研究”,《地理学报》,1997 年第 3 期。
313. 薛力:“城市化背景下的‘空心村’现象及其对策探讨——以江苏省为例”,《城市规划》,2001 年第 6 期。
314. 闫小培、曹小曙:《城市区域可持续发展——港澳珠江三角洲可持续发展研究》,中山大学出版社,2006 年。
315. 杨翠迎:“农村社会养老保障制度的总体评价及改革思路——基于城镇化发达地区的调查与思考”,《山东农业大学学报(社会科学版)》,2005 年第 3 期。
316. 杨光辉:“中国土地制度改革研究”,《山西农经》,2006 年第 2 期。
317. 杨建军、陈飞:“从乡村住区规划实践看城乡统筹中的乡村规划与建设”,《浙江大学学报(人文与社会科学版)》,2006 年第 2 期。
318. 杨明洪:“加入 WTO 对中国农业发展的效应评估及其政策选择”,《南亚研究季刊》,2001 年增刊。
319. 杨山、孙敏、王丽椰等:《乡村规划:理想与行动》,南京师范大学出版社,2009 年。
320. 杨重光、吴次芳:《中国土地使用制度改革 10 年》,中国大地出版社,1996 年。
321. 叶飞:“小城镇大发展——苏南小城镇建设的调查与思考”,《城市开发》,1995 年第 4 期。
322. 叶剑斌、赵佳维、童赞玫:“论失地农民社会保障的问题与对策”,《前沿》,2005 年第 11 期。
323. 叶敬忠:《农民视角的新农村建设》,社会科学文献出版社,2006 年。
324. 叶敬忠:《别样童年——中国农村留守儿童》,社会科学文献出版社,2008 年。
325. 叶齐茂:“用村庄规划正确引导社会主义新农村建设”,《小城镇建设》,2005a 年第8期。

326. 叶齐茂:“用新发展观重整乡村规划”,《今日中国论坛》,2005b年第1期。

327. 叶裕民:“调整乡域行政区划促进小城镇规模化发展”,《城市开发》,2000年第6期。

328. 叶裕民:《中国城市化之路——经济支持与制度创新》,商务印书馆,2001年。

329. 叶裕民:《中国城市化与可持续发展》,科学出版社,2007年。

330. 易显奇:“土地制度深化改革与小城镇稳步发展刍议”,《资源·产业》,2002年第2期。

331. 殷笑梅:“欠发达地区城镇化问题的思考”,《中国乡镇企业会计》,2006年第11期。

332. 尹继堂:“农业产业化进程中社会化服务体系创新的思考”,《调研世界》,1997年第3期。

333. 尹晓玲、范华洪、李东升:“简析农村居民收入对消费结构的影响”,《河海大学学报(哲学社会科学版)》,2004年第2期。

334. 应巧艳:“对社会主义新农村建设中村庄规划的几点思考——以台州市黄岩区为例”,《产业与科技论坛》,2006年第9期。

335. 于大水:“物权法视野下农村土地制度若干问题探析”,《法学论坛》,2008年第1期。

336. 于建嵘:《岳村政治——转型期中国乡村政治结构的变迁》,商务印书馆,2001年。

337. 于向辉、李素枝:“城乡统筹中的农村社会保障制度”,《合作经济与科技》,2010年7月号上。

338. 余立凡、本洋:“中国农民消费与收入的关系——弗里德曼持久收入假设消费理论在中国农村的实证分析”,《中共南昌市委党校学报》,2003年第4期。

339. 余映丽、李进杰:《模式中国——经济突围与制度变迁的7个样板》,新华出版社,2002年。

340. 俞德鹏:《城乡社会:从隔离走向开放——中国户籍制度与户籍法研究》,山东人民出版社,2002年。

341. 俞文华:“小城镇土地市场发育中的问题、成因与制度建设”,《城市问题》,1998年第3期。

342. 俞悦:“土地制度与中国农业产业化经营”,《兰州学刊》,2003年第1期。

343. 袁建岐:“国外农业产业化经营的模式与经验”,《新农村》,2006年第6期。

344.“‘暂住’变‘居住’,可别‘听起来很美’”,《新京报》,2009年12月4日。

345. 曾刚、丁金宏、徐建等:“苏州工业园区中心村建设问题之管见”,《经济地理》,1998年第3期。

346. 曾菊新:《现代城乡网络化发展模式》,科学出版社,2001年。

347. 曾尊固、熊宁:“农业产业化经营中合作经济组织地域模式探析”,《经济地理》,2000年第4期。
348. 曾尊固、熊宁、范文国:“农业产业化地域模式初步研究——以江苏省为例”,《地理研究》,2002年第1期。
349. 曾尊固、熊宁、沈思保:“较发达地区农业产业化地域模式研究——以江苏省海安县为例”,《地理研究》,2000年第2期。
350. 张春霞:“对我国建立农村最低生活保障制度的某些思考”,《牡丹江师范学院学报(哲学社会科学版)》,2005年第6期。
351. 张国华:“发展特色产业集群促进农村剩余劳动力的转移”,《集团经济研究》,2006年第4期。
352. 张华松:“小城镇建设中的土地制度缺陷与土地制度创新”,《价格月刊》,2001年第8期。
353. 张俊乾:“村庄规划事关农村发展的长远之计——关于搞好村庄规划的几点思考”,《小城镇建设》,2006年第8期。
354. 张亮、李超:“浅谈村庄规划——规划应从对农村基层的认识入手”,《小城镇建设》,2006年第10期。
355. 张乃贵、刘玉杰、张晓玲等:“关于小城镇土地使用制度改革”,《中国土地科学》,1996年第1期。
356. 张泉、王晖、陈浩东等:《城乡统筹下的乡村重构》,中国建筑工业出版社,2006年。
357. 张汝立:《农转工——失地农民的劳动与生活》,社会科学文献出版社,2006年。
358. 张小林:“苏南农业经济的发展与集镇的演变”,《南京师大学报(自然科学版)》,1996年人文地理文集9。
359. 张小林:《乡村空间系统及其演变研究——以苏南为例》,南京师范大学出版社,1999年。
360. 张小林、金其铭:“乡村城市化理论研究”,载崔功豪主编:《中国城镇发展研究》,中国建筑工业出版社,1992年。
361. 张小林、盛明:“中国乡村地理学研究的重新定向”,《人文地理》,2002年第1期。
362. 张小林、石诗源、吴永生等:《城乡统筹:挑战与决择》,南京师范大学出版社,2009年。
363. 张秀生、陈立兵:《村经济发展》,武汉大学出版社,2005年。
364. 张元智、马鸣萧:《产业集群:获取竞争优势的空间》,华夏出版社,2006年。
365. 张湛鸿、陈重峰:“城郊村庄规划的编制及管理”,《城乡建设》,2000年第3期。
366. 张真、熊熹:“中小企业集群与小城镇竞争力协同关系的研究”,《科技创业》,2006年第8期。
367. 章凌志、杨介榜:“村庄规划可实施性的反思与对策”,《规划师》,2007年第2期。

368. 赵邦宏、邸文祥:《中国农业产业化经营》,中国物价出版社,2002 年。
369. 赵定涛:"区域形象塑造的目标和途径",《技术经济与管理研究》,1998 年第 5 期。
370. 赵柯、赵苗:"欠发达地区城市化推进实践及其发展模式研究",《特区经济》,2005 年第 6 期。
371. 赵曼、刘鑫宏:"农民工返乡创业发展规律、制约瓶颈与对策思考——基于湖北省 15 县 67 名返乡创业者的纪实调查",《湖北经济学院学报》,2008 年第 6 期。
372. 赵新培:"四专家谈兴正'农'",《北京青年报》,2002 年 3 月 8 日。
373. 赵媛:《乡村可持续发展:目标与方向》,南京师范大学出版社,2009 年。
374. 赵忠平:"农业产业化经营发展与模式分析",《中国农业银行武汉管理干部学院学报》,2001 年第 6 期。
375. 郑弘毅、夏清、叶冬青:《农村城市化研究》,南京大学出版社,1998 年。
376. 郑珊、崔婷婷:"我国农村医疗保障体系构想",《合作经济与科技》,2006 年第 4 期。
377. 郑文娟:"我国农村医疗保障制度历程回顾及现实危机",《中国初级卫生保健》,2004 年第 5 期。
378. 郑先淦:"农业产业化发展模式探讨",《中国乡镇企业》,2002 年第 7 期。
379. 郑艳婷、刘盛和、陈田:"试论半城市化现象及其特征——以广东省东莞市为例",《地理研究》,2003 年第 6 期。
380. 郑耀东:"试论农业社会化服务的产业化发展",《科技导报》,1994 年第 8 期。
381. 中共江苏省委政策研究室:"江苏农村城镇化和城市现代化的战略与对策研究",1999 年。
382. 中共农业部党组理论学习中心组:"努力建设社会主义新农村(学习贯彻十六届五中全会精神)",《人民日报》,2005 年 12 月 9 日。
383. 中共苏州市委政策研究室:"苏州工业园区与周边乡镇共同发展的调查",《城市发展研究》,1998 年第 1 期。
384. 中国经济发展的新动力调研组:"中国经济发展的新动力——来自内蒙古、陕西资源型经济发展模式调研的启示",《中国党政干部论坛》,2009 年第 10 期。
385. 中国社会科学院农村发展研究所组织与制度研究室:《中国村庄的工业化模式》,社会科学文献出版社,2002 年。
386. "中央一号文件要求加强村庄规划",《城市规划通讯》,2006 年第 5 期。
387. 周鸿、汇慧:"乡村旅游地生态文化传统与生态环境建设的互动效应——以云南石林县彝族阿着底村为例",《生态学杂志》,2006 年第 9 期。
388. 周建国:"农村土地制度改革的物权法解读分析与思考",《广东行政学院学报》,2009 年第 1 期。
389. 周琳琅:《统筹城乡发展:理论与实践》,中国经济出版社,2005 年。

390. 周天勇:"城市化加速下的中国土地战略",《21世纪经济报道》,2003年12月29日。
391. 周毅、高峰:《信息化与苏南现代化》,苏州大学出版社,1998年。
392. 周一星:《城市地理学》,商务印书馆,1995年。
393. 周一星:"中国特色的城镇化道路刍议",中国地理学会2006年学术年会城市地理分会场论文,2006年。
394. 周一星:《城市地理求索——周一星自选集》,商务印书馆,2010年。
395. 周一星、曹广忠:"改革开放20年来的中国城镇化进程",《城市规划》,1999年第12期。
396. 周一星、陈彦光等:《城市与城市地理》,人民出版社,2003年。
397. 朱东风:"加强村庄规划 促进和谐农村建设",《城乡建设》,2006年第6期。
398. 朱方明:《集镇建设与发展》,四川大学出版社,1995年。
399. 朱丽娟:"用科学发展观统筹乡村规划——现任建设部政策研究中心副主任王珏林专访",《中国供销商情:村官》,2006年第12期。
400. 朱守银、张照新:"深化改革促进小城镇发展",《经济日报》,1999年4月19日。
401. 朱通华、孙彬:《苏南模式发展研究》,南京大学出版社,1994年。
402. 朱英明:《产业集聚论》,经济科学出版社,2003年。
403. 颛慧琳:"农村社会养老保险制度:构建农村和谐社会的重要保障",《经济问题》,2006年第5期。
404. 淄博市城乡建设委员会、淄博市规划设计研究院:"淄博市小城镇发展与布局规划",1999年。
405. 邹兵:《小城镇的制度变迁与政策分析》,中国建筑工业出版社,2003年。
406. 邹海涛、周小菊:"收入—支出预期与农村消费市场的启动",《山东财政学院学报》,2001年第6期。
407. 邹庆鹏、许国:"农业产业化经营的六种模式及引导措施",《河南农业科学》,2000年第4期。
408. 邹宜民:"苏南乡镇企业改制的思考",《经济研究》,1999年第3期。

缅怀我国乡村地理的先行者
先师金其铭教授(代后记)

“柳丝长,春雨细,花外漏声迢递。惊塞雁,起城乌,画屏金鹧鸪。香雾薄,透帘幕,惆怅谢家池阁。红烛背,绣帘垂,梦长君不知。”

这是晚唐著名词人温庭筠的《更漏子·柳丝长》,也是金其铭老师生前最喜爱的一首词。1998 年,老师已在病中,我书写了这首词并画了一幅菊花装裱好送至医院,实际上是想鼓励他像傲霜的秋菊一样,顽强地与病魔作斗争。老师非常高兴,当场在病房中吟唱了前三句,说他最喜欢的就是这首词。虽然十多年过去了,其情其景,历历在目。后来,我常常吟诵这首词,每次都能感受到词中所流露出的一种淡淡的忧伤,正寄托了我对老师的思念。

我第一次拜访金老师是在 1996 年,当时他还住在南师大的西山寓所,我和同学许宁一起到他家去玩。那时的金老师和病后的形貌完全两样,胖乎乎的,总是笑眯眯的。他拉着我们的手问长问短,能看得出他非常喜欢与小孩子在一起。等到 1997 年我们这一届研究生入学的时候,他已经病了。他带病为我们讲了几次课,讲人地关系,讲南师的人文地理传统,讲他与李旭旦先生的师生关系。他把他出版的书都签了名送给我们。老师化疗时,我们这些研究生轮流在医院值班,对我们来说,这也是难得的与老师单独接触和聆听教诲的机会。后来,我渐渐知道,除了地理学家的身份以外,老师还是个美食家与音乐家。他年轻时出差,总喜欢尝遍各地美食,可上天不公,偏偏让他患了胃癌,我想这对于他是痛苦的。他的胃部分切除以后,医生要求他少食多餐,每次到他家都可看到餐桌上摆满了各式点心与小吃,大大小小有十几样,其实他是用这样的乐观精神与病魔对抗。他年轻时拉得一手好二胡,据说那时他每天都要抽出两三个小时的时间练习。记得我听说早先有一个本科生会弹琵琶,老师还到宿舍里听他弹琵琶,我便不由得非常羡慕起那个同学,也羡慕金老师这般热爱生活。

金老师对我影响最大的是他的"务实"精神。我刚入学时,就跟他说我想到北大去读个博士。老师微笑着,不置可否。后来我才知道,对于学生,他一般会建议大家毕业后找个好工作,而不建议去读博士。除非他发现这个学生具有难得的做学问的天分,那另当别论。老师的这种态度至今影响了我。对于我自己招的研究生,我也是先观察学生做学问的潜质如何,如果学生不具备做学问的条件,我也总是鼓励他们去找个好工作,对于女生尤其如此,到了高年级还没找对象的也建议他们尝试着去谈恋爱。总之,人在什么年龄,就应该做这个年龄该做的事,"学业"和"生活"都要有,不能因前者而误了后者。当发现特别有做学问天分的同学,无论男生、女生,我都建议他们去读博士或出国深造。就像对一块玉石进行雕刻一样,具体要雕成什么形象,取决于原石的形状、质地、色彩等先决条件。我把金老师的这种思想总结为"因材施教",这是他"务实"精神的一种体现。

读研究生期间,我爱上了"写论文"。那时候能参加的纵向课题很少,一般都是在读东西或做规划时产生了灵感,就动手去写了。每有新作,总是迫不及待地拿与老师看。有时候得到的是表扬,有的时候则被"骂"一顿。老师最满意的是一篇关于徐州汉文化景观的论文,他当时正好申请了一个研究苏南文化景观的课题,他说要是研究苏南的文化景观就好了。被"骂"得最厉害的一次是我写了一篇有关新时期中国人文地理学发展的综述性的论文。老师说,你写文章的文字已经很成熟了,但这样的论文不应该由你来写,应该由站在一定高度的学术权威来写,以后不要再写这样空洞的东西。我当时感到很委屈,有一段时间都不再敢拿论文给他看。后来渐渐理解了,这正是老师"务实"精神的体现。这件事对我的影响很大,以至于后来看到论文总去判断它是"空的"还是"实的"。再后来,对于论文“空”、“实”关系有了更深刻的认识,“实的”论文不一定都好,“空的”论文也有好的,关键是要有大量研究实践积累,要站在足够的高度,即所谓“高屋建瓴”。对于初学者,应该鼓励去写“实的”论文,要强调第一手的调查资料和数据。2010 年,我在中国建筑工业出版社出版了《城市社会的空间视角》,是一本写给学生的书,教学生如何做研究,强调的就是这种教学思想。

金老师的勤奋,我虽然没有目睹,却多有耳闻。由于入学时,老师已经生病了,我们没有机会再看到他案头著书的场景。但他生前出版多部著作,显然没有足够的勤奋与刻苦耕耘精神是做不到的。他说他在撰写高教版的人文地理教材时,是按出版社要求和拟定的提纲,一天写一千多字,积半年时间便写完了。这本书他虽不满意,却是他的著作中印数最多的书。从他的笑谈中我既读出了他的勤奋,也读出了他的洒脱。我猜想,老师最满意的应该是他的《农村聚落地理》和《中国农村聚落地理》这两本书,那是他的专业,在国内具有学科开创意义。他把集镇规划、村庄规划作为农村聚落地理这一学科服务于国民经济建设的主要阵地,以及他花了大量的精力在江苏开展村镇规划工作,也显现了他“学有所用”、“研有所用”的务实精神。我印象最深的是他在他的自传中提到,他成年后一生只流过三次眼泪,其中一次是他在病中接到了他的第一个学生、远在美国的董昕的来信,董昕在信中说“您的病都是累出来的”,金老师便流泪了。我想他之所以流泪,是因为感动,之所以感动,是因为董昕理解了他内心深处对于专业的执著与抱负。实际上,他的辛苦才是他的病因。其实,这是当代中国知识分子的悲哀,我们后辈得到的启示就是要在适当的时候做“减法”,业务投入虽然重要,但生活也很重要。

从继承金老师的业务方向上来讲,老师的几个接班人,张小林教授、杨山教授、汤茂林教授各有特色。我的学术生涯是从在南师研究农村和小城镇问题入手的。2000 年以后,我追随周一星教授重点研究大城市,研究方向有所转变。但受金老师的影响,对乡村城镇化,尤其是城镇化发展模式,我一直保持浓厚的兴趣。在我自己所主持的一些为地方政府服务的规划研究项目和实践调研中,也常常关注一些具有特色的乡村城镇化现象,并注意把一些典型的城镇化发展经验概括成模式,凭着兴趣撰写和发表了一些论文。2009 年在张小林老师所主编的“农家书屋”丛书中,我负责撰写了其中的一本,叫做《乡村转型:政策与保障》,这次在商务印书馆出版的《乡村重构:模式与创新》,则重点探讨乡村城镇化模式与空间重构等问题。这些作品,多是从乡村城镇化发展模式方面去延伸和发展金老师的农村聚落思想,也算是作为他的学生,为其学术思想的发扬光大和“薪火相传”尽一点责任。

曾经有两次,在金老师为我们这一级的四位研究生上完课或是他精神较好时,我们陪他在南师校园的各个景点流连,并留下了大量的合影。今天看来,这些照片弥足珍贵。1999 年,当我决定要去报考北京大学的博士生时,老师给周一星教授写了一封推荐信,信中谈到我自从入学便念念不忘地要去北大读博士,谈及我发表的论文以及较好的业务素质等,希望周老师能收为弟子并加以培养。很快,我收到了周老师的回信和鼓励,从此便结下了与周老师和北大的缘分。后来,周老师两次来南京,都要求我带他去医院看望金老师。我记得周老师读了金老师的自传很感动,因为从中他读出了“金老师对他妈妈的爱和对生活的留恋”。他们最后一次见面的时候,金老师的病情已经恶化,周老师说我们再去见他最后一面吧。到医院时已经晚上九点半,病房都熄灯了。他们匆匆交谈了几分钟,我为他们拍了两张合影,这一次真的成了他们的最后一次见面。两位老师一位是国内城市地理的带头人,一位是农村聚落地理的开创者,从他们的交流中,我读出了“英雄相惜”的情怀。其实他们还有共同点,那就是“务实”精神。前两年,周老师找出了那封推荐信并交由我保管,我视若珍宝。

2000 年 5 月,在研究生毕业的前夕,我最后一次搀着金老师走在校园的小路上,他对我说:“以后你就踏踏实实地跟着周一星教授去研究郊区化。”后来,我把这段对话写在了博士论文的后记中,没想到老师临终前的一句话,指明了我在北大的研究方向。念及此情此景,不禁伤感,因为

“自己最希望以取得的成绩去安慰的人却早已作古,这种无奈是人生永久的遗憾”。2000 年 6 月,在我的硕士论文答辩会上,金老师对我的论文十分赞赏,我清楚地记得他举着我的论文说,“我很喜欢这篇论文,希望将来能看到这个小册子出版”。老师的这句话我一直记在心上,因为这也是他生前的最后吩咐。基于当年的毕业论文以及近十年的积累,形成了《乡村重构》书稿,可惜的是,老师再也不可能看到它了。

2000 年 8 月,在暑假就要结束的前几天,我早已提前来到北大,住在学校西门外的小旅馆中。当时,通信不太方便,我也没有手机。也就在这个时候,老师驾鹤西去。我事后才知道,那几天南京的同门到处找我去南京参加老师的葬礼。可惜,我知道得太晚了。这件事一直是我心中的遗憾。可以说,我是一个不听老师话的学生,我也不是老师最喜欢的学生。但对老师的这份情感,我一直珍藏在心中,别人多不知道,即使知道也未必理解。我常作痴想,如果老师能健康地活到今天,看到学生在学术上所取得的成绩,他会多么高兴。

“柳丝长,春雨细,花外漏声迢递……”我无数次在心中吟诵老师生前最喜欢的词句,一次次体会着字里行间所蕴涵的淡淡的忧伤。我似乎看到这些忧伤化作如椽巨笔,在秀丽如诗的江南画屏上,写下一行淡淡的墨痕:“我的一切努力,就是要在中国人文地理学的园地内,留下一个浅浅的脚印。”

在本书出版之际,谨以此文纪念先师金其铭教授逝世十周年。

冯　健

2010 年 9 月

致　　谢

我从 1997 年开始从事乡村城镇化和小城镇发展研究，不经意间十多年就过去了。本书基本上将十多年来陆续开展的相关研究工作和发表的相关成果都收集在内，并尽量保持研究体系的完整性。总的思路是从集镇和乡村发展规划的角度切入，研究中国乡村经济和空间重构特征以及乡村制度创新过程。

本书的出版圆了我多年的心愿。

2000 年 6 月，在我的硕士论文答辩会上，导师金其铭教授举着我的论文说，“我很喜欢这篇论文，希望将来能看到这个小册子出版”。如今，基于这篇论文的书就要出版了，但老师却已逝世十多年了。因此，本书的出版圆了我多年的心愿，即完成老师生前的最后吩咐。

当为本书画上最后一个句号时，不由感到十分疲惫。学术研究不是一件轻松的事情，除了保持兴趣以外，还要有足够的耐心和毅力。我衷心地感谢我的祖父冯治平先生曾给予我这些基本素质，感谢他的言传身教。祖父离开我们已经 15 年了，但他的音容笑貌宛在昨日，对他的思念无时不在。

感谢南京大学崔功豪教授当年的意见，这些中肯的意见在书稿的最后完善中都有所体现。感谢北京大学胡兆量教授在百忙之中为本书写序和对初稿提出修改建议，老一辈地理学家对青年后进的扶持令人感动。感谢南京师范大学张小林老师一直以来所给予的支持和无私帮助，若没有他的督促，本书的出版还要延迟。还要感谢好友陈彦光副教授在生活和学术研究中对我的无私帮助，对诗文书画的共同兴趣，为学术以外的生活增添了乐趣。感谢国家自然科学基金课题（40971085）以及国家“十一五”科技支撑计划课题(2006BAJ11B01、2006BAJ11B02)对本书的资助。

由于近年江苏乡镇一级行政区划调整频繁,笔者过去所调查和研究的一些乡镇,也发生了区划变迁。由于本书强调揭示乡村地区以经济和空间等要素为主导的重构模式和特征,因此区划变动对本书的研究目标及其实现基本上没有影响。本书所涉及的规划样本除了笔者本人所承担和参与的集镇规划以外,还参考了江苏省城乡规划设计研究院、南京师范大学人文地理与区域规划研究所、常州市规划设计院等单位同仁所做的精彩规划,都已在参考文献中注明,在此谨致谢忱。另外,劳动和社会保障部的汪泽英研究员曾对本书的“社会保障制度创新”部分提出意见,我的研究生王迎、项怡之等协助清绘部分图件,本书在写作过程中,参考了400多篇国内外同行的文献并加以引用,文中都尽量注明了出处,如有遗漏敬请谅解,在此一并表示感谢。

感谢恩师周一星教授的关心和鼓励,先生时常关注本书的进展,也时常忆及与先师金其铭教授的交往,并多次为本书题写了书名,这种关心化作了推动本书写作进展的动力。在交稿前的两个月中,我下定决心推开所有俗务,集中精力在办公室修改书稿,几乎每天过着“朝七晚十二”的生活,仿佛又回到了昔日求学的年代,虽然辛苦却“苦中有乐”。在此,感谢岳父刘永升先生和妻子刘玉博士承担了所有的家务和对儿子冯柳溪的悉心照顾。本书是我有关乡村地理方面的著作,能够在商务印书馆出版倍感荣幸。

冯　健

2011年12月于大树草堂